Christoph Bernhardt, Gerhard Fehl,
Gerd Kuhn, Ursula von Petz (Hg.)
Geschichte der Planung des öffentlichen Raums

Herausgeber
Institut für Raumplanung (IRPUD),
Fakultät Raumplanung - vertreten durch die
Schriftenkommission -, Universität Dortmund

Schriftleitung
Micha Fedrowitz
Yasemin Utku

Der Druck dieses Bandes wurde gefördert durch die
Fritz Thyssen Stiftung für Wissenschaftsförderung

Fritz Thyssen Stiftung
FÜR WISSENSCHAFTSFÖRDERUNG

Layout
Violetta Kappelmann

Cover
Violetta Kappelmann
unter Verwendung eines Fotos von Ursula von Petz

Druck
Kolander & Poggel GbR, Dortmund

Vertrieb
Dortmunder Vertrieb für Bau- und Planungsliteratur
(im Auftrag vom Informationskreis für Raumplanung e.V.)

Nachdruck, auch auszugsweise,
nur mit Genehmigung des Herausgebers

Dortmund 2005
ISBN 3-88211-154-2

Blaue Reihe

Dortmunder Beiträge zur Raumplanung 122

Christoph Bernhardt, Gerhard Fehl, Gerd Kuhn, Ursula von Petz (Hg.)

Geschichte der Planung des öffentlichen Raums

IRPUD

Institut für Raumplanung Universität Dortmund Fakultät Raumplanung

Inhaltsverzeichnis

Vorwort 7

Christoph Bernhardt, Gerhard Fehl, Gerd Kuhn, Ursula von Petz
Öffentlicher Raum und städtische Öffentlichkeit:
Eine Einführung in ihre planungsgeschichtliche Betrachtung 9

Gerhard Fehl
Öffentlicher Raum, Öffentlichkeit, Städtebau:
Eine Skizze ihrer Transformation zwischen Absolutismus und Liberalismus 29

Christoph Bernhardt
Die Vertreibung des Wassers aus der Stadt und der Planung:
Zur Hygienisierung der öffentlichen Räume im 19. Jahrhundert am Beispiel Berlins 71

Renate Kastorff-Viehmann
Von Straßen, Volksparks und Grüngürteln:
Grün und öffentlicher Raum im Ruhrgebiet 1890-1930 85

Ursula von Petz
Die Entdeckung des öffentlichen Raums durch die Planung:
Camillo Sitte, Theodor Fischer und der Fall München 105

Ulrich Wieler
Das lange Warten auf die Raumstadt:
Walter Schwagenscheidts Idee und ihre Ankunft im Gebauten 119

Christiane Wolf
„Rassisches Klassisches Weimar"– Zentrale Räume nationalsozialistischen Lebens:
Entwürfe für eine mustergültige „Gauhauptstadt" 137

Frank Betker
Der öffentliche Raum in der „sozialistischen Stadt":
Städtebau in der DDR zwischen Utopie und Alltag 153

Carsten Benke
Das Stadtzentrum als unerfüllter Wunsch: Defizite und lokale Spielräume bei der
Gestaltung öffentlicher Räume in kleinen Industriestädten der DDR 165

Ruth May
Der öffentliche Raum: Eine sozialistische Interpretation in Stalinstadt 183

Dirk Schubert
Fußgängerzonen – Aufstieg, Umbau und Anpassung: Vorform der Privatisierung
öffentlicher Räume oder Beitrag zur Renaissance europäischer Stadtkultur? 199

Tilman Harlander, Gerd Kuhn
Renaissance oder Niedergang? Zur Krise des öffentlichen Raums
im 20. Jahrhundert 225

Autorinnen und Autoren 243

Vorwort

Im Anschluss an das achte Werkstattgespräch zur Planungsgeschichte am Institut für Regionalplanung und Strukturentwicklung (IRS) fand am 24. Januar 2003 in Erkner ein Treffen statt, auf dem über den Stand und die Perspektiven der Planungsgeschichte in Deutschland diskutiert wurde. Unübersehbar war, dass Lehre und Forschung zur Planungsgeschichte in den letzten Jahren, u.a. durch die Emeritierung verschiedener Hochschullehrer und Wissenschaftler (Prof. Fehl, RWTH Aachen / Prof. Hofmann, TU-Berlin / Dr. Engeli, difu Berlin / u.a.) und durch die Umwidmung von Lehrstühlen an einer Reihe von Universitäten, deutlich strukturell geschwächt worden waren. Damit droht die Planungsgeschichte an verschiedenen deutschen Universitäten aus dem disziplinären Kerngerüst der Stadtplanungs-Studiengänge herauszufallen.

Diesen bedenklichen Tendenzen stehen aber auch hoffnungsvollere Entwicklungen gegenüber. So erfährt die Planungsgeschichte derzeit in der Lehre einiger Fachgebiete an der Fakultät Raumplanung der Universität Dortmund wieder erhöhte Aufmerksamkeit. Weiterhin konnten am IRS die Tagungen zur Planungsgeschichte, die sich anfänglich vorrangig auf die DDR-Planungsgeschichte konzentrierten, verstetigt sowie – bezogen auf die Themen im Sinne einer vergleichenden europäischen Planungsgeschichte – verallgemeinert werden.

Die partielle Schwächung der Planungsgeschichte auf universitärer Ebene war zudem mit dem Verlust wichtiger Publikationsorgane verbunden, wie im Falle der von Gerhard Fehl, Juan Rodrigues-Lores und Volker Roscher herausgegebenen Reihe Stadt-Planung-Geschichte. Trotz oder gerade wegen dieser vielfältigen Schwierigkeiten bildete sich eine große Bereitschaft der in der Stadtforschung tätigen Wissenschaftlerinnen und Wissenschaftler heraus wieder stärker zusammenzuarbeiten. Ausdruck dieser neuen Bereitschaft ist die Gründung der interdisziplinär tätigen Gesellschaft für Stadtgeschichte und Urbanisierungsforschung (gsu) während der „Fifth International Conference on Urban History: European Cities: Networks and Crossroads" in Berlin im Jahre 2000. Schließlich wird das Thema Planungsgeschichte auch durch die internationale Vernetzung planungshistorischer Forschungsgruppen wie innerhalb der International Planning History Society (IPHS) und deren Tagungen wieder gestärkt.

Um den in erheblichem Umfang zeitweise eingetretenen Wegfall der Planungsgeschichte aus dem Lehrangebot und Forschungsspektrum an den Instituten für Stadtplanung, Architektur und Stadtgeschichte der deutschen Universitäten entgegenzuwirken, haben sich zudem Forscherinnen und Forscher der Planungsgeschichte im Januar 2003 zusammengefunden und innerhalb der gsu einen Arbeitskreis für Planungsgeschichte gegründet (siehe website http://www.stadtgeschichte.tu-berlin.de/GSU/GSU_AK_PG.htm). Dieser Arbeitskreis versteht sich somit als interdisziplinärer Zusammenschluss von Stadtforschern, die über planungsgeschichtliche Themen arbeiten. Er soll vorrangig dem wissenschaftlichen Austausch und der Nachwuchsförderung dienen. Ziel soll auch sein, ein neues Netzwerk zu etablieren, das Diskussionen anregt und Kooperationen intensiviert. Es ist beabsichtigt, in regelmäßiger Abfolge planungsgeschichtliche Konferenzen auszurichten und die Arbeitsergebnisse zu publizieren.

Die erste Konferenz des Arbeitskreises Planungsgeschichte in der gsu, die in Kooperation mit dem Institut für Raumplanung der Universität Dortmund (IRPUD) von Ursula von Petz und Yasemin Utku organisiert wurde, fand am 14. und 15. November 2003 in Dortmund am IRPUD statt. Als Thema der Konferenz wurde die „Planungsgeschichte des öffentlichen Raums" gewählt. Die inhaltliche Gliederung bestand aus den folgenden drei Themengruppen:
- Die planmäßige Hervorbringung des bürgerlichen öffentlichen Raums im Zuge des bürgerlichen Städtebaus und der Städtebaureform des 19. und frühen 20. Jahrhunderts,
- Form und Funktion von öffentlichem Raum zu staatlicher Repräsentation in totalitären Systemen in den 20er bis 70er Jahren des 20. Jahrhunderts,
- die planmäßige Auflösung des „urbanen" öffentlichen Raums als Ideal der fordistischen Gesellschaft in den 50er bis 90er Jahren des 20. Jahrhunderts.

Die Ergebnisse dieser ersten Konferenz liegen mit diesem Band nun vor.

Die Herausgeber bedanken sich bei der Schriftenkommission der Fakultät Raumplanung, die sich bereit erklärt hat, den ersten Band des Arbeitskreises Planungsgeschichte in der gsu in die „Blauen Reihe" der Dortmunder Beiträge zur Raumplanung aufzunehmen. Ein besonderer Dank gilt auch der Fritz Thyssen Stiftung, die sich erfreulicherweise bereit erklärt hat die Tagung finanziell zu unterstützen und die Druckkosten dieses Bandes in hohem Maße zu bezuschussen.

Für den Arbeitskreis Planungsgeschichte in der gsu,
die Herausgeber

Christoph Bernhardt, Gerhard Fehl, Gerd Kuhn und Ursula von Petz
Öffentlicher Raum und städtische Öffentlichkeit:
Eine Einführung in ihre planungsgeschichtliche Betrachtung

Der öffentliche Raum steht wieder im Zentrum der öffentlichen Aufmerksamkeit: Allenthalben wird über dramatisch zunehmende Privatisierung, Funktionsverlust, Verwahrlosung, Gewalt (Siebel 2003: 247ff) und andere Symptome des Niedergangs debattiert; auch scheinen neue Konkurrenzverhältnisse seitens privater Räume die Bedeutung des öffentlichen Raums zu unterminieren: Wenn eine Initiative der Bundesregierung den Aufbau „virtueller Rathäuser und Marktplätze" fördert, wenn innerstädtische Gewerbeflächen vermehrt leer stehen und das „E-shopping" vordringt (Grabow 2002: 29ff; Adrian 2002: 32ff), liegt die Vermutung nahe, dass die „realen" Rathäuser, Markplätze und Einkaufszentren ihre Funktionen auch als Foren bürgerschaftlicher Kommunikation und städtischer Öffentlichkeit verlieren könnten. Die These von der Gefährdung des öffentlichen Raums durch die Kommerzialisierung (Durth 1977) und auch Intimisierung, die zu einem Niedergang oder gar zum „Absterben" der öffentlichen Räume führen würde, ist in jüngster Zeit aber keinesfalls unwidersprochen geblieben. Vielmehr gibt es vermehrt Stimmen, die von einem Wandel sprechen, der allerdings wesentlich jenseits traditioneller Verhaltens-, Wahrnehmungs- und analytischen Schemata verläuft (Herlyn 2004: 121f; Selle 2004: 131ff; Läpple 2003: 18ff). Verstärkt werden jetzt die Chancen innerhalb dieses Wandlungsprozesses wahrgenommen (Profé 2003). So sind Zeichen einer Revitalisierung und Aufwertung innerstädtischer Flächen unübersehbar, und mit einer ganzen Reihe von Initiativen sollen Brachflächen in Großstädten und „schrumpfenden" Stadtteilen „requalifiziert" werden, um qualitätsvolle und lebensfähige Stadträume zu erhalten (Demokratische Gemeinde 2003: 8ff).

Dieser Band soll zur Versachlichung und Entdramatisierung der Debatten beitragen, indem er die Genese aktueller Probleme und die Geschichte des planerischen Umgangs mit dem öffentlichen Raum in Deutschland auf verschiedenen Ebenen und mittels Fallstudien rekonstruiert. Ein derartiger Ansatz, der eine präzisere Wahrnehmung der Gegenwart mittels planungsgeschichtlicher Analysen anstrebt, kann auf einer längeren Tradition und auf einigen erfolgreichen Vorbildern aufbauen (vgl. insbesondere die 19 Bände der unter Leitung von Gerhard Fehl herausgegebenen Reihe Stadt – Planung – Geschichte).

Die Beiträge dieses Bandes stellen den öffentlichen Raum der Stadt in den Mittelpunkt und setzen ihn in Beziehung zur „Öffentlichkeit", genauer: zu verschiedenen „Formen von Öffentlichkeit". Die Beiträge behandeln also „Öffentlichkeit im öffentlichen Raum" und auch den „Städtebau des Öffentlichen Raums", während nicht auf den öffentlichen Raum bezogene Formen von Öffentlichkeit, wie die „mediale Öffentlichkeit" oder die auf privaten Flächen entstehende, eher am Rand behandelt sind und die auf Geschlechter bezogene nicht näher thematisiert ist. Es wird also ein räumlich-soziales Beziehungsgefüge betrachtet, das sich in den vergangenen 250 Jahren ebenso gewandelt hat, wie das, was heutzutage mit „Öffentlichem Raum" und „Öffentlichkeit" bezeichnet wird: Wohl gab es im 18. Jahrhundert, zumindest andeutungsweise, bereits die Tatbestände, doch im Gegensatz zu „Öffentlichkeit" (Hölscher 1979), früher auch „Publikum" genannt, ist „Öffentlicher Raum" ein vergleichsweise junger, vom Englischen „public space" hergeleiteter Begriff der Zeit nach 1950 – bis dahin war üblicherweise von „öffentlichen Straßen und Plätzen", auch von „öffentlichen Anlagen" die Rede gewesen.

Rathaus der Stadt Verviers in Ostbelgien mit der revolutionären Formel von 1789 : „Öffentlichkeit (der Gesetzgebung und der Rechtsprechung) schützt das Volk"
Foto: Gerhard Fehl

Der Wandel des vielschichtigen räumlich-sozialen Beziehungsgefüges, das sich seit der Französischen Revolution um den öffentlichen Raum gelagert hat, ist unseres Erachtens allerdings nur zu dechiffrieren, wenn nicht nur der gesellschaftliche Wandel, sondern auch der wirtschaftliche, der technische und der hygienisch-medizinische Wandel berücksichtigt werden; sie alle schlagen sich nieder, bezogen auf die räumlich-sozialen Beziehungen zwischen öffentlichem Raum und Öffentlichkeit, in fortschreitender Aus- und Entdifferenzierung in Zeiten des Nationalsozialismus und des DDR-Sozialismus. Einen ersten Schritt zu diesem Ziel der Forschung versuchen die Autoren und Autorinnen dieses Bandes.

Bei der Ausdifferenzierung und Entdifferenzierung der sozial-räumlichen Beziehungen werden hier vier Ebenen unterschieden:
- die Ebene der beiden antagonistischen Leitformen von Öffentlichkeit: hier der „Repräsentativen", dort der „Politischen Öffentlichkeit" (nach Habermas 1990: §§2, 3);
- die Ebene klassenspezifischer Öffentlichkeitskulturen, die im Zug sich polarisierender Interessen und räumlicher Segregation seit dem 19. Jahrhundert in den Städten entstanden;
- die Ebene „alltäglicher Öffentlichkeiten" und insbesondere deren Verhalten im öffentlichen Raum;
- die Ebene der „Nutzung und Benutzung" des öffentlichen Raums durch die öffentlichkeit.

Spätestens seit der Zeit des Absolutismus, der so genannten „Fürstenzeit" (ca. 1600-1820), waren Öffentlichkeit und öffentlicher Raum Gegenstand der Normierung und Regulierung seitens der staatlichen oder auch der kommunalen Obrigkeiten gewesen:

- solange die Repräsentative Öffentlichkeit im Vordergrund des politischen Interesses absoluter oder konstitutioneller Fürsten oder auch totalitärer Machthaber stand, wurde jegliche Form politischer Öffentlichkeit im öffentlichen Raum durch gesetzliche Regulierung – und oft genug auch durch polizeiliche oder militärische Gewalt – behindert, eingeschränkt oder unterdrückt. In demokratischen Rechtsstaaten dagegen wurde eine politische Öffentlichkeit mit „öffentlicher Meinungsbildung" im Volk und dem dazu notwendigen „öffentlichen Diskurs", aus dem eine neue Form von Öffentlichkeit, „die Publizität der Gesetzgebung und der Rechtsprechung" hervorging, durch die Verfassungen zu einem Strukturprinzip erhoben, mit dem Presse-, Versammlungs-, Meinungs- und Redefreiheit garantiert war (Hölscher 1979; Habermas 1990: §§ 3, 13);
- zur Regulierung der räumlichen Segregation dienten u.a. die gesetzlichen, so genannten „Stadterweiterungspläne" der Obrigkeit, auf deren Grundlage Baugenehmigungen erteilt wurden, war doch in Deutschland ein obrigkeitlich ungeregeltes, so genanntes „wildes Bauen" meist nicht zulässig. Da die Pläne zur Stadterweiterung seit dem letzten Drittel des 19. Jahrhunderts immer häufiger eine nach gesellschaftlichen Klassen differenzierte Ausstattung mit öffentlichem Raum vorsahen, leisteten sie der räumlichen Segregation und gegenseitigen kulturellen Absonderung Vorschub;
- das Verhalten im öffentlichen Raum regelten in erster Linie mit Strafen bewehrte Gesetze, Verordnungen, Statute etc.; aber auch die Gestaltung und Ausstattung des öffentlichen Raums, wie sie von den im Dienst der Obrigkeiten stehenden Städtebauern oder ihren professionellen Vorgängern, den fürstlichen Hofbaumeistern, vorgesehen wurde, hatte regulierenden Einfluss auf das Verhalten des so genannten „Publikums", also eines am Ort anwesenden Teils der Öffentlichkeit. Während die Zwecke gesetzlicher Verhaltensregulierung meist erreicht wurden, führte die gestalterische Regulierung des öffentlichen Raums auf Grund ihrer mehrdeutigen Codierung nur selten zuverlässig zum angestrebten Ziel, blieb also häufig ein von Hoffnungen getragener Versuch, das Publikum in seinem Verhalten zu lenken;
- die Nutzung des öffentlichen Raums wurde üblicherweise durch obrigkeitliche Verordnungen geregelt, wobei oft das, was nicht verordnet war, als zulässig galt; die Benutzung des öffentlichen Raums durch die Öffentlichkeit wurde, zumindest teilweise, auch mit den Mitteln städtebaulicher Gestaltung und Ausstattung geregelt – bzw. zu regeln versucht.

Daraus ergab sich für den Städtebau und seine Vorformen, dass die Regierenden und Machthaber ihn seit der Zeit des Absolutismus bis in die jüngste Gegenwart hinein stets als einen wichtigen Träger der Gestaltung des öffentlichen Raums angesehen und ihm eine bedeutsame Aufgabe bei der Regulierung der Öffentlichkeit im öffentlichen Raum zugedacht haben. Die Wertschätzung war stets besonders hoch in Zeiten autokratischer oder totalitärer Herrschaft.

1. Zur „repräsentativen" gegenüber der „politischen Öffentlichkeit":

Was den Wandel der Öffentlichkeit und ihr Auftreten im öffentlichen Raum anbelangt, so führte bekanntlich die Französische Revolution den wohl am tiefsten greifenden Umbruch von einer zum Schweigen verurteilten zu einer „demokratisch revolutionierten Öffentlichkeit" (Habermas 1990: 206) herbei: Die Revolution beanspruchte nicht nur den öffentlichen Raum ganz für sich, sondern setzte auch jene erwähnte neue Vorstellung von politischer Öffentlichkeit durch. In Deutschland dagegen gelang es erst nach harten, über 100 Jahre sich hinziehenden Kämpfen in der Öffentlichkeit um die Öffentlichkeit, nach Abdankung des Kaisers 1918 schließlich die Meinungs-, Rede-, Presse- und Versammlungsfreiheit durch eine demokratische Verfassung vollständig herzustellen – die indes schon bald wieder zwei schwere Rückfälle erlebte (1933-1945 und 1945-1989).

Die Zeit des Absolutismus hatte im öffentlichen Raum nur die repräsentative Öffentlichkeit (Habermas 1990: §2) gekannt: Die öffentliche Darstellung der „höheren Gewalt", z.B. des Gottesgnadentums des Fürsten, vor seinem Volk. Repräsentative Öffentlichkeit gab also vor, „ein unsichtbares Sein durch die öffentlich anwesende Person des Herren sichtbar zu machen" (Habermas 1990: 61), was ein beeindruckbares, jubelbereites, loyales Volk als Publikum der Darbietung voraussetzte; ferner erforderte repräsentative Öffentlichkeit einen vom Alltag abgehobenen, das Volk blendenden repräsentativen Rahmen, den, wie erwähnt, die Hofarchitekten zu schaffen hatten; und schließlich einen alle Untertanen beeindruckenden öffentlichen Ritus der Selbstdarstellung des Fürsten und seiner Macht; solche Riten waren, um genügend häufig dem Volk vorgeführt zu werden, in einen Festkalender eingeschrieben: fürstliche Geburtstage, Siegestage, Trauertage, Gedenktage, Tage der fürstlichen Schutzheiligen etc.

Als Napoleon I. das Ende des Absolutismus in Deutschland um 1810 herbeiführte, dauerte die „repräsentative Öffentlichkeit" der Fürsten im öffentlichen Raum weitgehend ungebrochen fort: Die zwar überiegend konstitutionellen Fürsten ließen sich weiterhin vom Volk huldigen, führten ihm ihre nicht länger von Gottesgnaden, sondern von ihren Heeren abgeleitete Macht bei Militärparaden vor, legten repräsentative öffentliche Räume im Umfeld ihrer Schloss- und Regierungsbauten an, ließen sich dort von „ihrem Volk" bejubeln. Bei solchen Anlässen fürstlicher Repräsentation im öffentlichen Raum drängte das Bürgertum, nach fürstlicher Anerkennung heischend, dort hin und trat selbst repräsentativ auf: seine Orden und Auszeichnungen zeigend, seinen Reichtum und seine öffentlichen Positionen zur Schau stellend, seine Loyalität zum Fürstenhaus betonend und seine Vaterlandsliebe. Die den hohen Anlässen angemessene repräsentative Ausgestaltung des öffentlichen Raums durch erhabene Bauten und kunstvolle Anlagen blieb, wie zuvor bei den absoluten Fürsten, ein bedeutsames Aufgabenfeld der beauftragten Städtebauer und Architekten, von denen manch einer es bis weit in die 1880 Jahre hinein unter seiner Würde erachtete, sich um den Wohnungsbau der "kleinen Leute" und dem ihm zugeordneten öffentlichen Raum zu kümmern. Ein Umdenken brach sich erst um 1890 Bahn (u.a. Fehl 1988: 104ff), und öffentlicher Raum in Verbindung mit Wohnungsbau wurde zu einer eigenständigen Aufgabenstellung für Städtebauer und Landschaftsarchitekten – ein nicht nach Kriterien der Repräsentation, sondern nun der Brauchbarkeit, Funktionalität und Hygiene gestalteter „bürgerlicher öffentlicher Raum".

Nach dem Zusammenbruch des deutschen Kaiserreichs und der Unterbrechung durch die republikanische, so genannte Weimarer Zeit – mit ihrem Schwergewicht beim modernen Wohnsiedlungsbau – war ab 1933 erneut Anlass für den Jubel des Volks, der nun von den Nationalsozialisten meisterhaft und in zuvor nie gekanntem Ausmaß breiten- und medienwirksam inszeniert wurde (Speer 1933; Riefenstahl 1936): Die in nahezu unüberschaubaren Kolonnen aufgestellten Menschenmassen in den von gigantischen Baumassen definierten und mit roten Fahnenwäldern und Scheinwerferdomen einheitlich ausstaffierten öffentlichen Räumen verliehen der „Gleichschaltung der organisierten Massen" repräsentativen Ausdruck. Die bis 1936 von fast allen kritischen Elementen gewaltsam bereinigte NS-Öffentlichkeit war indes nicht viel anderes als die totalitär zugespitzte Neuauflage autokratisch-fürstlicher repräsentativer Öffentlichkeit. Auch hier wurde den Städtebauern und Architekten, die sich in den Dienst der Nationalsozialisten zu stellen bereit waren, große Gestaltungsaufgaben für den öffentlichen Raum übertragen, der dem „Führer", seiner „Partei" und der „Deutschen Volksgemeinschaft" den medial eindrucksvoll vermittelbaren repräsentativen Rahmen schuf: In den Führerforen, Aufmarschachsen, Parteitagsgelände etc. sah Hitler 1938 das für tausend Jahre gebaute „Wort aus Stein", dem die Volksgenossen an den Kultstätten, in den Zeitungen, in den Kinos und zuhause im Radio wehr- und willenlos ausgesetzt sein sollten. Ideologisch schien durch die Beendigung des Klassenkampfs, durch die Vertreibung der Juden, durch die Vereinheitlichung des Glaubens und durch die Unterwerfung der Erbfeinde der Stillstand des gesellschaftlichen Wandels bevorzustehen und damit auch die völlige Entdifferenzierung der Öffentlichkeit im öffentlichen Raum: „Ein Volk, ein Reich, ein Führer!".

Als nach dem Zweiten Weltkrieg im östlichen Teil Deutschlands ab 1950 mit den neuen „Städtebaulichen Grundsätzen" das sozialistische Modell repräsentativer Öffentlichkeit sowjetischer Herkunft in den Städten erprobt wurde, spielte eine auch wieder in Kolonnen marschierende und einheitlich ideologisch ausgerichtete Öffentlichkeit ihre Rolle – nun im Sinne des Arbeiter- und Bauernstaats: Eine bescheidene Variante repräsentativer Öffentlichkeit, für die in den zerstörten Städten neue repräsentative öffentliche Räume angelegt wurden: monumentale Aufmarsch- und Wohnstraßen wie die Stalin-Allee in Berlin oder innerstädtische Versammlungsplätze, wie im Herzen von Dresden. Auch hier wurde eine inszenierte Öffentlichkeit im öffentlichen Raum als entdifferenzierte Öffentlichkeit von der Partei vorgeführt und für den eigenen Machterhalt instrumentalisiert.

Es scheint, dass in Zeiten, in denen absolutistische oder totalitäre Machthaber einer repräsentativen Öffentlichkeit eine bedeutsame politische Rolle bei der Gewinnung und Absicherung ihrer Macht zugedacht hatten, sie immer wieder auf die uralte Idee zurückfielen, dass der öffentliche Raum selbst eine kultische Rolle spiele, indem er durch seine Gestaltung maßgeblich Einfluss zu nehmen vermöge auf die sich dort aufhaltende Öffentlichkeit: Er also eine Suggestivkraft zu entwickeln in der Lage sei, der sich kein Teilnehmer oder Zuschauer entziehen könne und die sich magisch auswirke auf deren innere Einstellung und ihr Verhalten: Zustimmung, Gehorsam, Jubel. Oder kritisch ausgedrückt: Dass repressive städtebauliche Gestaltung des öffentlichen Raums – also exzessive Dimension und Monotonie der Stadträume, Monumentalität der sie definierenden, erdrückenden Baumassen, sich ermüdend wiederholende, möglichst der römischen Klassik angenäherte Stilelemente, betonte Naturferne und Baumlosigkeit, die ersetzt wurde durch überquellenden Schmuck der Fahnen, Standarten, Embleme – die Gedanken zumindest der sich in ihm aufhaltenden Öffentlichkeit auf ein einziges Gleis zu lenken vermöge und dergestalt kritische Öffentlichkeit, freie Meinungsbildung und öffentlichen Diskurs im öffentlichen Raum unterbinde.

Die Städtebauer der vergangenen drei Jahrhunderte hinterließen uns manchen eindrucksvollen öffentlichen Repräsentationsraum in der Stadt, der heute jedoch keiner autokratischen oder totalitären Machtdemonstration mehr den repräsentativen Rahmen zu bieten vermag, sondern, meist umgestaltet, in den städtischen Alltag mit seinen vielfältigen anspruchslosen Formen von Öffentlichkeit eingesunken ist: Der Lustgarten in Berlin, der Dresdener Theaterplatz, die Königsstraße in Düsseldorf, das Gauforum in Weimar, die Karl-Marx-Allee in Berlin u.v.a. Für sie interessiert sich heute ein eher kunstsinniges Publikum, das, in Bewunderung ihrer Gestaltung, leicht übersieht, dass solche öffentlichen Repräsentationsräume zu ihrer Zeit für die Öffentlichkeit durchaus jene oben genannte repressive Funktion erfüllen sollten.

2. Zur Ausdifferenzierung klassenspezifischer Öffentlichkeitskulturen

Mit der industriellen Revolution ging seit der Frühindustrialisierung im 18. Jahrhundert, in Deutschland spätestens aber seit der so genannten Bürgerlichen Revolution von 1848/1949, ein zunehmend gespanntes, als „Klassenkampf" bezeichnetes Verhältnis zwischen den beiden neuen Klassen des Bürgertums und des Proletariats einher, was vor allem in den Industriestädten zu unvereinbarer Polarisierung der ihnen je zugeordneten politischen Öffentlichkeiten führte (u.a. Habermas 1990: 14); ein Verhältnis, das auch alle anderen alten und neuen gesellschaftlichen Klassen – u.a. den Adel, das Handwerkertum, die Angestellten, das Subproletariat – in den Wandel mit einbezog. Klassenspezifische Öffentlichkeitskulturen bildeten sich heraus, von denen nur die zwei Pole (Hachtmann 1997) der bürgerlichen und der proletarischen hier skizziert seien:

- Es war vor allem das Bürgertum der Selbstständigen und Besitzenden, welches die ihm mit dem 3-Klassenwahlrecht seit 1850 bzw. 1859 gebotene Möglichkeit nutzte, seine Interessenvertreter in die Parlamente – den Reichstag, die Landtage, die Gemeinderäte – zu entsenden; in den Gemeinderäten, in denen seit den 1850er Jahren auch über Stadtbaupläne und Bodenaufteilung zu befinden war, blieben den Grundbesitzern mindestens 50% der Stimmen, d.h. die Mehrheit, vorbehalten; deren wichtigste öffentliche Informationsquelle war die nationale und internationale Presse. Stets umfassend aktuell informiert und mit gesicherter Mehrheit versehen, brauchte das Bürgertum folglich zur Wahrung seiner Interessen nicht mehr „auf die Straße" zu gehen, sondern konnte sich, einer Tradition des 18. Jahrhunderts folgend, zu politischem Diskurs und gegenseitiger Vereinbarung vorzugsweise in die vor der breiten Öffentlichkeit abgeschirmten Räumlichkeiten der Börsen, der Handelskammern, der Hochschulen zurückziehen oder in die neu sich bildenden bürgerlichen Institutionen honoriger Clubs, Vereinigungen, Gesellschaften. Auch die private bürgerliche Geselligkeit in bürgerlich-repräsentativen Villen (Griebl 1999) und Stadtwohnungen spielte für die bürgerliche Politik und das Geschäft eine immer bedeutendere Rolle (Pontoppidan 1937: Kap. 17): Hier konnte das Bürgertum persönlichen Kontakt aufnehmen mit „seinen Politikern" und seine eigene, durch Industrie und Handel geprägte öffentliche Meinung bilden – unbehelligt von Proletariat und obrigkeitlichen Ordnungshütern. Kurz: Das Bürgertum zog sich, in dem es um sich herum eine eigene „bürgerliche Öffentlichkeitskultur" entfaltete, aus dem öffentlichen Raum als politischer Arena zurück.

- Dem gegenüber war das rasch wachsende Industrieproletariat, das sich seit der Revolution von 1848/1849 ebenfalls in Vereinen und Parteien zu organisieren begann (Bartel 1980: 277ff), auf Grund des niedrigen Einkommens der Industriearbeiter zunächst durch das 3-Klassenwahlrecht aus den Parlamenten ausgeschlossen bzw. unterrepräsentiert. Hinzu kam die auch um 1860 noch ungenügende Lesefähigkeit, die fortdauernde obrigkeitliche Behinderung der Verteilung von Druckerzeugnissen und das Versammlungs- und Redeverbot, welche die politische Informiertheit im Industrieproletariat einschränkten. Diesem blieb also nicht viel anderes zu tun übrig, als bei wachsender Unzufriedenheit mit den Arbeits- und Lebensbedingungen, bei rechtlicher Ungleichheit und eklatanter Ungerechtigkeit massenhaft, und oft genug ohne obrigkeitliche Genehmigung, „auf die Straße zu gehen", um dort im öffentlichen Raum seine Anliegen und seine öffentliche Meinung in persönlicher Präsenz durch Streik, Protest und Demonstration lautstark der breiten Öffentlichkeit „zu Gehör zu bringen" (Lindenberger 1995). Das Industrieproletariat vermochte also – oft unter aktiver Beteiligung seiner Frauen – in erster Linie durch seine Präsenz „auf der Straße" und das schiere Volumen seiner Massen zu beeindrucken: Eine brisante politische Öffentlichkeit, auf welche die obrigkeitlichen Ordnungshüter ständig beobachtend, strafend, verhindernd einwirkten: auf der Straße sowohl, als auch in den Wohnungen, Kneipen und Hinterhöfen. Denn es war „die Straße" nicht der einzige Ort proletarisch-politischer Auseinandersetzung: Das meist massive Aufgebot von Polizei und Militär in den Städten bewirkte, dass es den Anführern des Proletariats oft genug ratsam schien, sich aus dem öffentlichen Raum in den privaten Raum zum Zweck politischen Diskurses sowie freier Meinungsäußerung und der Vorbereitung öffentlicher Aktionen zurückzuziehen. Ein Rückzug, der sich vom bürgerlichen dadurch unterschied, dass er in jene massenhaften öffentlichen Auftritte „auf der Straße" einmündete, die einen Gutteil der proletarischen Öffentlichkeitskultur ausmachten.

Beide politische Öffentlichkeitskulturen kamen folglich kaum je miteinander im öffentlichen Raum als politischer Arena in Berührung, da diese sich zunehmend in die Parlamente des Reichstages, der Landtage oder der Stadtverordnetenversammlungen verlagerte. Ja im bürgerlichen Sprachgebrauch geriet „die Straße" zu einem bürgerlichen Synonym für proletarische Unruhe und Bedrohung: „Dem Druck der Straße" glaubte das Bürgertum weder nachgeben zu müssen, noch sich „von der Straße" im Parlament beeindrucken zu lassen. Seither steht die politische Öffentlichkeit wegen ihrer Bedeutung für die „große Politik" im Zentrum sozialwissenschaftlichen Interesses, und zwar unabhängig davon, ob sie im öffentlichen Raum, in den Medien oder im privaten Raum entstand oder hergestellt wurde.

3. Zu „alltäglichen Öffentlichkeiten" im öffentlichen Raum

Neben den beiden genannten Leitformen politischer und repräsentativer Öffentlichkeit gab (und gibt es) jene anspruchslosen Formen „alltäglicher Öffentlichkeit" im öffentlichen Raum, die hier als Öffentlichkeit der „Begegnung" und Öffentlichkeit „im Hintergrund" bezeichnet werden:

- Es ist ein Verdienst der Politologen J. Gerhards und F. Neidhardt, dass sie u.a. 1990 auf jene für die „große Politik" kaum bedeutsame „kleine", oder „Begegnungsöffentlichkeit" unterhalb der Ebene der politischen Öffentlichkeit in ihren vielen Formen hingewiesen haben. Für nicht Politologen ist kennzeichnend, dass sie entweder im öffentlichen Raum entstehen können, oder aber auch in privaten Räumen, sofern es die Bedingungen der Begegnung erfordern: schlechtes Wetter, scharfe Kontrolle durch die obrigkeitlichen Ordnungshüter, repressive Gesetze u.a.m. Das Phänomen, dass ein Publikum vom öffentlichen in den privaten Raum hinein auswich (und auch das Gegenteil der in den öffentlichen Raum hinaus getragenen Privatheit) kann hier nicht näher behandelt werden. Zu nennen sind u.a. folgende Formen von Begegnungsöffentlichkeit, die sich z.B. in Stadtveduten des 18. Jahrhunderts ebenso feststellen lassen (Löffler 2000), wie in manchem Stadtquartier noch heute:
  - die unverfängliche „Plauder-Öffentlichkeit" beiläufiger „communication au trottoir" (Luhmann 1986: 75), also das Reden mit Bekannten oder Unbekannten im Kreis weniger Personen, die sich „in der Stadt" eher zufällig getroffen als fest verabredet hatten; die Teilnehmer konnten dabei z.B. im Kaffeehaus sitzen, auf einem Platz stehen, durch einen Park spazieren wandeln; die Plauder-Öffentlichkeit war oft politisch unverbindlich, konnte sich also um Fachgespräche ebenso wie um small-talk drehen, konnte indes auch in einen politischen Diskurs übergehen;
  - die „nachbarliche Öffentlichkeit" fand ihren Nährboden, wo das private Leben aus Haus und Wohnung hinaus „vors Haus" auf den öffentlichen Raum z.B. den Bürgersteig erweitert wurde und wo Informationen und Meinungen zu allen Tagesfragen von Haushalt bis Politik in einem unter einander gut bekannten und einschätzbaren Kreis von männlichen oder auch weiblichen Nachbarn ausgetauscht wurden – und zugleich Kontrolle über die Nachbarschaft ausgeübt wurde (Bahrdt 1961: 43ff; Jacobs 1963: 27ff). Von fast sprichwörtlicher Bedeutung für eine ausgesprochen weibliche nachbarliche Öffentlichkeit waren bis weit ins 19. Jahrhundert hinein die öffentlichen Trinkwasserbrunnen, solange das Wasserholen zum Alltag vieler Stadtbewohnerinnen gehörte, ferner die Wiesen am Stadtrand, auf denen sie ihre Wäsche trocknen ließen und der Marktplatz, auf dem sie zur Versorgung des Haushaltes einkauften und in allen Fällen häusliche Nachrichten austauschten;
  - die „Treffpunkt-Öffentlichkeit" bildete sich, ähnlich der nachbarlichen Öffentlichkeit, aus einem mehr oder weniger geschlossenen Kreis von meist männlichen Teilnehmern, jedoch unabhängig von Nachbarschaft, in wechselnder Zusammensetzung aber zu

fester Zeit und an festem Treffpunkt; behandelt wurden alle Tages- und Lebensfragen, auch persönliche Meinungen zur Politik;
- die „Eckensteher-Öffentlichkeit" spielte in Zeiten, als Zeitungen streng zensiert wurden, in größeren Städten eine bedeutsame Rolle im städtischen Leben: Der Eckensteher war als unspezifischer aber genauer Beobachter des Lebens und Treibens in seinem Blickfeld eine lokale informelle Informationszentrale: Wer an seiner Ecke vorbei gegangen war, wer wen wie gegrüßt und wer mit wem geredet hatte etc.; jedem, der ihn fragte, gab er bereitwillig eine oft mit Witz gewürzte Auskunft; in politisch unruhigen Zeiten fungierten Eckensteher auch als Zwischenträger politisch brisanter Information;
- die „urbane Öffentlichkeit" längst vergangener Zeiten konnte sich nur dort bilden, wo Gewerbetreibende (Händler und Handwerker) ihr Geschäft sowohl im privaten Haus, als auch auf der öffentlichen Fläche unmittelbar davor ausübten, also in einem Kontinuum von drinnen und draußen, von privat und öffentlich; vor dem Haus musste, als eine Voraussetzung, Betriebsamkeit und Muße zugleich herrschen, so dass es stets etwas zu sehen und Zeit zum Reden gab, was nur zum Teil mit Handel und Handwerk zu tun hatte; politische Inhalte ließen sich unbemerkt ins Gespräch einflechten;
- die „Veranstaltungs-Öffentlichkeit" versammelte in vorwiegend einseitiger Kommunikation von Akteuren (Schauspieler, Bänkelsänger, Musiker, Wissenschaftler u.a.) ein anonymes und eher konsumierendes Publikum (Gerhards/Neidhardt 1990: 49), das bei einer angekündigten oder auch spontan stattfindenden öffentlichen Veranstaltung zusammen kam; sie zielte nicht unbedingt auf die öffentliche Meinungsbildung ab, konnte aber politische Inhalte, insbesondere in Form satirischer Darbietungen, verdeckt transportieren;
- die „Versammlungs-Öffentlichkeit" von angekündigten oder einberufenen Versammlungen (ebd. 52) war mit Tagesordnung, Versammlungsleiter und am Thema interessierten Teilnehmern also weder gänzlich anonym, noch gänzlich politisch passiv; solche Versammlungs-Öffentlichkeit stand bereits auf der Schwelle zur politischen Öffentlichkeit. Je mehr Menschen dabei zusammen kamen und je eher die Ordnungshüter vermuteten, dass bei solcher Begegnung „in aller Öffentlichkeit" auch politische Meinungen geäußert oder sogar auf öffentliche Meinungsbildung (z.B. durch Agitation) hin gedrängt wurde, desto eher schnappte die polizeiliche Falle im Namen der Zensur mit Körpervisitation, Hausdurchsuchung, Arrest oder Versammlungsauflösung zu.
- Schaut ein aufmerksamer Beobachter genauer hin, dann kann er sowohl in alten Stadtveduten, als auch in Stadtfotografien des frühen 20. Jahrhunderts, wie denen von Heinrich Zille (Ranke 1975), und natürlich auch in seiner heutigen städtischen Umwelt noch unterhalb der Ebene der Begegnungsöffentlichkeit im öffentlichen Raum jene weitere Form gänzlich unauffälliger, alltäglicher Öffentlichkeit entdecken: Die hier so genannte „Hintergrundöffentlichkeit", die dort entstand (und entsteht), wo immer Stadtbewohner, im Schatten allgemeiner Aufmerksamkeit bleibend, nichts als sich selbst und ihre Privatangelegenheiten in den öffentlichen Raum hinaus trugen, indem sie, unbekümmert um „den Rest der Welt", über Privates oder Intimes miteinander kommunizierten:

wie z.B. das über die Uferpromenade schlendernde Liebespärchen; die einer Bekannten auf der anderen Strassenseite Grüße zurufende Frau; der am Straßenrand mit einem Taxifahrer laut schimpfende Fahrgast; das Ehepaar beim „Schaufensterbummel" in Beratung künftiger Anschaffungen. Auch die Schweigenden auf den öffentlichen Flächen gehörten dazu: der vor dem Fürstendenkmal ins Grübeln versunkene Professor; die ihre Ware auf dem Markt aussortierende Gemüsehändlerin; das durch ein Gässchen zur Schule eilende Kind und der „zum Luftschnappen" vor die Haustür getretene Handwerker – nicht zu vergessen die heute in der Innenstadt hinter ihrer Stadtführerin anonym und selbstgenügsam herziehende Touristengruppe, die weder Zeit noch Gelegenheit hat, irgend jemandem zu begegnen. Sie alle bildeten, zusammengenommen, die Folie eines potentiellen Publikums für irgendein und irgendwann eintretendes (triviales oder brisantes) Ereignis, das jeden einzelnen sofort die Beschäftigung mit seinen privaten Angelegenheiten unterbrechen und dafür ganz „öffentliches Auge und Ohr" sein ließ. Öffentlichkeit dieser schlichtesten Art war im öffentlichen Raum stets gegeben, solange die Obrigkeit nicht an das Recht seiner allgemeinen Zugänglichkeit tastete; zur Wahrung der jeweils gültigen Ordnung, also „von Anstand und Sitte" im öffentlichen Raum, blieb ihr lediglich ihr scharf wachendes „Auge des Gesetzes".

Dass durch irgend einen beliebigen kleineren oder größeren Anlass bedingt, die eine Form von Öffentlichkeit jederzeit in eine andere umspringen konnte – also nicht nur jede Form der Hintergrundöffentlichkeit, sondern auch der Begegnungsöffentlichkeit in eine z.B. politisierte Öffentlichkeit, die dann über den gegebenen Anlass in einen öffentlichen Diskurs eintrat – , ließ (und lässt) die Öffentlichkeit im öffentlichen Raum stets oszillieren zwischen den genannten und noch anderen Formen; solches charakteristische Oszillieren erschwerte stets die in der Zeit stabile Festlegung auf die eine oder andere Form von gewünschter oder unerwünschter Öffentlichkeit und eine dem entsprechende obrigkeitliche Regulierung im öffentlichen Raum und dessen Festlegung von Gestalt und Ausstattung.

4. Zur Nutzung und Benutzung öffentlichen Raums durch die Öffentlichkeit

In der Zeit des Absolutismus war die obrigkeitliche Regelung der Nutzung und der Benutzung des öffentlichen Raums durch die Öffentlichkeit noch gering, d.h. es überlagerten sich viele Nutzungen in ein und dem selben Teil des öffentlichen Raums: z.B. wurden die Flächen von Marktplätzen tageweise zum militärischen Exerzieren genutzt (Klünner 2001: 10) und dienten an den geregelten Markttagen nicht nur dem Warenverkauf, sondern auch als Abstellplätze für die Karren der Händler, für die Darbietungen von Bänkelsängern oder zum Zechen an langen Tischen usw. Also ein oft buntes Gemisch aus Nutzungen und Benutzung durch das teilnehmende Publikum. Vor allem die Straßen kannten, da der innerstädtische Verkehr gering und langsam war, weder Verkehrsregelungen noch festgelegte Fahrbahnen; die öffentlichen Flächen der Straßen und Plätze wurden darüber hinaus von den Anwohnern, vor allem aber vom Gewerbe, als Werk- und Lagerflächen genutzt (u.a. Kokkelink/Menke 1977). Lediglich jene öffentlichen Plätze und Straßen, die, ohne dass der öffentliche Zugang versperrt war, dem Fürsten für repräsentative Anlässe dauerhaft vorbehalten waren (u.a. der Fürstenweg zum Schloss, oder der Königsplatz) hoben sich durch besondere Gestaltung und Ausstattung aus dem übrigen Raumgefüge der Stadt hervor; an ihnen reihten sich in der Regel Paläste des Hofadels und repräsentative öffentliche Gebäude, sodass das gesamte repräsentative Ensemble die besondere Würde des Ortes zum Ausdruck brachte, Ehrfurcht einflößte und andere, mindere Nutzungen und alltägliche Benutzungen alleine dadurch fernhielt. Die so genannten „lästigen Gewerke" (Gerber, Senfmüller, Abdecker u.a.) waren ohnehin gildenweise in ihren eigenen Gassen am Stadtrand zusammengefasst, wenn sie nicht gar, wie zuweilen die städtischen Armen, außerhalb lebten und arbeiteten.

Mit zunehmendem Warenumschlag und Bevölkerungswachstum nahm der Verkehr im öffentlichen Raum der Städte zu und dessen funktionale Differenzierung nahm ihren unvermeidlichen Gang: Die Obrigkeiten begannen nun, den öffentlichen Raum nicht nur nach repräsentativen, sondern vor allem nach funktionalen Gesichtspunkten in Nutzungskategorien einzuteilen. Dies bezog sich seit dem ersten Drittel des 19. Jahrhunderts, allem voraus, auf den Verkehrsraum der Straßen, auf denen den einzelnen Verkehrsarten (Fahr-, Lasten- und Fußverkehr) getrennte Bahnen zugeteilt wurden oder aber sie gänzlich einer Verkehrsart vorbehalten blieben (Lasten- und Promenadenstraßen). Seit Mitte des 19. Jahrhunderts wurden auch die Plätze, nun ganz bürgerlichen Anforderungen folgend, nach ihrer Nutzung ausdifferenziert: Verkehrsplätze, Architekturplätze um öffentliche Gebäude herum, Kirchplätze, Schmuckplätze, Gartenplätze u.a.m.; allesamt konzipiert als weitgehend monofunktionale Plätze, die, nur einem einzigen bürgerlichen Zweck gewidmet, diesem entsprechend würdig gestaltet und ausgestattet waren: eine Gestaltung, die möglichst alle anderen Nutzungen und vor allem alle unerwünschten Formen von Öffentlichkeit ausschloss. Unerwünscht aber war alles, was das neue Selbstbewusstsein des Bürgertums, seinen Drang nach würdevoller öffentlicher Selbstdarstellung störte; dazu gehörte insbesondere die übliche Benutzung des öffentlichen Raums vor den Häusern zum Abstellen privaten „Krempels": Kohlen, Holz, Blumenkübel, alte Stühle zum draußen Sitzen etc. Insofern fanden sich die neuartigen monofunktionalen und auch von „Krempel" befreiten Plätze in erster Linie in den neuen so genannten „gutbürgerlichen Vierteln", denen sie Status verliehen – und damit Wertsteigerungen des Bodens. Gleichzeitig waren die Bewohner ärmerer Viertel meist dazu genötigt, sich ihren Raum im Freien zum „Luftschnappen", Wäschetrocknen und Plaudern dort anzueignen, wo es keinerlei Nutzungsbeschränkung gab: auf unbebauten Grundstücken oder auf ödem Brachland (Ranke 1975).

Die obrigkeitliche Einengung der Nutzung und Benutzung öffentlichen Raums auf oft nur eine einzige Funktion, bzw. seine Einteilung in vielfältige monofunktionale Nutzungszonen, hieß nichts weniger als Abdrängung vieler Formen von Öffentlichkeit aus dem öffentlichen in den privaten Raum hinein; besonders weit wurde dies, als ein Beispiel, im gemeinnützigen Wohnsiedlungsbau seit der Jahrhundertwende getrieben: Der öffentliche Verkehrsraum wurde eingeteilt in Fahr-, Fuß- und manchmal auch Mistwege; die von den Wegen definierten weiten Flächen zwischen den Wohngebäuden bildeten den so genannten „Abstandsraum": privater Schaurasen mit dem Schild „Das Betreten und das Spielen der Kinder ist verboten!" oder – ohne Schild – unbetretbares Gestrüpp aus pflegeleichtem

Cotoneaster; in die Abstandsflächen aber waren „Plätze" eingestreut: Die Spielplätze der Kleinkinder, die Spielplätze der Jugendlichen, die Teppichklopfplätze der Hausfrauen; auch die zeitweise menschenleeren weiten Parkplätze der Anwohner und die durch Hecken abgesonderten Abfallplätze, schließlich ein von Parkplätzen gesäumtes Einkaufszentrum. Was bei den frühen Wohnsiedlungen kurz nach 1900 noch mit viel Aufwand und Geschick der Landschaftsplaner geschaffen worden war, fiel im weiteren Verlauf der Siedlungsreform immer mehr der unaufhaltsamen Rationalisierung des öffentlichen Raums zum Opfer: Ging es doch beim Wohnsiedlungsbau in West und Ost darum, zwecks Senkung von Kosten und Aufwand bei Anlage, Verwaltung und Unterhalt des öffentlich zugänglichen Raums „Ordnung" zu halten und damit die Kosten und Unordnung verursachende Öffentlichkeit immer mehr davon fernzuhalten – oder zumindest in ihrer unübersichtlichen Vielfalt einzuschränken. Das Kind „Öffentlichkeit" fiel im öffentlichen Raum schließlich in den Brunnen – zumindest in den Wohnsiedlungen.

Die hier aus der Geschichte des Beziehungswandels zwischen öffentlichem Raum und städtischer Öffentlichkeit in groben Zügen hergeleitete Vielfalt von Erscheinungsformen hat sich in den letzten Jahren weiter verändert, indem neue, noch ungewohnte Erscheinungsformen hinzugetreten sind (Saldern 1995; dies. 2002). Erwähnt sei hier nur die antizipierte demographische Entwicklung, die mit dem Absinken der Bevölkerungszahl und der gleichzeitigen Überalterung aufgrund der Kinderarmut und gestiegenen Lebenserwartungen nicht nur zu einem höheren Anteil öffentlicher Fläche je Einwohner und damit zu höheren relativen Kosten für die Träger des öffentlichen Raums führen, sondern auch veränderte Formen der Nutzung des öffentlichen Raums nach sich ziehen wird. Erwähnt sei ferner das bislang ungelöste Problem jener Zuwanderer, die, gar nicht oder nur unvollständig in die westliche Kultur integriert, aus Kulturkreisen mit völlig anderer Kultur des Umgangs mit und im öffentlichen Raum stammen, in dem z.B. Frauen nur verschleiert geduldet sind. Es war indes nicht Anliegen dieses an der Planungsgeschichte ausgerichteten Bandes, auf solche erst in jüngster Zeit erkennbaren Facetten und Phänome der Öffentlichkeit im öffentlichen Raum einzugehen.

5. Neue Sichtweisen auf die politisch-kulturelle Kodierung öffentlicher Räume

Der gemeinsame Blickwinkel der hier versammelten Beiträge ist allerdings darauf gerichtet, etablierte historische Planentwürfe und Nutzungsmuster des öffentlichen Raums (Kostof 1992: 123ff) mit aktuellen Fragen nach der politisch-kulturellen Kodierung von Plätzen und Straßen in Verbindung zu bringen; dass also wie für die Fürstenzeit oder die NS-Zeit gezeigt, repräsentativer öffentlicher Raum immer wieder gezielt inszeniert und, zum Zweck vorrangig herrschaftlicher Interessen, räumlich-medial vermittelt wurde. Dies betrifft die materielle Gestaltung öffentlichen Raums in Planung und Ausführung, der z.B. mit Denkmälern und anderen Skulpturen, mit prominenten öffentlichen Gebäuden und später u.a. mit Straßennamen, physisch und damit zugleich auch symbolisch „besetzt" und kodiert wurde (Flierl 1997: 93ff). Solche Kodierung fand (und findet noch heute) ihre Fortsetzung, Ergänzung und Modifikation im Prozess der kollektiven Nutzung und Aneignung, der einerseits in eher informellen und indirekt gesteuerten Formen, wie etwa als Einkaufsbummel, oder in spontaner „alltäglicher" Form verlaufen konnte. Der andererseits in hochgradig inszenierten Formen, wie z.B. als kultischer Auf- oder Umzug bis hin zu totalitär gelenkten politischen Massenkundgebungen etwa der Nationalsozialisten verlief. Zwischen diesen beiden Polen liegen die heutigen Formen der Inszenierung öffentlichen Raums vom Stadtmarketing bis hin zur „Eventkultur", die in Verbindung mit dem Tourismus an Bedeutung gewinnen (Kaltenbrunner 2003).

Bei solchen aktuellen Entwicklungen handelt es sich, wie schon in der Fürstenzeit, um eine realisierte oder intendierte „semiotische Beherrschung" des öffentlichen Raums und seiner Nutzer (Hanisch 2001: 105ff). Sie wurde allerdings, wie zahllose historische Beispiele zeigen, immer wieder von unterschwelligen oder offenkundigen Spannungen zwischen verschiedenen Akteursgruppen durchzogen und nicht selten konterkariert. Insbesondere in ethnisch oder nationalkulturell heterogen zusammengesetzten Gesellschaften konnten solche Spannungen bis hin zu „Mehrfachkodierungen und Mehrfachbeanspruchungen" führen (Saldern 2002: 3ff; Stachel 2004). So auch in den sozialistischen Gesellschaften, in denen es immer wieder, gegenläufig zu den klaren Funktionszuweisungen durch Staat und Partei und ihren inszenierten Aufmärschen und Stadtfesten, zu widersprüchlichen und widerständigen Prägungen und Nutzungen des öffentlichen Raums kam, was im Ergebnis zu widersprüchlichen oder vielfach sich durchdringenden Identitätspolitiken und Leitbildern (images) führte (Flierl 1997: 121ff; Saldern 2003: 17ff; Göschel 2004: 158ff).

In jüngerer Zeit hat die symbolische Kodierung von öffentlichem Raum noch einmal an Bedeutung gewonnen, da zu der schon seit Beginn des 20. Jahrhunderts sprunghaft zunehmenden medialen Vervielfältigung oder gar Neuschaffung von „Images" über Postkarten, Stadtpläne, Filme und Bücher die neuen Formen des so genannten „placemaking", der vermarktbaren Kreierung eines Ortes im virtuellen Raum, hinzugekommen sind (Hartmann 1996: 220ff; Keim 2003: 75ff).

Zur Erforschung der langfristigen Kontinuitäten, Brüche und Wandlungsprozesse in der symbolischen Besetzung und Wahrnehmung öffentlichen Raums sind inzwischen neue Ansätze wie etwa der der „lieux de mémoire", der Orte der Erinnerung (Nora 1990: 26ff) ausgearbeitet worden, die den Begriff des Raumes bzw. Orts bereits weitgehend abgelöst von seiner physischen Gestalt untersuchen (Francois/Schulze 2001: 13; Schlögel 2001: 29ff).

6. Auf der Spur der Genese öffentlichen Raums

Im Kontrast zu den letztgenannten Ansätzen streben die nachfolgenden Aufsätze zumeist eine integrierte Betrachtung der baulich-räumlichen, sozialen und symbolischen Dimension an. Sie analysieren einzelne Typen von Räumen, von Straße und Platz über Grün- und Parkanlagen bis hin zu Fußgängerzonen und Wohnhöfen und verorten deren Platz in städtebaulichen Entwürfen, in übergreifenden planungsgeschichtlichen Entwicklungslinien und in den jeweiligen gesamtgesellschaftlichen Rahmenbedingungen. Deren weitreichender Einfluss, wie z.B. der sozialstaatlichen Verfassung oder des demographischen „Überdrucks" in der Zeit der Hochurbanisierung, den einige Aufsätze ansprechen, wird heute wieder in den Debatten um die Auswirkungen von „Schrumpfungs-Prozessen" auch auf den öffentlichen Raum deutlich (Hardtwig/Tenfelde 1990; Marcuse 2003). Impliziter Fluchtpunkt der Analysen bleibt immer – und dafür ist die integrative Betrachtung der genannten Dimensionen unerlässlich – die Auswertung historischer Erfahrungen für gegenwärtige Konzepte mit dem Ziel der Qualitätsentwicklung öffentlichen Raums. Dazu werden im folgenden die einzelnen Etappen und das Ringen um die Gestaltung und Nutzung des öffentlichen Raums zwischen den historisch wechselnden Akteursgruppen empirisch analysiert und konkrete Strategien, Interessen und Konfliktmuster innerhalb dieser Entwicklungsgeschichte identifiziert. In diesem Sinn bieten die hier versammelten Aufsätze exemplarische Fälle und Materialien zur Genese des öffentlichen Raums.

Einleitend analysiert *Gerhard Fehl* den historischen öffentlichen Raum in seinen Bezügen zum Städtebau und zur Öffentlichkeit: Als Ort öffentlicher Meinungsbildung „von oben" wie „von unten", aber auch als beplante und sich seit etwa 1800 ausdifferenzierende „öffentliche Flächen", identifiziert er eine Vielzahl konfligierender Interessen und Zwänge (von obrigkeitsstaatlichen Interventionen bis hin zu Finanzierungsfragen) und unterschiedlicher Raumtypen, die das grundlegende Spannungsverhältnis von kommunikativem und gebautem Raum bestimmten. Drei Phasen werden bei der Herausbildung des „modernen" öffentlichen Raums benannt: Die Periode absolutistischer Stadtplanung vor 1815, die Etappe konfliktreicher Aushandlung zwischen Obrigkeit und erstarkendem Bürgertum bis etwa 1860 und die überwiegend kommunale Regulierung zunehmend differenzierter Nutzung des öffentlichen Raums bis fast zum Ende des 19. Jahrhunderts. Drei Aspekte werden dabei hervorgehoben: Die Öffentlichkeit auch auf privaten Flächen, die abnehmende Bedeutung öffentlichen Raums als politischer Kommunikationsraum und die Unsicherheit der Städtbauer bei der Gestaltung jenes öffentlichen Raums, der, wie in Wohnsiedlungen, nicht einer repräsentativen Öffentlichkeit dient.

Die Physis oder Materialität des öffentlichen Raums stellt sich nach seiner Hygienisierung im 19. Jahrhundert völlig anders dar als im vorindustriellen Zeitalter. In drei großen Feldzügen wurden, wie *Christoph Bernhardt* zeigt, die Städte entwässert, die Straßen versiegelt und die Wasserkreisläufe kanalisiert – mit weitreichenden Konsequenzen für die Nutzung der Räume und die habituelle (Selbst-)Disziplinierung der Städter. Anhand der zurückgehenden Bedeutung des „Leitmediums" Wasser in den Berliner Stadtplanungen von Peter Joseph Lenné, James Hobrecht und Martin Wagner rekonstruiert Bernhardt den fundamentalen Vorgang der „Versiegelung" des öffentlichen Raums und das Absinken der Umweltgestaltung zur „Fachplanung" parallel zum Aufstieg des „modernen Städtebaus".

Wie die Planung und Gestaltung öffentlicher Räume sich als Folge von Paradigmenwechseln im Städtebau grundlegend wandelte, weist *Ursula von Petz* am Beispiel Münchens vor dem Ersten Weltkrieg nach. Sie zeigt, wie insbesondere dem Münchener Stadtbaurat Theodor Fischer an der Schwelle zum 20. Jahrhundert – in Auseinandersetzung mit dem Konzept des „künstlerischen Städtebaus" von Camillo Sitte, das selbst das Ergebnis einer kritischen Rezeption des großen Stadtumbauprojektes der Wiener Ringstraße war – eine schöpferische Vermittlung gelang zwischen der Berücksichtigung der ursprünglichen Flureinteilung und einer individuell-kleinräumig angelegten Stadtgestaltung: Mit neuartigen Straßenräumen und Platzanlagen konnte Fischer so den zu seiner Zeit viel beachteten individualisierten öffentlichen Raum konzipieren. In der Folge schuf er 1904 im Zusammenspiel mit modernen städtebaulichen Institutionen, wie dem neu eingerichteten Stadterweiterungsamt, und mit dem neuen Instrumentarium des Staffelbauplans die bis 1965 gültige planerische Grundlage für einen räumlich und funktional differenzierten Stadtkörper.

Das besondere Verhältnis zwischen öffentlichen Stadträumen und der Herausbildung einer bürgerlichen Öffentlichkeit behandelt *Renate Kastorff-Viehmann* am Beispiel der städtischen Freiflächen und der Grünflächenpolitik im Ruhrgebiet. Im Rückblick auf die Zeit des späten 19. und frühen 20. Jahrhunderts wird deutlich, dass die Sensibilität für die Qualität der städtischen Umwelt von der Entwicklung der allgemeinen Stadtkultur abhing, und die Frei- und Grünflächenpolitik als instrumentelle Komponente in Strategien einer bewussten politischen Beeinflussung der Öffentlichkeit, gerade auch der „proletarischen Öffentlichkeit", eingebunden war.

Den wohl dramatischsten Funktionswandel durchliefen die öffentlichen Räume in den totalitären Regimes des Nationalsozialismus und des DDR-Staates, wobei die so genannten „sozialistischen Räume" jenseits weniger monumentaler Magistralen bisher kaum erforscht wurden und daher im vorliegenden Band besondere Aufmerksamkeit erhalten.

Wie stark die Besetzung des öffentlichen Stadtraums zum Zweck der Kontrolle des öffentlichen Lebens im Nationalsozialismus bis hin zur Vision einer „rassereinen" Stadtgesellschaft gesteigert wurde, zeigt *Christiane Wolf* am Beispiel der Planungen für das Gauforum Weimar. Die Okkupation der schon vor 1933 für NS-Aufmärsche genutzten „Klassikerstadt" vollzog sich – ähnlich wie in Dresden und München – zunächst als Zusammenfassung öffentlicher Gebäude und Parteibauten zu einem Platzensemble und dann erst als intendierte neue Zentrumsbildung mit dem Gauforum als dominierendem Komplex. Zum „Spielplan" der NSDAP für die öffentlichen Räume gehörte z.B. die erstmals 1937 abgehaltene kultische Totenehrung nach dem Vorbild der Münchener Aufmärsche zum 9. November, wobei der neue repräsentative öffentliche Stadtraum des Gauforums mit städtebaulichen Mitteln helfen sollte, die Volksgemeinschaft zu formen.

In der DDR wurde die Neudefinition von Straßen und Plätzen als Demonstrationsschauplätze bekanntlich 1989 radikal entgegen den Intentionen der Machthaber uminterpretiert. Zunächst jedoch konzipierten Partei und Staat, wie *Frank Betker* zeigt, eine grundlegende neue stadträumliche Anordnung der raumstrukturierenden öffentlichen Gebäude, aber auch des städtischen Wohnens und steigerten dabei nicht zuletzt die Symbolgehalte zentralen öffentlichen Raums. Neben einem fast allgegenwärtigen Kontrollsystem fand aber auch der Übergang zur Konsumgesellschaft mit den Fußgängerzonen der 1970er Jahre einen adäquaten baulich-räumlichen Ausdruck, bevor die Zivilgesellschaft um 1989 auch politisch wieder schrittweise auf den öffentlichen Raum zugriff und ihn als Kommunikationsort zurückeroberte.

Unter den verschiedenen Arten von öffentlichem Raum in der sozialistischen Stadt nahmen die Stadtzentren als hervorgehobene Orte der öffentlichen Inszenierung der Staatsmacht und der Partei eine herausragende Position ein. *Carsten Benke* belegt jedoch, dass in scharfem Kontrast zu dieser ideologischen Wertschätzung gerade die zentralen Plätze in den Prestigeprojekten der Neuen Städte und mehr noch in den meisten Kleinstädten weitgehend ungestaltet blieben. Das zumeist fehlende oder völlig marginalisierte städtische Rathaus lässt sich als sinnfälliger städtebaulicher Ausdruck der Monopolisierung der Staatsgewalt und defizitären Urbanisierung lesen und prägte seinerseits die Stadtmitte.

In einzelnen Renommiermeilen, insbesondere in der Ost-Berliner Stalinallee, gelang allerdings punktuell die Realisierung des dezidert als Gegenmodell zur bürgerlichen Stadt konzipierten sozialistischen Städtebaus, für den die Partei 1950 in ihren „16 Grundsätzen des Städtebaus" ein positives Stadtverständnis festgelegt hatte, dem es jedoch, wie *Ruth May* zeigt, an einem Begriff der sozialistischen Stadtgesellschaft als politischer und öffentlicher Sphäre sui generis fehlte. Die Planung und Realisierung eines anspruchsvollen, differenzierten Programms für den öffentlichen Raum, das z.B. für die neue Planstadt Eisenhüttenstadt entwickelt wurde – vom grünen Blockinnenbereich über die Wohnstraße bis zur Magistrale –, förderte zwar die Ausbildung nachbarschaftlicher Kultur, sparte die Dimension freier öffentlicher Kommunikation jedoch weitgehend aus.

In mancher Hinsicht deutlich stärker als in der DDR, in vielem aber auch parallel dazu, wurde der öffentliche Raum in den Städten der Bundesrepublik durch zunehmende Konsumorientierung und Autoverkehr nachdrücklich geprägt, wie *Dirk Schubert* am Beispiel der Fußgängerzonen zeigt. Allen drei im Laufe der Jahrzehnte entwickelten Varianten – den Wiederaufbauprojekten, der Umgestaltung der Zentren und den Einkaufszentren am Stadtrand – war gemein, dass sie ungenügend in die Umgebung eingebettet waren und, als Folge Ihrer Monofunktionalität, zumindest zeitweise veröderten und im Zug der Rationalisierung und des Kostenmanagements vielfach verwahrlosten.

Ganz andere Herausforderungen, Chancen und Probleme warf und wirft die Gestaltung des öffentlichen Raums in den Großsiedlungen der Bundesrepublik auf. *Ulrich Wieler* skizziert am Beispiel des Stadtplaners und Architekten Walter Schwagenscheidt, einem Schüler Theodor Fischers, wie das Konzept der Nachbarschaftseinheit in einer hierarchisierten Stadtlandschaft, vermittelt über verschiedene Zwischenschritte und Theoriereflexionen, schließlich ab Ende der 1950er Jahre in der Frankfurter Nordweststadt realisiert wurde. Exemplarisch lassen sich hier einige grundlegende städtebauliche Ursachen für defizitären öffentlichen Raum – wie den Verlust an räumlicher Prägnanz bei allseitig offenen Hausgruppen oder die durchgehende funktionale Isolierung von Grünflächen und Geschäftszentrum – empirisch nachvollziehen.

In dem abschließenden Beitrag versuchen *Tilman Harlander* und *Gerd Kuhn*, ausgehend von dem breiten Spektrum an aktuellen Positionen, die von dramatischen Krisendiagnosen bis zu optimistischen Gegenentwürfen reichen, den Bogen über die Geschichte des öffentlichen Raums im 20. Jahrhundert zu schlagen. Dabei heben sie hervor, dass der Funktionswandel dieser städtischen Räume verwoben ist und nur angemessen verstanden werden kann im Rahmen des irreversiblen Strukturwandels von Öffentlichkeit selbst. Jenseits eines idealisierten Begriffs von Öffentlichkeit impliziert Historisierung der Kategorie des öffentlichen Raums dann den Blick auf die widersprüchlichen und konflikthaften Formen seiner symbolischen Besetzung und Instrumentalisierung, d.h. vor allem auch auf die

Geschichte seiner Krisen. So wird der spezifische Charakter einzelner Raumtypen – etwa in den Siedlungen der 20er Jahre oder den nationalsozialistischen Aufmarschplätzen in den Führerstädten – deutlich, die zu verschiedenen historischen Perioden ganz unterschiedlichen Interventionen und Ansprüchen ausgesetzt waren. In epochenübergreifender Sicht erscheint dabei die fast vollständige „Auslieferung" der Städte an den Autoverkehr nach 1945 als Bruchlinie. Neuere Krisendiagnosen etwa zur ökonomischen Krise der Städte, zur Privatisierung, Überwachung oder „Entleerung" öffentlicher Räume erscheinen in historischer Perspektive weniger als Niedergangslinie, denn als „komplexer und widersprüchlicher Wandel". Vielfältige Formen neuer Inbesitznahme und Requalifizierung stützten diese gedämpft positive Schlussbilanz.

Literatur

Adrian, Luise (2002): E-shopping und Kommunen. In: Informationen zur modernen Stadtgeschichte (IMS) 1/2002
Bahrdt, Hans Paul (1961): Die moderne Großstadt. Soziologische Überlegungen zum Städtebau. Reinbeck
Bartel, Horst u.a. (Hg.) (1980): Das Sozialistengesetz 1878-1890. Berlin
Denkmaltopographie Bundesrepublik Deutschland (1994): Baudenkmale in Berlin. Ortsteil Grunewald. Berlin
Demokratische Gemeinde (2003) 11/2003
Durth, Werner (1977): Die Inszenierung der Alltagswelt. Zur Kritik der Stadtgestaltung. Braunschweig
Fehl, Gerhard (1988): Der Kleinwohnungsbau, die Grundlage des Städtebaus?. In: Rodriguez-Lores, Juan/ Fehl, Gerhard (Hg.): Die Kleinwohnungsfrage. Zu den Ursprüngen des Sozialen Wohnungsbaus. Hamburg
Flierl, Bruno (1997): Politische Wandbilder und Denkmäler im Stadtraum. In: Ders.: Gebaute DDR: Über Stadtplaner, Architekten und die Macht. Kritische Reflexionen 1990-1997. Berlin, S. 93-107
Francois, Etienne; Schulze, Hagen (2001): Einleitung. In: Dies. (Hg.): Deutsche Erinnerungsorte I, München
Gerhards, Jürgen; Neidhardt, Friedrich (1990): Strukturen und Funktionen moderner Öffentlichkeit. Fragestellungen und Ansätze. FS III 90-101. Berlin
Göschel, Albrecht (2004): Lokale und regionale Identitätspolitik. In: Walter Siebel (Hg.): Die europäische Stadt, Frankfurt a.M., S. 158-168
Grabow, Busso (2002): MEDIA@Komm- Multimedia-Initiative der Bundesregierung zur Umsetzung virtueller Rathäuser und Marktplätze. In: Informationen zur modernen Stadtgeschichte (IMS) 1/2002
Griebl, Dorle (1999): Die Villenkolonien in München und Umgebung. München
Habermas, Jürgen (1962, 2. Aufl.1990): Strukturwandel der Öffentlichkeit. Neuwied/Berlin
Hachtmann, Rüdiger (1997): Berlin 1848. Eine Politik- und Gesellschaftsgeschichte der Revolution (Bürgerliches und 'proletarisches' Vereinswesen). Bonn
Hanisch, Ernst (2001): Wien, Heldenplatz. In: Etienne Francois; Hagen Schulze (Hg.): Deutsche Erinnerungsorte I. München
Hardtwig, Wolfgang; Tenfelde, Klaus (Hg.) (1990): Soziale Räume in der Urbanisierung. Studien zur Geschichte Münchens im Vergleich 1850-1933. München
Harlander, Tilman (Hg., mit Harald Bodenschatz, Gerhard Fehl, Johann Jessen, Gerd Kuhn und Clemens Zimmermann, (2000): Villa und Eigenheim. Suburbaner Städtebau in Deutschland. München, Stuttgart
Hartmann, Kristina (1996): Alltagskultur, Alltagsleben, Wohnkultur. In: Geschichte des Wohnens, Bd. 4: 1918-1945. Reform, Reaktion, Zerstörung, hg. von Gert Kähler. Stuttgart
Herlyn, Ulfert (2004): Zum Bedeutungswandel der öffentlichen Sphäre – Anmerkungen zur Urbanitätstheorie von H.P. Bahrdt. In: Walter Siebel (Hg.): Die europäische Stadt. Frankfurt a.M., S. 121-130
Hölscher, Lucian (1979): Öffentlichkeit und Geheimnis. Eine begriffsgeschichtliche Untersuchung zur Entstehung der Öffentlichkeit in der frühen Neuzeit. Stuttgart
Jacobs, Jane (1963): Tod und Leben großer amerikanischer Städte. Bauweltfundamente Bd. 4. (New York 1961). Berlin, Frankfurt a.M., Wien
Kaltenbrunner, Robert (2003): Öffentlichkeit – zwischen Ort, Funktion und Erscheinungsbild. In: Wolkenkuckucksheim, 8. Jg. H. 1, 2003: Der öffentliche Raum in Zeiten der Schrumpfung, hier zitiert nach: http://www.tu-cottbus.de/BTU/Fak2/TheoArch/wolke/deu/Themen/themen031.htm (Zugriff am 20.10.2004)
Keim, Karl-Dieter (2003): Das Fenster zum Raum. Traktat über die Erforschung sozialräumlicher Transformation. Opladen
Klünner, Hans-Werner (2001): Berliner Plätze. Fotografiert von Max Missmann. Berlin
Kokkelink, Günther; Menke, Rudolf (1977): Die Straße und ihre sozialgeschichtliche Entwicklung. In: Stadtbauwelt 55, S. 12-16
Kostof, Spiro (1992): Die Anatomie der Stadt. Geschichte städtischer Strukturen. Frankfurt a.M./New York
Kühn, August (1981): Die Vorstadt. München
Läpple, Dieter (2003): Auflösung oder Renaissance der Stadt? Herausforderung an Planung und Städtebau., In: polis 3/2003, S. 18-20
Lindenberger, Thomas (1985): Straßenpolitik. Zur Sozialgeschichte der öffentlichen Ordnung in Berlin 1900 bis 1914. Bonn
Löffler, Fritz (2000): Dresden im 18. Jahrhundert: Bernardo Bellotto, genannt Canaletto. München/Berlin
Luhmann, Niklas (1986): Ökologische Kommunikation. Opladen
Marcuse, Peter (2003): The Threats to Publicly Usable Space in a Time of Contraction. In: Wolkenkuckucksheim, 8. Jg. H. 1, 2003
Mitscherlich, Alexander (1965): Die Unwirtlichkeit unserer Städte. Frankfurt a.M.
Nora, Pierre (1990): Zwischen Geschichte und Gedächtnis. Berlin
Pontoppidan, Henrik (1906): Hans im Glück. (dt. 1981). Frankfurt a.M..
Profé, Beate (2003): Neue Strategien der Freiraumentwicklung in Berlin. In: Wolkenkuckucksheim, 8. Jg. H. 1, 2003: Der öffentliche Raum in Zeiten der Schrumpfung, hier zitiert nach:http://www.tu-cottbus.de/ BTU/Fak2/TheoArch/wolke/deu/Themen/themen031htm (Zugriff am 20.10.2004).

Ranke, Winfried (1975): Heinrich Zille. Photographien Berlin 1890 -1910. Bonn
Saldern, Adelheid von (1995): Häuserleben. Zur Geschichte städtischen Arbeiterwohnens vom Kaiserreich bis heute. Bonn
Saldern, Adelheid von (2002): Stadt und Öffentlichkeit in urbanisierten Gesellschaften. Neue Zugänge zu einem alten Thema. In: Informationen zur modernen Stadtgeschichte (IMS) 1/2002, S. 3-15
Saldern, Adelheid von (2003): Herrschaft und Repräsentation in DDR-Städten. In: Dies. (Hg.): Inszenierte Einigkeit. Herrschaftsrepräsentationen in DDR-Städten. Stuttgart
Schlögel, Karl (2001): Die Wiederkehr des Raums. In: Promenade in Jalta und andere Städtebilder. München/Wien
Selle, Klaus (2004): Öffentlicher Raum in der europäischen Stadt – Verfall und Ende oder Wandel und Belebung? Reden und Gegenreden. In: Walter Siebel (Hg.): Die europäische Stadt. Frankfurt a.M., S. 131-145
Siebel, Walter (2003): Die überwachte Stadt – Ende des öffentlichen Raums? In: Stadt mit Sicherheit. Hg. v. Volker Roscher. In: Alte Stadt 3/2003
Specht, Agnete v.(1992): Streik – Realität und Mythos. Berlin
Staatliche Kunsthalle Berlin (Hg.) (1991): Hans Baluschek 1870-1935. Berlin
Stachel, Peter (2004): Konferenzbericht über die Tagung „Die Besetzung des öffentlichen Raums. Politische Codierungen von Plätzen, Denkmälern und Straßennamen im europäischen Vergleich (19. und 20. Jahrhundert)" in Prag 11/2004. In: mailing-Liste H-SOZ-KULT, http://hsozkult.geschichte.hu-berlin.de/termine/id=3006. Berlin
Stübben, Josef (1877): Über die Anlage öffentlicher Plätze. In: Deutsche Bauzeitung,
Stübben, Josef (1890): Der Städtebau. Darmstadt

28 ....

Gerhard Fehl
Öffentlicher Raum, Öffentlichkeit, Städtebau:
Eine Skizze ihrer Transformation zwischen Absolutismus und Liberalismus (ca. 1760-1890)

Der Aufenthalt im öffentlichen Raum deutscher Großstädte um 1900 war entweder öd und elend oder aber von Hetze und Überfüllung geprägt, glaubt man den Äußerungen des Stadtkritikers K. Scheffler von 1910: „Was man in der Reichshauptstadt Platz nennt, das ist einfach eine größere oder kleinere Öffnung, auf die ein halbes Dutzend Straßen einmünden und über die der Verkehr kreuz und quer lebensgefährlich dahinbraust; oder es sind Lichtungen im Häuserwald, die vom Landschaftsgärtner mit Gebüsch bewaldet werden (…). Auch die freien Plätze sind durchweg hässlich (…) physiognomielos und indifferent in jedem Bezug. (…) Alles in Berlin macht einen traurigen, lieblosen Eindruck" (Scheffler 1910: 182f.). Ähnliches war auch schon 1877 von J. Stübben (seit 1881 Stadtbaurat von Köln) zu hören gewesen, als er in den jüngsten Stadterweiterungen nur „ungemüthliche Plätze" (Stübben 1877: 395) kennen gelernt hatte, die keinesfalls „annehmlich" oder gar „behaglich" waren; und so hatte er zu Recht den „Städtebauern" (ebd. 404) seiner Zeit ans Herz gelegt, „sich in Zukunft (…) bei der Planung von Straße und Platz sorgfältiger um das Publikum" zu bemühen und in dessen Interesse „neben Sicherheit und Zweckmäßigkeit" vermehrt „auf Gesundheit und Schönheit großes Gewicht zu legen" (ebd. 393). In seinem grundlegenden Buch „Der Städtebau" ging es ihm 1890, weiterhin in Sorge um das Publikum, bei der Anlage neuer öffentlicher Plätze vorrangig um „öffentliche Gesundheit, Behaglichkeit und Erholung" (Stübben 1890: 154ff).

Aus diesem kleinen Meinungsbild vom Ende des hier untersuchten Zeitraums lassen sich die beiden Hauptakteure herauslesen, die in Deutschland spätestens seit dem 17. Jahrhundert in einer komplizierten und wechselvollen Beziehung untereinander und mit dem öffentlichen Raum verbunden waren: Auf der einen Seite stand die Öffentlichkeit (le public)[1], das „Publikum", wie es zeitgenössisch hieß, mit vielfältigen und divergierenden Anforderungen an den öffentlichen Raum, so beispielsweise 1877 an „Sicherheit und Zweckmäßigkeit" gegenüber „Gesundheit und Schönheit". Der Öffentlichkeit stand gegenüber die Obrigkeit (l' autorité) von Staat oder Kommune[2], hier vertreten durch den Städtebauer (Geometer, Landschaftsgärtner, Tiefbauingenieur etc.), der in ihrem Auftrag dem öffentlichen Raum Gestalt zu verleihen hatte. Die Obrigkeit, die der Öffentlichkeit (la généralité) den öffentlichen Raum zum freien Zutritt zur Verfügung stellte, herrschte in vielfältiger Weise über ihn – und auch über das Verhalten und Befinden des in ihm befindlichen Publikums.

Abb. 1: Berlin Moritzplatz 1906 : Typus des damals modernen, aber von J. Stübben als „ungemüthlich" bezeichneten „Verkehrsplatzes"
Quelle: Klünner 2001

Diese Konstellation hat sich im Untersuchungszeitraum nicht grundlegend verändert – was sich indes grundlegend wandelte, waren die Beziehungen und deren Qualität: Die Öffentlichkeit differenzierte sich weiter in vielerlei gesellschaftliche Formen und Gruppierungen aus; die verschiedenen Gruppierungen stellten vermehrte und zunehmend konkurrierende Anforderungen an den öffentlichen Raum und beanspruchten Teile allein je für sich; es entspannten sich zwar die Beziehungen zwischen herrschender Obrigkeit und beherrschter Öffentlichkeit durch neue gesetzliche Regelungen; aber es änderten sich auch die Aufgaben des Stadtbaus (seit etwa 1877 „Städtebau" genannt), bezogen auf den öffentlichen Raum, indem er mit seinem endgültigen Übergang in kommunale Verantwortung näher an lokale Politik herangerückt und in der Folge im öffentlichen Raum der Behandlung sozialer Probleme erhöhtes Gewicht beigemessen wurde. Die Konstellation erweiterte sich, fast schon am Ende des Untersuchungszeitraums, noch durch einen hinzutretenden dritten Akteur: Es waren dies kapitalstarke private Investoren, „Terraingesellschaften" genannt, die mit ihrem so genannten „privaten Städtebau", d.h. mit privater Planung, rationeller Aufschließung auf eigene Rechnung und differenzierter Vermarktung von Terrains für Villen- , Mittelstands- oder Arbeiterkolonien (meist jenseits der großstädtischen Gemeindegrenzen) dem noch in strenger Einförmigkeit erstarrten „obrigkeitlichen Städtebau" ernst zu nehmende Konkurrenz zu machen begannen; die kommunalen Obrigkeiten sahen sich in der Folge veranlasst, im Gemeindegebiet vermehrt und differenzierter auf Forderungen der Öffentlichkeit (la généralité) u. a. nach Vermehrung und größerer Vielfalt des öffentlichen Raums einzugehen.

Der Wandel dieses Beziehungsgefüges soll über drei historische Phasen hinweg in verallgemeinerten Zügen dargestellt werden: In der Phase des späten, so genannten „Aufgeklärten Absolutismus" (ca. 1760-1820), in der zentral gelegene Teile des öffentlichen

Raums den Rahmen bildeten für die „repräsentative Öffentlichkeit" (la représentation public de l'autorité; Habermas 1990: § 3) der Fürsten, während sich gleichzeitig das Publikum des aufgeklärten Bürgertums in private Räume zurückzog. Dann in der Phase der so genannten „Restaurationszeit" (ca. 1820-1861), in der die alten Beziehungen zwischen Obrigkeit und Öffentlichkeit teilweise fortgesetzt wurden, aber unter neuen gesellschaftlichen Bedingungen sich auch neue Beziehungen anbahnten, getragen u.a. von jener für Deutschland neuartigen Form „politischer Öffentlichkeit"[3], d.h. einem „Publikum" im „Diskurs" bei der „politischen Meinungsbildung"; ein Publikum, das im öffentlichen Raum eine „politische Arena" sah, die es sich anzueignen versuchte. Schließlich die Phase der so genannten „Bismarckschen Reformzeit" (1862-1890), die auch die „Städtebau-Reform" (u.a. Rodriguez-Lores/Fehl 1985) hervorbrachte: Die Obrigkeit widmete nun dem öffentlichen Raum vermehrte Aufmerksamkeit angesichts neuer wissenschaftlich fundierter Anforderungen z.B. der Stadthygiene; sie wurde gedrängt vom sich politisch gegenüber dem „ancien régime" emanzipierenden Stadtbürgertum – und zugleich von ernster politischer Sorge um die sich verschärfenden sozialen Spannungen.

Der Frage wird nachzugehen sein, ob der Städtebauer, für den J. Stübben 1877 beanspruchte, „die Gestaltung von Stadtplänen (...) als eine in erster Linie ihm zukommende Arbeit zu betrachten" (Stübben 1877: 393), im Untersuchungszeitraum Einfluss zu nehmen vermochte nicht nur auf Gestalt und Ausstattung des öffentlichen Raums, sondern – befördernd oder behindernd – auch auf die Öffentlichkeit, also das Publikum im öffentlichen Raum, und auf dessen Verhalten und Befinden? Dass es nicht bei ihm lag, im öffentlichen Raum Öffentlichkeit herzustellen, zu erzwingen oder, im Gegenteil, gänzlich zu verhindern, sei als selbstverständlich vorausgesetzt. Bei Beantwortung der Frage wird es allerdings notwendig sein, die Ausweitung und das Ausweichen der Öffentlichkeit (le public & la publicité) vom öffentlichen Raum aus auch in den privaten Raum hinein zu untersuchen; also ergänzend der Frage nachzugehen, ob, über den Untersuchungszeitraum hin betrachtet, die scharf gezogene eigentumsrechtliche Grenze zwischen öffentlichen und privaten Flächen eine ebenso scharfe Abgrenzung zwischen den „Sphären der Öffentlichkeit" und der „Privatheit" nach sich zog.

1. „Öffentlicher Raum" oder „Öffentliche Flächen" ?

Der heute allenthalben verwendete Begriff „öffentlicher Raum" ist, verglichen mit dem Begriff „Öffentlichkeit", aller jüngsten Datums und hat in kürzester Zeit den bis dahin üblichen städtebaulichen Fachbegriff der „öffentlichen Flächen der Straßen, Wege und Plätze" (Stübben 1879: 16) weitgehend verdrängt, wohl auch, weil dieser so sachlich-nüchtern, jener aber blumig, bildhaft und viel versprechend neu daherkam[4].

„Straßen, Wege und Plätze" hatten im 18. und teilweise noch im 19. Jahrhundert in der Vorstellung der Fürsten und ihrer Städtebauer eine untrennbare gestalterische Einheit mit der städtischen Bebauung gebildet; so wurde der so genannte „Stadtgrundriss" (Straßen, Plätze, Baugrundstücke etc.) häufig im Zusammenhang mit der Bebauung konzipiert. Dennoch wurden Flächen und Bebauung aus fiskalischen, administrativen und eigentumsrechtlichen Gründen in der Regel gesondert betrachtet und geregelt. Das Attribut „öffent-

Abb. 2: Berliner „Modellbauten" um 1735: gestalterische Einheit von Stadtgrundriss und Bebauung gemäß dem gegebenen 2-geschossigen Hausmodell – bei gleichzeitig rechtlicher Dichotomie von öffentlicher Fläche und privater Bebauung. *Quelle: Kostof 1992*

lich" bezeichnete bei den im Stadtgrundriss exakt ausgewiesenen Flächen gleichzeitig fünf verschiedene, doch sachlich eng miteinander verknüpfte Merkmale:
- die mit dem Attribut „öffentlich" in einem Stadtbauplan gekennzeichneten Flächen der Straßen, Wege, Plätze etc. waren der Obrigkeit – wohlgemerkt: nicht der Öffentlichkeit! – als „öffentliches Eigentum" vorbehalten: Sei es, dass sie aus fürstlichem Domänenbesitz stammten, sei es, dass sie durch Grundstückstausch oder durch „öffentliche Enteignung" privater Besitzer gewonnen waren, sei es, dass private Grundeigner, wie von der Obrigkeit gewünscht, sie ihr freiwillig und unentgeltlich abtraten[5];
- die mit dem Attribut „öffentlich" bezeichneten Flächen der Straßen, Plätze etc. lagen indes nicht nur im Eigentum der Obrigkeit, sondern sie waren auch, gemäß einem Willensakt des Fürsten, mit dem besonderen Recht auf freien Zugang (l'accesiibilité public) für die Öffentlichkeit (la généralité de ville) ausgestattet, also für alle Stadtbewohner und alle, denen Aufenthalt in der Stadt gewährt war (gleich ob arm oder reich, Frau oder Mann, Bürger oder Bauer) – im Gegensatz zu anderen Flächen in öffentlichem Eigentum ohne öffentlichen Zugang (z.B. Schulhöfe, Gefängnisse);
- das Attribut „öffentlich" kennzeichnete also eine „öffentliche Dienstleistung" der Obrigkeit: Im merkantilistischen Wirtschaftssystem eine fürstliche Vorleistung für die städtische Öffentlichkeit (la généralité de ville) zum Zweck unbehinderter Erreichbarkeit aller Grundstücke; also eine grundlegende Voraussetzung für Handel und Wandel, deren Förderung zu den zentralen Zielsetzungen absoluter Fürsten gehörte, denn von ihnen hingen der Wohlstand in Stadt und Land ab und, nicht zu übersehen, auch einige den Fürsten zufallende gewichtige Steuereinnahmen, wie u.a. die „Akzise" genannte Verzehrsteuer, die auf alle in die Stadt eingeführten Waren erhoben wurde;
- das Attribut „öffentlich" kennzeichnete die im Eigentum der Obrigkeit liegenden und öffentlich zugänglichen Flächen auch als in deren „öffentlicher Verantwortung" liegend, insbesondere zur Wahrung von „öffentlicher Sicherheit und Ordnung". Folglich

hatten die Obrigkeiten als Grundeigner und Verantwortungsträger das Entscheidungs-Monopol auf ihnen. Zur Wahrung von Sicherheit und Ordnung waren ihnen u.a. drei Kategorien von Instrumenten an die Hand gegeben: Erstens konnte sie so genannte „öffentliche Reglements" (gesetzkräftige Verordnungen und Statute) zur Nutzung und Benutzung der öffentlichen Flächen und zum Verhalten der Öffentlichkeit auf ihnen erlassen, deren Einhaltung überwachen und gegebenenfalls strafend „öffentlich" eingreifen; zweitens konnte sie sowohl für Herstellung und Unterhalt als auch für die Benutzung öffentlicher Flächen „öffentliche Gebühren" von den Nutznießern und Benutzern erheben (u.a. das gelegentlich an den Stadttoren von jedem Passanten zu zahlende so genannte „Pflastergeld"); drittens waren sie Herren über den Stadtgrundriss, indem sie über Art und Zeitpunkt seiner Herstellung, die Verfügung über den Boden und den Einsatz von Finanzmitteln bestimmen und, vermittelt über den Städtebauer, Ort, Quantität und Qualität der öffentlichen Flächen festlegen konnten – also Form, Gestaltung, Ausstattung, symbolische Kodierung, Nutzung etc.

- die als „öffentlich" bezeichneten Flächen belasteten die „öffentlichen Haushalte" in doppelter Weise: Im Eigentum der Obrigkeit liegend, warfen sie dieser einerseits keinen Steuerertrag ab; andererseits entstanden ihr mit der Bereitstellung des Bodens, der Herstellung der Straßen, Wege und Plätze, deren Unterhalt und der Wahrung von Sicherheit und Ordnung etc. erhebliche Kosten. Staat und Gemeinden versuchten also immer wieder, sich die Übernahme der einzelnen Kostenpositionen gegenseitig zuzuschieben oder aber sie den privaten Grundeignern – zumindest anteilig – in der Form von „Anliegerbeiträgen" anzulasten; im Übrigen versuchten sie sich ihrer öffentlichen Pflichten durch äußerste Sparsamkeit bei der Ausweisung öffentlicher Flächen und bei deren Herstellung zu entledigen.

Wenn also im Weiteren von „öffentlichen Flächen" die Rede ist, dann ist stets die in den beiden ersten Punkten genannte doppelte Bestimmung gemeint: a) Flächen in der Stadt im Eigentum der Obrigkeit, auf denen b) der Öffentlichkeit (la généralité) freier Zugang gewährt ist. Bei ihrem oft überbordenden Regelungsdrang hatte eine Obrigkeit indes zu beachten, dass ihre öffentlichen Flächen den folgenden „profanen Funktionen" für Handel und Wandel in der Stadt dienten – diese also, sollte ihr allgemeiner Nutzen nicht verloren gehen, nicht willkürlich einzuschränken waren:

- durch die freie Zugänglichkeit zu jedem Grundstück einer Stadt war ein „Netzwerk öffentlicher Flächen" hergestellt, das der Öffentlichkeit (la généralité de ville) in ihren Rollen als Bewohner, Besucher, Lieferanten, Kunden etc. einerseits zur freien Bewegung und Begegnung in der Stadt und andererseits zu ihrem Aufenthalt außerhalb der privaten Grundstücke diente; damit aber bot das Netzwerk der öffentlichen Flächen jedem Menschen in der Stadt einen „neutralen Ort", von dem ihn allein die obrigkeitlichen Ordnungshüter bei Störung „öffentlicher Sicherheit und Ordnung" verweisen konnten, nicht aber irgend ein beliebiger Stadtbewohner; im Gegensatz zu privaten Grundstücken, auf denen allein der jeweilige Grundstückseigner oder -besitzer jedem beliebigen anderen (Freund, Fremdem oder Vertreter der Obrigkeit) den Zugang verwehren oder ihn vom Grundstück verweisen durfte;

- solche grundsätzliche „Neutralität" öffentlicher Flächen war (und ist) die Grundlage für die verschiedenen, in der Einführung benannten Formen von Öffentlichkeit: der politischen, der der Begegnung und der im Hintergrund bleibenden; auf der Grundlage der Neutralität konnten auf den öffentlichen Flächen jeder und jede, ganz nach Belieben, allein oder gesellig sein, geschäftig hindurchhetzen oder müßig herumstehen, schweigen oder reden, sich vor anderen (en public) darstellen oder zuschauen, oder gar versuchen unsichtbar zu erscheinen – niemand konnte ihm oder ihr hineinreden; niemand sich aber auch einen Teil der öffentlichen Flächen zum Nachteil der Allgemeinheit aneignen;

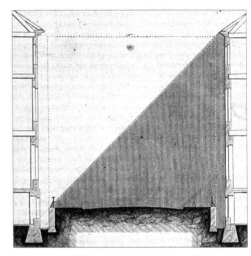

Abb. 3: Die „Breitenregel" des Straßenprofils um 1840: Pyrotechnisch bemessene Straßenbreite gleich Bauhöhe   Quelle: Vogel 1842

- der freie Zugang von den öffentlichen Flächen her sicherte darüber hinaus die öffentliche oder private Hilfeleistung auf jedem Grundstück im Notfall: Feuer, Unfall, fremde Gewalt etc. In umgekehrter Richtung sicherte der freie Zugang zu öffentlichen Flächen von jedem Grundstück aus die Flucht im Katastrophenfall: Brand, Einsturz, Überschwemmung etc.;
- die öffentlichen Flächen verhinderten schließlich, bei ausreichender Breite der Straßen, das Übergreifen von Hausbränden auf die andere Straßenseite[6]; sie waren also nebenbei auch pyrotechnisch bemessene „öffentliche Abstandsflächen" zum Schutz der Öffentlichkeit (la généralité de ville) und ihres „Hab und Gut"; zugleich sicherten sie eine ausreichende Durchlüftung und Belichtung der angrenzenden Häuser.

Das Netzwerk der öffentlichen Straßen und Plätze musste also jederzeit und unter allen Umständen von Sperrungen oder Hindernissen freigehalten werden, zumindest war zu jedem Grundstück stets zumindest ein öffentlich zugänglicher Weg frei zu halten – ein bedeutsames Merkmal aller das Netzwerk konstituierenden öffentlichen Flächen[7].

Bislang war nur von „öffentlichen Flächen" die Rede gewesen, nicht aber von „öffentlichem Raum". Dies hat seine Gründe vor allem in der seit alters her dreifachen – und damit im Gebrauch unscharfen – Bestimmung des Begriffs „Raum" (vgl. u.a. Blotevogel 1995), der, vom althochdeutschen Wort „rum" stammend, einerseits die „Leere" und andererseits die „Ausdehnung" bezeichnete:
1. Der „leere Raum" ist ein Raum mit in drei Dimensionen klar definierten äußeren Begrenzungen, dessen Inneres „mit Leere" gefüllt ist: also der „stereometrische" oder „physikalische Hohlraum" – auch „architektonischer Raum" genannt, sofern Gebäudekanten seine Begrenzung definieren: Der im 18. Jahrhundert so genannte „himmelsoffene Raum" der Straßen und Plätze bildete annähernd einen solchen stereometrischen Hohlraum, der sich über den vernetzten öffentlichen Flächen erhob, wo er sich über dem Dachsims der Häuser in ein luftiges Raumkontinuum auflöste;

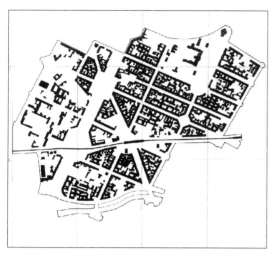

Abb. 4: Schwarzplan von Berlin-Kreuzberg 1973: Der Stadtgrundriss geht zurück auf J.P. Lennés Plan von 1841 für das Köpenicker Feld
Quelle: Kleihues 1973

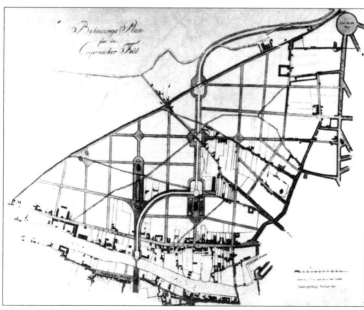

Abb. 5: J.P. Lenné´s „Bebauungsplan" von 1841 für das Stadterweiterungsgebiet Köpenicker Feld: In das Straßenraster war eingelagert der in Bögen geführte Verbindungskanal; dargestellt sind nur Fluchtlinien und öffentlichen Bauten
Quelle: Kleihues 1973

alle himmelsoffenen Stadträume aber bildeten zwischen den sie begrenzenden Gebäuden und infolge ihrer für Handel und Wandel notwendigen räumlichen Verbindung ein einziges stereometrisches „Raumgitter", eben das des öffentlichen Raums. Unter den vielen historischen Versuchen einer Definition öffentlichen Raums, zeigen die folgenden drei, dass sie stets abhängig waren vom praktischen oder wissenschaftlichen Interesse und der beruflichen Sichtweise der Verfasser; eine einzige allgemeingültige Definition von physikalischem öffentlichem Raum, die allen Interessen genügt hätte, konnte (und kann) es also nicht geben (vgl. Berding u.a. 2003: 47ff):

- Mancher Städtebauer stellt sich noch heute den öffentlichen Raum (u.a. Anders 1998: 51f.; Wentz 2003: 246) als den stereometrischen Zwischenraum zwischen Gebäuden vor, der in einem so genannten „Schwarzplan" flächig wiedergegeben wird; also ein Stadtgrundriss mit nur zwei Merkmalen: zum einen die vorhandene oder geplante Baumasse als „schwarzer" Eintrag (meist ohne Eigentumsgrenzen); zum anderen, als resultierendes Negativum, die zwischen den schwarzen Baumassen liegende unbebaute weiße Fläche; dort, wo in der Vorstellung des 18. und teilweise noch des 19. Jahrhundert die straßenseitige Gebäudekante genau auf der Grenze zwischen öffentlichen und privaten Flächen lag, also auf einer gesetzlich festgelegten Fluchtlinie, da konnte das Negativum den öffentlichen Raum in flächiger Darstellung leidlich gut wiedergeben; wo jedoch seit dem 18. Jahrhundert Gebäude auch freistehend in ein Grundstück hinein- oder von der Straßenflucht aus um Vorgartenbreite zurückgesetzt wurden, da musste der Schwarzplan und die ihm zugrunde liegende Raumdefinition zu Fehlschlüssen verleiten, was Ausdehnung, Anordnung und Qualität öffentlicher Flächen und die Durchmischung mit privaten Flächen anbelangte. Für eine Analyse der Beziehung von öffentlichem Raum zu obrigkeitlichem Eigentum und zu Öffentlichkeit (la généralité) ist also ein gemäß dem Schwarzplan definierter öffentlicher Raum untauglich.

- Ähnliches gilt auch für die im 18. und frühen 19. Jahrhundert beliebte umgekehrte Form der Darstellung, bei der nur die Fluchtlinien der Straßen und Plätze dargestellt wurden, also der öffentliche Raum allein durch das Netzwerk der in öffentlichem Eigentum befindlichen und öffentlich zugänglichen Flächen definiert war, zuweilen ergänzt durch einzelne in ihn hinein gestellte öffentliche Bauten, während die Baumassen als von den Fluchtlinien definierte homogene Baublöcke erschienen.

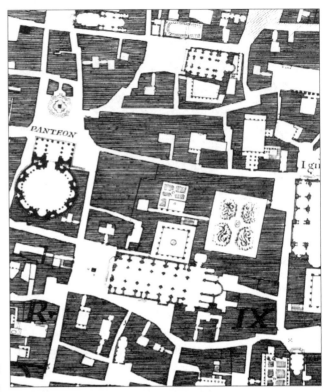

Abb. 6: G. Nolli´s Plan von Rom von 1748: Ausschnitt Pantheon und Umgebung; dargestellt ist das Netzwerk der öffentlich zugänglichen Flächen auf öffentlichem und auf privatem Boden
Quelle: Bacon 1969

- Eine dritte Form der Darstellung (und zugleich Definition) öffentlichen Raums liegt G. Nolli´s Plan von Rom von 1748 zugrunde (u.a. Bacon 1969: 73): Der Plan ähnelt auf ersten Blick einem Schwarzplan, der dem Betrachter als Negativum das Netzwerk aller jener Flächen zeigt, die der Öffentlichkeit zugänglich waren: Straßen, Stichgassen, Plätze, aber auch Durchgänge, überdachte Passagen und Arkaden unter Gebäuden u.a.; also öffentlich zugängliche Flächen zwischen und unter den Baumassen. Zusätzlich aber zeigt er auch noch die öffentlich zugänglichen Innenräume öffentlicher Bauten (Theater, Markthallen u.a.) und vor allem die der Kirchen, deren Grundstücke, im Eigentum der katholischen Religionsgemeinschaft liegend, keinesfalls als Flächen in obrigkeitlichem Eigentum galten. Zwar waren die erste und zweite Form der Darstellung (und Definition) ebenfalls der Fläche verhaftet, aber allein G. Nolli´s Darstellung und Definition lässt aufleuchten, dass Öffentlichkeit (la généralité & le public & la publicité) nicht grundsätzlich an die Eigentumsgrenzen, die dichotome Einteilung des Stadtgrundrisses in hier öffentliches und dort privates Bodeneigentum gebunden war (und ist), sondern die Öffentlichkeit (la généralité) dort ging und stand, wo immer ihr der Zugang gestattet war (l´accessibilité public), gleichgültig ob auf Flächen in öffentlichem oder in privatem Eigentum[8].

2. Der „ausgedehnte Raum" dagegen ist völlig anders bestimmt: Er fasst die Ausdehnung eines Phänomens als zwei-dimensionalen, durch physikalische Grenzen definierten Ausschnitt der Erdoberfläche, also als „geographischen Raum"; oder er bestimmt sich von innen her durch den Grad der Homogenität von Eigenschaften, Funktionen oder Aktivitäten in einem „Gebiet" – ebenfalls einem Stück Erdoberfläche: z.B. der „Verdichtungsraum der Großstadt" oder der „Landschaftsraum" gegenüber dem „bebauten Gebiet der Stadt". Auch ein mit seinen Grenzen auf die Erdoberfläche projizierter Stadtbauplan ist nichts anderes als eine Darstellung „flächig ausgedehnten Raums" (Stübben 1890: 45f.), geordnet nach den zwei Merkmalen der Art des Eigentums und der Zugänglichkeit der Flächen.
3. Eine abstraktere, ganz von innen her definierte und damit in ihren Umrissen nur schwer fassbare Form der „Ausdehnung" von Raum, von „immateriellem Raum", stellt eine „Sphäre" besonderer Beschaffenheit, Gesetzmäßigkeit oder Zuständigkeit dar, wie z.B. der „Raum demokratischer Freiheit", die „Sphäre öffentlichen Rechts" oder die „Privatsphäre". Juristen sowohl als auch Soziologen sprechen zuweilen von „öffentlichem Raum" im Sinn des „Raums der Öffentlichkeit" oder auch einer immateriellen, rechtlich oder gesellschaftlich bestimmten „Sphäre der Öffentlichkeit" (u.a. Bahrdt 1961: 67).

Als der Soziologe H. P. Bahrdt 1961 bei seiner Betrachtung der „modernen Großstadt" den „öffentlichen Raum" der Stadt in Beziehung zu setzen suchte zum „Raum der Öffentlichkeit" – im Sinn einer „Sphäre" (ebd. 52) –, ahnte er wohl kaum, dass manche Leser aus dem Kreis der Städtebauer seither seinen Satz „Straßen und Plätze (...) bildeten früher den Raum der Öffentlichkeit" (ebd. 67; 99) in dem Sinn falsch verstanden, dass nämlich die Grenzen des physikalisch-eigentumsrechtlich definierten öffentlichen Raums einer Stadt auch heute noch identisch seien mit den Grenzen des gesellschaftlichen „Raums der Öffentlichkeit" – oder genauer: die „Sphäre der Öffentlichkeit" (la sphère de la publicité) sei durch solche Grenzziehung allein auf den öffentlichen Raum begrenzt gewesen, aus dem – im Sinn des postulierten „Dualismus zwischen Öffentlichkeit und Privatheit" (ebd. 69) – gleichzeitig die „Sphäre der Privatheit" (la sphère de la privauté) ausgegrenzt sei. Obwohl die Fürsten einer solchen dichotomen Vorstellung der Identität der Grenzen der Flächen und der Grenzen der Sphären durchaus anhingen, wird, wie am Beispiel des Plans von G. Nolli angedeutet, im Weiteren von einem tief greifenden Wandel ausgegangen, in dessen Verlauf sich die immaterielle Sphäre der Öffentlichkeit weitgehend ablöste von den scharf gezogenen eigentumsrechtlichen Grenzen öffentlicher Flächen – worauf im 3. Kapitel näher einzugehen ist.

Um den oben benannten Missverständnissen vorzubeugen, wird für den Untersuchungszeitraum nur von „öffentlichen Flächen" in dem durch jene zwei Merkmale bestimmten Sinn die Rede sein: obrigkeitliches Eigentum und öffentliche Zugänglichkeit. Der physikalisch-eigentumsrechtlich ungenaue und daher irreleitende Begriff „öffentlicher Raum" aber wird im Weiteren ebenso vermieden, wie der zu Verwirrung Anlass gebende gesellschaftliche Begriff des „Raums der Öffentlichkeit", an dessen Stelle hier nur der Begriff der „Sphäre der Öffentlichkeit" verwendet wird.

2. „Öffentlichkeit" oder „Öffentlichkeiten"?

Ebenso wie der mehrdeutige Begriff „Raum" leicht zu Missverständnissen führen kann, ist auch der Begriff „Öffentlichkeit" mehrdeutig und verlangt, gerade weil er „hochabstrakt, diffus und unbestimmbar" (Depenheuer 2001: 13) erscheint, hier zumindest eine holzschnittartige Klärung und eine dem gesellschaftlichen Wandel angemessene Differenzierung in verschiedene „Formen von Öffentlichkeit", wie u.a. bereits in der Einführung vorgestellt.

„Öffentlichkeit" im Sinn von „Allgemeinheit" (la généralité; Hölscher 1979: 138) ist als erstes in Erinnerung zu rufen: Jeder Mann und jede Frau in einer Stadt oder einem Land, gleich ob ortsansässig oder ortsfremd, bildet zu einem gegebenen Zeitpunkt diese Öffentlichkeit (la généralité) als eine anonyme unbestimmt große Menge von Einzelpersonen; jede Teilmenge solcher Öffentlichkeit jedoch, die sich auf öffentlich zugänglicher Fläche einer Stadt befindet, bildet jene eingangs von J. Stübben als „Publikum" bezeichnete Öffentlichkeit (le public).

In der Zeit des Absolutismus differenzierte sich der Begriff „Öffentlichkeit" weiter im Sinn von zwei Gegensatzpaaren aus (u.a. Hölscher 1997: 16ff):
- Wenn ein Fürst den Zugang der Öffentlichkeit (la généralité) frei gab zu einem Ort, einer Fläche, einem Raum, einer Information etc., stellte er durch einen Willensakt deren Öffentlichkeit (l´acccessibilité public) her und entzog sie damit der allein privaten Verfügung. Darauf gründete das seit dem Absolutismus bedeutsame Gegensatzpaar „öffentlich" im Sinn von „staatlich" oder „obrigkeitlich" (d.h. „dem Landesherren zugänglich" bzw. „unterworfen") , gegenüber „privat" im Sinn „für den Landesherrn unzugänglich", bzw. „der individuellen Verfügung belassen", gemäß etwa dem englischen Grundsatz des „my home is my castle". Da das Attribut „öffentlich" zwar „der Obrigkeit zugehörig" meinte, aber leicht auch als „der Öffentlichkeit (la généralité) zugehörig" verstanden wurde, waren Missverständnisse vorprogrammiert.
- Wenn ein Fürst eine Information „publizierte", d.h. sie an die Öffentlichkeit (la généralité) brachte, machte er sie für „alle Welt" „frei zugänglich" (accessible) und stellte damit den „Zustand ihrer Öffentlichkeit" (l´acessibilité public & la publicité) her; gleichzeitig hob er damit deren „Geheimhaltung" (l´arcane) auf, entpflichtete sie also von ihrer Vertraulichkeit. In der Französischen Revolution forderte das „Volk" nicht nur „liberté, égalité, fraternité" sondern auch ein Ende absolutistischer Geheimpolitik; zu diesem Ziel allgemeiner Informiertheit wurde „Öffentlichkeit" (la publicité) gefordert (u.a. Peters 1994: 43f.): öffentlicher Zugang zu den geheimen Staatsakten, zu den Gerichtsverfahren und vor allem zur Gesetzgebung. Solche Öffentlichkeit setzte „öffentliche Meinungsbildung" und damit Meinungs-, Presse-, Rede- und Versammlungsfreiheit „auf den Straßen" voraus, d.h. „in aller Öffentlichkeit" (en public; Hölscher 1979: 137). Kurz: Der Begriff „Öffentlichkeit fungierte seit dem Ende des 18. Jahrhundert zunächst als politischer Kampfbegriff gegen die Herrschaft der Fürsten" (Depenheuer 2001: 7), also gegen die historische Form „absolutistischer Öffentlichkeit" (Faulstich 1999: 69).

So wurde spätestens mit der Französischen Revolution (u.a. Habermas 1999: § 12; Kunisch 1997: 47ff) die Transformation der „absolutistischen Öffentlichkeit" in eine „demokratische Öffentlichkeit" eingeleitet – vermittelt und durchgesetzt über „politische Öffentlichkeit" (le public politic). Diese beiden gegensätzlichen und miteinander unvereinbaren Formen von Öffentlichkeit seien im Folgenden knapp charakterisiert:

1. „Absolutistischer Öffentlichkeit" lag, vereinfachend kybernetisch betrachtet, ein Einweg-System der Informationsvermittlung von Befehl des Fürsten und Gehorsam der ihm untertanen Öffentlichkeit (la généralité) zugrunde. Der absolute Fürst, stets Bluterbe einer von Gott zur Herrschaft ausgewählten Ahnenkette, stand „von Gottes Gnaden" an der Spitze des absolutistischen Staats; sein „Wunsch und Wille" war legitimiert durch seine Verpflichtung, oberster „Treuhänder und Sachwalter des Allgemeinwohls seiner Untertanen" (Kunisch 1997: 36) zu sein, also deren „Landesvater", der nach den langen blutigen Religionskriegen, allem voraus, den „inneren Frieden", d.h. „Ruhe" im Land herzustellen und der „Unruhe" zu wehren hatte[9]. Der Fürst entschied im Geheimen mit seinen Räten über Glauben und Strafen für Un- und Andersgläubige, über Krieg und Frieden, über Steuern und Privilegien, über Gnade und Ungnade etc. – wobei er stets das Wohl des Staats gegen das vereinheitlichte Allgemeinwohl seiner Untertanen abzugleichen hatte. Seinen Willen ließ er seinen Untertanen öffentlich (en public) in Form von Gesetzen verkünden[10] und erwartete für seine Fürsorge von ihnen Dankbarkeit, kollektiven Gehorsam und auf keinen Fall Kritik; Gehorsam und Loyalität hatten die Untertanen ihrem Fürsten bei Antritt der Regierung mit Treueschwur in ritueller Huldigung öffentlich (en public) zu bekennen (u.a. Würgler 1997: 204).

Zur Hervorhebung seines „absoluten" Vorrangs gegenüber allen seinen Untertanen und seiner Unangreifbarkeit diente dem Fürsten die Selbstdarstellung seines „Hauses", eben jene besondere historische Form „repräsentativer Öffentlichkeit" (la représentation de l´ autorité), die, wie in der Einführung dargelegt, auf öffentlichen Plätzen und Prachtstraßen stets pompös in Szene gesetzt wurde – selbst wenn der Fürst persönlich nicht anwesend war, sondern, stellvertretend für ihn, z.B. nur das Denkmal eines Vorfahren, sein Thron oder die Statue eines dem Fürstenhaus eng verbundenen Heiligen.

Abb. 7: „Repräsentative Öffentlichkeit" vor der Residenz in München. Einweihung des Denkmals des 1825 verstorbenen Königs Max Josef. Zeichnung von G. Kraus 1835 Quelle: Nerdinger 2000

Fürst und Obrigkeit konnten indes weder mit diesem, noch einem anderen Mittel verhindern, dass nicht doch jeder einzelne insgeheim den Gehalt des verkündeten fürstlichen Willens im Licht seiner eigenen Interessen und Lebensumstände hin überprüfte und sich dazu seine „private Meinung" bildete, die er jedoch nicht auf öffentlichen Flächen (en public) in einen Diskurs mit anderen einbringen und dabei gemeinsam auf das Pro und Contra hin einschätzen durfte. Sofern das private Contra überwog, gestattete der Treueschwur auf den Fürsten jedem einzelnen kaum mehr als ein leises Murren und verborgenen Unmut – oder aber die Flucht ins Ausland.

Da, wie erwähnt, die Fürsten zur Wahrung des spätfeudalen Eigentumsrechts (mit Ober- und Untereigentum) die Sphäre der Öffentlichkeit an die öffentlich zugänglichen Flächen in öffentlichem Eigentum zu binden genötigt waren, berührte sie das, was auf den privaten Flächen geschah, wenig: Eine private kritische Meinung mochte zu Hause durchaus geäußert und diskutiert werden, sie blieb für den Fürsten eine Bagatelle, die nicht im geringsten seine durch Herkunft legitimierte Herrschaft berührte. So aber konnte bereits im späten 17. Jahrhundert neben der gehorsam gehaltenen Öffentlichkeit (la généralité) auf den öffentlichen Flächen langsam eine kritische Paralleloffentlichkeit auf privaten Flächen entstehen: Eine „literarische Öffentlichkeit" (le public litterair), ein „belesenes und gebildetes Publikum" (ausf. Habermas 1962: § 4; v. d. Heyden-Rynsch 1992: 37ff), das sich nicht nur zu Hause in den so genannten „Salons", sondern auch in den allenthalben aufsprießenden Cafés, Debattierklubs, literarischen Vereinigungen, Geheimen Gesellschaften etc. (ausf. ebd. 57ff) zusammen fand, um in solcher abgeschirmten Privatsphäre philosophische, theologische, ästhetische, aber eben auch aktuelle politische Themen zu diskutieren und sich dezidierte Meinungen dazu zu bilden; in den Diskursen solch literarischer Öffentlichkeit wurde das Gedankengut der Aufklärung weiter entwickelt und unter der Hand öffentlich verbreitet (ausf. Habermas 1990: § 5; Hölscher 1979: 91ff). Dabei galten selbst Meinungen, welche die Fürstenmacht herausforderten, solange sie im Gehege der Privatheit (en privé) verblieben, nicht als bedrohlich für die Herrschaft des Fürsten; gelangten sie jedoch in die „Sphäre der Öffentlichkeit", also auf öffentliche Flächen oder in die Presse, schlug die Obrigkeit hart strafend zu (Habermas 1962: § 9; Enquist 2002: Kap.16). Friedrich der Große von Preußen begründete dies 1784 so: „Eine Privatperson ist nicht berechtigt, über Handlungen, das Verfahren, die Gesetze, Maßregeln und Anordnungen der Souveräne und Höfe, ihrer Staatsbeamten, Kollegien und Gerichtshöfe öffentliche, sogar tadelnde Urteile zu fällen (...). Eine Privatperson ist auch zu deren Beurteilung gar nicht fähig, da es ihr an der vollständigen Kenntnis der Umstände und Motive fehlt" (zit. Hölscher 1979: 96).

Gegenüber der unbequemen Tatsache einer im Privaten (en privé) verbleibenden Paralleloffentlichkeit verschlossen die Fürsten ihre Ohren. Absolutistische Öffentlichkeit war also eine im Grundsatz auf öffentlichen Flächen (en public) zum Schweigen und, bei den inszenierten Darstellungen der Fürstenmacht, zum Zuschauen verurteilte, politisch unwissend gehaltene Öffentlichkeit (la généralité), die ihre existenziellen Anliegen, wenn überhaupt, nur unter dem Druck äußerster Not – und auch dann nur gewaltsam – „auf der Straße" (en public) „zur Sprache bringen" konnte.

Der absolute Fürst musste zur Wahrung seiner Aura als durch Herkunft und von Gottes Gnade legitimierter Landesvater verhindern, dass kritische Einschätzungen seines Willens aus vielen einzelnen Tropfen auf den öffentlichen Flächen seiner Hauptstadt und in der Presse zusammenflossen zu einer breiten kritischen öffentlichen Meinung, was

Abb. 8: Deutsche Revolution von 1848 in Berlin: Unruhe als Diskurs mit Waffen auf öffentlicher Fläche vor dem Köllnischen Rathaus
Quelle: Kettig 1962

schließlich münden konnte in politische Unruhe (ausf. Würgler 1995: 199). Denn geballter „Zorn des Volks" stellte der Fürsten oberstes Ziel der Wahrung des inneren Friedens ernsthaft in Frage, war doch dieser nun doppelt bedroht: zum einen durch öffentlich (en public) vorgebrachte Kritik des „Volks" an der Staatsraison und zum anderen durch illegal angemaßte Meinungsfreiheit in der Öffentlichkeit (en public), mit der es das etablierte System von Befehl und Gehorsam unterlief und seinen Treueschwur auf Fürst und Fürstenhaus in den Wind schlug.

Als probatestes Mittel zur Unterdrückung jeder Form öffentlicher Meinungsäußerung und sich formierender politischer Öffentlichkeit (le public politic) erwies es sich, diese schon im Keim zu ersticken: Also jede Form der Begegnung und Kommunikation der Untertanen untereinander auf den öffentlichen Flächen scharf überwachen zu lassen durch die auf jedem größeren Platz, insbesondere auf den Marktplätzen, etablierte ständige „Wache" bewaffneter Gendarmerie und deren ständige Patrouillen durch die Stadt; ferner größere Menschenmengen kategorisch durch „Versammlungsverbot" zu verhindern oder durch die Präsenz des in den und um die Städter herum konzentrierten Militärs einzuschüchtern (Würgler 1995: 214f.). Die Überwachung der Öffentlichkeit (la généralité) wurde seit der Französischen Revolution (auch in Deutschland) wirksam unterstützt durch das wachsende Heer politischer Agenten, „Spitzel" genannt, die, in staatlicher Mission (aber verdeckt als Privatleute), auf privaten Flächen z.B. in Kneipen und Salons eingesetzt wurden (l' autorité public en privé), um die Obrigkeit mit Namen, individuellen Meinungsäußerungen und Eindrücken politisch bedeutsamer Stimmung zu füttern (ausf. Zweig 1929: Kap. 4). Hinzu kam die Zensur aller privaten Veröffentlichungen (Bücher, Theaterstücke, Zeitungen samt Zeichnungen und Karikaturen; Würgler 1995: 203ff). Harte Strafen waren der Öffentlichkeit (la généralité) für die Übertretung der vom Fürsten eng gezogenen Grenzen angedroht, die, wie Auspeitschung oder

Abb. 9: Die aufgezogene Wache mit Kanonen sorgte am Münchner Marienplatz für „Ruhe und Ordnung". Zeichnung von G. Kraus 1825
Quelle: Duvigneau 1994

Hinrichtung, in „repräsentativer Öffentlichkeit" (la représentation de l´ autorité) feierlich vor aller Augen (en public), vorzugsweise auf dem größten Platz der Stadt, vollzogen wurden, um so nicht nur dem Ernst der Androhung Nachdruck zu verleihen, sondern auch drastisch erzieherisch auf die Öffentlichkeit (la généralité) einzuwirken (u.a. Enquist 2002: Kap. 18). Unterstützung erhielten die Fürsten darüber hinaus durch

Abb. 10: „Arbeiterkrawall" im Berliner Wedding 1840: Die Bürgerwehr schafft scharf schießend „Ruhe" *Quelle: Bartel u.a. 1980*

ihre Kirchen – katholische, lutherische, reformierte gleichermaßen –, die einer „gläubigen Öffentlichkeit" (le public religieuse) den unbedingten Gehorsam gegenüber dem Fürsten von Gottes Gnaden predigten und im vertraulichen Gespräch jeden einzelnen bedrängten, nur ja nicht die „von Gott gegebene Ordnung" in Frage zu stellen[11]. Auch der in die Hände der Hofbaumeister gelegte Stadtbau wurde auf den öffentlich zugänglichen Flächen als Hilfsmittel zur Disziplinierung der Öffentlichkeit (la généralité) eingesetzt, wie noch im 4. Kapitel zu zeigen ist.

2. „Demokratische Öffentlichkeit" (le public democratic; vgl. Jestaedt 2001: 83ff) war dagegen, vereinfachend kybernetisch betrachtet, eingebettet in ein rückgekoppeltes System der Kommunikation zwischen Gesetzgeber (Fürst, Parlament) und Öffentlichkeit (la généralité). Ihr lag politische Öffentlichkeit (le public politic) zugrunde, die seit der Französischen Revolution angesehen wurde als „ein gesellschaftliches Medium, innerhalb dessen sich ein kollektiver politischer Wille durch wechselseitiges Vertrauen und wechselseitige Kontrolle der Bürger bildet" (Hölscher 1979: 137). In etwa diesem Sinn hatte bereits J. J. Rousseau 1750 „Öffentlichkeit" (la publicité) und „öffentliche Meinung" als Grundlage eines neuen, die Geheim- und Willkürpolitik der Fürsten ablösenden Systems von „Volkssouveränität" bei Trennung in drei Gewalten – Gesetz gebende, Gesetz vollziehende und Recht sprechende – gefordert: Nach klassisch griechischem Vorbild sollte das Volk auf einem der Athener Agora ähnlichen öffentlichen Platz seine öffentliche Meinung in einem in Präsenz geführten Dauerdiskurs bilden (Habermas 1990: § 12) – ein idealistisch gedachter Höhepunkt des friedlichen Zusammenwirkens von öffentlichem Raum und politischer Öffentlichkeit.

Von solchen Vorstellungen vom erst in Umrissen sich andeutenden Neuen bis hin zur Verwirklichung rechtsstaatlicher Demokratie führte indes, vor allem in Deutschland, ein langer und an Irrungen und Hindernissen reicher Weg, deren Wurzeln der Philosoph W. T. Krug 1833, mitten in der Restaurationszeit, benannte: „Öffentlichkeit oder Publizität ist der große Hebel menschlicher Vervollkommnung, und ist deswegen ein Gegenstand des Abscheus für alle, welchen um des eigenen Vorteils willen daran gelegen ist, dass die Menschheit nicht zum Besseren fortschreite, sondern stets auf

Abb. 11: Auflösung einer spontanen Arbeiterdemonstration, Berlin 1889
Quelle: Bartel u.a. 1980

demselben Punkte bleibe. Darum fürchten sie die öffentliche Meinung oder das öffentliche Urteil und hassen die Buchdruckerpresse als vornehmstes Organ der Öffentlichkeit" (zit. Hölscher 1979: 128).

Die so genannten „bürgerlichen Freiheiten" – insbesondere die Meinungs-, Presse-, Rede- und Versammlungsfreiheit – waren unabdingbare Voraussetzungen für eine „demokratische Öffentlichkeit". Sie wurden indes in Deutschland, nach wiederholten Einführungen und nachfolgenden Rücknahmen, erst durch die demokratisch-rechtsstaatliche Weimarer Verfassung von 1919 endgültig anerkannt (ausf. ebd. 160ff). Insbesondere war noch 1878 der Sozialdemokratie mit dem „Sozialistengesetz" ein klassenspezifischer Maulkorb für 12 Jahre verpasst worden, der ihr u.a. öffentliche Versammlungen auf allen öffentlichen und privaten Flächen generell untersagte, ebenso wie die Verbreitung politischer Schriften (ausf. Bartel u.a. 1980: 309ff).

Abb. 12: „Selbst das Auge des Gesetzes leidet an der Unvollkommenheit, daß es nicht überall hinsehen kann". Karikatur von 1886, als in Berlin illegale Flugblätter massenhaft hinter dem Rücken der Polizei verteilt worden waren. Quelle: Bartel u.a. 1980

Seit 1890 änderte sich die Beziehung zwischen Öffentlichkeit (la publicité) und öffentlichen Flächen, denn jede politische Partei, auch die Sozialdemokratie, musste versuchen, eine möglichst „breite Öffentlichkeit" (le gran public) für ihr Anliegen zu gewinnen, die nicht nur in der „Präsenz-Öffentlichkeit" an einem Ort, in einer Stadt „auf der Straße" anzusprechen war. Sollte also ein von einer Partei vertretenes Anliegen allgemeine landesweite Aufmerksamkeit erregen, Schubkraft gewinnen und auf die politische Tagesordnung des Gesetzgebers gebracht werden, musste es in großer Auflage durch das Medium der überörtlichen Presse ins Land hinausgetragen werden. Die Presse gewann, trotz fortdauernder politischer Zensur, seit etwa 1890 für die Publizität der Parteien grundlegende Bedeutung und ließ dem gegenüber die Bedeutung öffentlicher Flächen als „politischer Arena" einer am Ort versammelten Präsenz-Öffentlichkeit langsam zurücktreten (ausf. Habermas 1990: 49).

Anders als beim verschiedenartig definierbaren Begriff des „öffentlichen Raums" ist bei dem im

Sprachgebrauch vieldeutigen Begriff „Öffentlichkeit" nicht ein bestimmter auszuwählen, sondern alle genannten und noch weitere begriffliche Ausdifferenzierungen (vgl. Faulstich 1999) – u.a. auch jene in der Einführung vorgestellten Formen der „Begegnungs-" und der „Hintergrundöffentlichkeit" – sind weiterhin zu berücksichtigen, sofern sie zu den Flächen der Stadt in Beziehung stehen: den öffentlichen sowohl, als auch den privaten.

3. Öffentlichkeit jenseits öffentlicher Flächen?

Die vorausgehenden und die in der Einführung erwähnten Formen von Öffentlichkeit waren zusammengefasst unter „Öffentlichkeit im öffentlichen Raum"; gelegentlich war indes schon darauf verwiesen worden, dass eine zwingende Bindung an die öffentlichen Flächen nicht in jedem Fall bestand: Sowohl die politische Öffentlichkeit, als auch verschiedene Formen der Begegnungsöffentlichkeit konnten auf Straße oder Platz, aber auch auf privatem Grundstück entstehen und bestehen; beziehungsweise konnten oder mussten sie infolge obrigkeitlicher Repression von öffentlichen Flächen auf Flächen in privatem Eigentum überwechseln. Aber es waren auch Formen von so genannter „Öffentlichkeit auf privaten Flächen" (le public en privé) erwähnt worden, die allein dort anzutreffen waren, wie z.B. die „literarische Öffentlichkeit" bürgerlicher Salons oder die proletarische „Hinterhof-Öffentlichkeit"; ihnen werden im Folgenden weitere vier Formen hinzugefügt, unter die sich auch ein Teil jenes Publikums mischte, das durch die Repression der Obrigkeit von den öffentlichen Flächen abgedrängt worden war:

- Eine kommerziell ausgenutzte Form von Öffentlichkeit auf privater Fläche war in den Städten seit Menschengedenken von Bedeutung, wo immer ein Grundeigner in Erwartung guter Verwertung (d.h. eines über der bestehenden Grundrente liegenden künftigen Ertrags) auf dem der Öffentlichkeit (le public) bereitgestellten Boden den Zugang und Aufenthalt nicht nur gestattete, sondern geradezu erwünschte – häufig mit besonderer Genehmigung der Obrigkeit: Die hier so genannte „Gastwirtschafts-Öffentlichkeit". Da der Grundeigner oder Pächter auf seinem Eigentum stets für sein Publikum die Verantwortung für „Sicherheit und Ordnung" trug, regelte seine, wie auch immer geartete Hausordnung die Bedingungen, unter

Abb. 13: Öffentlichkeit auf privater Fläche: Die Pariser Passage „Gallerie Royal" bot seit 1815 einem spendierfreudigen Publikum Unterhaltung, Einkauf, Liebe, Verköstigung und gelegentlich auch politische Agitation
Quelle: Geist 1982

denen er dem Publikum den Zutritt auf seine private Fläche gestattete; Regeln insbesondere zum Konsumzwang, zum erwarteten Verhalten, zur angemessenen Kleidung, zur Begleichung der Rechnung etc.; auch hatte er das Recht, nach eigenem Ermessen jeden von seinem Eigentum zu verweisen, der sich nicht an seine Regeln hielt und so „die Ordnung des Hauses" störte. Mit derartigen Mitteln und durch die Preisgestaltung der angebotenen Dienstleistungen und Waren konnte er den öffentlichen Zugang zu seinen privaten Flächen z.B. auf ein konsum- und vergnügungsfreudiges Publikum beschränken (u.a. Geist 1982: 33); angeführt seien außer der Gastwirtschaft z.B. Biergarten, Caféhaus, Bordell (zeitgenössisch auch „öffentliches Haus" genannt) und die Passagen in den Metropolen des späten 18. und des 19. Jahrhunderts.

- Die Form der so genannten „Fensteröffentlichkeit", auf die man bei der Frage stößt, „was eigentlich mit der Öffentlichkeit geschah, wenn sich in einer Stadt kein Mensch auf den öffentlichen Flächen befand (z.B. in tiefer Nacht oder bei Ausgehverbot)? Es bestand dann zwar Öffentlichkeit (l'accessibilité public), aber ohne dass jemand Gebrauch davon machte! Also öffentliche Fläche ohne Öffentlichkeit als Publikum? Jeder Einbrecher wusste dies besser! Denn solange Häuser mit Türen und Fenstern die öffentlichen Flächen säumten, aus denen Menschen vom privaten Bereich ihrer Wohnungen, Werkstätten, Kontore etc. einen Blick hinaus auf die öffentlichen Flächen werfen, ein Ohr darauf spitzen oder sogar auf sie hinaustreten konnten, solange konnten diese Menschen zur Öffentlichkeit, zu einem Publikum werden, das Anteil an Ereignissen auf der öffentlichen Fläche nehmen und in sie sogar mit Wort, Blick und Tat einzugreifen vermochte: Die Fensteröffentlichkeit war also ein besonderes Publikum auf privater Fläche, das, selbst wenn nicht von der Straße aus sichtbar, alleine durch seine potenzielle Präsenz zur Sicherheit auf öffentlichen Flächen beitrug (u.a. Jacobs 1963: 32f.); oder das, in Fenstern lehnend, in realer Präsenz z.B. auch in die nachbarliche, politische, repräsentative Öffentlichkeit (le public) auf den öffentlichen Flächen einbezogen wurde und an ihnen aktiv (rufend, winkend, Zeichen gebend etc.) teilzunehmen vermochte.

- Die Form der hier so genannten „kultischen Öffentlichkeit" (le public de culte): Auf sie wurde bereits bei der Frage nach der Definition von öffentlichem Raum am Beispiel des Plans von G. Nolli hingewiesen und insbesondere die Kirchen erwähnt, die, gleich welcher Konfession, im hier untersuchten Zeitraum für die Stadtgesellschaft und die Obrigkeit bedeutsame kultische und soziale Aufgaben erfüllten. Ihre Tore standen der Öffentlichkeit aller Gläubigen (gleich ob Heilige oder Sünder) offen; der Obrigkeit dagegen war der freie Zutritt zu kirchlichen Flächen (ohne ausdrückliche Genehmigung der Grundeigner) verwehrt, die als privat galten und also nicht als Teil des Netzwerks öffentlicher Flächen angesehen wurde (vgl. Anm. 7). Eine kultische Öffentlichkeit war gekennzeichnet zum einen durch die Ausrichtung aller Teilnehmer auf einen Gegenstand der Verehrung oder des Gedenkens, zum anderen durch den Ritus, d.h. die kollektiven kultischen Handlungen, die allen Teilnehmern bekannt waren und sie in den Kult einbezogen – ihnen also keine Freiheit eigenständigen Handelns ließen. Sie nahm bei kultischen Anlässen nicht nur die privaten Flächen der jeweiligen Glaubensgemein-

Abb. 14: Geduldete Aneignung von peripherem „Ödland" als öffentlichem Raum zum Wäschetrocknen. Blick aus einer Berliner Mietkaserne von H. Zille 1899
Quelle: Ranke 1975

schaft in Anspruch, sondern auch die öffentlichen Flächen von Straßen und Plätzen, z.B. bei Prozessionen, Trauer- oder Festzügen. Die Grenzen des Eigentums der öffentlich zugänglichen Flächen spielten für sie also kaum eine Rolle: Sie zog, ihrem Ritus folgend, z.B. von der Kirche aus hinaus auf den öffentlichen Marktplatz, zum privaten Friedhof und wieder zurück in die Kirche.

- Schließlich sei genannt die Form „geduldeter Öffentlichkeit" (le public toléré), die sich ungenutzte Flächen der Stadt für ihren Gebrauch ohne ausdrückliche Genehmigung des Grundeigners (sei er öffentlich oder privat) aneignete; dieser ließ sie gewähren, solange er seinen Boden nicht anderweitig zu verwerten gedachte. Also eine Duldung des Zutritts und der Benutzung auf Zeit und auf eigene Verantwortung. In Stadtveduten des 18. Jahrhundert lassen sich u.a. Gruppen von Leuten ausmachen, die am Flussufer, auf Ödland oder auf nutzlos gewordenen Festungsanlagen geruhsam zusammensitzen oder Wäsche zum Trocknen aufhängen (u.a. Löffler 2000). Mit zunehmender Verdichtung der Bebauung in der zweiten Hälfte des 19. Jahrhundert nahm die Aneignung unbebauter Grundstücke und Baugruben im bereits aufgeschlossenen Erweiterungsgebiet zu; auch jenseits, im so genannten „Bauerwartungsland", wurde noch nicht aufgeschlossenes Ödland vom Publikum der Anwohner angeeignet; so entstand eine eigene, vorwiegend proletarische Öffentlichkeit (le public) am Feierabend und am Wochenende, wo sich, wie z.B. von H. Zille (Ranke 1975) und von H. Baluschek (Staatliche Kunsthalle Berlin 1991) bildlich dokumentiert, die in den Mietkasernen zusammengepferchten Bewohner „im Freien" gesellig zusammenfanden, Kinder buddeln ließen, Wäsche trockneten, poussierten oder Fußball spielten.

Es bedarf keiner Erläuterung, dass Hofarchitekten und Städtebauer für diese Formen von Öffentlichkeit auf privaten Flächen keinen Auftrag zur Gestaltung seitens der Obrigkeit erhielten, sondern bestenfalls im privaten Auftrag bei der Gestaltung z.B. von Passagen mitwirkten.

4. Stadtbau gegen Öffentlichkeit?

Die Hofbaumeister der Landesfürsten (und später die obrigkeitlichen Städtebauer) legten beim Stadtbauplan einer Stadterweiterung deren äußere Begrenzung fest, dann das zusammenhängende Netzwerk der öffentlichen Flächen aus Straßen und Plätzen und, zuweilen noch bis zur Mitte des 19. Jahrhundert, bei den resultierenden Baublöcken deren Parzellierung in Baugrundstücke und die Standorte öffentlicher Bauten (Kirchen, Rathäuser etc.). Ihre im gesamten Untersuchungszeitraum wohl wichtigste Aufgabe bestand also darin, Grenzen festzusetzen: Die gesetzlich festgelegte Fluchtlinie zog zwischen öffentlichen und privaten Flächen eine kaum mehr verrückbare Grenze; die amtlich eingemessenen und in das Grundstückskataster eingetragenen Grundstücksgrenzen genossen den vollen Schutz der Gerichte; die auf öffentlichen Flächen zwischen Teilbereichen verschiedenartiger Nutzung und Gestaltung gezogenen Grenzen waren wohl eher veränderbar, hatten dennoch maßgebliche Bedeutung für die Leitung und Führung des Publikums auf den öffentlichen Flächen: „Rasen betreten verboten!" Die Kunst des Städtebauers verlangte es, darüber hinaus zusätzliche bauliche und künstlerische Mittel einzusetzen, welche die Stadt nicht nur „verschönern", sondern auch, an ausgewählten Orten, die Öffentlichkeit (la généralité & le public) im Interesse von Fürst oder Obrigkeit beeindrucken und zugleich disziplinieren sollten (ausf. Foucault 1999: 220ff); Hofbaumeister oder Städtebauer hatten also für die „repräsentative Öffentlichkeit" des Fürsten den repräsentativen baulichen und räumlichen Rahmen zu konzipieren. Ferner nahmen sie mit den von ihnen instrumentell genutzten räumlichen Parametern der Lage, der Verteilung, der Dimension, der Gestalt und der Ausstattung öffentlicher Flächen Einfluss auf die räumliche Ordnung einer Stadt, auf das Verhalten und Befinden des Publikums und auf die von ihnen nach Ständen oder gesellschaftlichen Klassen differenzierte Befriedigung der Grundbedürfnisse der Stadtbewohner.

Von besonderer Bedeutung für die Steuerung des Verhaltens des Publikums auf öffentlichen Flächen waren die obrigkeitlichen Reglements; diese ließen nämlich dem Publikum dort, wo die räumliche Gestaltung jedem noch eine gewisse Freiheit der Wahl für sein Verhalten ließ, durch ihre eindeutige Abfassung keine Wahl mehr, sofern ihre Einhaltung obrigkeitlich buchstabengenau überwacht wurde: „Der Souverän gewöhnt das Volk durch eine kluge Polizey zur Ordnung und zum Gehorsam" (de Vattel 1760; zit. Foucault 1999: 276). So führten Reglements die von der Obrigkeit erhoffte Wirkung auf das Publikumsverhalten treffsicherer herbei als die, was die Wirkung anbelangt, eher spekulativ auf ein gewünschtes Verhalten zielende Gestaltung öffentlicher Flächen. Die obrigkeitliche Gestaltung vermochte also erst im Zusammenspiel mit den Reglements ihre Wirkung voll zu entfalten.

In den drei eingangs erwähnten Zeitabschnitten können, was Öffentlichkeit, städtische öffentliche Flächen und Städtebau anbelangt, jeweils nur einige wichtige Züge einerseits des Festhaltens am Bewährten und andererseits der vom aufsteigenden Wirtschafts- und Besitzbürgertum geforderten Neuerungen skizziert werden; dabei spielte die planmäßige funktionale und soziale Ausdifferenzierung der öffentlichen Flächen und ihre vom Städtebauer gesetzte, explizit bürgerliche Kodierung eine zunehmend bedeutsame Rolle.

4.1 Stadtbau und öffentliche Flächen in der Zeit des späten Absolutismus (ca. 1750 - 1820)

Stadterweiterungen von Residenzstädten wurden von der Obrigkeit unter dem Druck zunehmender Bevölkerung und steigender Wohnungsnot projektiert. Drei Grundsätze galten bei Stadterweiterungen für das Stadtbauwesen dieser Zeit (u.a. Fehl 1983: 135ff): Erstens wurde für die Beschaffung des benötigten Terrains (öffentliche Flächen und Bauland) das alte fürstlich-feudale Vorrecht des „dominium eminens" angewandt, bei dem großflächig alle Untereigentümer in dem in Betracht gezogenen Gebiet gegen eine Nutzungs-Entschädigung enteignet wurden. Das enteignete Terrain konnte nach dem Ermessen des Fürsten nun neu in Straßen und Baugrundstücke aufgeteilt werden. Zweitens galten bei der Ansiedlung von Bürgern im Stadterweiterungsgebiet die merkantilistischen Prinzipien der „Zuteilungswirtschaft": Den so genannten „Bauwilligen" – ortsansässigen oder ortsfremden – wurden erschlossene Baugrundstücke in einer ihrem Stand gemäßen Lage als Untereigentum zugeteilt. Drittens wurde den Bauwilligen zur Auflage gemacht, ihr Grundstück gemäß Bauordnung binnen weniger Jahre zu bebauen, andernfalls das Grundstück an den Fürsten zurückfiel (u.a. Merkel 1990: 244f.).

Bei der Gestaltung des Stadtgrundrisses hatten Fürst und Obrigkeit jedoch, trotz ihrer Verfügung über den Boden, keineswegs völlig freie Hand, denn ihre Verpflichtung auf das „Allgemeinwohl" forderte von ihnen die Berücksichtigung der im 18. Jahrhundert in Europa sich verbreitenden Grundsätze erhöhter Sicherheit der Stadtbevölkerung vor den beiden „großen Geißeln" der Städte: Stadtbrände und Seuchen (Pocken, Pest und Cholera); Schutz freilich nur gemäß dem herrschenden Stand des Wissens um diese Gefahren, die „Hab und Gut", „Leib und Leben" jedes Stadtbewohners, unabhängig von Stand und Wohlstand, bedrohten. Hinzu kam in Deutschland spätestens seit der Französischen Revolution die begründete Sorge der deutschen Fürsten vor politischen Unruhen auch in ihren Städten. Alle drei Gefahren forderten Berücksichtigung bei der Planung von Stadterweiterungen und bestimmten das Handeln von Fürst, Obrigkeit und Hofbaumeister. Ihnen waren allerdings die Hände gebunden durch die mit einer Stadterweiterung verbundenen hohen Kosten[12]; da in napoleonischer Zeit die lange und aufwändige Kriegführung eine „große Finanzklemme" in den Staatskassen verursacht hatte, waren solche Kosten kaum zu tragen und, bei der allgemeinen Verarmung der Bevölkerung, durch Steuererhöhungen kaum einzutreiben.

Den besten Schutz vor allen drei Gefahren schien – bei gleichzeitiger Wirtschaftlichkeit – das vom Studium der klassischen römischen Zeit her bekannte rechtwinklige Straßenraster zu bieten, das u.a. der römische Architekt Vitruv (I. Buch, Kap. 6) vorgeschlagen hatte:

1. Ein Straßenraster mit Straßen, deren Breite der zulässigen Gebäudehöhe entsprach, vermochte erfahrungsgemäß einen Hausbrand auf den betroffenen, von Straßen eingerahmten Baublock zu begrenzen (vgl. Anm. 6); ferner konnte sich die Feuerwehr in den langen geraden Straßen bereits von Ferne am Brand orientieren und ungehindert auf kürzestem Weg zur Brandstätte gelangen – genau genommen, im Raster auf mehreren gleich kurzen Wegen, falls einer davon blockiert war. Hinzu kamen in eini-

gen Residenzstädten die fortschrittlichen „Feuerordnungen", die z.B. in Bayern seit 1791 grundsätzlich bei allen Neubauten deren Freistellung auf dem Baugrundstück mit seitlichem „Bauwich" (Abstand zur Nachbargrenze) verlangten.

2. Bei der Verhinderung der „großen Seuchen" in den Städten (ausf. Corbin 1984: 35ff) ging die medizinische Forschung seit etwa 1730 von der Annahme aus, dass, da Krankheit und Seuchen mit üblen Gerüchen, so genannten „Miasmen", einher gingen, diese die Krankheiten übertrügen; erst die Entdeckung der Krankheiten übertragenden Mikroben durch L. Pasteur in den 1860er Jahren ebnete den Weg zur Erkenntnis, „daß nicht alles tötet, was stinkt, und daß nicht alles stinkt, was tötet" (Brouardel 1880, zit. Courbain 1984: 293). Bis zu dieser Zeit glaubte ganz Europa an die allenthalben dahinwehenden tödlichen Miasmen, die angeblich dem feuchten, durch Jahrhunderte lange Ablagerung von Exkrementen, Schlachtabfällen, Abwässern und Leichenbestattung verseuchten Boden der Städte entstammten. Wollte man der Seuchen Herr werden, musste man dem Rat der Hygieniker folgen, die „frische Luft", und „Durchlüftung" der Stadt, Geruchlosigkeit und Sauberkeit von Körper und Wohnung empfahlen, ebenso wie das „Auseinanderrücken der Körper" (1781) und „das Inseldasein der Häuser" (1785, zit. Corbain 1984: 135f.). Hinzu kam die generalstabsmäßige „Verwaltung der Seuchen" durch die „Gesundheitspolizei", die in einigen Städten, vorsorgend für den Seuchenfall, die vom Militär in Feldlagern und Lazaretten erprobten Organisations- und Bauformen übernahm: Eine Stadterweiterung musste nur als „Lazarett" gesehen werden, bei der Häuser gleich Zelten in langen Reihen oder in Blöcken rechtwinklig aufgestellt, ausreichend auseinander gerückt, von jedem Zugang her mit einem Blick in Gänze überschaubar und damit von der Gesundheitspolizei im Sinn des „Panoptismus"[13] also völlig beherrschbar waren. Die Freistellung der Häuser, die schon der Verhütung der Ausbreitung eines Feuers diente, sollte zugleich auch der Durchlüftung und der Verhütung der Seuchen dienen; mit verbesserter Durchlüftung von Baublock und Wohnung schien die Axt an die Wurzeln des Übels der Miasmen gesetzt (u.a. Rodenstein 1988: 40ff).

3. Im Gefolge solch obrigkeitlicher Seuchenvorsorge schien mit einem analogen Stadtbau auch „der Traum von einer disziplinierten Gesellschaft" zu verwirklichen (Foucault 1994: 251ff). Zur Disziplinierung der Öffentlichkeit (la généralité) schien

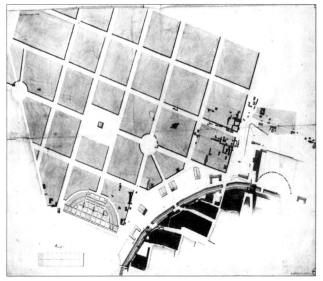

Abb. 15: Genehmigter Bebauungsplan der Münchner Maxvorstadt von 1808 im gleichförmigen Raster; gemäß der Bayrischen Feuerordnung von 1791 sollte das Gebiet mit freistehenden Häusern bebaut werden; auf dem „Fürstenweg" vom Residenzschloss zur Sommer-Residenz Nymphenburg waren drei „Architekturplätze" aufgereiht
Quelle: Münchner Stadtmuseum 2004

die Gestalt der öffentlichen Flächen als möglichst langer gerader Straßen, in denen es keine Winkel gab, keine Rück- und Vorsprünge, keine Nischen und Bäume, sondern nur glatte anonyme Hauswände mit eingeschnittenen Haustüren und Fenstern besonders geeignet: Die Obrigkeit rechnete darauf, dass in solch „seelenlosen Straßen" jeder sich dort aufhaltende Stadtbewohner dem panoptistischen Blick der Obrigkeit ungeschützt ausgesetzt sei; zumindest aber in jedem die Furcht erzeugt werde, die Obrigkeit habe ihn ständig „im Visier". Disziplinierung also durch andauernde Aufrechterhaltung des belastenden Gefühls, überwacht zu werden (Foucault 1994: 256ff). Für eine solche Überwachung bot sich im Stadtbau u.a. auch die beim Brandschutz bewährte Freistellung der Häuser an, da von der Straße her durch den die Häuser trennenden „Bauwich"

Abb. 16: Berlin, Kleine Alexanderstraße: Eine jener „langen geraden Straße mit geschorenen Häusern", wie sie seit dem späten Absolutismus bis ca. 1860 aus Gründen der „Hygiene", „Sicherheit" und „Disziplinierung" angelegt wurden. Foto von H. Zille 1898

Quelle: Ranke 1975

hindurch der private Innenbereich eines Baublocks nun einsehbar und damit dem disziplinierenden Blick der Ordnungshüter (zumindest potenziell) ausgesetzt wurde.

Bei dem in den Stadterweiterungen im rechtwinkligen Straßenraster aufgeteilten Boden wurde das so genannte „Straßenprofil" nicht differenziert nach dem Verkehrsaufkommen, sondern fast alle Straßen waren so breit, wie es die einheitlich vorgeschriebene Höhe der Gebäude verlangte[14]. Die Maschenweite des Straßenrasters folgte dem Grundsatz der Minimierung der Straßenfläche und damit der Erschließungskosten (ausf. Hoffmann 1844: 208): Aus großer Maschenweite ergaben sich übergroße Baublöcke mit notwendigerweise tiefen Baugrundstücken – wodurch aus heutiger Sicht Bauland verschwendet schien[15]. Dem obrigkeitlichen Sparzwang lief besonders die kostspielige Einfügung öffentlicher Plätze in das Straßenraster entgegen:

- Üblich war es, in jeder größeren Stadterweiterung – ebenfalls gemäß der Empfehlung des Vitruv (V. Buch, Kap.1) – einen Marktplatz als Produzentenmarkt zur regelmäßigen Versorgung der Bevölkerung mit frischen Nahrungsmitteln aus dem Umland vorzusehen, der u.a. dem Fürsten eine Einnahmequelle aus der Verzehrsteuer erschloss; auch Spezialmärkte, wie Getreide- oder Viehmarkt wurden oft innerhalb des Stadterweiterungsgebiets ausgewiesen.
- Bei Stadterweiterungen wurde jedoch nicht bei jenen öffentlichen Flächen geknausert, die in erster Linie der Repräsentation des Fürsten dienten: So war häufig der so

genannte „Fürstenweg" von der Gleichförmigkeit des Straßenrasters ausgenommen: Er zog sich in größerer Breite und oft von Bäumen gesäumt vom Residenzschloss in der Stadt zu einer fernen Sommerresidenz hin und diente dem repräsentativen Auftritt des Fürsten mit Hofstaat vor seinem Volk; an ihm konnten monumentale „Architekturplätze" oder kleinere „Schmuckplätze" zur Verherrlichung des Fürsten und seines Hauses aufgereiht sein; repräsentativ gestaltet, dienten sie nicht dem alltäglichen Aufenthalt der Stadtbewohner, sondern der Aura fürstlicher Erhabenheit; folglich waren sie – im Gegensatz zu den oft ungepflasterten Straßen und so genannten „Volksplätzen" (Märkte, Kirchplätze u.a.) – gepflastert oder sogar mit Steinplatten belegt, die den Eindruck einer zwar öffentlichen, aber doch recht eigentlich dem Fürsten und seinem Hof vorbehaltenen Fläche signalisierten. Je mehr kostspielige Repräsentationsplätze ein Fürst anlegen ließ, desto weniger Mittel blieben freilich übrig für die schlichten Volksplätze.

- Großzügig verfuhr die Obrigkeit auch mit der Ausweisung öffentlicher Flächen, die, ohne Einnahmen einzubringen, dem Drill und der repräsentativen Vorführung des fürstlichen Militärs dienten. Die innerhalb einer Stadterweiterung vorgesehenen Exerzier- und Paradeplätze waren mancherorts zeitweilig öffentlich zugänglich z.B. als Viehmarkt.

- Großherzig verfuhren dagegen jene Fürsten, die, angesichts der zunehmenden Enge und steigenden Wohnungsnot innerhalb ihrer befestigten Städte, vor den Festungsmauern ihre Hirsch- oder Tiergärten für die Öffentlichkeit öffnen und in so genannte „Volksgärten" umgestalten ließen (u.a. Berlin, München, Stuttgart); strenge Parkordnungen regelten die Zugangsberechtigung, die Öffnungszeiten, das Verhalten der Parkbesucher und deren Kleidung; die Parkwache sorgte für „Ruhe und Ordnung".

Der Mehrzahl der Bewohner solcher Stadterweiterungen blieb allerdings zum alltäglichen fußläufigen Verkehr und zum Aufenthalt im Freien lediglich die öffentliche Fläche der langen geraden, oft genug ungepflasterten und baumlosen Straßen, meist noch ohne Bürgersteige aber mit stinkender offener „Gosse"; und ihnen blieben die wenigen Marktplätze, die sie mit dem Verkehr von Karren, Fuhrwerken, Reitern und mit den Marktständen zu teilen hatten. Stets war auch noch das unbebaute und ungestaltete Gelände „vor der Stadt" nicht fern, das Stadtbewohner sich, wie oben erwähnt, zuweilen für ihren Aufenthalt im Freien aneigneten.

Solche vorwiegend an der Brand- und Seuchenverhinderung und der leichten Überwachbarkeit ausgerichteten Stadterweiterungen folgten dem Sparzwang und der Befriedigung der reinen Notdurft der Bewohner. Die mit der repräsentativen Ausgestaltung der fürstlichen Straßen und Plätze beschäftigen Hofbaumeister verschwendeten ihre Kunst nur selten daran: Hier schien die politisch wenig bedeutsame Begegnungs- und Hintergrund-Öffentlichkeit keine besonderen städtebaulichen Überlegungen zu erfordern. Abgesehen von den einer repräsentativen Öffentlichkeit gewidmeten, aufwändig gestalteten öffentlichen Flächen war die Fürstenzeit also weit davon entfernt, ein Goldenes Zeitalter des öffentlichen Raums oder der Öffentlichkeit (le public) in ihm zu sein (vgl. Kostof 1992: 123ff).

4.2 Stadtbau und öffentliche Flächen in der Zeit der Restauration (ca. 1820 - 1861)

„Fortsetzung bisheriger Praxis, trotz sich unaufhaltsam verändernder Voraussetzungen" – so lässt sich am ehesten die Situation des Stadtbaus dieser Phase charakterisieren. Zwei grundlegende systemische Änderungen ergänzten sich gegenseitig und schufen die neuen Voraussetzungen für den Stadtbau und die Ausweisung öffentlicher Flächen:

1. Einige deutsche Fürsten hatten schon zur Zeit der Französischen Revolution (u.a. Preußen 1792), andere erst in der Zeit der napoleonischen Besetzung unter dem Reformdruck Napoleons seit 1804 (u.a. westliches Rheinland, Baden, Bayern, Sachsen, Westfalen) in einem ersten Reformschritt das fast unbeschränkte private Grundeigentum eingeführt und damit die feudale so genannte „Grundherrschaft" mit fürstlichem Obereigentum am Boden und privatem Untereigentum am Haus, wenn nicht gänzlich beseitigt, so doch stark unterminiert. Nach einigem Zögern der Fürsten folgte als zweiter Reformschritt ab 1808 die Einführung der so genannten „Bodenverkehrsfreiheit" (u.a. Fisch1988: 100f.) als die neue bürgerliche Freiheit, nun über den von alten Bindungen befreiten Boden auch unbeschränkt verfügen, mit ihm am neu entstehenden freien Bodenmarkt handeln, ihn aber auch verschenken oder beleihen zu können.

2. Das Recht am Grundeigentum wurde dann ab ca. 1818 in einigen der neuen Verfassungen, die dem Absolutismus eine Absage erteilten, garantiert[16]. Damit aber verloren die Fürsten und ihre Obrigkeiten ihr angestammtes Privileg der weitgehenden Verfügung über den Boden ihres Landes im Zug einer Enteignung (ausf. Schröteler v. Brandt 1998: 27f., 84ff); und ebenso ihr Privileg, für Stadtbauprojekte „zum allgemeinen Nutz und Frommen" unmittelbar auf Finanzmittel aus den Staatskassen zugreifen zu können; beide Privilegien aber waren das materielle Fundament ihres Stadtbaus gewesen, insbesondere bei der Schaffung repräsentativer öffentlicher Plätze. Auch verlor damit die alte merkantilistische Zuteilungswirtschaft mit der gnädigen fürstlichen Vergabe von Baugrundstücken an Bauwillige ihre Berechtigung; die Verteilung von Baugrundstücken erfolgte seither über den Bodenmarkt gemäß Angebot und Nachfrage: Ein neues Fundament, auf dem die bürgerlichen Grundeigner binnen kurzem aufzubauen lernten. Dabei wurde die „Lage" eines Stück Bodens in der Stadt zum Schlüssel seiner Verwertung: Wert steigernd wirkten vor allem die die Qualität einer „Lage" mitbestimmenden, den Boden aufschließenden öffentlichen Flächen.

Die staatlichen Obrigkeiten behielten nach dem weitgehenden Verlöschen des Absolutismus im ersten Drittel des 19. Jahrhundert weiterhin die Herrschaft über den Stadtgrundriss in ihren Händen[17] – und noch lange galt in Preußen der Grundsatz: „Zur Festsetzung neuer oder Abänderung schon bestehender Bebauungspläne in den Städten (…) und deren nächster Umgebung bedarf es königlicher Genehmigung" (Preuß. Fluchtliniengesetz von 1875: § 10). So kam es, dass die Obrigkeiten bei neuen Stadterweiterungen bis über die Mitte des 19. Jahrhunderts hinaus die schematische Bodenaufteilung im weitmaschigen Straßenraster nahezu unverändert fortführen konnten: Als den Hütern des Allgemeinwohls hatten sich in ihren Augen die Gefahren von Stadtbränden, Seuchen und insbesondere von politischen Unruhen eher gesteigert als gemindert und das Diktat der öffentlichen Sparsamkeit war bei steigenden Herstellungskosten der Straßen eher noch strenger geworden – zumindest, was „bürgerliche" Stadterweiterungen anbelangte, in denen in der Folge sogar die so genannten „Freiplätze" für den Aufenthalt der Bürger im Freien entfielen (Hoffmann 1844: 211); unterdessen frönten die nicht länger absoluten Fürsten weiterhin ihrer Repräsentations- und „Bauwut", wo immer sie mit neuen Prachtstraßen und -plätzen die Umgebung ihrer Stadtschlösser zu verschönern suchten – und seien sie aus ihrer „Privatschatulle" finanziert. Die mit solchen hehren Aufgaben beschäftigten Hofarchitekten verschwendeten ihre Kunst kaum noch an den von Sparsamkeit diktierten, schematisch angelegten Stadtbau, den sie zunehmend Geometern und Ingenieuren überließen.

Bei Stadterweiterungen stiegen die Kosten der Aufschließung mit Straßen, weil für den rasch zunehmenden schweren Last- und den immer schnelleren leichten Kutschverkehr und die damit zunehmende Anzahl von Pferden etwa seit 1825 (u.a. Hitzer 1971: Kap. Fahrzeuge) breitere Hauptstraßen mit schwerem Steinpflaster aus hygienischen und technischen Gründen unabdingbar notwendig wurden (Corbin 1984: 122; Hoffmann 1844: 209); ebenso mussten die öffentlichen Flächen in baulich-funktionaler Hinsicht in Längsrichtung differenziert werden in „Fahrbahn" und knöchelhohen „Bürgersteig" zum Schutz der Fußgänger vor knöcheltiefem Straßendreck und vor Unfällen mit Fahrzeugen; auf der Karren, Kutschen und Reitern vorbehaltenen Fahrbahn hatten Fußgänger, abgesehen von gelegentlichem Überqueren, nun nichts mehr zu suchen[18]. Der ganz den Fußgängern vorbehaltene Bürgersteig wertete die Zone unmittelbar vor den Häusern ökonomisch auf, insbesondere sobald die nächtliche Gasbeleuchtung in den inneren Stadtgebieten eingeführt wurde, welche die Kosten der Herstellung öffentlicher Flächen weiter in die Höhe trieb. Die öffentliche Fläche unmittelbar vor den Läden war bis dahin vom Gewerbe in den Häusern mitgenutzt worden, teils um Waren auszulegen, teils um Material zu stapeln, teils um dort zu arbeiten; dies alles war auf den „modernen Bürgersteigen" nun nicht mehr zulässig, die gemäß obrigkeitlicher Reglements von allen Hindernissen frei zu halten waren, um den gebündelten Strom von Fußgängern ungehindert vorbeifließen zu lassen (u.a. Kokkelink/Menke 1977: 12). Dieser Strom schwoll an, sobald infolge der nun langsam einsetzenden Verdichtung der Bebauung mehr Menschen in den Häusern wohnten, als bisher (ausf. Faucher 1866: 142ff). So begannen sich auf dem modernen Bürgersteig, als spezialisierter öffentlicher Bewegungsfläche, einerseits neue gesellige Bewegungsformen herauszubilden: Statt des höfisch-koketten „Promenierens" nun der „Abendbummel" im Viertel und der „Schaufensterbummel" in der Innenstadt, wo Läden nach Pariser Vorbild mit „Schaufenstern" versehen wurden; andererseits beschleunigte sich die Bewegung der Fußgänger vom behäbigen Schlendern zum von Geschäftigkeit getriebenen Hasten und Schieben, was im weiteren Verlauf zu gesteigerter Distanziertheit bei der Begegnung führte: Ältere Formen der Begegnungs-Öffentlichkeit kamen außer Übung (Kokkelink/Menke 1977: 14), ja wurden gar als Zeichen des „alten Schlendrian" geschmäht. Hinzu kam die erste Flucht aus der Enge der Städte: Das bürgerliche, Natur, Weite und frische Luft suchende, „Spazierengehen" (ital. „andare a spasso" = gehen zum Spaß) vor der Stadt kam „in Mode", wo bald „lehrreiche und erbauliche Anlagen" für die bürgerliche Öffentlichkeit (le public) angelegt und ihr gegen Entgelt zugänglich gemacht wurden: Zoo, Botanischer Garten, Observatorium, Ausflugslokale etc. (Meynen 1979: 16f.).

Die steigenden Anforderungen an die technische Ausstattung öffentlicher Flächen und die dem entsprechend steigenden Kosten fielen zusammen mit dem zähen Übergang von der spät-feudalen Stadtproduktion zur sich durchsetzenden marktwirtschaftlichen; nur ein einziger, die öffentlichen Flächen betreffender Reibungspunkt kann hier aufgezeigt werden, der aus dem Beharren der Obrigkeit auf den alten Formen schematischer Bodenaufteilung angesichts der grundsätzlich veränderten Eigentumsverhältnisse resultierte. Der Aussicht der privaten Grundeigner auf freie Verfügung über ihren Boden standen nämlich entgegen die Pläne neuer Stadterweiterungsgebiete, in denen die Obrigkeit weiterhin ihre gleichförmig-rechtwinkligen Straßennetze für eine gleichmäßig hohe Bebauung über die bestehende Flurteilung hinweg legte – ohne dabei auf Lage, Nutzungsmöglichkeit und individuellen Flächenverlust der einzelnen Grundeigner Rücksicht zu nehmen; diese sollten darüber hinaus aber auch noch das für die öffentlichen Flächen benötigte Land freiwillig und entschädigungslos an die Obrigkeit abtreten: ein allgemein als „ungerecht" empfundenes Ansinnen, da der auf jeden Grundeigner zufallende Straßenanteil unterschiedlich groß war (ausf. Baumeister u.a. 1897: 38ff). Von der Beschränkung der Verwertung des eigenen Bodens motivierter Widerstand regte sich, sobald eine den Ertrag aus dem Boden steigernde und vor allem eine sozial differenzierte Nachfrage nach Bauland enstand:
- Zwischen Obrigkeit und Grundeignern erhob sich allenthalben Streit um die Aufteilung des Bodens (Berlin, Darmstadt, Karlsruhe, München

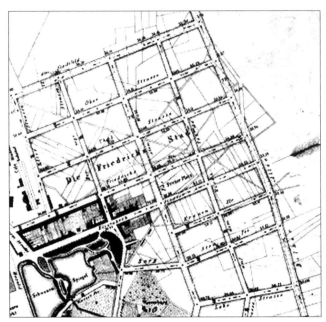

Abb. 17: Bebauungsplan der Düsseldorfer Friedrichsstadt von 1854: Die im Raster geführten neuen Straßenfluchten nahmen keine Rücksicht auf die alte Flurteilung; eine Rasterzelle ist als Kirchplatz ausgewiesen

Quelle: Spohr 1978

Abb. 18: Die Ungerechtigkeit der schematisch-rechtwinkeligen Bodenaufteilung: Wo neu gezogene Straßenfluchtlinien die alten Flurgrenzen anschnitten, mussten, bei geforderter unentgeltlicher Abtretung des Straßenlands, die einzelnen Grundeigner erheblich unterschiedliche Anteile an Boden abtreten; dies führte zur Verweigerung der Abtretung

Quelle: Stübben 1890

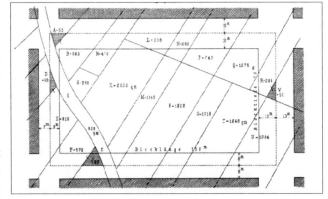

etc.) und um die unentgeltliche Hergabe des Straßenlandes. Stadtbau wurde zu einem Politikum und eine politische Öffentlichkeit entstand – nicht auf den öffentlichen Flächen, sondern um die öffentlichen Flächen und ihre Formgebung. Gestritten wurde im Rathaus, bei der Regierung, vor Gericht und in den Zeitungen; Streitigkeiten häufig um die Form des Straßennetzes, die zuweilen Jahrzehnte dauerten – z.B. 30 Jahre jeweils in Karlsruhe (u.a. Fehl 1983: 162ff) und in München (Selig 1983: 48ff): Die Grundeigner wünschten Änderungen des obrigkeitlich vorgesehenen Straßennetzes und Berücksichtigung ihrer Flurgrenzen; wo die Obrigkeit auf ihrem schematischen Stadtbauplan bestand, konnten nur die Gerichte Formeln einer gerechten Aufteilung finden (ausf. Baumeister u.a. 1897: Kap. 4). Solcher Streit vor den Gerichten blockierte indes die Herstellung von geplanten Straßen und in der Folge die Bereitstellung von dringend benötigtem Bauland. Zuweilen zögerten die Obrigkeiten auch aus Sparsamkeit die Eröffnung neuer Straßen hinaus: „Es sind also mit der Enteignung (von Straßenland, d.V.) erhebliche Kosten verbunden, welche mit den Kosten der Befestigung und Entwässerung der Straßen die Verwendung eines bedeutenden Kapitals bedingen. Dieses Kapital wird zwar später durch die Bauenden nach und nach zurückgezahlt, muss aber doch zunächst entweder durch Steuern aufgebracht oder wenigstens durch solche verzinst werden. Hieraus erklärt sich das Bestreben der Gemeinden, neue Straßenanlagen auf das allernöthigste Bedürfnis zu beschränken und sich allen weitergehenden Anforderungen gegenüber möglichst renitent zu verhalten: Es werden wenige neue Straßen angelegt, man behilft sich mit schlechtem provisorischem Pflaster etc." (Rössler 1874: 164). Bauland wurde in der Folge knapp und knapper und bei steigender Nachfrage immer teurer, sodass die Grundeigner nach immer höherer Verwertung ihres Bodens drängten. Bei beschleunigt zunehmender Bevölkerung und steigender Nachfrage nach Bauland sahen die Obrigkeiten meist keinen anderen Ausweg aus dem Dilemma, als dessen bauliche Verdichtung zu genehmigen: Schließung der Bauwiche, Hintergebäude am Hof, zusätzliche Geschosse, Kellerwohnungen etc. Je beengter aber die Wohnverhältnisse wurden (u.a. Faucher 1866: 140ff), desto mehr Menschen trieb es aus ihren Wohnungen hinaus „auf die Straße" oder „in die Kneipe". Neben dem „Wohnungselend" in den Häusern machte sich auf den öffentlichen Flächen der großen Städte das „Straßenelend" breit, wie es in Berlin H. Zille mit Fotoapparat und Zeichenstift um 1900 festgehalten hat (u.a. Ranke 1975): Bettelei, Obdachlosigkeit, Trunk- und Spielsucht, Kinderprostitution, Gewalt, Kleinkriminalität, Selbstmord etc.

Abb. 19: Berliner Straßenelend: Alkoholiker vor der Kneipe, der Wagen von Obdachlosen und vernachlässigtes Kind. Foto von H. Zille 1901
Quelle: Ranke 1975

- Erste fachliche Kritik am schematischen und trostlosen Erscheinungsbild der Straßen neuer Stadterweiterungen wurde laut; so wagte es z.B. der Dresdener Bauamtmann K.C. Hoffmann 1844 die für die Planung verantwortlichen Obrigkeiten öffentlich wegen des Schematismus ihrer Pläne zu kritisieren: „Das Alignement (Fluchtlinie, d.V.) der Straßen ist natürlich möglichst gerade und (…) ohne ein- und ausspringende Winkel anzunehmen. Da jedoch eine Straße von großer Länge ermüdend zu passieren ist und weil sie mit einem Blick alles in ihr Vorhandene zu überblicken gestattet, (…) so vermeide man Extreme in der Anlage langer gerader Straßen." (Hoffmann 1844: 210) Auch könne die Obrigkeit „nicht für Gebäude, wie für Regimenter, eine bestimmte Uniformierung vorschreiben; man kann dieselben nicht wie die Zelte eines Feldlagers betrachten, die alle gleiche Größe und übereinstimmende Stellung zueinander haben, und deren jedes nur für eine bestimmte Anzahl von Personen passt". (ebd. 209). Denn schließlich „giebt es nichts Langweiligeres für eine Stadt, als gerade lange Straßen mit geschorenen Häusern (…) und ohne Unterbrechung durch Freiplätze u.s.w. (…) Man quält sich zu Tode in einer graden Linie, bis man am Ziel ist". (ebd. 210).

Erst nach 1850 fingen die verhärteten Fronten an zu bröckeln: So verlangte z.B. das Preußische Ministerium für Handel 1854 von der Stadt Düsseldorf anlässlich des ihm zur Prüfung vorgelegten rechtwinklig-schematischen Stadterweiterungsplans der Friedrichstadt, dass Fluchtlinien nicht länger schematisch über die Feldflure hinweg zu legen wären, sondern sich dem bestehenden Flursystem anzupassen hätten, um den Grundeignern entgegen zu kommen und so die unentgeltliche Bereitstellung des Straßenlandes und damit die Aufschließung der Gebiete zu beschleunigen und zugleich das Bauland zu verbilligen (Spohr 1978: 327ff). In einer verwaltungsinternen „Anweisung für die Aufstellung und Ausführung städtischer Bau- und Retablissements-Pläne" legte dasselbe Ministerium 1855 fest (vgl. Fehl/Rodriguez-Lores 1982: 375ff), dass „bei Aufstellung des Plans auf das künftige Bedürfnis von Marktplätzen (…) die gebührende Rücksicht zu nehmen ist" (ebd. § 5). In dieser Anweisung wurde auch eine Differenzierung der Straßen nach der Verkehrsbelastung verlangt: „Bei Festsetzung der Breite der Straßen ist der gegenwärtige Verkehr und dessen voraussichtliche Erweiterung sorgfältig zu berücksichtigen" (ebd. § 4). Schließlich forderte die Anweisung erstmalig eine Zusammenarbeit zwischen Obrigkeit und Grundeignern, indem neue obrigkeitliche Pläne öffentlich auszulegen waren und die davon betroffenen Grundeigner „Einwendungen dagegen (…) zu Protokoll" geben durften (ebd. §§ 8, 9; ausf. Geist/Kürvers 1980: 486ff).

Abb. 20: Plan der Terraingesellschaft Berlin-Westend von 1866 mit zentralem Platz und nach Lage, Größe und Zuschnitt differenziertem Angebot von Baugrundstücken
Quelle: Bark 1937

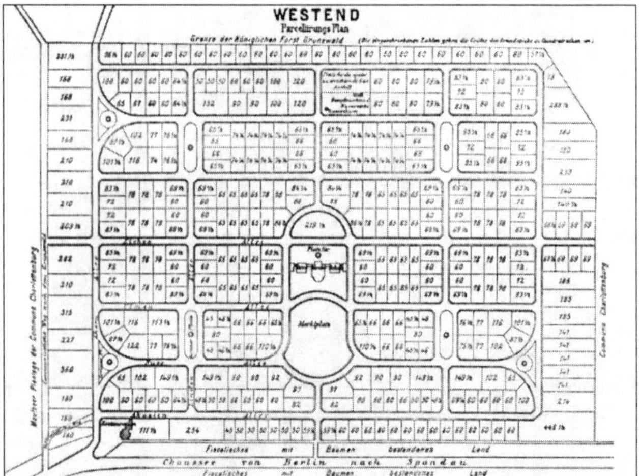

Erste Versuche eines „privaten Städtebaus" auf größeren privaten Terrains am damaligen Rand der Stadt waren, in Konkurrenz zum „obrigkeitlichen Stadtbau", in einigen deutschen Ländern (z.B. Bayern, preußisches Rheinland, Sachsen) und in Hamburg ab ca. 1830 von professionellen Grundstückshändlern in Angriff genommen worden – zunächst jedoch ohne nennenswerten Erfolg und gegen den hinhaltenden Widerstand der Obrigkeiten, die auch privaten Unternehmen ihre schematischen Pläne aufnötigten (u.a. Gribl 1999: 30ff; Fehl 1985: 76ff). Dennoch gelang es zuweilen, nach englischem und französischem Vorbild, erste Formen eines nach Lage differenzierten und zugleich rationellen Straßennetzes und eines differenzierten Grundstücksangebots (mit Grundstücken verschiedener Lage, Größe und Zuschnitts) praktisch zu proben, und, als besondere Attraktion für eine anspruchsvolle Klientel, platz- oder promenadenartige öffentliche Flächen im Zentrum eines Terrains[19] vorzusehen (u.a. Selig 1983: 49ff). Solch „privater Städtebau" konnte sich erst ab den 1860er Jahren breiter entfalten, als mit steigender Nachfrage die Verbindungen zwischen Zentrum und Peripherie durch den Schienenverkehr mechanisiert und jenseits der Großstadtgrenzen große Ländereien für „Villenkolonien" aufgeschlossen wurden (u.a. Radicke 1983: 345ff; Gribl 1999).

Um 1860 bahnte sich beim Übergang in die nächste Phase der so genannten „Städtebaureform" ein gründlicher Wandel in der Einstellung zu den öffentlichen Flächen und ihrer Formgebung bei mancher Obrigkeit sowie bei Städtebauern und privaten Unternehmern an. Gleichzeitig ging mit der einmal in Gang gesetzten baulichen Verdichtung der Städte, mit der darauf basierenden Entstehung und Verbreitung des neuen rationellen Haustypus der Mietkaserne (Assmann 1862; ausf. Geist/Kürvers 1984: 220ff) und der dort praktizierten rationellen Zusammenpferchung von „immer mehr Menschen auf immer weniger Fläche" (ausf. Faucher 1865; Fehl 1985: 101ff) die Saat der Restaurationszeit auf: Die Überfüllung der öffentlichen Flächen mit Fahrzeugen[20] und mit Menschen bot, vor allem in den Zentren der Städte, nur selten „freudige Fülle", „pralles Leben", „Urbanität" – sondern eher Gestank, Lärm, Gedränge, Gefahr – oder aber Öde in den eher peripheren neuen Stadtteilen. Der Öffentlichkeit (la généralité) boten die öffentlichen Flächen also immer weniger Raum und bei zunehmend zielstrebiger und beschleunigter Bewegung immer weniger Gelegenheit zu anregender Begegnung oder zu politischem Diskurs; zum Ausgleich hießen private Etablissements eine begegnungs- und vergnügungsfreudige Öffentlichkeit in ihren Passagen und Straßencafés willkommen (le public en privé). So wurde das neuartige Flukturieren zwischen öffentlichen und privaten Flächen, zwischen dem Eintauchen in die Menge und deren Betrachtung vom Rand her, geradezu zu einem Kennzeichen „modernen Großstadtlebens", bei dem die „Anonymität" als neuartige urbane Qualität wahrgenommen wurde: Als Möglichkeit, zeitweise unterzutauchen, obrigkeitlicher Überwachung zu entgehen, in Ruhe gelassen zu werden – und so neue Freiheit zu gewinnen.

4.3 Städtebau und öffentliche Flächen in der Bismarckschen Reformzeit (1862-1890)

Die Erfahrung mit den so genannten „bürgerlichen Revolutionen" von 1830-1831, 1847-1849 und 1871 in Paris und mit der zunehmenden Anzahl heftiger Streiks der

Industriearbeiter verstärkte den bürgerlichen Drang zu räumlicher Absonderung vom städtischen Proletariat. Mit dem Dreiklassen-Wahlrecht von 1853 bzw. 1859 war in den Gemeinderäten die Mehrheit der Stimmen in die Hände der Grundeigner gelegt worden – und damit schließlich auch die Verantwortung für den Städtebau (u.a. Bayern 1858; Preußen 1875); dies ließ den Wunsch des Wirtschafts- und Besitzbürgertums Wirklichkeit werden, endlich selbst die Macht über den Stadtgrundriss und die Öffentlichkeit (le public) auf öffentlichen Flächen auszuüben: Also das Netzwerk der öffentlichen Flächen in Gänze im Interesse von Handel und Gewerbe zu bestimmen und die Stadt nach bürgerlichen Vorstellungen von räumlicher Ordnung und Repräsentation zu organisieren – durchaus auch mit der Absicht, sich das bedrohliche Proletariat vom Leib zu halten und es in den ihm zufallenden Quartieren – Altstadt und äußere Peripherie – zu kontrollieren (u.a. Fehl/ Rodriguez-Lores 1982: 446f.).

Der „moderne Städtebau" für die „moderne Großstadt" konsolidierte sich seit ca. 1870 in einer Reform von oben, der so genannten „Städtebaureform", an der u.a. staatliche und kommunale Obrigkeiten mitwirkten (u.a. Niethammer 1988: 52ff), ferner Ingenieure, Natur-, Rechts- und Wirtschaftswissenschaftler; sie alle konzentrierten sich auf die Aufgaben, das gesamte Gemeindegebiet für die rasch wachsende Bevölkerung durch weit vorausschauende Pläne systematisch gemäß den neuesten Erkenntnissen der Wissenschaft und Technik unter Berücksichtigung von Stadthygiene, „Weiträumigkeit" und Stadtverkehr zu ordnen und in so genannten „Bebauungsplänen" die „Straßen nach dem voraussichtlichen Bedürfnisse der näheren Zukunft" (Preuß. Fluchtliniengesetz 1875: § 2) festzusetzen.

Die stückweisen schematischen Stadterweiterungspläne der vorausgegangenen Zeit wurden nun als unvereinbar mit bürgerlichen Reformvorstellungen angesehen, rechtwinklige Straßennetze entschieden abgelehnt: „Mit derartiger Schachbrettarbeit ist, auch finanziell, für eine Stadt nichts zu leisten!" (Orth 1878: 2). Der zunehmende Warenverkehr, das Wachstum ins Umland hinein, der steigende bürgerliche Wohlstand, neue hygienische Anforderungen an die Stadt etc. gaben Anlass zu neuen Vorstellungen räumlicher Ordnung der Stadtgesellschaft – auch im Hinblick auf vermehrte und besser brauchbare öffentliche Flächen: „Durchwandert man die neuen Straßen unserer in raschem Wachstum befindlichen Städte, so hat man nur zu oft Veranlassung, entweder über die geringe Zahl der Plätze oder über deren unzweckmäßige Anlage Klage zu führen" (Stübben 1877: 393). So rückte zunächst die Ausdifferenzierung der öffentlichen Flächen in funktionaler und sozialer Hinsicht in den Vordergrund des Interesses der im Städtebau tätigen Ingenieure; in Paris, Wien und London fanden sie Anregungen und Neuerungen (u.a. Orth 1878;

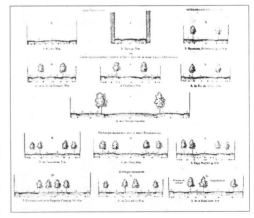

Abb. 21: J. Stübben brachte von seiner Parisreise 1879 die neuesten „Straßenprofile" mit, die in Längsrichtung in Bahnen ausdifferenziert waren: für schweren Lastverkehr, schnelle leichte Wagen, Reiter, Fußgänger; die einzelnen Bahnen waren gegeneinander abgesetzt durch Bordsteine, unterschiedlichen Belag und Baumreihen
Quelle: Stübben 1879

Stübben 1879), die sich in den Bebauungsplänen zwischen 1870 bis 1890 niederschlugen. Der vom Berliner Städtebauer A. Orth 1877 zum Wettbewerb der Straßburger Stadterweiterung erarbeitete Vorschlag verdient hier im Hinblick auf die öffentlichen Flächen kritische Betrachtung[21]:

1. Die Straßen wurden als gemeindeweites „Straßensystem" geplant und nach Verkehrsfunktion und -belastung differenziert in „Haupt- und Nebenstraßen" mit unterschiedlichen Straßenprofilen: „Bezüglich der Breite, welche den einzelnen Straßen zu geben ist, wird man unterscheiden müssen, ob dieselben durchgehenden Verkehr aufnehmen sollen oder nur lokale Bedeutung haben, ob sie zugleich für das Publikum mit zur Erholung dienen und Schatten gewähren sollen oder ob der schwere Lastverkehr hindurchgeht" (Orth 1878: 42).
2. Die Führung der Hauptverkehrsstraßen peilten als „Blickachsen" bedeutsame ferne Zielpunkte (points de vue) im Stadtgebiet an (Stadttore, Bahnhöfe, Kasernen etc.), um die Orientierung zu erleichtern und gleichzeitig den Lastverkehr möglichst auf direkter Linie zum Ziel zu führen. Daraus ergab sich die damals so genannte „Triangulierung des Straßennetzes" (Dreieckssystem), bei dem sich die Hauptstraßen an so genannten „Sternplätzen" kreuzten; auf diese Weise wurde die Gesamtfläche der breiten und durch schwere Pflasterung kostspieligen Hauptverkehrsstraßen reduziert und damit auch die Gesamtkosten ihrer Herstellung. Das triangulierte Stadtgebiet sollte nach Wiener und Pariser Vorbild im Fall von Aufruhr durch schnelle Truppenbewegungen militärisch beherrschbar bleiben.

Abb. 22: Wettbewerbsbeitrag von A. Orth zur Straßburger Stadterweiterung von 1877. Die damals „moderne Stadt" war trianguliert und differenziert nach Verkehr, Lage, Bebauung und Einkommen. Die Gemeinde fungierte als Bodenverwerter auf eigenem Boden.
Quelle: Orth 1878

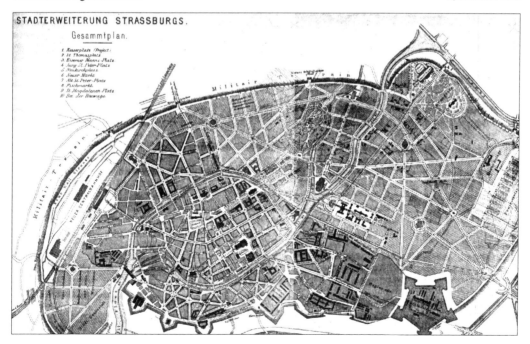

3. Bei absehbar rasch wachsender Bevölkerungszahl und schwellendem Bürger- und Nationalstolz nahm die Anzahl von öffentlichen Verwaltungs- und Kulturbauten zu – insbesondere die Anzahl der „Kirchen, welche (...) durch reichere architektonische Ausbildung auf das Empfinden des Volkes einwirken sollen; (...) daher ist eine möglichst freie Lage an oder auf großen Plätzen erwünscht". (ebd. 70); sie eigneten sich besonders als „Ruhepunkt fürs Auge" an langen geraden Straßen (ebd. 41). Dergleichen öffentliche Bauten sollten auf oder an einem repräsentativen, so genannten „Architekturplatz" stehen, bei dessen Gestaltung es weniger um Brauchbarkeit und „Behaglichkeit" ging, als darum, „ihnen eine monumentale Wirkung zu sichern (...), was auch politisch auf die Bevölkerung von Einfluss sein wird" (ebd. 59). Die Ausweisung öffentlicher Fläche um öffentliche Bauten herum war dann am rationellsten zu bewerkstelligen, wenn möglichst wenig künftiges Bauland in Anspruch genommen wurde; folglich wurden diese vorzugsweise in den profanen Straßenraum auf jene Sternplätze gelegt, die, nur um Geringes verbreitert oder ausgebuchtet, den Bauplatz mitsamt der umgebenden öffentlichen Fläche hergaben. Eine solche Anordnung erschwerte u.a. die gefürchteten spontanen Volksversammlungen, da die Mitte des Sternplatzes nun mit einem Gebäude besetzt und der Zugang nur über die umgebende Fahrstraße hinweg möglich war.

4. Im gleichen Zug „sparsamer Flächenbeanspruchung" durch die Obrigkeit wurden – zum Zweck der Vermehrung und gleichmäßigeren Verteilung öffentlicher Grünflächen über das gesamte Stadtgebiet hin – an Sternplätzen die spitzen Ecken der Baublöcke gestutzt, sodass sich „kleine dreieckige Plätze ergeben, die als Erholungsplätze für die nähere Bevölkerung mit Bäumen bepflanzt, in den Straßenzügen die wünschenswerte Abwechslung bewirken" (ebd. 41); Hauptverkehrsstraßen erhielten darüber hinaus jene von Paris her bekannten, repräsentativen Straßenprofile, oft mit Mittelstreifen, welche als baumbestandene Reitwege oder „Promenaden" angelegt wurden: „Schattige Baumgänge in den Straßen werden zu beliebten Spaziergängen und erhöhen den Werth des (angrenzenden) Grund und Bodens" (ebd. 30). Hinzu kamen in den vorgesehenen „besseren Wohnvierteln" die privaten „Vorgartenstreifen" zwischen öffentlicher Fläche und den zurückgesetzten Häusern; die

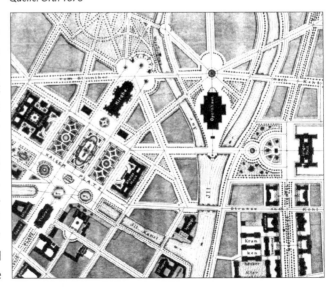

Abb. 23: Ausschnitt aus dem Straßburgplan von A. Orth mit den unterschiedlichen Typen städtischer Plätze: Verkehrs-, Architektur-, Schmuck- und Gartenplatz. Links das neue Regierungsviertel mit Kaiserforum, rechts die neue Universität. Für die angrenzenden feinen Wohnviertel sind Vorgärten und baumbestandene Straßen vorgesehen

Quelle: Orth 1878

Obrigkeit konnte damit Pflasterkosten sparen und gleichzeitig „einer neuen Straße den Eindruck des Öden, Unheimlichen nehmen" (ebd. 61). So entstand, eingelagert in das Profil der öffentlichen Straßenflächen, auf rationelle und Kosten sparende Weise ein stadtweit vernetztes „öffentliches Grünsystem im Straßenraum", in welchem der Fußgänger zum Verkehrsteilnehmer wurde.

5. Aus Gründen bestmöglicher Bodenverwertung sah der Plan vor, dass ein Großteil des Stadterweiterungsgebietes „den gesellschaftlich anspruchsvolleren Theil der Bevölkerung aufnimmt, was finanziell (für die Stadt als Terraineigner, d.V.) günstigere Resultate (Verkaufserlöse, d.V.) verspricht" (ebd. 9). So lag es „im Interesse der verschiedenen Berufsklassen, dahin zu wirken, dass bei der neuen Stadtanlage die verschiedenen Stadtbezirke nach den Lebensbedingungen der Bewohner auseinander gehalten werden, sodass einestheils Fabrikation und Industrie nicht in die hauptsächlich für elegante Wohnungen bestimmten Stadttheile verwiesen werden, zugleich aber auch die Industrie selbst in ihren Lebensbedingungen nicht gestört wird" (ebd. 12). Durch solch funktionale Trennung sollten Nutzungskonflikte zwischen Wohnen und Gewerbe vermieden werden, gleichzeitig aber auch Klassenkonflikte: Es sollten nämlich die arbeitenden Klassen nur zum geringen Teil in der Nähe des neuen Hafens, hauptsächlich aber in den umliegenden Industriedörfern wohnen – also getrennt von der bürgerlichen Stadterweiterung, jenseits der nach außen verlagerten, mit Toren versehenen neuen Festungsanlagen.

6. Öffentliche Parks waren als Erbe der Fürstenzeit stets im Stadtgebiet willkommen, wie z.B. der bereits bestehende Botanische Garten; sollten sie aber neu vorgesehen werden, dann bot sich dafür bestenfalls Terrain mit schlecht bebaubarem Boden an (Morast, Schutt, Festungsreste). A. Orth lehnte „mit Blick auf den werthvollen Grund und Boden" auch die Ausweisung neuer Marktplätze ab, statt deren er, nach französischem Vorbild, „Markthallen im Innenbereich großer Baublöcke" vorschlug (ebd. 73).

7. Eine gebietsweise Differenzierung der Bebauung war bei den üblicherweise undifferenziert im gesamten Stadtgebiet geltenden Bauordnungen bis etwa 1890 schwierig zu bewerkstelligen gewesen (ausf. Fehl/Rodriguez-Lores 1982: 52ff); in Straßburg gelang dies jedoch mittels privater Kaufverträge, welche die Gemeinde als Grundeigner mit den Käufern von Bauplätzen (Orth 1878: 34) in den von ihr im Bebauungsplan vorgesehenen „feineren Vierteln" mit u.a. „villenartiger Bebauung" (ebd. 46) abschloss. Es waren also Verkehrslage im Stadtgebiet, Nähe zu Attraktionen, Straßen- und Haustypus, welche die planmäßige räumliche Differenzierung nach gesellschaftlichen Klassen ausmachte. Eine der Attraktionen, die sich in den von der Gemeinde verlangten Verkaufspreisen niederschlug, war die Lage nahe einer öffentlichen Freifläche, sei es Platz oder Park, ja auch eine baumbestandene, „schattige Promenade (…) erhöht den Werth des Grund und Bodens" (ebd. 30).

8. Aus einem Plan der Umgebung des neuen Straßburger Regierungsviertels lässt sich ablesen, wie sich A. Orth die Gestaltung der öffentlichen Flächen, insbesondere der Plätze, gedacht hatte, nämlich nach jenen vier Kategorien, die J. Stübben 1877 dem

Pariser Vorbild folgend benannt hatte:
- „Verkehrsplätze", das heißt „Straßenerweiterungen, die nur un- eigenthlich Plätze genannt werden können", weil es auf ihnen „keinen Unterschied zwischen Platz- und Straßenfläche giebt" (Stübben 1877: 393); auf ihnen störe der Fußgänger geradezu, da er als „Belästigung des durchgehenden Fahrverkehrs" (ebd. 395) wirke.
- „Architekturplätze", die angesehen wurden als „die eigentlichen Prunksäle der Großstädte", denn „Gebäude sind in hervorragendem Sinne Mittel zu ihrer Verschönerung" (ebd. 403). Da Bäume den freien Blick auf die Gebäude verstellt und Blumenrabatten den erhabenen architektonischen Eindruck geschmälert hätten, zeichneten sie sich durch meist gepflasterte, zuweilen aus Sparsamkeit auch mit Rasen versehene Flächen aus, die dem Aufenthalt großer Menschenmengen bei feierlichen Anlässen, nicht aber dem individuellen Verweilen und der Erholung dienten.

Abb. 24: Der Odeonsplatz in München: Typus des „Architekturplatzes" mit repäsentativer Kodierung der Dreieinigkeit der Herrschaft: Links das Residenzschloss des Fürsten von 1612, in der Mitte die dem Militär geweihte Feldherrnhalle von 1841, rechts die Theatinerkirche mit ihrer Fassade von 1765. Zeichnung von C. Geyer um 1845
Quelle: Duvigneau 1994

- „Schmuckplätze" brachten einen Tupfer „gedrillte Natur" in die versteinerte Stadt und sollten hauptsächlich dem Auge der Verkehrsteilnehmer eine „wohltuende Abwechslung" (ebd. 393) bieten oder auch die Respektabilität der Umgebung hervorheben; diese meist im Verkehrsstrom liegenden, mit Blumenrabatten besetzten Inseln waren in der Regel wegelos und gar nicht öffentlich zu betreten.
- „Gartenplätze" waren häufig in den Mittelstreifen breiter Promenadenstraßen eingefügt und boten dem Besucher an bekiesten, geometrisch abgezirkelten Wandelwegen zum erbaulichen Betrachten sorgfältig abgegrenzte Rasenstücke, Blumenrabatten, säumende Bäume oder kleine Teiche mit Felsen oder Springbrunnen; A. Orth war überzeugt, dass derart „geschmückte Plätze dem städtischen Publikum die

Abb. 25: München Gärtnerplatz: Typus des nicht begehbaren „Schmuckplatzes", hier als „Attraktion" einer „grünen Mitte" des 1830 vom Terrainunternehmer S. v. Eichthal geplanten und 1861 verwirklichten Gärtnerplatz-Viertels. Foto aus dem Jahr 1871   Quelle: Selig 1983

Abb. 26: Deutscher Platz (heute Ebertplatz) in Köln, angelegt 1886: Typus des bürgerlich-vornehmen, in den Mittelstreifen eines Ring-Boulevards hineingelegten und zum Lustwandeln gedachten „Gartenplatzes". Foto aus dem Jahr 1899　　　　　　　　　　　　　　　　　Quelle: Meynen 1979

Naturschönheit des Landes ersetzen; sie sind ihm Wald und Garten zugleich und deshalb für Erwachsene und Kinder die angenehmsten Erholungsstätten" (ebd.). In zeitgenössischen Fotografien fallen allerdings die kniehohen so genannten „Tiergartengitter" ins Auge, die das wandelnde Publikum von Rasenflächen, Blumenrabatten und Teichen fernhielten; ferner fällt der Mangel an Bänken zum Sitzen auf: Der Bürger repräsentierte offensichtlich, indem er wandelte (vgl. Bahrdt 1961: 45f.).

Im Großen und Ganzen waren es monofunktionale und zugleich klassenspezifische Plätze, die, abgesehen von den Verkehrsplätzen, in erster Linie bürgerlichem Bedürfnis nach Repräsentation entsprachen – also Zeichenträger, kodierte Schauplätze, die indes über die Bewegungs- und Verkehrsfunktion hinaus kaum den alltäglichen Bedürfnissen der anwohnenden Bevölkerung zu dienen vermochten (ausf. Meynen 1979: 18f.); vielmehr sollten sie in erster Linie den bürgerlichen Vierteln und deren Bewohnern Respektabilität verleihen und gleichzeitig auf das Verhalten des Publikums disziplinierend einwirken, sollten Wohlverhalten und Distanziertheit bei der Begegnung sicherstellen und unerwünschtes Publikum vom Besuch abschrecken. Plätze der genannten Art fanden sich nur ausnahmsweise und in unvergleichlich bescheidenerer Form in den Vierteln der Arbeiter und der so genannten „kleinen Leute". Die gezielt klassenspezifische Gestaltung solch öffentlicher Plätze ist im Kapitel „Öffentliche Parks" des Berliner Verwaltungsberichts für den Zeitraum 1861-1876 deutlich angesprochen: Sie sollten nämlich „dem gut situierten, aber im Gewühle des geschäftlichen Lebens umgetriebenen Bürger die Möglichkeit erfrischenden Naturgenusses gewähren. Gegenüber den unteren, in schwerer Arbeit ums tägliche Brot sich abmühenden Bevölkerungsklassen handelt es sich bei dem Schaffen von Park- und Gartenanlagen um noch höhere Ziele: Denn unbestreitbar ist, dass solche (…) Anlagen eines der geeignetsten Mittel sind, den Sinn über die Sorge um die materielle Existenz zu erheben und die rohe Gesinnung (streikender Arbeiter, d.V.) zu mildern." (zit. Klünner 2001: 14)

Schon 1877 hatte J. Stübben Kritik an der Aufenthaltsqualität der Promenadenstraßen und Sternplätze vorgebracht, denn „das, was man Platz nennt, ist tatsächlich Straße (...) Die Kreuzungsstelle zweier Straßen ist überhaupt nicht der richtige Ort zur Anlage eines freien Platzes" (Stübben 1877: 395). Auch Schmuck- und Gartenplätze waren für ihn „ungemüthliche Plätze", die, „mitten im Verkehr gelegen, (...) dem Besucher den Aufenthalt verleiden" (ebd.). Statt die Fußgänger mit dem Fahrverkehr in einem stets unruhigen Verkehrsraum zusammen zu legen, schlug er daher zwei Arten von „annehmlichen Plätzen" (ebd.) vor:

- „grüne Ruheplätze" nach Londoner Vorbild, „abseits des rollenden Verkehrs; deren Zweck einzig darin besteht, einen von Staub und Lärm zurückgezogenen, durch Pflanzenwuchs verschönerten Aufenthaltsort zu gewähren" (ebd. 393);
- „Marktplätze", auf denen „der Fahrverkehr gänzlich ausgeschlossen ist, Platz- und Straßenfläche also scharf gegeneinander abgesondert sein müssen" (ebd.).

Beide Platzarten seien aus hygienischen Gründen besonders wichtig in Wohngebieten: „Neben den großen architektonischen Effekten hat daher der projektierende Städtebauer ein gleich großes Gewicht darauf zu legen, dass die Stadt der Zukunft mit solchen Plätzen in hinreichender Zahl und Größe, in richtiger Lage und Gestaltung versehen werde." (ebd. 404) Er betonte die soziale Verantwortung des Städtebauers, der mit der Vermehrung von öffentlichen Plätzen „eine wichtige Pflicht, namentlich gegen die mittleren und unteren Schichten der Bevölkerung erfüllt, die meist auf enge Gassen ohne Gärten und sonstige Vegetation angewiesen sind" (ebd.). Da dergleichen jedoch dem privaten Verwertungsinteresse der Grundeigner abträglich erschien, blieb sein gut gemeinter Vorschlag bis fast zum Ende des 19. Jahrhundert in den Gemeinderäten nahezu unbeachtet, ja bereits ausgewiesene Platzflächen wurden z.B. in Berlin noch 1893 zurückgenommen, um an ihrer Stelle Bauland zu gewinnen (Radicke 1974: 72ff).

Zu etwa dieser Zeit gab es jedoch auch schon ernsthafte Überlegungen, die so knapp bemessenen öffentlichen Platz- und Parkflächen in neu ausgewiesenen Baugebieten zu vermehren[22]: So machte sich in mancher Länderregierung, in zunehmender Sorge um Volksgesundheit und inneren Frieden, die Einsicht breit, dass die vermehrte Bestückung einer Stadt mit öffentlichen Plätzen eine gute Investition in die Zukunft sei, insbesondere, wenn die Grundeigner als Nutznießer solcher Investition ihren Teil dazu beitrügen. So informierte z.B. die bayerische oberste Genehmigungsbehörde die Gemeinden 1898, dass sie Bebauungspläne nur noch dann genehmigen könne, wenn die Grundeigner sich verpflichteten, über die unentgeltliche Abtretung des benötigten Straßenlandes an die Gemeinde hinaus, weitere 5% der Gesamtfläche ihrer Terrains für neue „öffentliche Plätze" abzutreten (u.a. Gribl 1999: 45).

Die eingangs gestellten Fragen lassen sich abschließend für die Bismarcksche Reformzeit beantworten: Öffentliche Flächen dienten, allem voraus, dem wachsenden Verkehr, dann der Verwertung des mit Straßen aufgeschlossenen angrenzenden Baulands und dessen Wertsteigerung, weiterhin der Repräsentation der Obrigkeit, zunehmend aber auch dem Prestige und der Repräsentation des Bürgertums in seinen Vierteln, in nur langsam zunehmendem Maß auch der Volksgesundheit, also der Bewegung und dem Aufenthalt im Freien zur Erholung, und, ganz am Ende, auch der friedlich distanzierten Begegnung. Öffentliche Flächen nutzten also einem breiten Fächer von Bedürfnissen und verschiedenen Formen von Öffentlichkeit (public specific) – aber die Verteilung im Stadtraum und auf die verschiedenen Gesellschaftsklassen war weit davon entfernt, ausgewogen zu sein, bemaß sie sich doch eher am Vermögen, als an der Bedürftigkeit der Benutzer. Die Städtebauer stimmten die räumliche Verteilung und die Gestaltung, Ausstattung und symbolische Kodierung der zu Bewegung und Aufenthalt vorgesehenen öffentlichen Flächen darauf hin ab, dass vor allem „Sauberkeit, Sicherheit und Ordnung" auf ihnen gewährleistet waren; sie gestalteten sie also im Hinblick auf die Nutzungen so eindeutig und so übersichtlich, dass sie auf das Verhalten des Publikums sowohl disziplinierend als auch im Hinblick auf die Begegnungs-Öffentlichkeit distanzierend, auf jede Form politischer Öffentlichkeit (le public politic) jedoch geradezu abschreckend wirkten. In neuen Stadterweiterungsgebieten von der übersichtlich angelegten und militärisch leicht kontrollierbaren Art, wie sie A. Orth für Straßburg vorgeschlagen hatte, war ein Streik der Hafen- und Industriearbeiter kaum vorstellbar: Ungeachtet der Tatsache, dass von vorneherein Arbeiter nur in geringer Anzahl im neuen Stadtgebiet als Bewohner vorgesehen waren, hätte ein Streik dort wohl eher den Charakter einer Prozession angenommen.

Anmerkungen

1 Zur Klarstellung der gemeinten Form von Öffentlichkeit ist im Text stets die französische Übersetzung beigefügt; die Übersetzung besorgte dankenswerterweise Mary Braunschweig in Aachen:
  - Öffentlichkeit als städtische Allgemeinheit = la généralité (de ville)
  - Öffentlichkeit als spezifischer Teil der Allgemeinheit = Publikum = le public (specifique)
  - politische Öffentlichkeit = le public politic
  - repräsentative Öffentlichkeit = die Darstellung herrschaftlicher Macht vor dem Volk = la représentation public de l'autorité
  - Öffentlichkeit als Gegenteil von Geheimhaltung = Publiziät = la publicité; heute im Franz. für „Reklame"
  - Öffentlichkeit als freie Zugänglichkeit zu Raum, Information u.a. = l'accessibilité publique
2 Der Begriff „Obrigkeit" wird hier generalisierend gebraucht für staatliche oder auch kommunale Instanzen, deren Zuständigkeit für den öffentlichen Raum in den einzelnen deutschen Ländern verschieden war und darüber hinaus im Untersuchungszeitraum vielfach wechselte.
3 „Politische Öffentlichkeit" ist „Inbegriff derjenigen Kommunikationsbedingungen, unter denen eine diskursive Meinungs- und Willensbildung eines Publikums von Staatsbürgern zustande kommen kann" (Habermas 1990,38).
4 Der Begriff „öffentlicher Raum" war noch 1960 im deutschen Sprachraum unbekannt; nur H.P. Bahrdt sprach 1961 (p. 67) als Soziologe von „öffentlichem Raum". Jedoch kannte F. Halstenberg in seinem „Baulexikon" 1965 nur öffentliche Flächen von „Straßen, Wegen und Plätzen" (p. 164); im „Planungswörterbuch Wohnungswesen, Städtebau etc." des Deutschen Verbandes kommt 1974 der Begriff ebenso wenig vor, wie im „Handwörterbuch der Raumordnung" 1995 der Akademie für Raumforschung und Raumordnung. Erst das amerikanische Buch „Anatomie der Stadt" von S. Kostof (1992: 123 ff) stellte den Begriff („public space") in Deutschland bilderreich vor.
5 Die Erteilung von „Baurecht" galt als Gnade des Fürsten; ohne Baurecht durfte nirgends in Stadt und Land gebaut werden. Grundlage für jegliches Bauen in einer Stadt war ein obrigkeitlich festgesetzter „Bebauungsplan", der die „Fluchtlinien" der Straßen festlegte und damit die öffentlichen Flächen vom privaten Bauland schied; Straßen mussten im vorgesehenen Gelände eingemessen und meist fertiggestellt sein, ehe sie für die Bebauung „eröffnet" wurden.
6 Stadtstraßen mussten seit dem 18. Jahrhundert vielerorts so breit sein, wie die obrigkeitlich vorgeschriebene Gebäudehöhe, damit ein brennendes Haus nicht in gegenüberliegende Häuser stürzen konnte. Ludwig XVI. hatte diese so genannte „Breitenregel" (B = H) 1783 in Frankreich eingeführt (u.a. Schröteler-v. Brandt 1995: 337).
7 Dieser Grundsatz schloss alle jene in öffentlichem Eigentum liegenden Flächen von der Einbeziehung in das Netzwerk aus, die nur zeitweise öffentlich zugänglich waren z.B. diejenigen öffentlicher Bauten oder Parks mit Öffnungszeiten. Auch die in privatem Eigentum liegenden Flächen konnten nicht in das Netzwerk einbezogen werden, da die privaten Eigentümer jederzeit den allgemeinen Zugang verweigern konnten.
8 Seit der Zeit des Absolutismus wurde also nicht begrifflich differenziert nach vier realen Kategorien: 1. Flächen in obrigkeitlichem Eigentum jeweils mit (1.1) und ohne öffentlichen Zugang (1.2); 2. Flächen in privatem Eigentum jeweils mit (2.1) und ohne öffentlichen Zugang (2.2). Diese Schwäche deutscher Begriffsbildung hatte schon 1877 zu der von J. Stübben (S. 403) verwendeten Wortschöpfung des „halböffentlichen Bereichs" geführt, der doch zugleich auch ein „halbprivater" gewesen wäre – also: entweder eine Fläche in obrigkeitlicher Hand, jedoch nicht für die Öffentlichkeit zugänglich; oder aber eine Fläche in privater Hand und doch für die Öffentlichkeit zugänglich; für beide Gegebenheiten fehlen im Deutschen auch heute noch eigene Begriffe!
9 Zur Sicherung der inneren Ruhe war den Fürsten im Westfälischen Frieden 1648 endgültig das Recht zugestanden worden, die Landesreligion in ihrem Sinn zu bestimmen (cuius regio eius religio (Kunisch 1997: 36 f.).
10 Ursprünglich wurden Gesetze auf öffentlicher Fläche ausgerufen, seit dem 16. Jahrhundert auch öffentlich ausgehängt und seit dem späten 17. Jahrhundert auch durch Zeitungen verbreitet (vgl. Hölscher 1979: 91 ff), womit ein von Ort und öffentlichen Flächen unabhängiges neues Medium an die Öffentlichkeit getreten war.
11 Als eifriger Hüter der alten Ordnung (ancien régime) erwies sich z.B. Papst Pius IX., der 1870 die „Unfehlbarkeit des Papstes" verkünden ließ und sich selbst als Personifizierung der Tradition sah; in diesem Sinn hatte er noch 1864 in seinem „Syllabus" die „Irrlehren" u.a. des Verfassungsstaats, des Rechts auf öffentliche Meinungsäußerung und der Menschenrechte, verbindlich für alle Gläubigen, verurteilt. Die Modernisierung der Gesellschaft wurde u.a. dadurch im Deutschen Reich um Jahrzehnte aufgehalten (u.a. Seibt 2005).
12 J. G. Grünberger (1782: 155) führt folgende Kostenkategorien bei einer Stadterweiterung an: Bereitstellung und Erschließung des Baugeländes bei Entschädigung der Altbesitzer, Neubau eines Kanalnetzes, Herstellung der Wasserleitungen und Brunnen, Einrichtung neuer Produktionsstätten für Baustoffe, Be-

reitstellung der Arbeitskräfte, Transportmittel für Erdbewegung und Materialabfuhr. Straßenpflasterung und Bürgersteig sind noch nicht erwähnt!

13 Die Theorie von J. Bentham (England 1792) der „alles sehenden Obrigkeit", d.h. der „rationellen Überwachung" (surveillance) Untergebener von einem einzigen Punkt aus; sie verbreitete sich über Frankreich in ganz Europa, wo immer es etwas zu überwachen gab, u.a. im Arbeiterwohnungsbau (ausf. Foucault 1994: 256 ff)

14 Lediglich obrigkeitlicher Repräsentation dienende Prachtstraßen wiesen größere Breiten auf. Die vielerorts bis fast zur Mitte des 19. Jahrhunderts obrigkeitlich vorgeschriebene Mindest-Gebäudehöhe sollte eine respektable Erscheinung des Straßenbildes sicherstellen und vor allem die als schäbig geltenden eingeschossigen Häuser, wie sie wegen geringerer Baukosten von vielen „Bauwilligen" bevorzugt wurden, verhindern (u.a. Fehl 2001: 38 ff)

15 „Verschwendung" von städtischem Boden war im Merkantilismus jedoch unbekannt, da dieser weder einen freien Bodenmarkt kannte noch die freie Bodenverwertung: die Dichte der Bebauung spielte also keine ökonomische Rolle.

16 Nach dem Zusammenbruch des Deutschen Reichs (1806) mit seinen ca. 300 Fürstentümern und Bistümern erfolgte eine territoriale Neuordnung in mehreren Etappen, insbesondere nahm der Wiener Kongress (1814-1815) nach der Niederlage Napoleons I. radikale Flächenkorrekturen vor, aus denen 34 neue Fürstentümer im „Deutschen Bund" hervorgingen; dies und der innere politische Druck veranlasste die Überführung des Absolutismus in konstitutionelle, repräsentative Herrschaft z.B. 1818 in Baden und Bayern; 1820 in Hessen; 1831 in Mecklenburg, Sachsen und Württemberg; 1833 in Hannover; 1848 in Preußen.

17 Der Bodenhandel setzte binnen kürzester Zeit mit preistreibender Wirkung dort ein, wo der Boden bei neuen Stadterweiterungen bereits in Bauparzellen aufgeteilt war. Wo jedoch ein Stadtbauplan erst neu aufzustellen war, da konnte die Obrigkeit ihre Herrschaft über den Stadtgrundriss gegen die Grundeigner noch eine Weile behaupten.

18 Niveaugleiche Seitenstreifen hatte es in Deutschland spätestens seit dem 18. Jahrhundert gegeben; jedoch die Straße mit von der Fahrbahn getrenntem, erhöhtem Bürgersteig und mit Abführung von Straßenwasser in einer Rinne entlang dem Bürgersteig, war eine erst ab 1830 in deutschen Städten eingeführte Neuerung. Dergleichen war unter Einbeziehung der Abführung auch der Hausabwässer in einer unterirdischen Schwemmkanalisation in Paris bereits 1769 vom Ingenieur J. Patte vorgeschlagen und auch in Deutschland bekannt geworden (u.a. Grünberger 1782), wurde aber als zu kostspielig zunächst allgemein abgelehnt (zu Frankreich: Corbin 1984: 159 ff)

19 Die Flächen wurden „öffentlich", indem sie nach privater Fertigstellung unentgeltlich an die Obrigkeit abgetreten und ins bestehende Netzwerk öffentlicher Verkehrs- und Grünflächen eingegliedert wurden.

20 Die Zunahme innerstädtischen Fahrverkehrs resultierte: a) aus dem wachsenden Warentransport, sobald eine Stadt an die Eisenbahn angeschlossen war und Güter per Fuhrwerk vom „Güterbahnhof" quer durch die Stadt zu den Betrieben geschafft wurden – und umgekehrt; b) aus rascher Zunahme einspänniger leichter Pferdewagen (u.a. Kaleschen) für den beschleunigten Verkehr innerhalb der Stadt, die zunehmend Unfälle mit Fußgängern verursachten (u.a. Hitzer 1971: Kap. Fahrzeuge).

21 Dieser Plan von 1877 (veröffentlicht 1878) repräsentiert das städtebauliche Leitbild jener Zeit prägnanter als die Pläne anderer deutscher Städte, da in Straßburg die Voraussetzungen für eine umfassende Realisierung besonders günstig waren: Das Elsass war im Krieg von 1870-1871 an Deutschland gefallen und Straßburg sollte als deutscher Regierungssitz zügig imponierend ausgebaut und „vom Reich kräftig gefördert werden". Die erwarteten Heerscharen deutscher Beamter, Militärs und Angestellter waren auf den 195 ha Fläche des alten Festungsgeländes unterzubringen, welche „die Stadt Straßburg vom Militärfiskus günstig erworben hatte". Nach dem auf drei Teilnehmer beschränkten Wettbewerb von 1877, darunter A. Orth, erarbeitete die Gemeinde auf dieser Grundlage einen neuen Plan, der zügig verwirklicht wurde. Die Gemeinde verfügte über das Gelände und war somit als obrigkeitlicher Bodenverwerter „Herrin ihrer Geschicke, ihrer Weiterentwicklung" (alle Zit. Baumeister 1878: 343ff)
In ähnlicher Weise verplanten als Grundeigner und Bodenverwerter auch einige andere deutsche Großstädte ihr Stadterweiterungsgebiet: u.a. Dresden, Köln, Mannheim, Ulm.

22 Innerstädtische kommunale Grünflächen waren bis 1885 in Deutschland nur vereinzelt verwirklicht worden (u.a. in 1824 Magdeburg, 1858 Dresden, 1860 Berlin). Erst ab den späten 1880 Jahren wurden Gartenbauämter bei den Gemeinden eingerichtet (vgl. Bertram 1904) und eine „kommunale Grünflächenbewegung" mit an Volksgesundheit und Chancengleichheit ausgerichteten Konzepten begann sich zu verbreiten: Grüngürtel, Volksparks, Sportanlagen, auf die u.a. R. Kastorff-Viehmann in diesem Band eingeht.

Literatur

Anders, Gerd (1998): Stadt der Öffentlichkeit – Zum Stadtumbau. o.O.
Assmann, Gustav (1862): Grundrisse für städtische Miethwohnhäuser. Berlin
Bacon, Edmund (1969): Design of Cities. London
Bahrdt, Hans Paul (1961): Die moderne Großstadt. Soziologische Überlegungen zum Städtebau. Reinbeck
Bark, Willy (1937): Chronik von Alt-Westend. Berlin
Bartel, Horst u.a. (1980): Das Sozialistengesetz 1878-1890. Berlin
Baumeister, Reinhard (1878): Die Stadterweiterung von Strassburg. In: Deutsche Bauzeitung, H. 69, S. 343-347
Baumeister, Reinhard u.a. (1897): Die Umlegung städtischer Grundstücke. Berlin
Berding, Ulrich; O. Kuklinski; K. Selle (2003): Städte als Standortfaktor: Öffentlicher Raum; hg. vom Bundesamt für Bauwesen und Raumordnung. Bonn
Bertram (1904): Die deutsche Gartenkunst in den Städten. In: R. Wuttke (Hg.): Die Deutschen Städte – nach den Ergebnissen der ersten deutschen Städteausstellung zu Dresden. Leipzig. Bd. 1, S. 151-180
Blotevogel, Hans (1995): Raum. In: Akademie für Raumforschung und Raumordnung (Hg.): Handwörterbuch der Raumordnung. Hannover, S. 733-739
Corbin, Alain (1984): Pesthauch und Blütenduft. Eine Geschichte des Geruchs. Berlin
Depenheuer, Otto (2001): Öffentlichkeit und Vertraulichkeit. Eine Einführung. In: ders. (Hg.): Öffentlichkeit und Vertraulichkeit. Wiesbaden
Duvigneau, Volker (1994): Münchner Stadtbilderbuch. Ansichten aus drei Jahrhunderten. München
Enquist, Per O.L. (2002): Der Besuch des Leibarztes. Frankfurt/M
Faucher, Julius (1865): Die Bewegung für Wohnungsreform. In: Vierteljahreschrift für Volkswirthschaft und Culturgeschichte. Berlin. Vol. IV, S. 127-199
Faucher, Julius (1866): Die Bewegung für Wohnungsreform. In: Vierteljahreschrift für Volkswirthschaft und Culturgeschichte. Berlin. Vol. XIII, S. 142f.
Faulstich, Werner (1999): Der Öffentlichkeitsbegriff: Historisierung – Systematisierung – Empirisierung. In: P. Szyszka (Hg): Öffentlichkeit. Diskurs. Opladen, S. 67-76
Fehl, Gerhard (1983): Stadt als Kunstwerk, Stadt als Geschäft. In: G. Fehl, J. Rodriguez-Lores (Hg.): Stadterweiterungen 1800-1875. Hamburg, S. 135-184
Fehl, Gerhard (1985): Berlin wird Weltstadt: Wohnungsnot und Villenkolonien. In: J. Rodriguez-Lores, G. Fehl (Hg.): Städtebaureform 1865-1900. Hamburg, S. 101-152
Fehl, Gerhard (1982): Zur Städtebaureform in Deutschland bis 1900. In: K. Brake (Hg.): Stadtentwicklungsgeschichte und Stadtplanung. Oldenburg, S. 61-100
Fehl, Gerhard; J. Rodriguez-Lores (1982): Aufstieg und Fall der Zonenplanung. In: Stadtbauwelt 73, S. 45-52
Fisch, Stefan (1988): Stadtplanung im 19. Jahrhundert. Das Beispiel München. München
Foucault, Michel (1999): Überwachen und Strafen. Die Geburt des Gefängnisses. Frankfurt/M
Geist, Johann Friedrich; K. Kürvers (1980): Das Berliner Mietshaus 1740-1862. München
Geist, Johann Friedrich; K. Kürvers (1984): Das Berliner Mietshaus 1862-1945. München
Geist, Johann Friedrich (1982): Passagen – ein Bautyp des 19. Jahrhunderts. München
Gerhards, Jürgen; F. Neidhardt (1990): Strukturen und Funktionen moderner Öffentlichkeit. Fragestellungen und Ansätze. FS III 90-101; PDF-file
Gribl, Dorle (1999): Villenkolonien in München und Umgebung. München
Grünberger, J. G. (1782): Entwurf eines raisonierten Plans über die Erweiterung von München; hg. u. eingel. von H. Lehmbruch. In: Archiv d. Historischen Vereins von Oberbayern. Vol. 114, München 1990, S. 114-226.
Habermas, Jürgen (1962, 2. Aufl. 1990): Strukturwandel der Öffentlichkeit. Neuwied/Berlin
Heyden-Rynsch, Verena v.d. (1992): Europäische Salons. München
Hitzer, Hans (1971): Die Straße. Vom Trampelpfad zur Autobahn. München
Hoffmann, K.C. (1844): Über Erweiterung von Städten, Anlage neuer Straßen innerhalb derselben und Anlage neuer Stadttheile. In: Rombergs Zeitschrift für prakt. Baukunst. IV. Jhg, S. 207-213
Hölscher, Lucian (1979): Öffentlichkeit und Geheimnis. Eine begriffsgeschichtliche Untersuchung zur Entstehung der Öffentlichkeit in der frühen Neuzeit. Stuttgart
Jacobs, Jane (1963): Tod und Leben großer Amerikanischer Städte. Frankfurt a.M., Wien
Jestaedt, Mathias (2001): Zwischen Öffentlichkeit und Vertraulichkeit. In: O. Depenheuer (Hg.): Öffentlichkeit und Vertraulichkeit. Theorie und Praxis der politischen Kommunikation. Wiesbaden, S. 67-110
Kleihues, Josef P. (1973): Berlin-Atlas zu Stadtbild und Stadtraum. Versuchsgebiet Kreuzberg. Berlin
Klünner, Hans-Werner (2001): Berliner Plätze. Berlin
Kokkelink, Günther; R. Menke (1977): Die Straße und ihre sozialgeschichtliche Entwicklung. In: Stadtbauwelt 55, S. 12-16
Kostof, Spiro (1992): Die Anatomie der Stadt. Geschichte städtischer Strukturen. Frankfurt a.M./New York
Kunisch, Johannes (1997): Absolutismus und Öffentlichkeit. In: H.-W. Jäger (Hg.): „Öffentlichkeit" im 18. Jahrhundert. Opladen, S. 33-49
Löffler, Fritz (2000): Dresden im 18. Jahrhundert: Bernardo Bellotto, genannt Canaletto. München/Berlin

Merkel, Ursula (1990): „Zu mehr Zierde und Gleichheit des Orths". Der Modellhausbau des 18. Jahrhundert. In: M. Maaß; K.W. Berger (Hg.): Planstädte der Neuzeit vom 16.-18. Jahrhundert. Karlsruhe, S. 243-258
Meynen, Henriette (1979): Die Kölner Grünanlagen. Düsseldorf
Münchner Stadtmuseum (Hg.) (2004): München wie geplant. Die Entwicklung der Stadt von 1158 bis 2008. München
Nerdinger, Winfried (Hg.) (2000): Leo von Klenze. Architekt zwischen Kunst und Hof 1784-1864. München
Niethammer, Lutz (1988): Kein Reichswohnungsgesetz 1890-1898. In: J. Rodriguez-Lores, G. Fehl (Hg.): Die Kleinwohnungsfrage. Hamburg, S. 52-73
Orth, August (1878): Entwurf zu einem Bebauungsplan für Straßburg. Leipzig
Peters, Bernhard (1994): Der Sinn von Öffentlichkeit. In: F. Neidhardt (Hg.): Öffentlichkeit, Öffentliche Meinung, Soziale Bewegungen. Opladen, S. 42-76
Preußisches Ministerium für Handel etc. (1855): Anweisung für die Aufstellung und Ausführung städtischer Bau-Pläne. Nachdruck in: G. Fehl, J. Rodriguez-Lores (Hg.) (1983): Stadterweiterungen. Hamburg, S. 376-379
Preußisches Gesetz vom 2. Juli 1875 (Fluchtlinien-Gesetz). Nachdruck in J. Stübben 1890, S. 520-526
Radicke, Dieter (1974): Der Berliner Bebauungsplan von 1862 und die Entwicklung des Wedding. In: G. Peschken u.a. (Hg.): Festschrift für Ernst Heinrich. Berlin
Radicke, Dieter (1983): Öffentlicher Nahverkehr und Stadterweiterung. Beispiel Berlin zwischen 1850 und 1875. In: G. Fehl, J. Rodriguez-Lores (Hg.) (1983): Stadterweiterungen 1800-1875. Hamburg, S. 345-357
Ranke, Winfried (1975): Heinrich Zille – Photographien Berlin 1890 -1910. Bonn
Rodriguez-Lores, Juan; G. Fehl (Hg.) (1985): Städtebaureform 1865-1900. 2 Bd. Hamburg
Rössler, G. von (1874): Zur Bauart deutscher Städte. In: Deutsche Bauzeitung. Jg. VIII, No. 39, S. 153f., 162f.
Rodenstein, Marianne (1988): „Mehr Licht, mehr Luft". Gesundheitskonzepte im Städtebau seit 1750. Frankfurt a.M.
Scheffler, Karl (1910): Berlin – Ein Stadtschicksal. Berlin
Schröteler-v. Brandt, Hildegard (1995): Die Napoleonischen Enteignungsgesetze und ihre Anwendung in den Preußischen Rheinlanden. In: G. Fehl; J. Rodriguez-Lores (Hg.): Stadtumbau. Basel/Berlin, S. 337-339
Schröteler-v. Brandt, Hildegard (1998): Rheinischer Städtebau – die Stadtbaupläne in der Rheinprovinz von der napoleonischen bis zur Kaiserzeit. Köln
Seibt, Gustav (2005): Die Tradition bin ich. In: Süddeutsche Zeitung vom 06.04.2005, S. 45
Selig, Heinz (1983): Stadtgestalt und Stadtbaukunst in München 1860-1910. München
Spohr, Edmund (1978): Düsseldorf. Stadt und Festung. Düsseldorf
Staatliche Kunsthalle Berlin (Hg.) (1991): Hans Baluschek 1870-1935. Berlin
Stübben, Josef (1877): Über die Anlage öffentlicher Plätze. In: Deutsche Bauzeitung, S. 393-395, 403-406
Stübben, Josef (1879): Paris in Bezug auf Straßenbau und Stadterweiterung. Berlin
Stübben, Josef (1890): Der Städtebau. Darmstadt
Vitruv, L. (ca. 30 n.Chr.): De Architectura Libri Decem. Hg. C. Fensterbusch 1964. Darmstadt
Vogel, Ferdinand (1842): Baugesetze aus einigen deutschen Ländern. In: Rombergs Zeitschrift für praktische Baukunst. II. Jhg. 1842, S. 176-181
Wentz, Martin (2003): Der öffentliche Raum als das Wesentliche des Städtebaus. In: K. Selle (Hg.): Was ist los mit den öffentlichen Räumen? Dortmund, S. 244-252
Würgler, Andreas (1995): Das Modernisierungspotential von Unruhen im 18. Jahrhundert. Ein Beitrag zur Entstehung der politischen Öffentlichkeit. In: Geschichte und Gesellschaft, S. 195-217
Zweig, Stefan (1929): Joseph Fouché. Salzburg

Christoph Bernhardt

**Die Vertreibung des Wassers aus der Stadt und der Planung:
Zur Hygienisierung der öffentlichen Räume im 19. Jahrhundert
am Beispiel Berlins**

In den Debatten um die öffentlichen Räume europäischer Städte wird zumeist unausgesprochen eine bestimmte physische Verfassung dieser Räume, nämlich die einer hygienisierten Sphäre, als Norm und Leitbild wie selbstverständlich vorausgesetzt. In Öffentlichkeit und Forschung wird dieser Sachverhalt im Regelfall erst dann und nur dann problematisiert, wenn „Schmutzgrenzen" überschritten werden[1]. Dass dieser hygienisierte Zustand ständig aufwändig gesichert werden muss, ist einer in dieser Frage hochgradig sensibilisierten städtischen Öffentlichkeit zwar einigermaßen bewusst. Kaum diskutiert werden jedoch die Genese und die problematischen Facetten dieses hegemonialen Leitbildes, das ein nur kulturgeschichtlich zu erklärendes Kernmerkmal der europäischen Stadt und des Städtebaus der Moderne darstellt. Der vorliegende Aufsatz fragt nach diesen mit der „sanitären" Verfassung der öffentlichen Räume verbundenen kulturellen Kodierungen sowie danach, wie diese Kodierungen historisch durchgesetzt wurden und die Herausbildung der modernen Stadtplanung wie auch die Nutzungsmuster dieser Räume grundlegend geprägt haben.

Der Aufstieg des Hygienegedankens zum hegemonialen Prinzip in der Stadtplanung und Richtschnur des Verhaltens im öffentlichen Raum vollzog sich im Verlauf des 19. Jahrhunderts in drei Schüben, die im folgenden rekonstruiert werden sollen. Dabei war die Hygiene in dieser Zeit nicht nur, wie Marianne Rodenstein und andere herausgearbeitet haben, eine „Leitwissenschaft", sondern das weit über den Wohnungs- und Städtebau hinaus beherrschende kulturelle Paradigma[2]. Der vorliegende Aufsatz analysiert diesen Transformationsprozess am Beispiel des Umgangs mit dem zentralen umweltpolitischen Leitmedium des 19. Jahrhunderts, dem Wasser, das als städtisches Umweltproblem schrittweise „entsorgt", aus der Planung und öffentlichen Wahrnehmung für fast ein Jahrhundert weitgehend verdrängt und erst in jüngster Zeit wieder neu debattiert wurde.[3] Im ersten der drei Schübe kam es zu einer großräumigen Einebnung, Entwässerung und Versiegelung des städtischen Reliefs, in einem zweiten Schub zur Kanalisierung der Wasserkreisläufe, im dritten schließlich zur habituellen Internalisierung der neuen hygienischen Standards. Gerade die Dimension der habituellen Internalisierung und kulturellen Kodierung der öffentlichen Räume tritt am Beispiel des Wassers besonders hervor, waren doch einige der gravierendsten Funktionsverluste dieser Räume im 19. Jahrhundert eine direkte Folge ihrer „De-Hydrierung".

Die Grundlinien dieser Entwicklung werden hier exemplarisch entlang der drei prominenten Beispiele der Planungen Peter Josef Lennés, James Hobrechts und Martin Wagners für Berlin verfolgt. Dabei ergibt sich auch eine neue Sicht auf die Genese so grundlegender planungsgeschichtlicher Prozesse wie die Aufspaltung zwischen Fach- und integrierender Flächennutzungsplanung oder die schrittweise „Ent-Sinnlichung" der öffentlichen Räume. Im folgenden wird dabei den an anderer Stelle in diesem Sammelband vorgenommenen Definitionen des öffentlichen Raums keine weitere hinzugefügt und nur auf die dringend notwendige Problematisierung dieser Kategorie verwiesen. Gerade die Geschichte der Hygienisierung, die mit weitreichenden Interventionen sowohl in die öffentliche wie in die „private Sphäre" hinein verbunden war, bildet ein Paradebeispiel für die letztlich untrennbare gegenseitige Durchdringung von öffentlichen und privaten Räumen in der Stadtgeschichte[4].

1. Die große Transformation des städtischen Reliefs im frühen 19. Jahrhundert

Die Geburtsstunde des modernen hygienisierten Stadtraums fiel mit der großen Umwälzung der öffentlichen Ordnung im Umfeld der französischen Revolution zusammen. In einer Negativformel fasste Heinrich von Kleist 1801 in einem aus Paris geschriebenen längeren Brief an seine Frau den Zusammenhang zwischen dem Verfall der Staatsordnung und Hygiene- und Gesundheitsproblemen zusammen, wenn er die französische Hauptstadt voller Abscheu als Kapitale von politischer Unordnung, Schmutz und Tod schilderte[5]. Zu dieser Zeit hatte jedoch bereits, ebenfalls in Paris, unter dem Banner der Miasmen-Theorie der erste „Hygienisierungsschub" und der „Kampf der Desodorierung" (Alain Corbin) eingesetzt. Getragen zunächst wesentlich von Demographen, Medizinern und Hygienikern, die 1794 in Paris die Einrichtung des ersten Lehrstuhls für öffentliche Hygiene durchsetzen, begann die physische Transformation des vormodernen öffentlichen Raums[6]. Der Feldzug, der in den folgenden Jahrzehnten die Entwässerung und Versiegelung des städtischen Bodens in Angriff nahm, begann mit der Trockenlegung sumpfiger Stadtgebiete und der Sümpfe im Umland der Städte. Es wurden umfangreiche Tiefbauarbeiten unternommen, um insbesondere mit Kanalisierungen den Grundwasserstand großräumig abzusenken[7]. Unter dem Eindruck von Malaria- und Choleraepidemien und angetrieben von einer panischen kollektiven Angst um die tödliche Wirkung der Miasmen wurde die Ventilation und Zirkulation der Luft- und Wasserströme zum wirkungsmächtigen Leitbild von Medizinern und Ingenieuren. Zahlreiche große Tiefbauarbeiten richteten sich gegen den „Horror der Stagnation und Erstarrung – Begriffe die mit Kälte und dem Schweigen des Grabes assoziiert werden"[8]. Es war kein Zufall, sondern verweist auf die enorme Bedeutung dieser Entsumpfungskampagnen, dass die ersten planungsrechtlich motivierten juristischen Regelungen zur Bodenenteignung 1807 im Rahmen von Napoleons Gesetz für „die Trockenlegung von Sümpfen" erlassen wurden[9]. Von hier spannt sich ein Bogen über das gesamte 19. Jahrhundert hinweg, bei dem in den europäischen Städten – in der Formulierung der Kommission für den Flächennutzungsplan Roms von 1873 – ein erbitterter

Kampf gegen die „schändlichen und ungesunden Niederungen" mit Hilfe einer „Hebung des Straßenniveaus und Trockenlegung der feuchten Niederungen" geführt wurde[10]. Im Ergebnis kam es zu einer großflächigen Einebnung und Entwässerung des Reliefs der europäischen Städte.

2. Die „Entsumpfungs- und Verschönerungspläne" Peter Joseph Lennés für Berlin

Am Beispiel der zwischen 1819 und 1849 ausgearbeiteten Konzepte Peter Josef Lennés für den Tiergarten, das Köpenicker Feld und die Berliner Stadtentwicklung lässt sich die überragende Bedeutung des Entwässerungsmotivs in dieser Zeit aufzeigen. So hob Lenné in seiner 1832, dem Jahr der europaweiten Cholera-Epidemie verfassten zentralen Denkschrift zur Neuplanung des Tiergartens „die ungesunden klimatischen Bedingungen infolge der sumpfigen Geländebeschaffenheit"[11] besonders hervor. Diesem Hauptargument wurden andere Motive, wie z.B. das Repräsentationsbedürfnis des Königs, die Arbeitsmöglichkeiten für sozial Schwächere und auch ästhetische Aspekte explizit untergeordnet: „Vor allem muß der Park gesund sein, dass er benutzt und genossen werden kann"[12]. Diese Prioritätensetzung war in der damaligen Berliner Stadtentwicklungspolitik auch institutionell fest geregelt, wie ein charakteristischer Konflikt von 1834 zeigt. Das preußische Finanzministerium ließ in dieser Zeit den durchweg als „Entsumpfungs- und Verschönerungsplan" bezeichneten Plan Lennés für den Tiergarten auf seine Schwerpunktsetzung hin prüfen: Bei Entwässerungsarbeiten konnte der Finanzminister selbst Gelder anweisen – hier wurde ein öffentliches Interesse grundsätzlich unterstellt –, während bei Verschönerungsarbeiten der König persönlich zustimmen musste. Dementsprechend hatte Lenné, wohl um die Finanzierung zu vereinfachen, bei seinen Erläuterungen die Verschönerung sozusagen als Begleiterscheinung dargestellt[13]. Den neu angelegten Wasserläufen und Bassins galt seine besondere Aufmerksamkeit: „Den Hauptgegenstand der neuen Anlagen bieten die großen Wasserzüge dar", die explizit für vielfache Nutzungen wie Kahnfahrten, Schlittschuhfahren usw. ausgelegt wurden[14].

Eine noch größere Rolle spielte die Frage der Wasserabsenkung in den Planungen Lennés für die Stadterweiterung im Köpenicker Feld, einem Teil des späteren Bezirks Kreuzberg, der zu dieser Zeit noch eine weitgehend landwirtschaftlich und gärtnerisch genutzte "feuchte Niederung" war. Schon im Vorgänger-Plan des Berliner Oberbaurates Schmid von 1825 war ein neu anzulegender Kanal zwischen der Spree und dem Landwehrgraben – der spätere Luisenstädtische Kanal – der strategische Dreh- und Angelpunkt gewesen: Unerlässlich nicht nur für die Entwässerung des neuen Stadtteils, der nach einem Gutachten „ein Sumpf zu werden drohte", erwartete sich Schmid von ihm auch eine Verbesserung des Baugrundes in der Friedrichstadt. Darüber hinaus sollte er zusammen mit dem schiffbar gemachten Landwehrkanal die Gewerbeentwicklung stimulieren und die Lokalisierung neuer Fabriken steuern[15].

Lenné übernahm diese Grundidee und die Prioritätensetzung in seinen ersten Plan für das Gebiet von 1840. Die Kanalisation des Landwehrgrabens und seine Verbindung mit der Spree mittels des Schiffsgrabens durch das Köpenicker Feld sei der erste und dringendste Teil des Plans: „Dies sind die hydrotechnischen Arbeiten des Projektes, die in der Tat die

Abb. 1: Die Luisenstadt 1846

Quelle: Karte vom Weichbilde Berlins 1846 von Vogel v. Falckenstein (Ausschnitt)

Seele des Ganzen bilden"[16]. Das Vorhaben besaß insofern eine gesamtstädtische, den regionalen Wasserhaushalt und Wirtschaftsverkehr betreffende Dimension, als es auch für den geplanten Dombau im Stadtzentrum sowohl wasserstandsregulierende Funktion erfüllen als auch die Spree vom Schiffsverkehr entlasten sollte. Auf diesen hydrologischen Grundgedanken aufbauend gestaltete Lenné den Landwehrkanal als flussartig geschwungene, kanalisierte Wasserstraße sowie den Luisenstädtischen Kanal als „Kanalschleife" und städtebauliches Rückgrat des neuen Stadtviertels. Sein zweiter Plan für dieses Gebiet, der „Plan der Schmuck- und Grenzzüge von Berlin" von 1840, sah zwei „Bassins" (Hafenbecken) vor, die mit mehreren größeren Plätzen und Gebäuden – unter anderem dem Mariannenplatz mit dem Bethanien-Krankenhaus und der St.Michaelskirche – verbunden und als diesen gleichrangige öffentliche Räume aufgefasst wurden[17].

Wie stark Lenné die gesamte Stadtplanung von den Wasserläufen her konzipierte, zeigten auch seine Planungen rund um das Pulvermühlengelände am damaligen westlichen Stadtrand mit dem Humboldt-Hafen und dem Spandauer Schifffahrtskanal als zentralen Elementen. Diese Sicht kulminierte in der Vision, die Kanäle um die gesamte Stadt herum zusammen zu schließen. Begleitet von Grünanlagen sollten sie Berlin konzentrisch mit einem „städtischen pleasure-ground" umgürten[18].

Diese Vision von der Stadtplanung als integrativer, vom Wasser aus gedachter Umweltplanung kollidierte jedoch nicht nur mit konträren Interessen übermächtiger zeitgenössischer Akteure – z.B. den Eisenbahngesellschaften –, sondern auch mit den Vorstellungen maßgeblicher Tiefbauingenieure in den Behörden. Nicht zufällig entzündete sich um 1840 ein paradigmatischer Grundsatzkonflikt an der Wasserführung im Landwehrkanal und der Wasserstandsabsenkung für das Köpenicker Feld. „Oberwasserstand", d.h. den Wasserstand der Spree am Oberbaum, verlangte Lenné auch für den Landwehrkanal, um einen ausreichenden Grundwasserstand für die Bäume und Gewässer im Tiergarten zu gewährleisten. „Unterwasserstand", das hieß vier Fuß tiefer, forderte dagegen eine eigens eingesetzte Kommission von Wasserbautechnikern, die nur so eine ausreichende Entwässerung des Köpenicker Feldes und den Abfluss der Abwässer aus den Rinnsteinen der Friedrichstadt sichergestellt sah. Ein schließlich gefundener Kompromiss im Konflikt zwischen Grün- und Siedlungsplanung zog, wie von Lenné vorausgesehen, schwere Schädigungen der Bäume im Tiergarten nach sich und führte 1848 zu seinem Rücktritt aus der Tiergartenverwaltung, für die er insgesamt fast 30 Jahre geplant hatte[19].

Die nach diesem Muster vollzogene Herstellung der neuen Stadtteile und öffentlichen Räume setzte bei den Projekten Lennés für Berlin wie bei denen in vielen anderen europäischen Städten ausgedehnte Erdarbeiten voraus, die geradezu zum Signum der Epoche wurden. So waren allein im zweiten Bauabschnitt des Tiergartenprojektes zwischen der Fasaneriebrücke und dem Landwehrgraben 2800 Schachtruten Erde auszuheben[20]. Auf dem Höhepunkt der Arbeiten zum Bau des Landwehrkanals (begonnen 1845), des Luisenstädtischen Kanals (1848/52) und des Spandauer Schiffahrtskanals (1847–1859) waren im Sommer 1848 über 3000 Erdarbeiter beschäftigt, ganz überwiegend im Rahmen von im Kontext der Revolution aufgelegten umfangreichen staatlichen Arbeitsbeschaffungsprogrammen. Verschiedene „Crawalle" und einzelne schwere Zusammenstöße zeigen an, wie stark in Zeiten sozialer Spannungen die Besetzung und auch die Herstellung öffentlicher Räume umkämpft war[21].

3. Die Versiegelung des städtischen Bodens

Eine zweite, parallel zur Wasserabsenkung geführte Kampagne zur Hygienisierung des öffentlichen Raums galt der Versiegelung des Bodens, das heißt vor allem seiner Pflasterung. Seit Beginn des 19. Jahrhunderts wurden die immer noch stark durchfeuchteten innerstädtischen Freiflächen zunehmend eingeebnet, Bürgersteige angelegt und Straßen gepflastert. Abgesehen von den verbleibenden Grün- und Wasserflächen wurde der öffentliche Raum bis zum Ende des Jahrhunderts fast vollständig versiegelt und änderte dadurch seinen Charakter grundlegend[22]. Die Straßenpflasterung musste vor allem wegen ihrer Kostspieligkeit von vornherein in den Planungen mit kalkuliert werden, blieb aber ein ständiger Gegenstand politisch-rechtlicher Auseinandersetzungen. Sie markierte faktisch die städtische Qualität eines Gebietes und galt als zentrales Kriterium zur Abgrenzung der Stadt von der Vorstadt. Dementsprechend sollte in dem zweiten Plan Lennés für das Köpenicker Feld nur der zentrumsnahe Teil westlich des Luisenstädtischen Kanals gepflastert und beleuchtet werden, im Gegensatz zu dem als Vorort oder Promenadenbereich definierten zentrumsferneren östlichen Teil. Dabei musste der Staat die Pflasterkosten für die Fahrbahn übernehmen, die Grundeigentümer kamen nur für die Kosten der Bürgersteige auf. Diese Kostenteilung war das Ergebnis langer zäher Verhandlungen mit den widerständigen Grundbesitzern im Köpenicker Feld, die eine Kompensation für die Enteignungen zugunsten von Straßenland (30% des gesamten Gebietes nach dem „Schmid-Plan", 25% nach dem revidierten Lenné-Plan), ultimativ forderten und auch durchsetzten[23].

Am Beispiel der bis zum Ende des 19. Jahrhunderts vollzogenen Metamorphose des bis dahin landwirtschaftlich genutzten Köpenicker Feldes zum „Mietskasernenstadtteil"

Luisenstadt lässt sich die hygienische Umkonfigurierung ländlicher in städtische Räume im Zuge der Stadterweiterung zusammenfassend nachvollziehen. Der ehemalige „Schafgraben" wurde als Landwehrkanal geradegelegt – kurz vor Baubeginn um 1843 von Adolf Menzel quasi als Abschied vom vorindustriellen Zeitalter noch einmal im alten Zustand skizziert (Abb. 2) – und später mit Steindeckung eingefasst. Die ehemaligen Äcker, Gärten und Schlachterwiesen zwischen der alten Berliner Stadtmauer und dem Landwehrkanal wurden dadurch entwässert, später parzelliert und Zug um Zug mit Straßen, Plätzen, Wohn- und Gewerbegebäuden überzogen (Abb. 3).

Abb. 2: Der Schafgraben um 1843

Quelle: Adolf Menzel: Der Schafgraben, Radierung 1843/44, aus: Das Labyrinth der Wirklichkeit. Menzel 1815-1905. Ausstellungskatalog Berlin 1996

4. Der Siegeszug des „Communications"- Motivs in der Stadtplanung

In den Debatten um die Konzepte Schmids und Lennés für das Köpenicker Feld lässt sich der rasante Bedeutungsgewinn des Verkehrsaspekts – nach der zeitgenössischen Diktion der „Communication" – in der Stadtplanung erkennen, der spiegelbildlich zu der niedergehenden Linie der Umwelt- und „Verschönerungs-" Planungen verlief. Unter dem Druck der dramatischen Bevölkerungszunahme und Verdichtung der Innenstadt hatte der Berliner Oberbürgermeister Bärensprung schon in den 1820er Jahren die Notwendigkeit von Stadterweiterungsplanungen angemahnt und in der Auseinandersetzung um den daraufhin erstellten Schmid-Plan insbesondere die Notwendigkeit guter Straßen, guter baulicher Ordnung und eines Plans für die „Communication" betont[24]. Diese hervorgehobene Rolle der „Communication" schlug sich dann auch in der großzügigen Auslegung des Straßensystems im Schmid-Plan nieder, während die großen Blocks noch auf eine beabsichtigte lockere Vorortbebauung mit Gewerbebetrieben und gärtnerischen Nutzungen hindeuteten.

Abb. 3: Die Planungen für den Landwehrkanal und das Köpenicker Feld 1844/1845

Quelle: Erika Hausmann/Clarissa Soltendiek: Von der Wiese zum Baublock. Zur Entwicklungsgeschichte der Kreuzberger Mischung, Berlin 1986

Neben der Sicherung des Verkehrsflusses sollten die durchweg gerade gehaltenen Straßen Brandsicherheit, Hygiene und soziale Kontrolle gewährleisten. Hier bestand eine Kontinuitätslinie von Schmid über Lenné bis zu James Hobrecht. Auch das Grundkonzept der liberalistischen Stadtplanung, sich auf die Freihaltung der Straßenflächen und Plätze zu beschränken und sich jeder weitergehenden Bebauungsplanung zu enthalten, war bereits bei Schmid angelegt, konnte von Lenné nicht mehr revidiert werden und kam mit Hobrecht endgültig zum Durchbruch.

5. Die Unsichtbarmachung der städtischen Wasserkreisläufe

Etwa um die Mitte des 19. Jahrhunderts folgte auf die erste hygienische Kampagne der Entwässerung und Versiegelung des Bodens die zweite der Einschließung und „Verrohrung" der städtischen Wasserkreisläufe. In der Abfolge mehrerer Richtungsentscheidungen und daraus resultierender Handlungslogiken traten dabei wechselweise die eher repressiven oder stärker sozialpolitisch-wohlfahrtsstaatlichen Seiten im Januskopf der Hygiene hervor. In Berlin kam der erste Anstoß von der eher repressiven Seite der Straßenreinigung, mit welcher der autoritär regierende Polizeipräsident Hinckeldey 1852 das englische Unternehmen Fox und Crampton beauftragte. Als Beigabe wurde ihm das Monopol für die Wasserlieferung an Privatpersonen eingeräumt. In Paris und London dagegen ging die Kanalisierung der Wasserkreisläufe stärker von der Trinkwasserversorgung aus[25]. Mit der flächendeckenden Installierung der Trinkwasseranschlüsse und dem signifikanten Rückgang der Sterblichkeitsziffern schlug die Sternstunde der wohlfahrtsstaatlich orientierten Sozialhygiene, ein säkularer historischer Verdienst der Hygienekampagnen. Es folgten die bekannten Richtungsentscheidungen für die Schwemmkanalisation nach dem Misch- oder Trennsystem, die Einleitung des Abwassers in die Flüsse bzw. ihre Verrieselung, und schließlich die Klärwerktechnologie. Diese säkular bedeutsame Entwicklung kann hier nicht im einzelnen rekonstruiert werden. Festzuhalten bleibt jedoch der grundlegende Vorgang der kulturellen Unsichtbarmachung des Wassers im öffentlichen Raum: Nicht nur

Abb. 4: Der Bau der unterirdischen Kanäle in London (1845)
Quelle: Zeichnung von George Scharf (1845), in: Berlin, Berlin. Die Ausstellung zur Geschichte der Stadt, hg. von Gottfried Korff und Reinhard Rürup, Berlin 1987

die Ressource selbst, sondern mit ihr zahlreiche wasserbezogene „Dienstleister" wie z.B. die Wasser- und Abwasserträger verschwanden aus den Straßen. Die Brunnen verloren ihre frühere Funktion als Versorgungs- und Kommunikationspunkte, obwohl die Bevölkerung sich zunächst nur widerwillig an die neuen Leitungsnetze und Konsummuster anpasste und mancher Hausbesitzer erst mit einem behördlichen „Anschlusszwang" zur Installierung der Trinkwasserleitungen gezwungen werden konnte. Bis zum Ende des 19. Jahrhunderts wurde so ein zentraler Bereich von städtischer Subsistenz und Natur in der Stadt zunehmend unsichtbar.

6. Die zwei Gesichter des James Hobrecht

Den planungshistorischen Wendepunkt zur Unsichtbarmachung des Wassers im öffentlichen Raum markieren exemplarisch die Person und die Konzepte James Hobrechts, und zwar in doppelter Hinsicht. Das noch bei Lenné grundlegende Moment der Entwässerung des Stadtraums bildete dabei gut zwei Jahrzehnte später zwar noch eine zentrale, aber eher implizite und quasi selbstverständliche Voraussetzung der Stadtplanung, so insbesondere im Stadterweiterungsplan Hobrechts von 1862. In der ersten, grundlegenden Instruktion des Handelsministeriums für die Erarbeitung des Plans war die Entwässerung der öffentlichen Flächen immer noch ein Kernelement, und Hobrecht selbst war dafür von seiner Ausbildung als „Feldvermesser und Baumeister für den Wasser-, Wege- und Eisenbahnbau" und mit der Erfahrung aus seinen früheren Arbeiten in der Landwirtschaft der geeignete Mann. Schon die Vermessungsarbeiten zu Beginn mussten auf Anordnung seines Auftraggebers, des Handelsministers von der Heydt, speziell auf den Punkt der Trockenlegung des Stadterweiterungsgebietes hin orientiert und die Straßen nach einem „Nivellementsplan" auf die „zweckmäßigste Entwässerung" hin ausgelegt werden (§1.2 der Instruktion)[26].

Das heißt, dass der Rahmen für die Straßenplanungen Hobrechts ganz wesentlich von der Entwässerungsplanung bestimmt wurde, eine Einflussgröße, die nach seiner Englandreise 1860 zum Studium der dortigen Kanalisation eher noch zunahm. Diese spezifische „Umweltdimension" oder „Wasserbasierung" des Plans blieb jedoch weitgehend implizit und ist von der umfangreichen Literatur gegenüber der städtebau- und wohnungspolitischen Problematik ganz in den Hintergrund gerückt worden, obwohl sie auch bei den Verhandlungen mit den Grundbesitzern um die Umsetzung des Plans, z.B. in der Abteilung XI, stets präsent und wichtig blieb. In seinen expliziten Erläuterungen stellte Hobrecht vorrangig das Verkehrsbedürfnis und im übrigen vor allem wohnungspolitische Erwägungen als seine Prioritäten heraus. Die Abstraktion von den naturräumlichen Zusammenhängen der Stadtplanung bei Hobrecht korrespondierte – wiederum im Gegensatz zu Lenné –, mit einem weitgehenden Verzicht auf differenzierte Aussagen zu den erwarteten oder erwünschten Nutzungen der öffentlichen Räume, für die der „Zweck der (...) Communication"[27] der zentrale Gesichtspunkt blieb. Diese Form der liberalistischen Stadtplanung verstand sich eben nicht wie noch die Lennés als komplexe Umweltgestaltung und integrierte Flächennutzungsplanung, sondern abstrahierte so weit als möglich von der konkreten Topographie der Stadtlandschaft.

Kein Widerspruch, sondern vielmehr notwendiges Korrelat und geradezu eine Voraussetzung dieser planerischen Grundhaltung war die Tatsache, dass Hobrecht gleichzeitig mit der Abwasserkanalisation für Berlin ein ökologisch und sozial enorm folgenreiches Infrastrukturprojekt zur Umleitung der städtischen Wasserströme entwarf. Mit seiner Realisierung kamen ältere Planungen[28] und die säkulare Bewegung für eine vollständige unterirdische Ableitung des Abwassers und die Unsichtbarmachung der städtischen Wasserkreisläufe zum Höhepunkt und Abschluss. Bei einer Zusammenschau seiner beiden Hauptprojekte für Berlin kann das Planungskonzept Hobrechts daher nicht auf ein konsequent liberalistisches Gesellschaftsbild und Planungsverständnis reduziert werden, wie das die Literatur bisher vielfach mit dem Verweis, seine Stadtplanung habe sich weitgehend auf die Freihaltung von Straßenflächen und Plätzen beschränkt, getan hat. Denn genau zur gleichen Zeit setzte er zusammen mit dem von Virchow vertretenen sozialliberalen Block des Berliner Bürgertums mit der Kanalisierung des Abwassers über mehrere Jahrzehnte hinweg eine weitreichende und kostspielige öffentliche Intervention in den städtischen Raum durch. Liberalistisch war diese Politik daher nur auf dem Feld der allgemeinen Stadtplanung, ausgesprochen interventionistisch dagegen auf dem Gebiet der Entsorgung. Zwischen diesen beiden Strategien bestand sogar ein tieferer, notwendiger Zusammenhang: Nur weil die Naturressource Wasser mit aller Macht aus dem öffentlichen Raum verdrängt und diese Verdrängung planerisch mittels der untergeordneten „Fachplanung" der Ver- und Entsorgung dauerhaft sichergestellt wurde, konnte das von Naturbezügen und konkreten Flächennutzungen weitgehend abstrahierende liberalistische Planungsverständnis überhaupt hegemonial werden und bleiben.

7. Die Verhäuslichung des Wassergebrauchs:
Zur habituellen Dimension der Hygienisierung

Die bisher geschilderte Entwicklung zur Unsichtbarmachung des Wassers im Stadtraum verlangte nicht zuletzt eine fundamentale habituelle und mentale Umorientierung der Stadtbewohner. Sie lässt sich als logische Konsequenz und dritter Hygienisierungsschub begreifen, mit dem das sanitäre Ordnungsmodell der europäischen Stadt vollendet und dauerhaft stabilisiert wurde. Zu den hier nicht weiter zu verfolgenden Konsequenzen zählte nicht nur die Umstellung der Konsummuster auf die zentrale Wasserversorgung, sondern auch die weitreichenden Verhaltensänderungen in der „Privat-Sphäre", vor allem der Unterschichten, die unter anderem von den staatlichen und kommunalen „Erziehungsprogrammen" im Gesundheits- und Wohnbereich (z.B. Tuberkulosebekämpfung, Wohnungspflege und -neubau, usw.) tiefgreifend „reformiert" wurde[29]. Dagegen sollen im folgenden die habituellen Umbrüche in der Nutzung der öffentlichen Räume exemplarisch an der Verhäuslichung der öffentlichen Badekultur gezeigt werden, die als Indikator für das neue Hygienebewusstsein seit dem frühen 19. Jahrhundert einen rasanten Aufschwung nahm.

Die erste Badeanstalt in Berlin hatte sich 1802 an der Stelle der heutigen Nationalgalerie auf der Museumsinsel etabliert. „An der Hundebrücke (Schlossbrücke) und bey daselbst liegenden Flößen wird jetzt täglich gegen Abend von Jungens und erwachsenen Personen gebadet. Dies giebt mit Recht öffentlichen Anstoß (...)", stellte 1807 eine polizeiliche Meldung des zu dieser Zeit in Berlin regierenden französischen Stadtkommandanten fest. Da die Bewegung zum Baden in den städtischen Wasserläufen von den Behörden jedoch nicht aufzuhalten war, wurden zunehmend Flussbadeanstalten genehmigt, das Schwimmen vom Preußischen Innenministerium sogar geradezu empfohlen und ab 1817 auch in einer Militär-Bade-Anstalt an der Köpenicker Straße zur Leibesertüchtigung der Soldaten trainiert[30].

Das öffentliche Baden nahm in der Folgezeit derart zu, dass die Behörden nicht nur Personal für die Aufsicht und insbesondere für den Unterricht zur „Verbreitung der Schwimmkunst" zur Auflage machten. Die Bewegung wurde darüber hinaus in gewisser Weise zum Störfaktor für die Stadtplanung, mit dem sich unter anderem Lenné bei seiner Planung für das Köpenicker Feld auseinandersetzen musste. Er fand dort vor Beginn der Arbeiten am noch nicht regulierten Landwehrgraben zwischen Kottbusser und Schlesischem Tor allein neun Badeanstalten vor, die überwiegend von der ärmeren Bevölkerung genutzt wurden. Als 1844 im Zuge der Planungen beschlossen wurde, „die Badeplätze am Landwehrgraben zu beseitigen", war zunächst an den ersatzweisen Bau eines „Badebassins" zwischen Kottbusser und Schlesischem Tor und einer Schwimmanstalt zwischen Kottbusser und Halleschem Tor gedacht. Dieses Konzept musste offensichtlich ausgeweitet werden, denn im Folgejahr 1845 fand eine Konferenz über die Anlage von Badeanstalten an der gesamten Strecke zwischen Schlesischem und Halleschem Tor statt, und 1846 schrieb Lennée an seinen Neffen, es seien nunmehr „vier öffentliche Bäder" in Arbeit[31]. Eines der bekanntesten war das 1847 an der Ratiborstraße eröffnete, zusammen mit dem Landwehrkanal angelegte sogenannte „Studentenbad". Nach und nach wurden in den Bädern auch Frauen zugelassen, und der Magistrat kam dem rasant wachsenden Bedarf ab 1885 mit einem „Flussbäder-Bauprogramm" nach, mit dem allein die Zahl der städtischen Flussbäder bis 1905 auf 15 Anstalten gesteigert wurde[32].

Schon zu dieser Zeit war jedoch absehbar, dass die Flussanstalten mit zunehmender Wasserverschmutzung hygienisch immer problematischer wurden, so dass der Magistrat ab 1925 seine eigenen Bäder schloss und auch die Schließung der privat geführten Einrichtungen beantragte (das überaus beliebte „Studentenbad" wurde schließlich 1954 von der Baupolizei geschlossen). Bereits im späten 19. Jahrhundert war ohnehin die Tendenz zur „Verhäuslichung" des öffentlichen Badewesens dominant geworden. Ebenfalls unter Regie des Magistrats war ein umfassendes Bauprogramm für „Volksbäder" als neuem „indoor"-Typus öffentlichen Raums und Kernstück der sozialen Daseinsvorsorge realisiert worden, in dem der für den Hochbau zuständige Kollege James Hobrechts, Ludwig

Abb. 5: Badestelle an der Spree zwischen Mühlendamm und Waisenbrücke (1932)

Quelle: Foto Kurt Groggert, Berlin

Hoffmann, zahlreiche zum Teil noch heute erhaltene Gebäude plante und realisierte[33]. Damit war dem öffentlichen Raum entlang der Flüsse eine weitere, kulturell hoch bedeutsame Nutzungsform des Wassers entzogen, hinter Mauern verbannt und mit neuen Zugangsregeln versehen.

8. Von Hobrecht zu Wagner: Breschen zur Moderne

Im Ergebnis des von Hobrecht organisierten Transformationsschubs und weiterer Maßnahmen – z.B. der zunehmenden Verdrängung der Nutztiere aus dem Stadtraum – war die Hygienisierung der öffentlichen Räume Berlins um die Jahrhundertwende weitgehend vollzogen. Um diese Zeit hatten sich die Hygienekampagnen bereits vom „Umweltmedium" Wasser auf die Luft und die Parole „Luft und Sonne" verlagert. Sie wurden nunmehr primär von den städtischen Freiflächen her sowie von der Abeiterwohnungsfrage aus konzipiert, mit weitreichenden Implikationen für den Städtebau. Diese Metamorphose des Hygienegedankens, die sich im Kontext des Durchbruchs zur städtebaulichen Moderne vollzog, lässt sich exemplarisch am Beispiel der Grünflächentheorie Martin Wagners skizzieren[34].

Die diesbezüglich grundlegende Schrift Wagners von 1913 war bereits von ihrem Titel „Das sanitäre Grün der Städte"[35] zwar weiterhin dem Hygienegedanken verpflichtet, richtete das Augenmerk jedoch nicht mehr primär auf die öffentlichen Straßen und Plätze, sondern auf die Frei- und insbesondere die Grünflächen. Damit befand sie sich im Einklang mit der Hauptstoßrichtung der Berliner Städtebaudebatten nach der Jahrhundertwende. Vom Wasser in der Stadt und von „wasserbezogenen" Krankheiten wie Typhus oder Cholera, den Schreckgespenstern des 19. Jahrhunderts, war nun keine Rede mehr. Vielmehr galt Wagner „dieser Zweig der Stadthygiene" als weitgehend entwickelt und geradezu als Vorbild für seine Grünflächenprogrammatik. Stattdessen fixierte die Schrift gleich zu Beginn die Lungentuberkulose und Erkrankungen der Atmungsorgane als maßgeblichen Problemkontext und Argumentationshorizont[36].

Wagner vollzog damit zugleich einen in doppelter Hinsicht bedeutsamen Perspektivwechsel gegenüber dem öffentlichen Raum. Im Unterschied zu Hobrecht, der weitgehend indifferent gegenüber verschiedenen Flächennutzungen plante und zu Lenné, der in seinen Entwürfen tendenziell kleinräumige Nutzungsmischungen vorsah, votierte Wagner für eine klare funktionale Trennung der Flächennutzungen. Mit dem grundlegenden Argument, die großstädtische Luftverschmutzung könne nur durch technische Maßnahmen der Industriebetriebe gemildert werden, da die Filterwirkung der Grünflächen in dieser Hinsicht begrenzt sei[37], plädierte er zwar für eine aus heutiger Sicht moderne, an den Emissionsquellen ansetzende Umweltschutzpolitik. Zugleich war aber damit der Anspruch der Aufenthaltsqualitäten an öffentliche Straßen und Plätze faktisch preis gegeben und der Rückzug insbesondere der Erholungsfunktionen auf abgesonderte, weitgehend monofunktionale Flächen akzeptiert.

Im Kontrast zur relativen Geringschätzung der Filterwirkung, dem von Wagner so genannten „Daseinswert" von Grünflächen, definierte die Schrift den „Nutzwert", das heißt die Benutzbarkeit der Flächen, als entscheidende Richtschnur der Planung und rechnete sie in viele verschiedene Richtungen durch. Diese Berechnungen, und das war der zweite von Wagner vorgenommene, überaus bedeutsame Perspektivwechsel, fußten auf der Grundthese vom „physiologischen Wert der Körperübungen", wie die Exposition des Buches im zweiten Abschnitt des ersten Kapitels betitelt war. Mit seinen Verweisen auf die medizinisch-humanbiologische Fachliteratur und die Bedeutung von Körperübungen für die Militärtauglichkeits-Ziffern argumentierte Wagner weitgehend entlang den zeitgenössischen autoritären Gesundheitsfürsorge-Konzepten und nirgends etwa von den Bedürfnissen der Bevölkerung her. Dabei hat er jedoch das zunehmende Defizit an sinnlichen Erlebnisqualitäten im öffentlichen Straßenraum intuitiv erfasst und die Umleitung des Erlebnis- und Bewegungsdrangs der Großstädter auf die Spezialflächen von Grünräumen (und Sportplätzen) wie kaum ein anderer Planer dieser Zeit konzeptionell durchdacht.

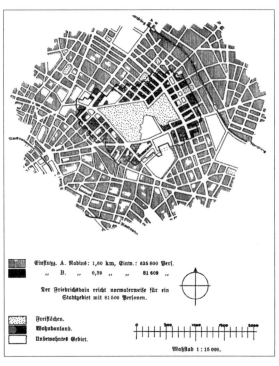

Abb. 6: Berechnungen Martin Wagners zur „Einflusszone" des Berliner Friedrichshains (1915)

Quelle: Martin Wagner: Das sanitäre Grün der Städte, Berlin 1915

Anderthalb Jahrzehnte später stellte er, nunmehr als Stadtbaurat des neu gebildeten demokratischen Groß-Berlin, in einem Artikel über „Freiflächenpolitik" die gleiche Argumentationsfigur zum „Bewegungsbedarf" der Großstädter in einen emanzipatorischen Kontext: „Das geistige Berlin vom Jahre 1908 brachte (...) dem körperlichen (im Orig. gesperrt) Berlin sehr wenig Verständnis entgegen. (...) Diese im höchsten Grade unnatürliche Einschränkung der körperlichen Freiheit des Großstädters (...) führte zu einer Revolution des Körpers gegen den Ungeist eines engstirnigen, von der Macht der Bodenspekulation beherrschten Städtebaus. Der Sturm brach los!" schrieb er 1929 rückblickend[38]. Das von ihm wesentlich mit geprägte Städtebau- und Freiflächenprogramm Berlins während der Weimarer Republik, in dem das Strandbad Wannsee eine Sonderstellung einnahm, setzte diese Philosophie praktisch um.

Wenige Jahre später zog die 1933 verabschiedete Charta von Athen faktisch einen programmatischen Schlussstrich unter die gut 130 Jahre währenden Kampagnen zur Regulierung der Wasserkreisläufe, Austrocknung der öffentlichen Räume und Verdrängung des Wassers aus dem Blickfeld der Stadtplanung. Im Text der Charta konnte das Wasser in der Stadt nunmehr auf seine Eigenschaften als „Element" und Teil der „geographischen und topographischen Situation" innerhalb der „psychologischen und biologischen Konstanten" des Städtebaus sowie auf die „Verkehrsmöglichkeit" Wasserweg" reduziert und in dieser allgemeinsten Form als einer der Grund-„Begriffe" in den Vorspann („Erster Teil") der Charta geschoben werden[39]. Im Hauptteil waren die beiden großen Feindbilder des 19. Jahrhunderts, die „feuchten Gebiete" und die mangelhafte Ausstattung mit Kanalisationsanlagen insbesondere in den „Vororten", nur noch beiläufig erwähnt. Der Sieg auf diesem Schlachtfeld der Hygienisierung war nun längst errungen. Dagegen wurde die oben für Wagner festgestellte Verschiebung des Hygienegedankens, der im Prinzip auch im Text der Charta über weite Strecken hin bestimmend blieb, zu den Themen Luft und Sonne, Frei- und Grünflächen mehrfach herausgestellt. „Strandbäder" bildeten, wie auch im Berlin Martin Wagners, den für lange Zeit letzten und einzigsten Rückzugpunkt der Wasserkultur im öffentlichen Raum[40].

Anmerkungen

1 Beispiele vom Sommer 2003 waren in Berlin etwa die Auseinandersetzungen um die Love Parade oder die Nutzung des Tiergartens (vgl. Tagesspiegel vom 12.6.2003: Sittenverfall am Grill), in New York die Berge von verdorbenen Lebensmitteln in den Straßen nach dem Stromausfall im August 2003 (Tagesspiegel 18.8.2003: Es stinkt zum Himmel).
2 Vgl. z.B. Marianne Rodenberg: „Mehr Licht, mehr Luft". Gesundheitskonzepte im Städtebau seit 1750, Frankfurt/New York 1988; Marianne Rodenstein/Stefan Böhm-Ott: Gesunde Wohnungen und Wohnungen für gesunde Deutsche. Der Einfluß der Hygiene auf Wohnungs- und Städtebau in der Weimarer Republik und im Dritten Reich. In: Geschichte des Wohnens Bd. 4, hg. von Gert Kähler. Stuttgart 1996.
3 Vgl. z.B. die Beiträge im Heft der Informationen zur modernen Stadtgeschichte (IMS): Stadt am Wasser, 2/2003.
4 Aus kulturhistorischer Sicht sind öffentliche Räume diejenigen Areale, an denen kollektive Kommunikation stattfindet und/oder öffentliche, d.h. staatliche und kommunale Stellen intervenieren. An den meisten dieser Orte, wie z.B. Straßen, Plätzen oder Sportstätten, kreuzen sich diese beiden Grundformen der Kommunikation und Intervention. Mit dieser Konzeptualisierung sind auch kollektive Aktionen auf privatem Grund und Boden, wie etwa Streiks, in die Kategoriebildung des öffentlichen Raums einbezogen. Vgl. dazu Antoine Prost: Grenzen und Zonen des Privaten. In: Philippe Ariès und Georges Duby (Hg.): Geschichte des privaten Lebens, Bd. 5, deutsch. Frankfurt a.M. 1993, S. 15-151, hier S. 55
5 Hier zitiert nach Heiner Boehncke/Harro Zimmermann: Reiseziel Revolution. Berichte deutscher Reisender aus Paris 1789-1805. Reinbeck 1988, S. 271-274
6 Vgl. Alain Corbin: Pesthauch und Blütenduft. Eine Geschichte des Geruchs. Frankfurt a. M. 1992, S. 9
7 Vgl. dazu z.B. Sabine Barles: Umwelt und Städtebautechniken – Der Pariser Boden im 19. Jahrhundert. In: Christoph Bernhardt (Hg.): Environmental problems in European Cities in the 19th and 20th century. Umweltprobleme in europäischen Städten des 19. und 20. Jahrhunderts. Münster u.a. 2001, S. 53-66, hier S. 63
8 Vgl. Alain Corbin: Pesthauch und Blütenduft. Eine Geschichte des Geruchs. Frankfurt a. M. 1992, S. 128
9 Vgl. Napoleonisches „Gesetz zur Trockenlegung von Sümpfen etc." von 1807. Abgedruckt in: Gerhard Fehl/Juan Rodriguez-Lores (Hg.): Stadtumbau: Die planmäßige Erneuerung europäischer Großstädte zwischen Wiener Kongreß und Weimarer Republik. Basel 1995, S. 340ff
10 Giorgio Piccinato: Hygiene und Stadt-Umbau, Das Spannungsfeld zwischen Staat, Gemeinden und privaten Unternehmern: Rom als Beispiel. In Fehl/ Rodriguez-Lores (Hg.): Stadtumbau, S. 97-114, hier S. 103
11 Gabriele Schulz: Lennés Entwürfe für die Gestaltung von Volksgärten. In: Peter Joseph Lenné. Gartenkunst im 19. Jahrhundert, hg. vom Brandenburgischen Landesamt für Denkmalpflege. Berlin/München 1992, S. 86-120, hier S. 95

12 Gerhard Hinz: Peter Josef Lenné und seine bedeutendsten Schöpfungen in Berlin und Potsdam. Berlin 1937, S. 145
13 Ebd., S. 149
14 Ebd., S. 145. Vgl. auch Schulz: Lennés Entwürfe, S. 100
15 Ulrich Reinisch: Stadtplanung im Konflikt zwischen absolutistischem Ordnungsanspruch und bürgerlich-kapitalistischen Interessen – Peter Joseph Lennés Wirken als Stadtplaner von Berlin. In: Peter Josef Lenné: Gartenkunst im 19. Jahrhundert, S. 34-85, hier S. 45
16 Hinz: Peter Josef Lenné, S. 180. Vgl. auch ebd., S. 170: „Den Hauptzug in dem Gesamtplan (...) bildet ein schiffbarer Wassergraben."
17 Harri Günther: Peter Joseph Lenné. Gärten/Parke/Landschaften, S. 182
18 Jürgen Wenzel: Peter Joseph Lenné, Stadtplaner in weltbürgerlicher Absicht. In: Florian von Buttlar (Hg.): Peter Joseph Lenné Volkspark und Arkadien. Berlin 1989, S. 69-81, hier S. 77; Gisela und Ernst-Hermann Kubitz (Hrsg.): Peter Lenné hinter dem grünen Gitter!. Berlin 1989, S. 125
19 Lenné behielt nur ein Aufsichtsrecht über die gartenkünstlerischen Fragen. Vgl. Hinz: Peter Josef Lenné, S. 170, S. 195
20 Ebd., S. 148. Zu den Erdarbeiten in französischen Städten vgl. Barles: Umwelt, S. 63
21 Manfred Gailus: Kanalbau und Revolution. In: Landgang in Berlin, Stadtgeschichte an Landwehrkanal und Spree, herausgegeben von der Dampfergruppe der Berliner Geschichtswerkstatt. Berlin 1987, S. 53-66, hier S. 53ff
22 Vgl. für Paris Sabine Barles: La ville délétère. Médecins et ingénieurs dans l'espace urbain XVIIIe – XIXe siècle, S. 236
23 Vgl. Wenzel: Peter Joseph Lenné, S. 75f., Reinisch: Stadtplanung, S. 50 u. 67f.; Hinz: Peter Josef Lenné, S. 180
24 Vgl. Erika Hausmann/Clarissa Soltendiek: Von der Wiese zum Baublock, Studie zur Entwicklungsgeschichte der Kreuzberger Mischung. Berlin 1986, S. 18; Reinisch: Stadtplanung, S. 36
25 Vgl. den gerafften Überblick bei Christoph Bernhardt: Umweltprobleme in der neueren europäischen Stadtgeschichte. In: Ders. (Hg.): Environmental problems, S. 14
26 Zitiert nach Johann Friedrich Geist/Klaus Kürvers: Das Berliner Mietshaus 1740-1862. München 1980, S. 485. Auch in anderen Unterpunkten wird dieser Aspekt hervorgehoben.
27 Ebd., S. 490. Zum Vorangegangenen vgl. ebd. S. 468ff
28 Vgl. das Konzept des Oberbaurates Crelle von 1842. In: Fünfzig Jahre Berliner Stadtentwässerung 1878-1928, im Auftrag des Magistrats herausgegeben von Hermann Hahn und Fritz Langbein. Berlin 1928, S. 22f.
29 Vgl. Günter Bayerl: Konsum, Komfort und Netzwerke. Die Versorgung mit Wasser. In: Reinhold Reith/Torsten Meyer (Hg.): „Luxus und Konsum" – eine historische Annäherung (Cottbusser Studien zur Geschichte von Technik, Arbeit und Umwelt, Band 21). Münster u.a. 2003, S. 129-158 und Rodenstein/Böhm-Ott: Gesunde Wohnungen, S. 458ff
30 Zwischen Oberspree und Unterhavel. Von Sport und Freizeit auf Berlins Gewässern. Ausstellungskatalog des Landesarchivs Berlin. Berlin 1985, S. 43f
31 Hinz: Peter Josef Lenné, S. 197; Peter Joseph Lenné. Pläne für Berlin. Bestandskatalog der Lennépläne in der Plankammer der Staatlichen Schlösser und Gärten Potsdam-Sanssouci. Teil II Berlin, bearb. von Harri Günther und Sibylle Harksen. Potsdam 1989, S. 39; Wenzel: Peter Joseph Lenné, S. 79
32 Vgl. Cornelia Carstens/Gisela Hahn: Kreuzberger Mischung. In: Landgang in Berlin, S. 67-90, hier S. 73; Zwischen Oberspree und Unterhavel, S. 45ff
33 Vgl. zu Hoffmann: Hans J. Reichhardt/Wolfgang Schäche: Ludwig Hoffmann in Berlin. Die Wiederentdeckung eines Architekten. Ausstellungskatalog des Landesarchivs Berlin. Berlin 1987
34 Zur Bedeutung und einzelnen Aspekten dieser Schrift vgl. Julius Posener: Berlin auf dem Wege zu einer neuen Architektur: Das Zeitalter Wilhelms II., 1890-1918. München 1979, S. 289ff
35 Das sanitäre Grün der Städte. Ein Beitrag zur Freiflächentheorie. Berlin 1915
36 Vgl. ebd., Schlussbetrachtung S. 92, sowie S. 2
37 Ebd., S. 3
38 Martin Wagner: Freiflächenpolitik. In: Das neue Berlin, Heft 6, 1929, S. 109-110. Zur „neuen Körperökonomie" der 20er Jahre vgl. auch Rodenstein/Böhm-Ott, Gesunde Wohnungen, S. 457
39 Vgl. 1. Teil, Punkte 3 u. 6, hier zitiert nach Theo Hilpert (Hg.): Le Corbusiers „Charta von Athen". Texte und Dokumente. Kritische Neuausgabe. Braunschweig/Wiesbaden 1983, S. 118, 120
40 Vgl. im 2. Teil die Punkte 12, 13, 21, 24, 38, 39, hier zitiert nach ebd., S. 120, S. 126, S. 132, 139

Renate Kastorff-Viehmann

Von Straßen, Volksparks und Grüngürteln:
Grün und öffentlicher Raum im Ruhrgebiet 1890 - 1930

Im Prozess der Industrialisierung und Urbanisierung des Ruhrgebiets erlangten die Kategorien „Öffentlichkeit" und Stadtkultur bis zur Wende vom 19. zum 20. Jahrhundert nur untergeordnete Bedeutung. Öffentlicher Raum, egal ob immateriell oder materiell fassbar, war kaum existent. Für den Aufenthalt geeignete, öffentlich zugängliche Orte und Gebäude mussten – soweit ein Bedarf überhaupt anerkannt war – für die zugewanderte Bevölkerung erst noch gebaut werden. Über Städtebau und Planung wurden nicht nur urbane sondern auch „grüne Räume" unterschiedlichster Widmung geschaffen. Es zeigt sich, dass dabei sowohl Vorstellungen von der bürgerlichen Stadt mitschwangen als auch andere, den Lebensformen der Mehrzahl der Einwohner entsprechend erst neu entwickelt werden mussten. Das „öffentlich zugängliche Grün" gewann in städtebaulichen Programmen zunehmend an Bedeutung. Welchen Funktionswandel es durchlief, in welcher Form sich dort Öffentlichkeit „abspielte", soll im folgenden Beitrag umrissen werden.

Das Ruhrgebiet war um 1850 durch arme Ackerbürgerstädte, Dörfer, einzelne Bauernschaften, kleine Zechen und wenige Anlagen der Eisenindustrie geprägt. Das Gebiet entwickelte sich nie zu einem Ort herausragender bürgerlicher Kultur und bürgerlicher Öffentlichkeit. Den Müßiggänger, der über die Hauptstraßen flaniert, Seinesgleichen in Bars und Cafés trifft, den wortgewandten Politiker, den eleganten Bourgeois, der in der städtischen Öffentlichkeit aufzutreten wusste, die reichen Paare, die abends in die Oper gingen und danach soupierten, die Damen, die im Warenhaus das Kauferlebnis genossen, sie alle traf man nicht im Ruhrgebiet. Zudem gab es kaum (Stadt-) Räume, diese gesellschaftlichen Rollen auszuleben. Straßen und Marktplätze in den Altstadtbereichen waren in einem schauerlichen Zustand; sie boten keinen angenehmen Aufenthalt: Misthaufen schickten ihren Gestank aus, Abwässer wurden oberirdisch abgeleitet, längst nicht alle Straßen waren gepflastert oder gar beleuchtet. Die Kanalisation wurde hier erst am Ende des 19. Jahrhunderts eingeführt; gleichzeitig wurden die ersten Straßen mit Gaslaternen ausgestattet. Der Prozess der City-Bildung führte erst ab 1900 zu deutlichen Veränderungen im Stadtraum. In den Landbürgermeistereien des weiträumigen Industriegebiets stellten die infrastrukturelle Ver- und Entsorgung bis weit in das 20. Jahrhundert hinein ein großes Problem dar. Selbst Kirchenbauten, Orte und Räume mit eingeschränkter öffentlicher

Zugänglichkeit, standen bis in die 1860er Jahre nicht in ausreichender Zahl zur Verfügung: Zum sonntäglichen Kirchgang mussten Einwohner und Einwohnerinnen aus den Vororten und Kolonien zu den alten Kirchen in den Dörfern und Altstädten wandern.

Wer genügend Geld hatte und die urbane Kultur des 19. Jahrhunderts in vollen Zügen genießen wollte, fuhr aus den kleinen Industriestädten des Rheinlands und Westfalens nach Paris, der „Hauptstadt" des 19. Jahrhunderts. Zu Beginn des 20. Jahrhunderts war Berlin aus unterschiedlichen Gründen derart attraktiv geworden, dass sich Industriellenfamilien aus dem Ruhrgebiet eine Villa in Berlin (-Dahlem) zulegten. Wer in bescheidenerem Rahmen politische Klubs, renommierte Verlage, überregionale Zeitungen oder Akademien suchte, die ein liberales Klima hätten befördern und Intellektuelle oder Bohemièns hätten anziehen können, fand es – wenn auch in eher provinzieller denn in weltstädtischer Form – im nahen Düsseldorf. Dort gab es den Boulevard, das Theater, die Kunstakademie und das Museum, dort organisierte man ab 1900 große Ausstellungen, die weit über Rheinland und Westfalen ausstrahlten.

Die eingesessene Bevölkerung der kleinen Städte und Dörfer des Ruhrgebiets konnte der Industrialisierung zum Trotz noch lange Zeit an gewohnten Formen des Zusammenlebens festhalten und – aufgrund des Wahlrechts – bis zum Ende des Kaiserreichs politischen Einfluss auf kommunaler Ebene wahren. Die Zugewanderten hingegen, in der Mehrzahl Tagelöhner und Arbeiter mit ihren Familien, aber auch einige Ingenieure und Angestellte, mussten neue, eigene Formen des Miteinanders entwickeln. Die Räume, in denen sie die ihnen entsprechende Form der Öffentlichkeit hätten leben können, mussten noch gebaut werden: entweder mehr „naturwüchsig", wie Straße und Kneipe, oder mehr absichtsvoll, wie das Kasino oder der Volkspark.

Alfred Krupp war der Erste, der – mit Hilfe der Architekten in seinem Baubureau - sich mit der Siedlungspraxis, mit industriellen Lebensformen und mit der angemessenen Form der Industriestadt bzw. der Siedlung auseinandersetzte. Er erwog zu Beginn der 1870er Jahre, seine „Arbeiter besserer Klasse" an einem Leben teilhaben zu lassen, das für sie ähnlich komfortabel war wie für ihn der Aufenthalt in einem Kurbad. Er wollte entsprechende Einrichtungen anbieten, hotelartige Wohnhäuser errichten und Parks und Promenaden anlegen[1]. Wenige Villen an der Allee beim Bahnhof Essen wurden für Direktoren dann auch gebaut, die Anlage des Stadtgartens von der Firma unterstützt, das Kasino für die Geselligkeit des Managements und das Hotel für anspruchsvolle Kundschaft errichtet. Formen der Öffentlichkeit, die dadurch gestützt wurden, waren die eines „closed shops", also eines ausgewählten Kreises des Managements – unabhängig von der Stadt und der Kultur der Eingessenen, die den zugewanderten Tagelöhnern verschlossen blieben.

Seinen Arbeitern ließ Alfred Krupp zu Beginn der 1870er Jahre (im Aufschwung der Gründerzeit) mit dem Schederhof und dem Cronenberg zwei komplette Siedlungen für zusammen rund fünfzehntausend Einwohner mit begrünten Straßen, kleinen Parks, Gärten, Marktplatz, Bierhalle, dem Musikpavillon, der Konsumanstalt und mehreren Schulen bauen. Architekt war der akademisch ausgebildete Julius Rasch. Hinter der Planung von Krupp (der sehr eindeutig seine Vorstellungen kund tat) und Rasch taucht die Idee von einer zeitgemäßen, planmäßig angelegten, kleinen Arbeiterstadt auf: funktional geordnet, rationellst angegangen und der Werkshierarchie unterworfen. Es war ein Gegenmodell bzw. -entwurf zu Unmodernität und räumlichem Chaos in der nahen Ackerbürgerstadt Essen. Beim Bau der beiden großen Kolonien ging es Alfred Krupp um die Anpassung von Verhalten im Alltag und von Lebensformen an die Ordnungsvorstellungen und an den Arbeitstakt in der Produktion. Gleichzeitig sollte die Arbeiterschaft am Fortschritt auf den Feldern von Städtebau und Stadttechnik teilhaben, angemessene städtische Räume inbegriffen. Krupp hatte auch Erziehung, Freizeit und gemeinschaftliche Aktivitäten im Sinn. Seine urbanistische Intervention zielte jedoch keineswegs auf die Förderung unkontrollierten öffentlichen Lebens oder proletarischer Öffentlichkeit: Seinen Beschäftigten riet er nachdrücklich, das Politisieren zu unterlassen.

Wer in der Industriestadt bzw. -region mehr sah als einen nur temporär genutzten Industriestandort, wurde mit sich verändernden Bedarfen und sich wandelnden Formen von Öffentlichkeit konfrontiert. Aber niemand stellte sich in einer mit Krupp vergleichbaren Rigorosität und Konkretheit dem Problem. Die Räume, in denen sich Öffentlichkeit – in unterschiedlichster Form – artikulierte und entfaltete, konnten sowohl Resultat ungesteuerter Entwicklung als auch gezielter planerischer Eingriffe sein. Die Städtebauer und Architekten, die Pläne für Arbeitersiedlungen oder Stadterweiterungsgebiete aufstellten, bewegten sich auf unsicherem Gelände. Die meisten im Rahmen von Bebauungsplänen für städtische Quartiere vorgesehenen öffentlichen Plätze, unabdingbar für Vorstellungen von bürgerlicher Stadt und bürgerlicher Öffentlichkeit, wurden – exemplarisch in der Dortmunder Nordstadt – allein aus ökonomischen Gründen nicht gebaut. Große Ansammlungen von Arbeitern in den Arbeitersiedlungen bargen ein aufrührerisches Potenzial und ein Streitpotenzial. Alfred Krupp zog aus den Erfahrungen mit den großen Kolonien seine Konsequenzen: Er favorisierte an seinem Lebensende das kleine Cottage, am besten mitten im großen Garten und möglichst weit vom Haus des Nachbarn entfernt.

Bei planmäßigen Eingriffen in räumliches Gefüge und Raumqualität agierten die Handelnden in einem mit den Reformbewegungen des beginnenden 20. Jahrhunderts und erkannten spätestens mit dem Zusammenbruch des Kaiserreichs das offen zu Tage tretende weitere Konfliktfeld: Entweder man hielt an Vorstellungen von der bürgerlichen Stadt fest und wollte vielleicht sogar Errungenschaften bürgerlicher Kultur an nicht-bürgerliche Schichten weitegeben. Oder man stellte sich der Aufgabe, eine neue Stadtform zu entwickeln, vielleicht sogar den Lebensformen der Betroffenen nachzuspüren und ihre Wünsche zu ergründen. Alfred Krupp hatte den Konflikt erkannt – und seine Schlüsse gezogen. Seine Arbeiter hatte er nicht gefragt.

1. Bürgerliche Öffentlichkeit - proletarische Öffentlichkeit

Es dauerte bis in die Zeit um 1900, bis sich mit Theaterbauten, Bars, Tanzcafés, Tonhallen und Saalbauten, mit repräsentativen Hotels, mit Initiativen zu Städtischen Museen, mit ersten Stadtparks, mit Promenaden am Ruhrufer, mit zu Alleen oder Boulevards umgestalteten Hauptstraßen oder Wallringen ausreichend kulturelle, bauliche und städtebauliche Kristallisationspunkte für eine bürgerlichen Konventionen genügende Stadtkultur herausgebildet hatte: Im Jahr 1883 gründeten die Dortmunder ihr Museum für Kunst und

Gewerbe, 1887 wurde die Duisburger Tonhalle eingeweiht, ab 1892 konnte man in Essen ins Theater gehen. Schon 1890 war der Saalbau am Fredenbaum in Dortmund eröffnet worden, einer der größten und attraktivsten in Deutschland. Auf mehr als 2000 Quadratmetern ließen sich dort Feste feiern. Wer frische Luft schnappen wollte, konnte in den die Festhallen umgebenden Gartenanlagen promenieren und im Fredenbaumpark spazieren gehen. Die Kombination von Saalbau und Stadtgarten für eine bürgerliche Klientel oder von (Garten-)Wirtschaft mit Festsaal für „einfache Leute" war seit dem ausgehenden 19. Jahrhundert im Ruhrgebiet beliebt und verbreitet. Im beginnenden 20. Jahrhundert bauten Gemeinden im nördlichen Revier das öffentliche Volkshaus beim Volksgarten.

Zunächst waren einzelne Mäzene und bürgerliche Verschönerungs- oder Museumsvereine aktiv, als es darum ging, die schnell wachsenden Städte und Gemeinden entsprechend bürgerlichen Lebensformen und Idealen auszustatten. Man förderte gerne die Anlegung von Parks, botanischen Gärten und Promenaden[2]. Ein erzieherischer Impetus war nicht zu übersehen. Es bedurfte erst einer Bewusstseinsänderung der Handelnden und der Erkenntnis von einer veränderten Rolle von Städten und Gemeinden, um die freien Flächen in Gemeindebesitz, die Bäume an den Straßenrändern und in den Gemeindewäldern nicht mehr vorrangig als verkäufliches Wirtschaftsgut anzusehen sondern als gleichsam Stadt gestaltendes wie auch der Einwohnerschaft gewidmetes Grün. Man erkannte, dass die Kommunen nicht mehr allein für die Erbringung der technischen und sozialen Infrastrukturen verantwortlich waren, sondern auch für die kulturellen. Das „Grün" stellte eine Art „Schnittmenge" dieser drei Aufgabenfelder dar.

Ab 1900 übernahmen Stadt- und Gemeindeverwaltungen die Regie, wenn es darum ging, die Altstädte planmäßig umzugestalten und zu verschönern, kulturelle Einrichtungen in die Städte zu holen, Wälder und Grünzüge für öffentliche Nutzungen zu erschließen und gemeinsam mit privaten Investoren Stadterweiterungsgebiete anzulegen. Man wollte mit bürgerlichen Quartieren in Großstädten oder in Kurbädern konkurrieren. Es war die Zeit, in der auch repräsentative Rathäuser entstanden. Ab ungefähr 1900 wurden in den Zentren der Hellwegstädte ebenfalls erste Kaufhäuser und Passagenbauten errichtet. Mit der City-Bildung, gestützt durch Straßendurchbrüche, Umlegungsverfahren, Bau- und Denkmalpflege, Abbrüchen von Altbestand und schönen Neubauten, wandelten sich Funktion und Bild der Altstädte. Der öffentliche Raum diente derweil dem Kommerz. Die neuen Einkaufsstraßen boten endlich einen Ort zum Flanieren. Das Einkaufen wurde zum Erlebnis, der Caféhausbesuch war Teil der städtischen Kultur der Wohlhabenderen. Das Warenangebot lockte sogar Kauflustige aus den Nachbargemeinden in die Stadtzentren. Dort fühlte man sich modern. Diese Entwicklung erwies sich als recht nachhaltig: Die Stadt Essen warb nach dem Zweiten Weltkrieg mit der Wortmarke „Essen die Einkaufsstadt" und richtete als eine der ersten Städte in Deutschland Fußgängerzonen ein.

Die Innenstädte wiesen zwar in den Nebenstraßen, an den Rückseiten der großen Warenhäuser, manchmal sogar in direkter Nachbarschaft eines der wenigen Hochhäuser noch bis in die Jahre vor dem Zweiten Weltkrieg Ecken schauerlicher Rückständigkeit auf – die der Sanierung und der Modernisierung harrten. Der Stadtspaziergang war mit Hindernissen gepflastert. Die Stadt wurde trotzdem zur Bühne bürgerlichen und kleinbür-

Abb. 1: „Der saure Gottfried am Markt"
Quelle: Dortmunder Zeitung vom 20. April 1932

gerlichen städtischen Lebens. Es war vor allem die Schicht der Angestellten, die die neue Urbanität genoss. Für die Arbeiterbevölkerung aus den Vororten und aus den Kolonien in den Landgebieten stellte sie sich wie ein ferner Traum dar. Die alten Märkte, im 19. Jahrhundert noch Kristallisationspunkte kleinstädtischen Lebens, wurden weiterhin gebraucht. Sie stellten für das moderne bürgerliche Publikum jedoch eher Raum für notwendigen alltäglichen Einkauf oder nostalgische Reminiszenz dar.

Jenseits der Vorstellungen von einer schönen, bürgerlichen Stadt, die zu bauen den Architekten und Städtebauern übertragen war, entstand im Ruhrgebiet eine Vielzahl von Vergnügungsetablissements (von denen manche wiederum dazu beitrugen, die Attraktivität der Altstädte zu steigern): angefangen bei den anspruchsvollen Saalbauten und Tonhallen über elegante Kabaretts, Tanzcafés und private Operettenhäuser in den Zentren bis hin zu den Wirtshäusern und Gasthöfen mit angeschlossenen Sälen oder den Gartenlokalen und Biergärten. Letztere fand man überall in der Region, in den bergbaulich geprägten Vororten, in den Industriedörfern, entlang den überörtlichen Hauptstraßen genauso wie in den dicht bebauten Arbeiterquartieren im Schatten der Hochöfen. Sie lockten Besucher und Besucherinnen in großer Zahl an. Man reiste sogar aus den ländlichen Nachbarregionen an, aus dem Münsterland und aus dem Sauerland³. Diese ungemein beliebte Form öffentlichen Zusammenseins hatte nur einen Haken: Man brauchte Geld, um an der „Vergnügungs-Kultur" im Ruhrgebiet teilhaben zu können.

Abb. 2: „Ein Platz nimmt Gestalt an" (der Körner-Platz in Dortmund 1937)
Quelle: Dortmunder Zeitung vom 22. Juni 1937

Wirtshäuser waren beliebte Treffpunkte für Männer, quer durch alle Schichten. Besonders dort, wo jegliches anderweitige Angebot an für alle zugänglichen Aufenthaltsräumen unter einem Dach fehlte. Insofern war es konsequent, dass viele derjenigen, die unabhängig von Weltanschauung und Traditionspflege gemeinschaftlich – im Verein – aktiv werden wollten, das Wirtshaus oder den angeschlossenen Saal aufsuchten. Dies betraf auch die Politik. Ratsvertretern der politischen Parteien in den Gemeinden standen zwar Sitzungszimmer in den Rathäusern offen. Aber für die Anhänger der Arbeiterbewegung gab es bis zur Aufhebung der Sozialistengesetze im Jahr

1890 keine legalen Versammlungsstätten. Werkskasinos oder Speisesäle, von den Zechen und den Hochofenwerken betrieben, stellten keine Alternative dar. In den Krupp'schen Kolonien Schederhof und Cronenberg fand man zwar Bierhalle, Saal, Park und Musikpavillon, aber auch die Wächterbude, von der aus die Aktivitäten im Park und auf dem Marktplatz beobachtet wurden. Treffen von Sozialisten, Sozialdemokraten oder Gewerkschaftern waren im unmittelbaren Herrschaftsbereich von Bergbau und Industrie sowieso verboten.

Was blieb der Arbeiterschaft anderes übrig, als sich in Wirtshäusern zu treffen, wollte man politisieren. Insofern ist es mehr als bezeichnend, dass der „Alte Verband", die erste gewerkschaftliche Organisation der Bergleute im Ruhrgebiet, im Sommer 1889 im legendären Gasthaus Ziegler in Dortmund-Dorstfeld gegründet wurde. Eigene Verbandshäuser der Bergarbeiter oder anderer Gewerkschaften, und Vereinsheime der Sozialdemokraten (in Bochum, Hörde, Duisburg oder Buer, um nur einige Städte zu nennen), entstanden am Ende des 19. Jahrhunderts[4]. Für alle zugänglich waren sie nicht. Volkshäuser, frei vom Einfluss der Werke, in kommunaler oder gewerkschaftlicher Regie gebaut, mit Räumen für verschiedene Aktivitäten, zumeist jedoch der Volksbildung gewidmet, entstanden nach dem Ersten Weltkrieg. Eins der ersten war das Volkshaus in (Gelsenkirchen-) Rotthausen, das 1919/1920 gebaut wurde.

Angesichts der geringen Zahl an öffentlichen oder halbwegs öffentlichen Gebäuden für freie Nutzung und selbstorganisierte Versammlungen, blieb die Kneipe ein wichtiger Treffpunkt. Im nördlichen Revier zählte man um 1894 rund 110 sogenannte „Schnapskasinos" mit fast 17.000 Mitgliedern; in der Mehrzahl waren es Sozialdemokraten. Diese „Schnapskasinos" stellten eine Art genossenschaftlich organisierter Kneipen dar. Der Zutritt war nur Mitgliedern erlaubt. Ebenfalls beliebt – in bescheidenem Umfang auch öffentliche Treffpunkte – waren die Trinkhallen und Seltersbuden, die in großer Zahl in den Wohnvierteln entstanden. In einzelnen gartenstädtischen Arbeiterkolonien war der Kiosk mitten auf dem zentralen Platz sogar von Anfang an eingeplant.

Die Zusammenkunft im Wirtshaus, beim Kiosk, im „Schnapskasino" stützte nicht die Familiarität; sie barg zudem anarchistische, sogar aufrührerische Momente, während gleichzeitig von Seiten der Arbeitgeber eine Einordnung in industriell geprägte Arbeits- und Lebensformen erzwungen wurde. Eine Anpassung wurde über Erziehung, über Vorbilder, über Angebote zur Volksbildung, über Aufstiegsmodelle, über Aufsicht und Reglements im Werk und in den Arbeiterkolonien und über Polizeiverordnungen z. B. über das Bewohnen von kleinen Wohnungen durchgesetzt. Der Zutritt zu den Parks setzte die Befolgung strikter Verhaltensmaßregeln voraus: Wer auf Promenaden und Schmuckplätzen spazierengehen wollte, musste sich entsprechend benehmen. Auch das „Grün" wirkte erzieherisch.

2. Die Straße als der öffentlich zugängliche Raum

Die Plätze, die alten Marktplätze, die Straßen, das waren die ersten öffentlichen Räume im Industriegebiet, zugänglich für alle Einwohner und Besucher und Einwohnerinnen und Besucherinnen, brauchbar für Aufmärsche, Prozessionen und Paraden, genutzt für

Transport und Handel, für Spiele und unverbindliches Geschwätz, Orte des sonntäglichen Spaziergangs der Familien im Grünen (solange es keinen Volks- oder Stadtpark gab und die Waldstücke eingezäunt waren). Die Straßen waren zwar immer den Gesetzen, der Aufsicht und der Macht der Obrigkeit unterworfen, aber vielfältig nutzbar ohne großen öffentlichen Zwang.

„Es kann keinen reizenderen Weg geben als den von Elberfeld nach Hagen. (...) Der Weg ist wie eine einzige gewerbetreibende Stadt, nur manchmal von stilleren romantischen Naturpartien, wie zur Erholung des gesättigten Blickes durchschnitten. Die Heerstraße ist zu beiden Seiten mit Fabrikhäusern und Arbeiterwohnungen von allerlei Art besetzt, und es herrscht ein beständiges lebensvolles Getriebe, ein unaufhörliches, arbeitsames Geräusch von Mühlen, Hämmern, Spindeln usw., überall tätige Hände und zufriedener Schweiß. Lange Karawanen von schwer beladenen Frachtwagen, welche die Produkte der Erwerbsarbeit ausführen, und Wagen voll Kohle und Eisen, welche den Arbeitsstoff herbeischaffen, sind zu erblicken ...", heißt es in einer Reisebeschreibung aus dem Jahr 1805 über die Chaussee bei Haspe[5]. Ein ähnliches Gemenge von Arbeiten und Leben wird man um 1900 auf vielen Hauptstraßen des Industriegebiets angetroffen haben: auf der Aktienstraße in Mülheim, der Bahnhofstraße in Wattenscheid, der Münsterstraße in Dortmund, der Düsseldorfer Straße in Duisburg, aber auch auf der Landstraße von Langendreer nach Lütgendortmund.

Solche Straße war „gewachsen", nicht geplant. Was Lebendigkeit und Geschäftigkeit betrifft, die auf ihr herrschten, zwar im obigen Zitat idealisiert, war sie doch auch der wichtigste Schauplatz informeller Öffentlichkeit im Industriegebiet: ungeachtet, ob innerhalb der Stadt oder mehr in den Landgebieten gelegen, egal ob gut gepflastert oder nicht, gleich wieweit die Obrigkeit auf öffentliche Ordnung sah. Auf der Straße gab es Tätigkeit, Bewegung, Dreck und Lärm, Begegnung und Distanz, Freundschaft und Verbrechen, auf der Landstraße ging man spazieren. Auf der Straße im Arbeiterquartier rottete man sich zusammen, marschierte auf das Werkstor zu und demonstrierte gegen Stahlmagnaten und die „Zechenbarone".

Sowohl die Anarchie des Alltags als auch die rauhen Regeln wirtschaftlicher Betätigung, die das öffentliche Leben auf der Straße zur Zeit der Industrialisierung bestimmten, hatten wenig mit kultivierter bürgerlicher Stadt und bürgerlicher Öffentlichkeit zu tun. Zutritt zur Straße hatte jedermann. Er war nicht an Kleidung, an Lebensalter, Bildung, an Respekt vor Schönheit oder Stil, nicht an Einkommen, nicht an Stand oder Klasse, an Erziehung oder an Benehmen gebunden. Wenn auch vorauszusetzen ist, dass es stillschweigende wie auch polizeilich kontrollierte Normen hinsichtlich akzeptabler und nicht angemessener Verhaltensweisen gab. Wer überkommene Stadtvorstellungen im Industriegebiet realisiert sehen wollte, wer Stadt nicht ohne Formen bürgerlicher Öffentlichkeit zu denken bereit war, und wer der Einwohnerschaft Räume zur Teilnahme an bzw. zur Schaffung dieser Öffentlichkeit zueignen wollte (in welcher Dimension auch immer), musste intervenieren: Was lag näher, als daran zu gehen, die Straßen planmäßig zu verschönern, als Alleen und Promenaden herzurichten, quasi zu domestizieren, und damit „ganz nebenbei" die Einwohnerschaft des Industriegebiets zu kultivieren.

Die schöne Straße

Schon in frühen Bebauungsplänen für Stadterweiterungsgebiete im Ruhrgebiet – soweit sie mehr waren als bloße Aufteilungspläne für landwirtschaftliche Flächen in Gemeinbesitz – finden sich der mit Bäumen umkränzte Marktplatz und die zur Allee umgestaltete Hauptstraße. Dies war genauso einem Nachwirken landesherrlicher Planung im ausgehenden 18. Jahrhundert und damit verbundenem Schönheitsempfinden zu verdanken wie handfestem wirtschaftlichem Interesse. Denn jeder Baum war sein Geld wert. Als die größeren Städte im Ruhrgebiet um 1890 begannen, hauptamtliche Stadtgärtner zu beschäftigen, stellte das Anpflanzen und Bewirtschaften der Straßenbäume noch eine ihrer Hauptaufgaben dar. In Dortmund, wo der erste hauptamtliche Stadtgärtner arbeitete, waren um 1904 rund 38 Kilometer Straßen ein- oder beidseitig mit Bäumen bepflanzt (in der Summe mit 5.000 bis 7.000 Bäumen), in Essen waren es 22 Kilometer, in Bochum nur sieben. Dies ist den Umfragebögen zu entnehmen, die im Vorfeld der „Internationalen Kunst-Ausstellung und Großen Gartenbau-Ausstellung" 1904 in Düsseldorf an die Gemeinden verschickt wurden [6].

Grüne Erholungsstätten in der Stadt – als ein „Bedürfnis für Leib und Seele", die Vegetation als geeignetes Mittel, um „die Nerven in dem aufreizenden Lärm und Verkehr zu beruhigen, den Geist nach anstrengender Arbeit zu erholen, das Gemüth zu erquicken", dies alles forderte um 1876 der Stadtplaner und Architekt Reinhard Baumeister, als er über „Stadterweiterungen" schrieb. Und er wog postwendend die Vor- und Nachteile von Alleen, von einzelnen Baumreihen, von Squares und größeren Parks in der Stadt ab[7]. Die Allee fand – wegen der möglichen Verschattung anliegender Häuser – übrigens nicht seine uneingeschränkte Zustimmung.

Alleen und Promenaden waren jedoch im Ruhrgebiet derart beliebt, dass in den Jahren vor 1914 gerne Geldsummen aus den Überschüssen kommunaler Betriebe wie Sparkassen

Abb. 3: Postkartenansicht vom Königswall in Dortmund um 1909/1910
Quelle: Stadtarchiv Dortmund, Bestand 502/02, Nr. 567-18

oder Gasanstalten den Gartenämtern für Anpflanzungen überwiesen wurden. Anspruchsvolle Stadterweiterungsgebiete aus jener Zeit lassen sich über Alleen und über mit Bäumen bekränzten Schmuckplätzen identifizieren. Sie entsprachen damaligen Vorstellungen von der schönen, bürgerlichen Stadt. In Josef Stübbens „Der Städtebau" (1. Auflage 1891) sind zur Nachahmung empfohlene Beispiele zu Promenaden, Plätzen, Alleen und Boulevards in großer Zahl abgebildet. Die Schönsten aber gab es in Paris und in Berlin.

„Schöne Straßen", sowohl für motorisierte Fahrzeuge gebaut als auch ein Genuss für Betrachter und für etwaige Fußgänger, wurden auch in den 1920er Jahren im Ruhrgebiet planmäßig angelegt. Sie vermittelten die Anmutung idealer, moderner grüner Stadträume. Sie dienten jedoch kaum einmal für informellen Aufenthalt, für Begegnung, Gespräch oder Spaziergang, sondern mehr zur Betonung des Straßenraums an sich, zur gestalterischen Strukturierung der Stadt und zur Auszeichnung von Einrichtungen oder Quartieren im städtischen Kontext: wie den „Kampfbahnen", den Ausstellungshallen, den neuen Krankenhäusern. Die Straßen, die zu den Sportanlagen und Parks in den neuen Grüngürteln führten, die Alleen bei den neuen Hauptfriedhöfen, die Ausfallstraßen zu den Bergbausiedlungen im Norden des Reviers oder zu den vornehmen Vierteln im Süden, die Verbandsstraßen des Siedlungsverbandes Ruhrkohlenbezirk und die Reichsstraße 1 (heute B 1/A 40), die bedeutendste Magistrale im Ruhrgebiet, sie alle wurden als „schöne Straßen" angelegt: mit zwei- oder vierreihigen Baumpflanzungen, manchmal sogar mit Reitwegen und mit begleitenden Promenaden. Als moderne Straßenverbindungen waren sie vor allem dem motorisierten Verkehr zugeeignet.

Die ersten Parkanlagen

Wem in den alten Städten des Ruhrgebiets im 19. Jahrhundert nach einem öffentlichen Garten verlangte, der musste ihn erst noch anlegen. Der älteste öffentlich zugängliche

Abb. 4: Postkartenansicht vom Hiltropwall in Dortmund, um 1909/1910
Quelle: Stadtarchiv Dortmund, Bestand 502/02, Nr. 1236-18

Park im Ruhrgebiet ist der 1864 eingerichtete Stadtgarten in Essen, nur wenige Schritte südlich des Bahnhofs an der Hyssenallee gelegen (wo 1863 die ersten Baumreihen angepflanzt wurden, und wo die Villen Kruppscher Direktoren standen). Mit dem Ziel, einen Park anzulegen und dort ein Gesellschaftshaus zu bauen, hatte sich im Jahr 1863 eine „Essener gemeinnützige Aktien-Gesellschaft gegründet". Die tatkräftige Unterstützung durch Firma und Familie Krupp und durch Mitglieder des Vereins für bergbauliche Interessen war hilfreich, das Projekt erfolgreich zum Abschluss zu führen. Der Park selber war als kleiner Landschaftsgarten mit Musikpavillon und Gartenterrassen, mit Teichanlage, Grotte und kleinem Steinbruch angelegt – geeignet zum Promenieren und zur zwanglosen Begegnung.

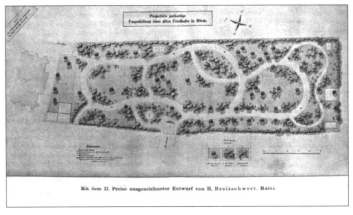

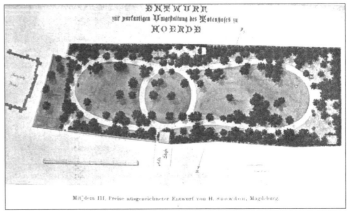

Abb. 5: Beispiel eines formalen Parks aus der Zeit um 1900: Zwei Beiträge zum Wettbewerb zur Umgestaltung des Totenhofes in Hörde zu einem Park
Quelle: Die Gartenkunst, Jg. 1899, S. 200ff

Es war ein herausgehobener Ort in der Industriestadt, an dem sich die Damen der Gesellschaft in anmutiger Umgebung, nicht beeinträchtigt von der Rückständigkeit der Stadt, von öffentlicher Not und Armut, von dem Schmutz auf den Straßen, aufhalten und treffen konnten. Dieser durch Privatinitiative errichtete Garten stand – außer bei Veranstaltungen – allen Bürgern und Bürgerinnen offen; Voraussetzung waren ordentliche Kleidung und angemessenes Verhalten. Dass mit dem Park auch das umgebende Viertel schöner, „besser" und „wertvoller" wurde, sei nur am Rande vermerkt.

Dem Essener Beispiel folgten Initiativen zur Anlegung von Parks oder Botanischen Gärten in anderen Städten des Ruhrgebiets. In Bochum können Stadtpark und Parkhaus noch, ähnlich wie zu Beginn des 20. Jahrhunderts, besichtigt bzw. erlebt werden. Das Vorhaben, mit dem Park die als kulturlos begriffenen Gemeinden und ihre Einwohnerschaft zu kultivieren, wurde durchgängig akzeptiert. Eine in der Regel formale Gartengestaltung setzte sich durch. Der Zutritt der Arbeiterschaft, der „einfachen Leute" zu diesen Parks war überall erlaubt. Man erwartete – wie schon in Essen – jedoch ordentliche Kleidung und gutes Benehmen. Wer dies nicht befolgte, dem war der Zugang zu solchen schönen öffentlichen Orten verschlossen. Noch im Jahr 1910, als der Volksgarten in Lütgendortmund eröffnet wurde, duften Kinder nur in Begleitung Erwachsener den Park betreten und die Spielplätze benutzen. Solche Regeln taten der Popularität der Volksgärten keinen Abbruch. Die Öffentlichkeit akzeptierte Ordnung und Reglements. Selbst Vertreter der Volksparteien, die in Lütgendortmund wie in vielen anderen Gemeinden des Ruhrgebiets für die Anlage des Volksgartens eingetreten waren, nahmen daran keinen Anstoß.

Mit den Jahren wandelte sich der Charakter des Parks vom vornehmen Gesellschaftsgarten hin zu einer „politischen Landschaft". Mitte der 1880er Jahre, in der Folge der Reichsgründung, aber wegen der Gründerkrise mit Verspätung, erreichte eine Welle von „Kaiserpark-Gründungen" die Gemeinden des Ruhrgebiets. Ausdrücklich der „unschuldigen Erholung", der „Annäherung der verschiedenen Stände" und der „Milderung des Klassenkampfes" gewidmet[8], wurden die Ziele der Parkpolitik unverdeckt politisch-erzieherisch ausgerichtet. Gestützt von lautem Patriotismus, mit dem Hintergedanken die Arbeiterschaft zur Nation zu erziehen, bildete sich eine Stadtgartenbewegung heraus, die der Kaiserverehrung gewidmet war – und die bis 1918 andauerte. Solche Kaiserparks, Kaisergärten, Kaiserberge (in Duisburg), Kaiser-Wilhelm-Parks oder Bismarckhaine (am schönsten mit Bismarckturm und „Kaisereiche") waren gleichzeitig die ersten Volksgärten: für das „Volk" gemachte, von den Gemeinden getragene öffentlichen Gartenanlagen. Das öffentliche Leben, wie es sich dort abspielte, wurde gelenkt, beobachtet, kontrolliert und konditioniert. Die Ausstattung der Parks spielte dabei eine wichtige Rolle.

Wie so ein „patriotisches Freilichtmuseum" bestückt sein konnte, lässt sich anschaulich am Beispiel des Kaiser-Wilhelm-Hains in Dortmund (der Keimzelle des Westfalen-Parks) veranschaulichen: Das Herzstück stellte das Denkmal für Wilhelm I. – sitzend – dar. Außerdem gab es eine Kronensäule, ein Kaiser-Friedrich-Denkmal, einen Luisen-Tempel, eine Gedenktafel für Bismarck, den obligatorischen Bismarck-Turm, ein Stück nachgebauter Stadtmauer, verschiedene Darstellungen des Reichsadlers, eine Nachbildung des westfälischen Freistuhls, eine eigens gepflanzte „Kaisereiche" und natürliche weitere „deutsche Eichen". Ergänzt wurde das Ensemble durch die temporäre Aufstellung von Kanonen und Beutegut aus den Kriegen 1866, 1870/71 und 1914/18[9].

3. Das ganze Ruhrgebiet ist eine Gartenstadt

Im weiträumigen Industriegebiet liefen die Stadterweiterung und die Transformation ehemaliger Dörfer zu Industriegemeinden ähnlich einem explosiven Prozess ab. Bergbau und Industrie besetzten große Flächen und dehnten sich ohne Rücksicht auf Natur und Landschaft im Raum aus. Die schöne alte Stadt war ein Randereignis (im unmittelbaren Wortsinn). Repräsentative Viertel aus dem 19. Jahrhundert gab es nur wenige. Die neuen Mittelschichten waren zahlenmäßig nicht tragfähig genug, um ohne stützende Intervention von Seiten der Gemeinden den wachsenden, weiträumigen Städten und Landbürgermeistereien den Stempel moderner Bürgerstädte des beginnenden 20. Jahrhunderts aufzudrücken.

Die Städtebauer konnten in dieser Situation mit dem Grün und mit den erhaltenen landschaftlichen Bereichen wuchern, wollten sie Stadt und Kulturlandschaft gestalten. Das Grün – in Form von Gärten und Vorgärten, begrünten Fassaden und Lauben vor den

Häusern, in Form von Alleen und Baumeihen, in Gestalt von Hecken am Ortsrand, als kleiner moderner (Innen-) Park, als Spielplatz, als Waldpark mit Wiesen und Teichanlagen, als schmales Bachtal, über das fußläufig schöne Landschaftsteile erschlossen wurden, oder als begrünter Platz im neuen Viertel (am schönsten auf der ab 1909 errichteten Margarethenhöhe in Essen) – entwickelte sich zu einem wichtigen Element bei der Gestaltung neuer Stadtquartiere und Siedlungen. Zudem zählte ein ausreichendes Angebot von öffentlich zugänglichen Freiflächen zur Infrastruktur, war der Erholung und der körperlichen Ertüchtigung der Einwohnerschaft dienlich. Wer suchte überhaupt noch urbane Dichte und „Getümmel" auf den Straßen?

Der schöne, erhaltene Landschaftsraum vermochte Heimatgefühle zu erwecken. Auch Grün in der Stadt rührte ans Herz und erklärte sich in seiner Schönheit weitgehend von selbst, unabhängig von Bildung und Herkunft. Grün gab der Stadt eine Anmutung von Natur und von dem der Natur des Menschen angemessenen Lebensraum. Es gab also gute Gründe, die Sicherung und die Neuanlage von Grünflächen zu einem erstrangigen Anliegen der Stadtplanung zu machen, wo es der steinernen Stadt an Schönheit und Anmut mangelte. Der Erste, der um 1911/1912 einen Grün-Plan für eine Stadt im Ruhrgebiet vorlegte, zur „Praktischen Ausführung der Grünanlagen in der Stadt Essen", war Robert Schmidt, damals Dezernent für Stadterweiterung in Essen[10]. Der Plan sah den Schutz von Tälern und Wiesen vor, sicherte die Zugänge zu schönen Landschaftsbereichen, vernetzte sie miteinander, schuf Grünverbindungen von den dicht bebauten Vierteln bis in die Waldungen auf den Ruhrhöhen. Zudem plante Schmidt Standorte für Siedlungen auf Kuppen über diesen Bachtälern und Grünverbindungen. Auch in anderen Gemeinden begann man, Grünpläne zu erarbeiten bzw. ihre Aufstellung zu fordern. Das Ruhrgebiet wandelte sich langsam zu einer planmäßig gestalteten „grünen Stadt".

Die Bedingungen erschienen fast ideal: Die Ortschaften und die Zechen des 19. Jahrhunderts waren in den ehemaligen Landgebieten weit verteilt. Bergarbeiterkolonien, die in der Nähe entstanden, waren mit großen Gartenstücken ausgestattet (wenn ihnen auch meist jegliche malerische Ausstrahlung fehlte). Der Nutz- bzw. Hausgarten gehörte in weiten Teilen des Ruhrgebiets zum Alltag. Es gab noch Dorflagen, stadtnahe Landwirtschaft und viele freie Flächen (aber auch die ausgedehnten Industrie-Werke, die Halden, Gleisharfen, Senkungssümpfe und die sterbenden Wälder). Im Norden schlossen sich große Heidegebiete an, im Süden das Ruhrtal und die bewaldeten Ausläufer des Ardey-Gebirges.

Gartenstädtische Arbeitersiedlungen, die ab ungefähr 1905 im Ruhrgebiet gebaut wurden, waren planmäßig durchgrünt, im Idealfall sogar in Grünsysteme eingebunden. Die erste war der ab 1904 gebaute Margarethenhof in Rheinhausen, die berühmteste wurde die Margarethenhöhe in Essen. Für die dortigen Haus- bzw. Vorgärten gab es Gestaltungsvorschläge: mit der Laube im rückwärtigen Garten, dem Fliederbusch am Straßenzaun und dem Rankspalier am Haus. Es sprachen mehrere Gründe für durchgrünte Siedlungen: Man baute sie nicht allein, um schöne Orte für Bewohner und Spaziergänger zu schaffen, sondern unter städtebauästhetischen und stadthygienischen Gesichtspunkten – und zur Stützung von Familiarität, Privatheit und Heimatgefühl.

Abb. 6: Zwei Motive aus der Gartenstadt Zweckel, Gladbeck
Fotos: Kastorff-Viehmann 1995

Die gartenstädtischen Siedlungen wiesen eine offene Bebauung auf. Sie waren bzw. sind angenehm zu bewohnen und schön anzuschauen. Oft gab es den Markt- und den Schmuckplatz, manchmal auch die Kirche. Im Idealfall von Bachtälern und Waldungen umkränzt, vermittelten gartenstädtische Siedlungen eine Ahnung von der Schönheit der Natur und von der Freiheit in der Natur, antithetisch zu den dicht bebauten, schauerlich unmodernen Arbeiterquartieren im Umkreis der Altstädte und Hochofenwerke. Gartenstädtische Siedlungen wurden ausdrücklich dem privaten Leben in der Familie zugeeignet, nicht dem öffentlichen Leben und der Politik. Für „Schnapskasinos" gab es keinen Platz. Begreift man urbane Dichte als eine Voraussetzung für eine funktionierende Öffentlichkeit, dann wirkten die gartenstädtischen Siedlungen kontraproduktiv: Sie wurden in den Dienst eines zufriedenen, unpolitischen Daseins der „Ruhe und Ordnung" gestellt.

Dass ganz Gladbeck, eine Stadt, die mit den Zechen im Besitz des Preußischen „Bergfiskus" wuchs, um 1911/1912 von der Idee her als Gartenstadt bzw. als Stadt in Gärten ausgebaut werden sollte – unter entscheidender Mitwirkung von Rudolf Eberstadt und Robert Schmidt –[11], lässt Schlüsse zu Ordnungs- und Entwicklungszielen in den Bergbaugemeinden des nördlichen Reviers zu: Begriffe wie Dichte, Urbanität, bürgerliche Stadt, Öffentlichkeit und politische Kultur standen nicht auf der Agenda von Staats- und Stadtverwaltung. Eine schöne, durchgrünte Stadt wollte man aber sehr wohl bauen. Begründet wurde dies damit, dass man sowohl „steuerkräftige Bevölkerung" ansiedeln als auch mögliche Bergschäden vermeiden wollte. Perspektivisch ließ sich das gesamte nördliche Ruhrgebiet als eine weiträumige industrielle Gartenstadt begreifen.

Die leicht hügelige, malerische Landschaft im Ruhrgebiet, erhaltene bäuerliche Siedlungen, Streuobstwiesen und Kotten, Bachtäler und Waldstücke hätten Elemente dieser idealen „grünen Industriestadt" sein können. Aber handfesten Verwertungsinteressen gegenüber befand man sich in der Defensive. Halden überdeckten Wiesen und Felder; in den Bergsenkungsgebieten ertranken Wälder. Bäume starben unter den Abgasfahnen der Kokereien und Hochöfen. In der Kernzone des Reviers gab es um 1910 keine zusammenhängenden größeren Waldstücke mehr. Man beobachtete und beklagte Naturverwüstung[12].

Naturfreunde organisierten sich. Arbeiterdichter griffen das Bild vom Leviathan auf, mit Fackeln und Funken, die aus seinem Maul fahren, mit Rauch, der aus seiner Nase quillt wie aus heißen Kesseln, und mit einem Odem wie lichte Lohe, um zu beschreiben, wie

Bergbau und Schwerindustrie sich in die Landschaft fraßen. Um zu schützen, was noch zu retten war, wurde auf Initiative des Regierungspräsidenten in Düsseldorf die Idee verfolgt, im Industriegebiet einen Nationalpark auszurufen. Robert Schmidt, der erste Direktor des 1920 gegründeten Siedlungsverbandes Ruhrkohlenbezirk, nahm dies 1912 zum Anlass, mit der „Denkschrift betreffend einen Generalsiedelungsplan für den Regierungsbezirk Düsseldorf, rechtsrheinisch" ein eigenes Entwicklungsprogramm vorzulegen. Auch darin spielte das „Grün" eine entscheidende Rolle.

4. Stadtwälder, Volksparks und Grüngürtel

„Glücklich die Städte, in welchen schon früh Sorge getragen wurde, Parkflächen unbebaut zu lassen, welche nun als grüne Insel mitten im Häusermehr liegen: die herrlichen Parks in London, der Tuileriengarten in Paris, der Volksgarten in Wien, der Invalidenpark in Berlin. (...) Nicht selten werden Restaurationen, Kurhallen, Musikpavillons u. dgl. in Parks hergestellt; doch sollte die Gelegenheit zu Vergnügungen nicht das Ganze ausfüllen, sondern dem stillen Naturgenuß sein Recht lassen. Auch passen größere freie Flächen zu Volksfesten und Ausstellungen vortrefflich in einen Park, welcher dadurch an gewissen Tagen recht eigentlich den Charakter als Volkspark erhält"[13]. Das Grün in oder nahe der Stadt gewann – folgt man den obigen Worten von Reinhard Baumeister – eine weitere Aufgabe: Es diente dem Volk zum Vergnügen, zur Versammlung, auch zur Gesundheit: als Volkspark (jedoch nicht als Mittel zur Erziehung). Der Park fürs Volk war eine essentielle Forderung der Stadtkultur des ausgehenden 19. Jahrhunderts, unabdingbar für das städtische Leben des Volkes und für angemessene Formen von Öffentlichkeit.

Der Volkspark konnte bürgerlich-demokratisch aufgefasst werden – wie bei Baumeister – oder mehr politisch-erzieherisch wie in der Kaiserpark-Bewegung. Der Volkspark war allen zugänglich, ein Ort zwangloser Begegnung, aber auch ein Ort der politischen Versammlung, ähnlich der Straße, aber schöner, angenehmer und „multifunktionaler", nicht auf Bedarfe des Verkehrs und der Wirtschaft ausgerichtet, im Kern zweckfrei, von Geschäften und Verwertungsinteressen nicht beschädigt – deshalb auch erholsam, ein Genuss für die Sinne und fortschrittlich in mehrfacher Hinsicht. Stimmen, die forderten, solche Parks anzulegen, erhoben sich auch im Ruhrgebiet schon vor der Wende vom 19. zum 20. Jahrhundert. Die Ausstellungen zu Gartenkunst, Stadt und Städtebau, die 1904, 1911 und 1912 in Düsseldorf stattfanden, trafen auf große Resonanz beim bürgerlichen Publikum.

Wer jedoch der romantischen Idee vom „Volk als Natur" an sich oder gar der Ideologie vom „gesunden" Volk anhing, wer zudem davon überzeugt war, dass Verhalten und Charakter der „Leute" von Art und Gestalt des „Landes" abhängig wären, der brauchte den Volkspark für andere Zwecke. Wilhelm Heinrich Riehl hatte in „Land und Leute" (1853) den Wald, der schon die „Germania" zu Zeiten des Tacitus geprägt habe, untrennbar mit der „Seele des Volkes" verbunden. Nur ein deutsches Volk, dass sich den Wald bewahrt, ihn schützt, und mit ihm lebt, habe eine Zukunft – so Riehl. Der Wald selber war Teil des „Landes". Wald, „Land und Leute" waren in diesem Denken nicht voneinander zu trennen. Die deutsche Ideologie brauchte den Wald: Das Volk in den Städten bedurfte nicht allein des Volksparks im Sinne Baumeisters, sondern auch des Waldparks als Teil des „Landes" in öffentlichem Besitz – und nahe bei der Stadt.

Insofern zeugte es in mehrfacher Hinsicht von politischer Konsequenz der Stadtverwaltungen und der leitenden Gemeindebeamten, dass sie um 1900 begannen, Freiflächen in Gemeindebesitz für Erholungszwecke umzuwidmen und weitere Gelände, die bis dahin landwirtschaftlich genutzt waren, aufzukaufen. Waldschutz, Walderhaltung, sowie die Aufforstung von Stadtwäldern und darauf folgend ihre Umwidmung zu Erholungswäldern in Duisburg, Dortmund, Essen, Mülheim oder Bochum waren große und mutige Projekte. Interventionen waren dringend erforderlich, denn die Ergebnisse der Umfrage „Über die öffentlichen Anlagen bei den bedeutendsten Städten Deutschlands" im Vorfeld der „Internationalen Kunstausstellung und Großen Gartenbau-Ausstellung" in Düsseldorf 1904 mussten all diejenigen aufschrecken, die für öffentliche Freiflächen, Wald- und Naturschutz eintraten. Abgesehen von der Stadt Hagen verfügte keine der Städte im Ruhrkohlenbezirk über nennenswerte Waldungen. Dass in der Kernzone kaum noch Waldstücke erhalten waren, ist oben erwähnt. Und die großen Waldgebiete, im Süden auf den Ruhrhöhen, oder in den Heidegebieten des nördlichen Ruhrgebiets, sie befanden sich noch zum größten Teil in Privatbesitz, waren nicht öffentlich zugänglich – von Orten für die Öffentlichkeit ganz zu schweigen.

Einer der ersten Waldparks, der im Ruhrgebiet entstand, befindet sich auf dem Kaiserberg bei Duisburg. Ab 1869 übernahm der dortige Verschönerungsverein in Kooperation mit der Stadtverwaltung die Aufforstung des bis dahin nur leicht bewaldeten Hügels. Die Anlagen auf dem Kaiserberg wurden über Jahrzehnte kontinuierlich vergrößert und angereichert: Neben oder im Wald entstanden gärtnerisch und landschaftlich gestaltete Bereiche, Sedanwiesen, Teichanlagen, Aussichts- und Bismarckturm, Botanischer Garten – und die obligatorischen Ausflugsrestaurants. Eins der großen Projekte zur Walderhaltung im Ruhrgebiet stellte die Umwidmung des benachbarten Duisburger Stadtwaldes von einem Ertragswald in einen Erholungswald dar. Im Jahr 1899 fällten die Stadtverordneten den Beschluss zu einer zukünftig parkartigen Bewirtschaftung. Gemeinsam mit den ab 1919 ausgebauten, weiter südlich gelegenen Wedauanlagen (die zu einem exemplarisch modernen Sport- und Erholungsgebiet auf dem Gelände ehemaliger Baggerseen ausgebaut wurden) entwickelte sich mit den Kaiserberganlagen und dem Stadtwald ein ausgedehntes Erholungsgebiet im Süden und Osten der Altstadt von Duisburg.

Bei den Stadtplanungen der 1920er Jahre besaßen die Sicherung von Freiflächen, die Anlage von Grünflächen und der Schutz oder die Aufforstung von Wäldern einen hohen Stellenwert, gleich ob im Grün- und Spielanlagenplan der Stadt Mülheim, ob im Nutzungsplan für die Stadt Recklinghausen oder im Plan über die Grünverbindungen in Marl. Ein großer Teil der auf dieser Basis angelegten oder gesicherten Grünanlagen gehörte der Öffentlichkeit – und stand allen zur Verfügung. In Besitz nahm die Bevölkerung sie aber immer in kleinen, isolierten Gruppen: als Pärchen und Familien am Sonntagnachmittag, als Wandervögel, als Schulklassen auf ihrem jährlichen Ausflug in die Natur, als Jugendliche, die unbeobachtet spielen wollten, als junge Erwachsene, die wochenends im Wald campieren wollten. Sie alle tummelten sich im Grünen. Als Öffentlichkeit verstanden sie sich nicht.

Vom Journalisten Heinrich Hauser stammt eine wenig schmeichelhafte Charakterisierung des Duisburger Stadtwaldes aus dem Jahr 1930. Er veröffentlichte sie unter der Überschrift „Leben als Arbeiter, III. Der Sonntag": „Ich wollte, ich könnte ihn beschreiben in seiner dürren Scheußlichkeit, den abgeschabten Boden bedeckt mit Butterbrotpapier, die armselige Vegetation, jedes Blatt schon halb erstickt von Rauch, diesen Wald, der durchsichtig wie ein Fransenvorhang ist, so daß, wo immer man auch ist, die Kolonnen der Menschen zu sehen sind, die auf den Wegen wandeln, die lagernden Familien, die Paare, die Schutz vor Blicken suchen und keinen finden können"[14]. Der Anziehungskraft als Ausflugsziel schadete dies nicht, denn die sonntägliche Anarchie im Grünen diente den Grundbedürfnissen der Erholung, kaum einmal kultureller Erhebung oder Erbauung. Es sei denn, man lauschte dem Konzert in der Musikmuschel.

Besonders beliebt waren der Ausflug ins Licht- und Luftbad oder der Spaziergang im Stadtwald. Egal, ob Wald und Grüngürtel einem Idealbild entsprachen, das Grün gehörte allen Einwohnern und Einwohnerinnen. Besonders großen Zulaufs erfreuten sich die Ausflugsrestaurants, die sich am Rand der Grüngürtel und Stadtwälder ansiedelten; mit Garten-Terrassen, Spielplätzen, Kegelbahnen, Tanzflächen und mit der Bühne im angegliederten Saal. Die beliebtesten Wirtshäuser lagen an den alten Landstraßen, die schon rund 100 Jahre vorher die eigentlichen öffentlichen Räume im Industriegebiet dargestellt hatten.

Die Öffentlichkeit, die sich im Stadtwald, im Volksgarten oder im Ausflugsrestaurant zusammen fand, war nicht mehr als die Summe von Einzelnen und Gruppen, zu einer besonderen Form fand man nicht. Ausnahmen stellten Versammlungen mit nationaler Ausrichtung auf besagter Sedanwiese oder unter besagtem Bismarckturm dar. Das Bild von „Land und Leuten" im Grüngürtel, wie im obigen Zitat von Heinrich Hauser geschildert, war zudem bescheiden, weit entfernt von einer idealisierten, weltanschaulich geprägten Zeichnung vom „Volk".

„Der deutsche Volkspark der Zukunft, Laubenkolonie und Grünfläche", wie ihn der Gartenarchitekt Harry Maasz 1913 in einem kleinen Buch gleichen Titels skizziert hatte, setzte andere Maßstäbe: „Wir beginnen uns des Volkes zu erinnern und seiner Bedürfnisse, seiner Ansprüche an einen großen gemeinschaftlichen Garten". Dieser „deutsche Volkpark der Zukunft" umfaßte nicht zwingend Landschaft und Wald oder Symbole nationaler Besinnung, aber auf jeden Fall Wiesen, Spielplätze, Gärten und Sportanlagen. Die Kleingärten brauchte man nicht zuletzt, um „(...) seinem Nachwuchs, seinen Söhnen und Töchtern, ein Stück heimatlicher Scholle ans Herz zu fesseln, daß sie dereinst zu deutschen Männern und deutschen Jungfrauen heranreifen"[15]. Denn der Deutsche wolle (und solle) harken, säen und ernten, so Maasz. Die weltanschaulichen Beweggründe sind unübersehbar. Von Öffentlichkeit im Park war nur dort die Rede, wo Spiel, Muße und Getümmel auf der großen Wiese beschrieben wurden. Harry Maasz, der erste berufliche Meriten in Hamburg gesammelt hatte, erhielt für seine Ideen viel Beifall.

Kleingärten bzw. Schrebergärten waren jedoch auch eine Art populäre Massenbewegung, die fortschrittliche Gartenarchitekten in ihre Konzepte aufnahmen. Der darüber definierte Volkspark war zeitgemäß, volksnah, modern – und fortschrittlich. Ausgedehnte, vorbildliche Volksparks, die u.a. Freilichttheater, Wasserplätze, Blumenterrassen, Klubhäuser, architektonische Gärten, Landschaftsgärten und Spielwiesen umfassten, wurden ab 1910/1912 in Hamburg, Altona und Köln angelegt. Sie machten eine neue, öffentliche und öffentlich geförderte Freizeitkultur in der Stadt anschaulich.

Die Grüngürtel und großen Parks, die im Ruhrgebiet nach dem Ersten Weltkrieg entstanden oder ausgebaut wurden, kombinierten Elemente des „Volksparks der Zukunft" im Sinne von Harry Maasz mit „alten" Programmen und modernen Angeboten für die Stadtbevölkerung. Große Beachtung fand das wachsende Bedürfnis nach sportlicher Betätigung. Volksparks neuer Qualität bzw. umfängliche Grünbereiche oder -gürtel entstanden in (Gelsenkirchen-)Buer, in Dortmund, in Duisburg (mit den Wedau-Anlagen), in Rheinhausen und in Gladbeck, abwechselnd bestückt mit Waldungen, (Schloss-)Park, Parkhaus, Gartenterrassen, Botanischem Garten, Schulgarten, Wiesen- und Teichanlagen, Licht- und Luftbad, mit Kleingärten, mit Sportstadion, Freibad und Regattabahn, und oft auch mit dem neuen Hauptfriedhof. An Sonntagen waren bei schönem Wetter die Parkwege fast so belebt wie die Einkaufsstraßen der Innenstädte zur besten Geschäftszeit.

Für Städtebauer, Gartenarchitekten und Architekten ergaben sich attraktive Planungs- und Bauaufgaben. Die Struktur und Gestalt von Parks und Grüngürteln und zugehörigen Gebäuden änderten sich mit dem Zeitgeschmack. Formale Experimente waren möglich. Der Park der Gruga, der im Jahr 1929 in Essen eröffneten „Große(n) Ruhrländische(n) Gartenbauausstellung" ist stilistisch der „Neuen Sachlichkeit" zuzuordnen.

Die Mitte der 1920er Jahre geplanten Anlagen bei Haus Wittringen in Gladbeck umfassten Museum und Restaurant im alten Herrenhaus, den formalen Park, den Stadtwald (mit Marathon-Bahn), Tennispätze, Übungsplätze für Hockey und Fußball, Kinderspielplätze, die Volkswiese und das Licht- und Luftbad. Schwimmbad und Sportstadion wurden in der Nachbarschaft errichtet. Erschlossen wurde der Komplex von der Promenade und von der „schönen Straße". Die Bergbaustadt Gladbeck sollte sich zu einer „Stadt des Sports" entwickeln.

Abb. 7: Begegnungen im Stadtwald (Gelsenkichen-)Buer, anlässlich der Einweihung, Postkarte 1924
Quelle: Stadtarchiv Gelsenkirchen Nr. FA.01 / SW.002

Die Anlage von modernen Volksparks und weiträumigen Grüngürteln – so vielschichtig, ja sogar modernisierungsfeindlich sich die Motive im Einzelfall darstellen konnten – wurde von Gewerkschaftern gefordert und in den Stadtverordnetenversammlungen von den Vertretern der Volksparteien unterstützt. Der Gladbecker Arbeiterfunktionär Jacobs brachte es in einer Rede 1925 – und mittelbar zur Verteidigung der Planung der Anlagen bei Haus Wittringen – auf den Punkt: „Ja meine Herren, einzelne Bergwerksdirektoren sagen wohl: was braucht ein Bergarbeiterdorf ein Theater? Auf dem Standpunkt stehen wir nicht; im Gegenteil, wir verlangen für den Arbeiter (…), daß ihm genau dieselben Vergünstigungen auf kulturellem Gebiete, Theater, Grünflächen, Stadtwälder und dgl. zugute kommen, wie den anderen"[16]. Das Grün wurde in einem Atemzug mit traditionellen kulturellen Einrichtungen genannt. Es besaß gleiche Wichtigkeit und stand im Ruhrgebiet im Focus öffentlichen Interesses.

5. Ein knappes Resümee

Das öffentliche Interesse am „Grün" betraf das Freizeitangebot und die Volksgesundheit, die Ausstattung und die Kultivierung der Stadt. Es war weltanschaulich sowie stadtfunktional begründet und wurde mit den Instrumentarien von Raum- und Stadtplanung gesichert und angelegt. Vor allem in den bergbaulich geprägten Industriestädten und -gemeinden bot das „Grün" eine Kompensation für ein – am Maßstab bürgerlicher Lebensformen und urbaner Kultur gemessen – als defizitär erkanntes kulturelles Angebot. Das „Grün" entwickelte sich zum signifikanten, durchgängig akzeptierten Element industriestädtischer Struktur und Kultur. Allein im Grünen eröffneten sich kultivierte Räume unterschiedlicher Qualität und Widmung, die für unterschiedliche Gruppen und für diverse Formen der Nutzung öffentlich zugänglich waren.

Öffentliches Interesse am „Grün" und politische Unterstützung waren groß. Das „Grün" war ein zündendes Thema in den Tageszeitungen des Reviers. Dies alles bedeutete aber nicht, dass sich die im Grün(-gürtel) versammelnde Öffentlichkeit sich auch als Öffentlichkeit empfand oder artikulierte – es sei denn, man akzeptiert die unverbindliche Begegnung anlässlich des Sonntagsspaziergangs, die Zuschauermassen beim Fußballspiel in der „Kampfbahn" oder die Vereinskultur im Kleingartenverein als adäquate, hinreichende Formen von Öffentlichkeit im Industriegebiet. Umgekehrt: Im Grünen fand sich mehr oder weniger zweckfrei eine politisch indifferente Öffentlichkeit neuer Form zusammen (sieht man von Aktionen mit nationalem Charakter oder mit völkischem Beweggrund ab). Mit dem Ausbau der der Öffentlichkeit gewidmeten Räume im Grünen verloren zudem die eh nicht sonderlich attraktiven öffentlichen Räume in den Stadtquartieren – soweit es sich nicht um die Einkaufsstraßen in den Altstädten und die Vergnügungsetablissements handelte – zunehmend an Bedeutung.

Anmerkungen

1 „Im nächsten Jahr besser bauen als im Vorjahr, mit besseren Wohnungen, mit kleinen Kolonien, die einzeln wieder an Arbeiter übertragen, mit Bade-Anstalten und einer großen Wasch-Anstalt für alle, hotelartige Logierhäuser für Arbeiter besserer Klasse mit je einem kleinen Zimmer, mit Speisesälen, Billardzimmer, Kegelbahn, Gartenanlagen mit Springbrunnen, auch Vergnügungs-Lokale, Gebäude für Unterricht und dsgl. müssen in Aussicht genommen werden ...", Schreiben von Alfred Krupp vom 15. 6. 1871. In: Historisches Archiv Krupp, WA VII f 729, Aussprüche Alfred Krupp zur Sozialpolitik.
2 Vgl. Renate Kastorff-Viehmann: Die Stadt und das Grün 1860-1960, S. 53f. In: Renate Kastorff-Viehmann (1998): Die grüne Stadt. Essen
3 Vgl. Karl Neuhoff: Das „sündige" Dortmund. Dortmund ohne Jahresangabe
4 Vgl. Klaus Novy; Arno Mersmann; Bodo Hombach (Hg.), Reformführer NRW. o.O.,o.J. (Düsseldorf 1986)
5 Zitiert nach: Haspe (1982): Eine Stadt im Wandel, Bd.IX der Schriftenreihe „Hagen einst und jetzt", Hg. Hagener Heimatbund e.V. . Hagen, S. 9-14
6 Die Erhebung ist dokumentiert und ausgewertet. In: N. N., Die öffentlichen Anlagen der bedeutendsten deutschen Städte, Stadtarchiv Düsseldorf, Bestand XVII Nr. 430 und 431; ebenfalls: August Hoffmann: Hygienische und soziale Betätigung deutscher Städte auf dem Gebiet des Gartenbaus, Düsseldorf (1904): darauf aufbauend: Johann Rehbogen (1986): Sinn und Zweck der Großen Gartenbauausstellung im Jahre 1904 in Düsseldorf. In: Das Gartenamt, Heft 1
7 Reinhard Baumeister (1876): Stadt-Erweiterungen, in technischer, baupolizeilicher und wirthschaftlicher Hinsicht. Berlin, S. 185f.
8 Zur Situation in den Landgemeinden vgl. Hermann Josef Bausch: „Gelegenheit zum Naturgenuß, zur unschuldigen Erholung, zur Annäherung der verschiedenen Stände und zur Milderung des Klassenkampfes..." (Zitat nach: Victor Böhmert, Volksparks, 1897). Zur Entstehung der Volksgärten im Landkreis Dortmund. In: Kastorff-Viehmann: Die grüne Stadt, S. 149-173
9 Vgl. dazu Oskar Müller (1991): Ein Stadtpark für ewige Zeiten ... Der Kaiser-Wilhelm-Hain - Vorläufer und Keimzelle des Westfalenparks. In: Museum für Kunst und Kulturgeschichte der Stadt Dortmund (Hg.), Parkgeschichte(n), Dortmunds Westfalenpark und seine hundertjährige Tradition. Essen
10 Abgebildet in: Leberecht Migge (1913): Die Gartenkultur des 20. Jahrhunderts. Jena. Anlage 1
11 Dokumentiert in: Rudolf Eberstadt (1912): Zum Bebauungsplan-Wettbewerb für Gladbeck in Westfalen. In: Der Städtebau, Jg. 1912, S. 19-21 (ohne Abbildungen), Preisträger war die Arbeitsgemeinschaft Linnemann und Helbig aus Mülheim; auf der Städte-Austellung in Düsseldorf 1912 wurde ein Bebauungsplan für Gladbeck ausgestellt, den der Essener Stadtbauingenieur Artur Brocke (tätig im Dezernat von Schmidt) erarbeitet hatte, vgl. dazu Theodor Goecke (1912): Vom Städtebau auf der Städte-Ausstellung in Düsseldorf. (Tafel zum Beitrag)
12 Vgl. Friedrich Strehlow (1912): Die Boden- und Wohnungsfrage des rheinisch-westfälischen Industriegebiets. Essen, S. 122
13 Baumeister (wie Anm. 7), S. 193
14 Heinrich Hauser (1930): Schwarzes Revier, Berlin , S. 133
15 Harry Maasz (1913): Der deutsche Volkspark der Zukunft. Frankfurt a.Od.; Vorwort
16 Zitiert nach: Frank Bajohr und Rainer Weichelt (1987): Matthias Jacobs, Ein sozialrepublikanischer Arbeiterfunktionär in der Krise der Weimarer Republik. Essen, S. 47

Ursula von Petz
Die Entdeckung des öffentlichen Raums durch die Planung: Camillo Sitte, Theodor Fischer und der Fall München

Die aktuelle Wahrnehmung fehlender stadträumlicher Qualitäten insbesondere in den urbanen Innenbereichen, aber auch generell im Umgang mit urbanen Räumen ist Anlass zu fragen, in welcher Form bislang Städtebau und Planung die Gestaltung von öffentlichen Räumen in industrialisierten Städten betrieben haben. Im vorliegenden Beitrag soll am Beispiel der Stadt München untersucht werden, wie um 1900 eine Stadt im Funktionswandel von einer Residenz- zur bürgerlichen Großstadt die Frage nach der Gestaltung öffentlicher Räume in ihre Stadterweiterungsdebatte integriert hat. Dies kann für das aktuelle Interesse an „öffentlichen Räumen" von Relevanz sein, weil die Stadt München in der Phase der auslaufenden Gründerzeit einen eigenen Weg gefunden hat, über Planung einen langfristigen, tragfähigen Ansatz im Umgang mit der zukünftigen Entwicklung der Stadt und ihrer Gestaltung zu formulieren.

Vorab: Innovative Gestaltung, neue Theorien: Paris und Wien

Paris: Mit dem verstärkten Umbau der Stadt Paris in der zweiten Hälfte des 19. Jahrhunderts begannen in Paris der „Flaneur" bzw. ein neues, selbstbewusstes und zunehmend wohlhabendes Bürgertum das Straßenbild zu prägen: Die Haussmannsche Baupolitik wurde der Rahmen für das neo-imperiale Repräsentationsbedürfnis des soeben selbst ernannten Kaisers Napoleon III. sowie für die Bedürfnisse einer städtischen Gesellschaft, die bereit war, die Angebote des einsetzenden Industriezeitalters zu nutzen. Mit der Fortsetzung früherer Gestaltungsansätze wie linearer Trassen und mit Bäumen bepflanzter Boulevards, der Anlage repräsentativer Plätze auf geometrischem Grundriss und eleganter, durchgehend gestalteter Fassaden wurde aus einer bislang stark vom Mittelalter geprägten, kleinteilig zusammengefügten Großstadt eine moderne Metropole und zugleich eine Kulisse für eine sich verändernde, bürgerliche Kultur. Auf diese Weise wurde Paris zum „Trendsetter" in der zeitgenössischen Gestaltung öffentlichen Raums: Wo erforderlich, riss man hoch verdichtete und verschlissene Bausubstanz ab, vernichtete Teile des alten Paris, um sie durch neue Gebäude zu ersetzen – in der Gestalttradition französischer Architekturtheorie, aber mit neuen Nutzungen. Zugleich erhielt die Stadt eine neue technische Infrastruktur, neue Parks wurden angelegt und schließlich vermehrten sich in dieser Stadt – im Zeitalter zunehmender Mobilität von Menschen und Gütern – die Orte des Konsums durch eine Vielzahl neuer Läden, Hotels, Galerien, eleganter Kaufhäuser, den Neubau der Oper. Die Umbaupolitik war darauf ausgerichtet, die Stadt technisch und ökonomisch zu modernisieren sowie ein neues, einheitliches, Individualität möglichst vermeidendes Bild von der Stadt unter einheitlichem Format zu erzeugen. „Sobald das erste Straßennetz fertig ist, beginnt erst der große Tanz. Das zweite wird die Stadt nach allen Richtungen hin durchbrechen, um die Vorstädte mit dem ersten Netz zu verbinden. (...). Sieh, (...) vom Boulevard du Temple bis zur Barrière du Tréne – der erste Schnitt; sodann, auf

Abb. 1: Ringstraße, Wien *Quelle: Archiv Ursula von Petz*

dieser Seite (...) ein zweiter, von der Madeleine bis zum Parc Monceau; ein dritter in dieser Richtung, ein vierter in jener, ein Schnitt hier, einer weiter entfernt, überall Schnitte, ganz Paris von Säbelhieben zerhackt (...)." (Zola 1871, deutsch, o.J.: 94f.). Die aber, die durch dieses Umbau-System ausgegrenzt wurden, wanderten ab in die ärmeren Quartiere im Osten der Stadt, in die Peripherie oder in Barackensiedlungen vor der Stadt. Die Stadt gab ihnen zwar Arbeit, aber kaum Platz im öffentlichen Raum.

Dieser Stadtumbau repräsentierte den Anspruch an eine neue, eine der Zeit gemäße öffentliche Ästhetik im Raum, er inszenierte diese Ästhetik durch die Raumgestaltung, die ihrerseits gesellschaftlichen Wohlstand widerspiegelte. Zugleich förderte dieser Umbau die soziale Segregation, indem er für die „Schönen und Reichen" einen repräsentativen Raum schaffte und ebenso die Ausgrenzung derer, die diese „Ästhetik" stören, betrieb. Mit der aktuellen Forderung nach der Rückbesinnung auf qualitativ hochwertig gestaltete öffentliche Räume in der Stadt spricht man dann auch vom Flanieren, wofür ein gewisses Maß an Gestaltqualität von Bedeutung ist – unter Beförderung der sozialen Segregation.

In Wien entstand in dieser Zeit mit der Bebauung des aufgelassenen Rayons ab 1857 die Ringstraße mit einer Vielzahl pompöser öffentlicher Gebäude und großräumig dimensionierter Freiflächen, mit denen dem kaiserlich-militärischen Regime und Zeremoniell mehr Raum gegeben wurde als der Errichtung billiger Wohnungen sowie der Anlage populärer Gärten und Plätze. Die enorme Wohnungsnot zu beseitigen wäre vordringlich gewesen, weil weder die Enge der Stadt Raum gelassen hatte für zusätzlichen billigen Wohnraum noch die jenseits des Rayon gelegenen Vorstädte, die ihrerseits bereits – sofern es sich nicht um fürstlich-kaiserliche Gärten handelte – dicht überbaut waren. Die Forderung nach Arbeiterwohnungsbau war ursprüngliches Argument und schließlich auslösendes Moment für die Auslobung des dem Umbau vorangegangenen Wettbewerbs gewesen, doch im Verlauf der Realisierung setzte sich das Bedürfnis nach Repräsentation deutlich durch: Die Weitläufigkeit der Anlage(n) und extensive Dimensionierung der Freiflächen provozierten jedoch schon bald Kritik. Aus dieser Kritik heraus erschient im Jahr 1889 der von dem Architekten Camillo Sitte verfasste Essay: „Der Städtebau nach seinen künstlerischen

Abb. 2: Camillo Sitte: Entwurf des Titelblatts mit Korrektur
Quelle: Archiv Ursula von Petz

Grundsätzen". Sitte beklagte darin, dass viele Aktivitäten im öffentlichen Leben der Städte wie Prozessionen, Theater, oder, was er „Volksleben" nennt, verloren gehen oder sich in der Öffentlichkeit entzogene Räume zurückziehen. Seiner Meinung nach war „das Leben der Alten eben der künstlerischen Durchbildung des Städtebaus entschieden günstiger, als unser mathematisch abgezirkeltes modernes Leben, in dem der Mensch förmlich selbst zur Maschine wird". Mit seinem „Manifest" (Cover des Reprints 1983) wollte Sitte dem „Maschinenhaften" des modernen Städtebaus – den „Säbelhieben", wie sie Zola der Romanfigur Saccard (Haussmann) in den Mund legt – eine Alternative entgegensetzen. Sitte studierte zu diesem Zweck das Zustandekommen vorindustrieller Platzanlagen und die Ästhetik des Unregelmäßigen – des „Künstlerischen" wie er es nannte – im Gegensatz zum Regelmäßigen und „Mechanischen" des Pariser Stadtformats. Das Unregelmäßige machte er aufgrund seiner Studie für die Gestaltung von städtischen Räumen zur Forderung. Damit galten seine Ansichten über den Städtebau nicht mehr dem repräsentativen Stadtraum und der Gestaltung von Räumen, die dem Promenieren dienen, sondern einem beschaulichen bürgerlich-mittelständischen Sich-Wohlfühlen im urbanen Raum.

München: Stadtentwicklung und Planungspraxis bis 1900

München, die Stadt, von der im Weiteren die Rede sein wird, ist weder mit Paris noch Wien zu vergleichen. Die Umbrüche des 19. Jahrhunderts – Bevölkerungswachstum, Industrialisierung und Urbanisierung – vollzogen sich in München in vergleichsweise gemäßigter Form. Mit der Anlage des Englischen Gartens 1789, der Anlage von Karolinen- und Königsplatz nach Westen ab 1808 und dem Bau der Ludwigstraße nach Norden ab 1818 hatte die Stadt noch unter König Ludwig I (1820-1848) zu Beginn des 19. Jahrhunderts eine repräsentative Stadterweiterung erfahren, die Raum ließ für die Errichtung einer Reihe öffentlicher Gebäude wie Universität, Bibliothek, Kirche, eine Blindenanstalt, etc. Bereits 1810 hatte der König vor der Stadt die öffentliche Anlage der Theresienwiese schaffen lassen, der er später mit der Ruhmeshalle (1843-1853) und dem Standbild der Bavaria auch eine baulich-repräsentative Note hinzufügte. Die Gestalt dieser neuen Stadt, die er ohne die mittelalterliche Stadt zu verändern, als Erweiterung im Stile des Klassizismus erbauen ließ, war streng, linear, geometrisch. Die neuen Stadtteile waren noch nicht vom Pomp des einsetzenden Industriezeitalters oder der späteren Gründerzeit berührt. Unter Ludwigs Sohn (Maximilian), Max II (1848-1864), folgte eine zusätzliche Erweiterung der Stadt nach Osten zur Isar hin mit der Anlage der Maximilianstraße: Auch sie eine repräsentative Achse, jedoch in historisierend-gotisierender Architektur, die sich zunächst, in einem Vorschlag aus dem Jahr 1851, als Anlage aufweiten sollte im Sinne eines „großen öffentlichen Gartens, (...) in der Hauptform eines römischen Forums, ein Korso, ein Sammelplatz der gebildeten Welt, gleich den Champs-Elysées" – das assoziiert wieder den Promeneur im öffentlichen Raum (Dittmar: 209). Die endgültige Ausführung der neuen Achse erfolgte jedoch erheblich schlichter mit regelmäßig geschnittenen Grünflächen, Alleepflanzung, einigen wenigen Denkmälern. Später wurde dort nach dessen Tod das Denkmal für König Max II. errichtet. Die letzte repräsentative Straßenanlage in dieser Reihe, mit der die Stadt – parallel zur Maximilianstraße – nach Osten erweitert wurde, war ab

Abb. 3: Maximilianstraße, München 1853
Quelle: Neue Sammlung München 1977: 51

1891 der Bau der Prinzregentenstraße. Sie trug zwar noch die königliche Bezeichnung, war aber bereits eine städtische Baumaßnahme. In dieser Zeit wurden auch bereits verschiedene neue Wohnquartiere gebaut – Arbeiterviertel wie die Ludwigsvorstadt, Haidhausen und das Westend – auf Rastergrundriss mit hoch verdichteter Blockbebauung. Als private Entwicklungsmaßnahme entstand damals zudem das Gärtnerplatz-Viertel ab 1860 auf sternförmigem Grundriss; und die Stadt wurde auch durch vornehme Stadtteile erweitert, in Nymphenburg, Teile von Schwabing, Villen an der Theresienhöhe usw. Die Stadt schob sich stetig weiter vor, in die Vororte, ins Umland. Die Industrie- und Gewerbeansiedlungen, insbesondere die Brauereien im Osten der Stadt, expandieren und die Stadt war bemüht, die notwendige kommunale Infrastruktur zu liefern. Eingemeindungen standen an. Bereits in den 1870er Jahren sann man darauf, einen Wettbewerb zur zukünftigen Entwicklung der Stadt auszuschreiben, doch erst an der Wende der Jahre 1890/91 hielt man es von Seiten der Stadt für geboten, über die Steuerung der zukünftigen Entwicklung durch einen Entwicklungsplan nachzudenken.

Die Theorie vom „Künstlerischen Städtebau"

Kurz zuvor war die Diskussion in der Fachwelt durch die Veröffentlichung des Architekten Camillo Sitte über den künstlerischen Städtebau in eine neue Richtung gelenkt worden. Nicht nur direkt nach seinem Erscheinen, auch später ist viel über dieses Traktat geschrieben worden. Eine Zeit lang war es nahezu vergessen, bis zunächst 1965 die Arbeit von George R. Collins und Christiane Crasemann-Collins „Camillo Sitte: The Birth of Modern City Planning" erschien, zu einem Zeitpunkt, als die Vision von der gegliederten und aufgelockerten bzw. der autogerechten Stadt Städtebau und Stadtplanung beherrschten. Daher verwundert es nicht, dass erst 1983 der Text (der 4. Auflage von 1909) im Verlag Friedr. Vieweg & Sohn, Braunschweig/Wiesbaden wieder nachgedruckt wurde. Der Rückentext dieser Neuauflage lautet: „Camillo Sittes Arbeit, erstmals in Wien 1889 publiziert, veränderte die Stadtplanung in vieler Hinsicht. Ihr Autor präsentierte sie nicht nur als Manifest, das Kontroversen auslöste; sie war darüber hinaus seit Albertis Schrift das erste Buch, das

Abb. 4: Stadtplan, München 1850   Quelle: Archiv Ursula von Petz

die künstlerischen Aspekte des Städtebaus systematisch darstellte. Heute macht der Blick auf die Geschichte früherer städtebaulicher Leistungen und Projekte das ganze Ausmaß des Verlustes sichtbar und spürbar, das Krieg und Nachkriegsstadtplanung bewirkt haben. Der romantisierende Blick, der schon Sitte eigen war, kann der gegenwärtigen Stadtplanung vielleicht hilfreich sein." Dieser Einschätzung mag man nicht unbedingt folgen wollen. Immerhin nahm man hundert Jahre nach dem Erscheinen des „Manifests" dieses Jubiläum zum Anlass eine internationale Tagung zu veranstalten (Venedig, November 1990), um den Gehalt der Schrift und die erhebliche Verbreitung, die sie in diesem Zeitraum erfahren hatte, gegeneinander zu stellen (Zucconi a cura d. 1992). Und schließlich dokumentierten die Beiträge von Gerhard Fehl (1980) zur Kontroverse zwischen Camillo Sitte und Reinhard Baumeister oder zu „Sitte als Volkserzieher" Teile einer kritischen Auseinandersetzung, die Sittes Schrift schon seit ihrem Erscheinen begleiteten.

In diesem Beitrag geht es vornehmlich um die Verknüpfung von Theorie und Praxis um 1900, insbesondere über den Umgang mit dem „öffentlichen Raum". Und dies in einer Stadt, die als konservativ gilt, in der NS-Zeit „Hauptstadt der Bewegung" war und trotz langjähriger SPD-Verwaltung in den Nachkriegsjahren sich bis heute zumindest in Teilen nach wie vor doch recht konservativ gibt. Gleichwohl zeigte die Stadtplanung hier – damals wie heute – Fortschrittlichkeit. Um 1900 jedenfalls hat sich die Stadt München offensiv in die Debatte um die Disziplin Stadtplanung/Städtebau eingereiht, wenngleich seinerzeit mit Theodor Fischer in der Tat mit dem gewissen Anflug eines „romantisierenden Blicks".

Die Wende vom 19. zum 20. Jahrhundert war geprägt von einer auf alle gesellschaftlichen Bereiche Einfluss nehmenden Reformzeit. Sittes Traktat gehört zeitlich an ihren Beginn, der Erste Weltkrieg kennzeichnet später den Umbruch zur „Moderne" – wobei ein Teil der Gesellschaft und auch der Fachwelt sich dieser heftig widersetzte. In jenen Jahren vor 1914 wurden die „Entdeckung der Natur", gesundes Leben, Hygiene, Licht, Luft und Sonne, der Glaube an das gute Leben in der Gartenstadt oder einer grünen Suburbia zum Gegenkonzept der Mietskasernenstadt. Sie wurde – negativ – repräsentiert durch das gründerzeitliche Berlin, die Stadt mit Block und Raster, hohen Häusern, hohen Mieten, engen Höfen, mit hohem Verkehrsaufkommen und wenig Grün, der man entfliehen wollte.

Nietzsches Naturphilosophie begeisterte die intellektuellen Bürger – politisch von links bis rechts, und animierte mehr zum Wandern in frischer Luft als zum Promenieren und Flanieren auf städtischen Boulevards.

Sittes Forderung nach einem künstlerischen Städtebau basierte nicht ausschließlich auf der Kritik an den Metropolen Paris oder Berlin, sondern vornehmlich und in sehr direkter Weise auf einer Kritik an der „Monstrosität" (Lichtwark 1923: 57) der Wiener Ringstraße. Die Architekten Ferstel und Eitelberger, Sittes Lehrer, waren 1848-1852 an ihrer Entstehung beteiligt. Mit zunehmender Fertigstellung der pompösen öffentlichen Gebäude, der weitläufigen Platzanlagen, der Platzierung der Monumente, kam Kritik auf: 1877 publizierte der Österreichische Ingenieur- und Architektenverband eine Denkschrift über die künftige bauliche

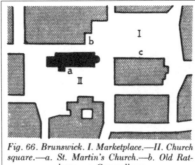

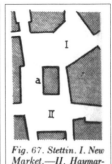

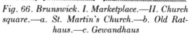

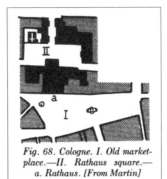

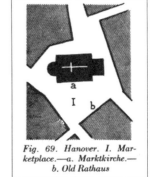

Abb. 5a bis 5d: Raumbildung bei Camillo Sitte
Quelle: Collins/Crasemann-Collins 1986: 212

Entwicklung Wiens, in der bereits auf den Mangel an künstlerischer Gestaltung beim Ringstraßen-Bau hingewiesen wurde: „Eine Plangestaltung ist im Ganzen wie im Detail eine außerordentlich künstlerische Angelegenheit. Städtebau und Stadterweiterung lassen sich nicht mit Kompass und Lineal fertigen.

Wie bei allen künstlerischen Aufgaben bedarf es sowohl der Idee wie auch eines gründlichen Verständnisses der Bedürfnisse einer Metropole und der Forderungen des modernen Lebens – aber auch, und dies besonders, eines feinen Gefühls für den Raum und eines ebenso feinen Verständnisses für die Form." (Collins/Crasemann-Collins 1965: 432, FN 457; eig. Übers.)

Die Vereinigung forderte aus dieser Kritik heraus die Anfertigung einer vergleichenden Studie von Stadtgrundrissen – der Antike, des Mittelalters und des alten Wien, – um Erkenntnisse über die Bedeutung der Kunst im Städtebau zu gewinnen, denn man war der Auffassung, dass Vielfalt die Basis städtischer Schönheit (civic beauty) ist und dass Abwechslung einem Straßenzug Schönheit gibt. Schließlich bedauerte man im Falle Wiens auch das Fehlen einer „organischen" Verbindung des Rings sowohl mit der Altstadt wie den Vorstädten (Collins, Crasemann Collins 1965: 56f.). Sittes Schrift knüpft ein Jahrzehnt später präzise an die Inhalte dieser Denkschrift an. Die „Grundsätze" scheinen angeregt durch die Folgen einer fachlichen Erkenntnis, die Sitte durch seine Reisen nun auch in der Lage ist zu belegen und mit einer eigenen Theorie zu unterfüttern. Wie sehr Straßenraster und Gründerzeitarchitektur die Fachwelt bereits „langweilten" und die negativen Auswirkungen und Missstände einer nahezu unbegrenzten Baufreiheit deutlich wurden, erklärt Sittes Erfolg, mit dem er selbst, wenn man den Vorworten der späteren Auflage Glauben schenken darf, gar nicht gerechnet hatte.

München – Anwendung einer Theorie in der Praxis

In den Städten Deutschlands, in denen sich Gründerzeit und die neue Rolle der kaiserlichen Nationalstaatlichkeit in einer massiv fortschreitenden Urbanisierung niedergeschlagen hatten, galt es, durch Reformen die Macht des Marktes im Interesse des Gemeinwohls zu limitieren. Städtebau und Stadtplanung erhielten als neue Disziplin auf kommunaler Ebene in diesem Prozess eine zentrale steuernde Funktion.

München wird eine der Städte, die hier zwischen Kontinuität und Aufbruch einen eigenständigen Weg wählte:

1. Mit der Auslobung eines Wettbewerbs 1891/1893, mit dem die Stadt nach einem tauglichen Konzept für die anstehende Stadterweiterung suchte,
2. Mit der Einrichtung eines Stadterweiterungsamtes und der Besetzung seiner Leitung mit Theodor Fischer (1897-1901). Mit ihm fand sie einen für diese Situation geeigneten Fachmann, der die Ansprüche der Urbanisierung zu bündeln und mit den Bedürfnissen einer lokalen Prägung – unter Stärkung und Betonung des öffentliches Raumes – zu verknüpfen wusste.
3. Mit der Konzeption eines die innere Stadtentwicklung wie die Stadterweiterung steuernden neuen Instrumentes, dem Staffelbauplan von 1904, wurden schließlich die Ergebnisse dieser beiden ersten Schritte in ein Regelwerk überführt, das über mehrere Jahrzehnte funktionstüchtig war.

(1) Der Wettbewerb:

Im Jahr 1891 beschloss der Magistrat der Stadt München, zuvor angestoßen durch eine 10.000 Mark-Spende der Bau- und Terraingesellschaft Jakob Heilmann, einen Wettbewerb auszuloben – um der „willkürlichen Planung für Teilbereiche" (der Stadt) Einhalt zu gebieten sowie im Vorfeld weiterer Eingemeindungen der Entwicklung ein Gesamtkonzept entgegenzusetzen, d.h. einen „Erweiterungsplan für die königliche Haupt- und Residenzstadt" zu erhalten. Zu diesem Zeitpunkt hatte die Stadt München etwa 500.000 Einwohner und die Bautätigkeit befand sich in einem Konjunkturabschwung (Nerdinger 1988: 24). Die Arbeiten waren zum 1. Januar 1893 abzugeben. Gefordert wurde ein Plan (M 1:5000) mit: „Straßenerweiterungen und etwaige(n) Durchbrüche(n) in der inneren Stadt, Radialstraßenzüge(n) nach den Außenorten, Gürtelstraßenzüge(n) und Einbeziehung der Bahnhöfe, etwaige Trennung der Straßen in solche für Lasten- und für leichten Verkehr, die Anlage von Pferdebahnen, von Dampfbahnen und einer staatlichen Ringbahn, die Anordnung freier Plätze und Parkanlagen, öffentliche Bauwerke als (wie) Schulen, Markthallen, Kirchen, Friedhöfe usw." (Curdes, Oehmichen 1981: 179f.).

Die Wettbewerbsaufgaben betrafen Vorschläge zum Straßen- und Bebauungssystem, auch innerhalb der Altstadt, die hinsichtlich der geforderten Vielfalt der Verkehrsmittel und

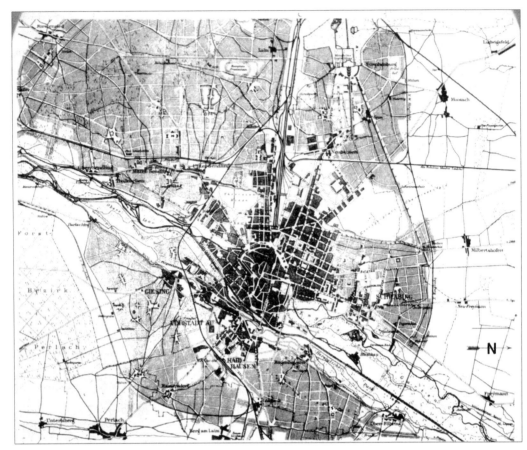

Abb. 6: Wettbewerbsbeitrag „Realist" zur Stadterweiterung Münchens; Norden ist rechts
Quelle: Curdes/Oehmichen (Hg.) 1981: 181

-wege auf Reinhard Baumeister (Handbuch des Städtebaus 1874; Selig 1983: 28) zurückzuführen sind, die Forderung der Ausstattung des Stadtgebietes mit Plätzen und Parkanlagen sowie zur Errichtung öffentlicher Gebäude verweist hingegen auf Sitte. Als Preisrichter für den Wettbewerb waren Reinhard Baumeister (Karlsruhe), Camillo Sitte (Wien), Joseph Stübben (Köln) und Paul Wallot (Berlin) vorgesehen sowie der Leiter des Münchner Stadtbauamtes, Wilhelm Rettig und weitere Vertreter der Kommune. Die Wahl der Hauptpreisrichter war nicht undelikat („prominent aber heterogen", Nerdinger 1988: 26), da sie kontroverse Positionen vertraten, insbesondere Sitte und Baumeister. Mit 13 Einsendungen war die Resonanz schwach. Das Preisgericht einigte sich auf vier – gleichrangige – erste Preise („vier erste Preise", Fisch 1988a: 83): Carl Henrici, Aachen (als einziger mit zwei Gegenstimmen), Gerhard Aengeneyndt (Hannover), Alfred Frühwirt (Plauen), Johannes Lehnert (Berlin). Die Arbeit des renommierten Münchner Architekten Hauberisser erhielt eine lobende Erwähnung. Sitte plädierte sehr für die Arbeit des Aachener Städtebau-Professors Henrici, dessen Entwurf bei einem nur schwach dargestellten Verkehrsnetz vor allem eine Vielzahl von Platzanlagen vorsah, die er, ohne Anzahl und Lage zu begründen, über die Erweiterungsgebiete der Stadt streute. Für jedes dieser Gebiete fügte er einen Entwurfs-

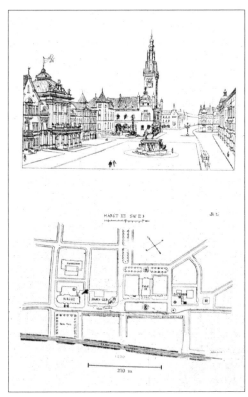

Abb. 7: Platzentwurf für Solln, Wettbewerbsbeitrag Carl Henrici, 1893

Quelle: Selig 1983: 110

vorschlag bei, einen repräsentativen, eine Art Identität stiftenden Zellkern „im Sonntagskleid". Diese Idee einer zellenartigen Erweiterung der Stadt wurde von den anderen Preisrichtern deutlich kritisiert.

Die Ergebnisse des Wettbewerbs entsprachen letztlich nicht den Erwartungen des Auslobers, der Münchner Stadtverwaltung, denn sie waren für eine weitere konkrete Arbeit in der Stadtentwicklung von geringem Nutzen. Henricis Entwurf ging auch auf die realen Erfordernisse einer wachsenden Großstadt zu wenig ein, noch waren die anderen prämierten Beiträge so differenziert, dass sie als Grundlage für einen brauchbaren Stadterweiterungsplan hätten genutzt werden können. Henricis Entwurf wurde mit seiner Absicht, Flächen deckend über die Außengebiete der Stadt öffentliche Plätze und Raumfolgen anzubieten, als zu effekthascherisch angesehen.

(2) Das Stadterweiterungsamt:

Aufgrund dieser verschiedenen Mängel in den Wettbewerbsbeiträgen wurde noch 1893 auf Betreiben von Stadtbaurat Wilhelm Rettig die Einrichtung eines Stadterweiterungsreferats durch den Magistrat der Stadt München genehmigt. „Damit wurden gleichzeitig neue Zuständigkeiten geschaffen und das Gebiet der städtebaulichen Planung dem Einflussbereich von Baupolizeibeamten und Vermessungsingenieuren weitgehendst entzogen" (Selig 1983: 156). Aufgabe war, die Planung in Zukunft „(...) nicht nur auf die Bedürfnisse des Verkehrs, sondern auch auf die Förderung des Entstehens von Stadtteilen" auszurichten, die ihren Bewohnern gefallen sollten und in denen ein Wohnen möglich ist, in dem sich die Menschen heimisch fühlen.

Dabei sollten weder die Grundbesitzverhältnisse vernachlässigt werden, noch die Anforderungen an den Verkehr, ebensowenig wie Anforderungen an die Hygiene – zu diesem Zweck hatte die Stadt Professor Max von Pettenkofer, den Gründer des Hygieneinstitut an der Münchner Universität, als beratendes Jury-Mitglied berufen. Die Vorteile einer von der Geometrie abweichenden, die Grundstücksgrenzen berücksichtigenden, eine „elastische" Straßenführung (Fischer nach Nerdinger 1988: 25) erzeugenden Planung erkannten der Magistrat und die Grundbesitzer als so vorteilhaft, dass sie gegen

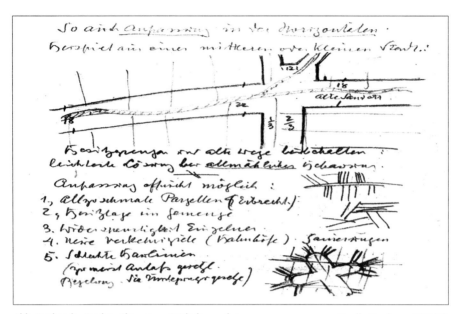

Abb. 8: Theodor Fischer, Skizzen zur Städtebauvorlesung   Quelle: Nerdinger 1988: 25

einen „romantischen" Städtebau keinerlei Einwände hatten (Fisch 1988: 83). Theodor Fischer, der mit der Leitung des neuen Stadterweiterungsreferats beauftragt und nach drei Jahren in dieser Funktion bestätigt worden war, konnte nun das Sinnvolle mit dem damals Neuen vereinen, ohne dass er sich dem Diktat des „Künstlerischen" unterwerfen mußte. Um die Relevanz einer stilistisch ausgerichteten Planung bewerten zu können, ist es aufschlussreich, Fischers Schilderung seiner Tätigkeit im Stadterweiterungsreferat nachzulesen, die er in seinen städtebaulichen Vorträgen (1918/1919) wie folgt darstellte: Aus Fischers Sicht ging es in jenen Münchner Jahren um „das ganze verwickelte Kapitel der Bodenpolitik mit den Stacheldrähten des bürgerlichen Gesetzbuches und den Wolfsgruben des Hypothekenwesens; dann die stahlharten Mauern der Baupolizei und die Laufgräben des Instanzenweges". Fischer erfuhr bei seiner Arbeit die harte Planungsrealität, die zwischen Verwaltungshandeln, Rechtsfragen, dem Boden- und Immobilienmarkt, sowie den Eigentümerinteressen angesiedelt war, und wusste sie zugleich für Gestaltungszwecke einzusetzen.

Fischer ließ sich insofern von Sittes Ansatz anregen (Nerdinger 1988: 11, 23), als er das eine beachtete, das andere aber nicht vergaß: Er überarbeitete über die acht Jahre seiner Tätigkeit im Stadterweiterungsamt die noch auf dem Rasterprinzip basierenden Bebauungspläne seines Vorgängers Zenetti, indem er zunächst den Verlauf der Straßen stärker an Eigentumsgrenzen und topographischen Gegebenheiten orientierte und diese Parameter dann nutzte, um eine ästhetisch wirksame Raumgestaltung zu erzielen. Dabei entstanden mehrere neuartige Straßenräume und Platzanlagen (u.a. Dom Pedro Platz, Elisabethplatz, der Kufsteinerplatz am Eingang zum Herzogpark, die Prinzregentenstraße (Nationalmuseum) und der Prinzregentenplatz). Fischer achtete nicht nur

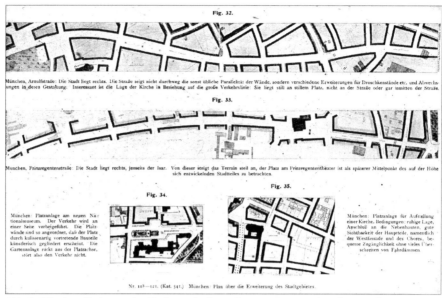

Abb. 9: München: Änderung des Straßenverlaufs von Prinzregenten- und Kaufringstraße
Quelle: Fischer 1919 (6 Vorträge über Stadtbaukunst)

darauf, dass die Stadt technisch gut funktionierte, gemäß der neuen Bauordnung von 1895, sondern er erhob, dort wo es möglich und sinnvoll war, auch Anspruch auf eine Qualität der stadträumlichen Entwicklung, auf eine gelenkte Abfolge von Straßenzügen und Plätzen, auf identifizierbare öffentliche Räume, nicht, um wieder Volksfeste auf die Straße zu bringen oder Plätze für mittelalterliche Mysterienspiele (Sitte) zu inszenieren, sondern um die geographischen, topographischen und bodenrechtlichen Gegebenheiten eines Ortes für die Identität eines Stadtteils zugunsten der baulich-räumlichen Wirkung zu nutzen.

Außerdem brauchte München eine Reihe neuer öffentlicher Bauten – Schulen, Heime, Kirchen oder Verwaltungsbauten –, die sich im weiteren als Mittel erwiesen, um auch hier wieder das Nützliche mit den Anforderungen an eine am Stadtteil orientierte Gestalt zu verbinden. Fischer setzte – und nach seinem Weggehen 1901 auch seine Nachfolger – kompositorische Mittel beim Entwurf öffentlicher Bauten ein, um ein „Mehr" an öffentlich nutzbaren Räumen zu schaffen.

Hinzu kam, dass die Stadtentwicklung zwar stark vom privaten Boden- und Immobilienmarkt gesteuert wurde, dessen Interessen jedoch mit stadtentwicklungspolitischen Maßnahmen insofern zu verknüpfen möglich war, als das „Innenministerium sich für die Zukunft nur dann noch zur Genehmigung größerer Alignementspläne bereit erklärte, wenn fünf Prozent ihrer Gesamtfläche von den beteiligten Grundbesitzern kostenlos an die Stadt für ‚Anlageplätze' abgetreten würden." (Fisch 1988b: 88) Damit mehrte die Stadt ihren Anteil an kommunalem Boden (25 % des Stadtgebietes; Heisler 1993: 49), und sie wurde in die Lage versetzt, in den Bau kostenintensiver öffentlicher Einrichtungen, wie es einer modernen Leistungsverwaltung ansteht, zu investieren.

(3) Der Staffelbauplan:

Zunächst überarbeitete Fischer also im neu gegründeten Stadterweiterungsamt die bestehenden Bebauungspläne im Sinne eines an Sitte zwar angelehnten, von Fischer selbst aber um die juristischen, ökonomischen und technischen Komponenten der Planung ergänzten Planungsverständnisses. Nachdem er nach dreijähriger Amtstätigkeit bestätigt wurde, begann Fischer an einem weiteren Instrument zu arbeiten. Er formulierte eine neuartige Bauordnung, in dem er die Erfahrung der Arbeit an den Bebauungsplänen zusammentrug und ein für den gesamten Stadtbereich geltendes kommunales Ordnungsinstrument entwarf – eine Ordnung der Bebauung nach Staffeln. Das Verfahren, die Intensität der Bebauung von Straßenzug zu Straßenzug unterschiedlich zu bestimmen, erlaubte es, ein Netz dezentraler Stadtteilzentren in den Außenbezirken zu

Abb.10: Elisabethplatz, München
Quelle: Selig 1983: 137

schaffen. Staffelung bedeutete hier, dass die Dichte der Bebauung nicht, wie bislang Usus, von innen nach außen, vom Stadtkern in die Vororte abnahm, sondern von den Ausfallstraßen zu den dazwischen liegenden Gebieten. Lärm und Emissionen konnten auf diese Weise von den Zwischenbereichen abgehalten werden. Damit stieg die Wohnqualität und zugleich förderte diese räumliche Ordnung die Viertelbildung. Das hieß, „dass Theodor Fischers Staffelbauordnung (damit) ein Höchstmaß an Differenzierung in die Baugestalt der städtischen Straßen- und Platzräume brachte" (Fisch in Hardtwig/Tenfelde: 187).

Den Entwurf dieser Ordnung legte Fischer im Jahr 1900 vor. Der Plan wurde 1904 vom Magistrat der Stadt angenommen und blieb – mit einigen Änderungen – bis 1972 gültig.

Sitte griff, ähnlich der Intention der Wiener Denkschrift von 1877, die Diskussion um eine „künstlerische" Gestaltung des öffentlichen Raums auf. Er konstatierte dessen veränderte Anforderungen in seiner Nutzung gegenüber der vorindustriellen Zeit zu einem Zeitpunkt, zu dem die Urbanisierung ihre eigene ökonomische Rationalität einforderte und Städtebau und Stadtplanung sich als interdisziplinäre Aufgabe etablierten (Henrici: Aachen 1875). Die Konstituierung der Disziplin war zu Beginn des 20. Jahrhunderts eng mit der Diskussion um Sittes Forderung nach einem künstlerischem Städtebau verknüpft, weil dieser formale Ansatz als ein taugliches Instrument eingeschätzt wurde, die Defizite der hoch verdichteten, im Raster räumlich organisierten, über Spekulation finanzierten Großstadt, wie sie seit Mitte des 19. Jahrhunderts entstanden war, zu eliminieren. Diese Großstadt war nicht entstanden, um auf breiten Boulevards vor eleganten Fassaden zu promenieren oder flanieren, sondern um die massenhaft in die Industriezentren zuwandernde Bevölkerung über einen privat organisierten Wohnungsmarkt zu behausen.

Heute, vor dem Hintergrund der intensiven Kritik an der Moderne und am fordistischen Städtebau erfährt nahezu jedes verdichtete Gründerzeitviertel inklusive seiner Straßen

Abb. 11: Theodor Fischer, Bauhandwerkssiedlung, München-Laim, 1910/1911 (oben)
Bruno Taut, Reihenhausgruppe Akazienhof, Gartenstadt Falkenberg 1913/1914 (unten)
Quelle: Schickel 1992: 61

und Plätze, deren Gestaltung Sitte einst so gegeißelt hat, den Rang einer erhaltenswerten städtischen Bausubstanz. Allerdings hat diese Gründerzeitstadt mittlerweile einen Teil ihrer Bewohner auf dem Weg über die im Leitbild der „gegliederten und aufgelockerten" Stadt implizierte Suburbanisierung an die Peripherie abgegeben. Vor dem Faktum, dass der Individualverkehr und die Forderung nach ubiquitärer Mobilität den städtischen Alltag bestimmen, kämpfen wir um die Rückgewinnung von Straße und Platz als attraktiven Ort für ungefährdeten, sicheren Aufenthalt, für Kommunikation, für Freizeit und Kultur als Kompensation für eine zunehmende Individualisierung des postmodernen Menschen und die suburbane Öde – und man hat auch den Flaneur als moderne Form des Großstadtmenschen wieder entdeckt, der die Stadt auch promenierend durchschreitet oder auf ihren neuen Boulevards spaziert um sich der Öffentlichkeit zu zeigen und entsprechend gesehen zu werden.

Für Fischer, meine ich, bedeutete die Anlage einer städtischen Straße, in der der Blick durch einen baulichen Akzent aufgefangen wurde, erfahrbare Orte zu schaffen, öffentlichen Raum in einer dichten Stadt, die gefälliger ist, als die Mietskasernenstraße oder das „Häuserkastensystem" (Fischer 1919: 10).

Fischer griff Sittes Forderung nach weniger Regel – gemeint ist hier das Raster – und mehr individuellem Maßstab auf, ohne dies zum Dogma oder, wie Henrici, zu einem System zu machen, wenn er schrieb: „(...) so werde ich mich aller dogmatischen Enge enthalten können. Ich werde Sie also weder davon zu überzeugen suchen, dass die freie malerische Form der Stadt das Richtige sei, noch Ihren Glauben an die allein selig machende Wirkung der Regelmäßigkeit zu stärken mich bemühen. Wohl aber will ich versuchen Ihnen zu zeigen, dass beide Formen, um diese Extreme zunächst einmal festzuhalten, gut und schön sein können, wenn sie nicht den festen Grund in den wirtschaftlichen, technischen und landschaftlichen Gegebenheiten haben. Damit ist mein wichtigster Glaubenssatz in dieser Materie ausgesprochen" (Fischer 1919: 6). Diese Einsicht wurde auch einigen seiner Schüler wie Paul Bonatz, aber auch solchen, die sich der Sachlichkeit der Moderne verschrieben hatten, wie Bruno Taut und Martin Elsässer, zum Glaubenssatz. G. Schickel (1992: 64) stellt sogar eine Linie zwischen dieser – als Prinzip verstandenen – Auffassung Fischers und der Anlage der Hufeisensiedlung durch dessen Schüler Bruno Taut her. Fischer hatte sich mit den vielfältigen Anforderungen an die Stadtentwicklung so auseinandergesetzt, dass er in diesem Geflecht auch gestalterische und hygienische Aspekte berücksichtigen konnte. Das zeigt die Planungspraxis in München wie deren Komprimierung in der Staffelbauordnung.

Mit dem Verfahren Fischers waren zudem Platz (und Straße) als gestalteter öffentlicher Raum nicht mehr nur Verteiler in einem Netz von Verkehrsachsen, monumentaler und zentraler Ort städtischer Repräsentation, Vorplatz vor Kultgebäuden ect., sondern sie wurden für eine gewisse Zeit sozialer Raum und als Kern eines Stadtteils Ort bürgerlicher Identität – bis sie vom Individualverkehr erobert wurden.

Literatur

Becker, Heide (1992): Geschichte der Architektur- und Städtebauwettbewerbe. Stuttgart u.a., S. 109-115
Collins, George R.; Crasemann-Collins, Christiane (1986): Camillo Sitte: The Birth of Modern City Planning. New York
Curdes, Gerhard; Oehmichen, Renate (Hg.) (1981): Künstlerischer Städtebau um die Jahrhundertwende. Der Beitrag von Karl Henrici. Köln
Dittmar, Heidi (1996): Das Forum und seine Denkmäler. In: Elfi Zuber (Red.), Die Münchner Maximilianstraße. München. S. 209-221
Fehl, Gerhard (1980a): Camillo Sitte als „Volkserzieher". Eine Analyse deterministischen Denkens der Baukünstler des 19. Jahrhunderts. In: Gerhard Fehl und Juan Rodriguez-Lores (Hg.), Städtebau um die Jahrhundertwende. Köln, S. 172-221
Fehl, Gerhard (1980b): Stadtbaukunst contra Stadtplanung – Zur Auseinandersetzung Camillo Sittes mit Reinhard Baumeister. In: Stadtbauwelt 65, S. 37-48
Fisch, Stefan (1988a): Stadtplanung im 19. Jahrhundert. Das Beispiel München bis zur Ära Theodor Fischer, München
Fisch, Stefan (1988b): Die Prinzregentenstraße. Moderne Stadtplanung zwischen Hof, Verwaltung und Terraininteressen. In: Friedrich Prinz und Marita Krauss (Hg.), München – Musenstadt mit Hinterhöfen. Die Prinzregentenzeit 1886-1912. München, S. 82-89
Fischer, Theodor (1919): 6 Vorträge über Stadtbaukunst. München/Berlin
Heisler, Andreas (1993): Gewinnmaximierung oder sozialpolitisches Engagement? Bodenpolitik der Stadt München. In: Wolfgang Hofmann, Gerd Kuhn (Hg.), TU Berlin, S. 49-66
Jordan, David (1996): Die Neuerschaffung von Paris. Baron Haussmann und seine Stadt. Frankfurt a.M.
Lichtwark, Alfred (1923): Reisebriefe (hrg. v. Gustav Pauli), 2 Bde. Hamburg, S. 355 (zit. nach Collins S. 57/ Anm. 65)
„München: Photographische Ansichten 1885 bis 1915" (Ausstellungskatalog „Neue Sammlung", 1977)
Nerdinger, Winfried (1988): Theodor Fischer, Architekt und Städtebauer 1862-1938 (Ausstellungskatalog). München
Panerai, Philippe; Depaule, Jean Castex und Jean-Charles (1985): Vom Block zur Zeile. Wandlungen der Stadtstruktur. BauweltFundamente 66, Braunschweig/Wiesbaden. Darin: Die Versuchung des Malerischen: S. 166f.; Von Camillo Sitte bis Raymond Unwin, S. 167-170
Schickel, Gabriele (1992): Theodor Fischer als Lehrer der Avantgarde. In: Vittorio Magnago-Lampugnani und Romana Schneider (Hg.), Moderne Architektur in Deutschland 1900 bis 1950. Reform und Tradition. Frankfurt a.M. (DAM), S. 54-67
Selig, Heinz (1983): Stadtgestalt und Stadtbaukunst in München 1860 bis 1910. München
Sitte, Camillo; Der künstlerische Städtebau.(Nachdruck) 1985. Wien
Zola, Emile (ca. 1960): Die Beute. Glanz und Verfall der Pariser Gesellschaft. München. (Erstersch. 1871)

Ulrich Wieler

Das lange Warten auf die Raumstadt:
Walter Schwagenscheidts Idee und ihre Ankunft im Gebauten

Der Werkbund Hessen veröffentlicht am 24.11.2002 eine Resolution[1] an die Stadt Frankfurt am Main und die hessische Landesregierung zur Erhaltung des evangelisch-reformierten Kirchen- und Gemeindezentrums in der Nordweststadt von Frankfurt, Gerhard-Hauptmann-Ring 39. Das Gebäude ist Teil einer Großsiedlung der Sechziger Jahre und wird gegen Abrisspläne verteidigt. Es sei, so der Aufruf, ein „architektonisches Zeitzeugnis der Moderne und Teil der Raumstadt – Idee der Frankfurter Nordweststadt, die von Walter Schwagenscheidt konzipiert wurde." Das Engagement des Werkbunds trägt einen Architekten zurück ins Bewusstsein, der 1959 zusammen mit dem jungen Architekten Tassilo Sittmann ein Konzept verwirklichen wollte, das er über Jahrzehnte und über zwei Kriege hinweg entwickelt und gepflegt hatte. Am Begriff der ‚Raumstadt' hat Schwagenscheidt seit 1920 eine eigene Utopie des gestalteten Zusammenlebens geschaffen, die gleichwohl in die großen Diskussionen des 20. Jahrhunderts eingebettet war.

Abb. 1: Titelblatt, Walter Schwagenscheidt: Die Raumstadt, Heidelberg 1949

Vier Jahre nach dem Ende des zweiten Weltkriegs veröffentlicht Schwagenscheidt ein Buch mit dem Titel ‚Die Raumstadt' (Abb.1), das in der Debatte um den Neuaufbau als Handbuch und Pamphlet wirken wird und sich dennoch langsam von seinem Publikum entfernt. Komplett in deutscher Schulschrift handgeschrieben wird es zwangsweise zu einem Werk, das man nicht mehr lesen kann[2]. Schwagenscheidts Buch erscheint 1949 auf billigem Papier, in fotomechanischem Druck nach einer Vorlage von mehrfach größeren handgezeichneten und kalligrafisch gestalteten Kartons. Zur gleichen Zeit wird die Diskussion in

Deutschland aufgeladen mit Büchern, wie Roland Rainers ‚Städtebauliche Prosa' (Tübingen 1948), Hans Bernhardt Reichows ‚Organische Stadtbaukunst' (Braunschweig u.a. 1948) oder Rudolf Schwarz' ‚Von der Bebauung der Erde' (Heidelberg 1949).

Von Wilhelm Kreis zu Ernst May. Vom Bismarckturm zum Sozgorod

Walter Schwagenscheidt ist beim Erscheinen der ‚Raumstadt' bereits 63 Jahre alt. Er hat einen Werdegang hinter sich, der die historischen Turbulenzen der ersten Jahrhunderthälfte treffend abbildet. Geboren 1886 als Sohn eines Elberfelder Bandwirkers mit 15 Geschwistern beginnt er nach acht Schuljahren eine Bautechnikerlehre, um gleichzeitig und langsam die Ausbildung zum Architekten zu erwerben. Er lernt 1911-1914 bei Wilhelm Kreis und wirkt nach eigenen Angaben an dessen 65. Bismarckdenkmal mit. Er studiert mit Stipendien gefördert bei Paul Bonatz und Theodor Fischer, arbeitet im Büro Richard Riemerschmids und beginnt während des Ersten Weltkriegs als junger Mensch die Suche nach einer eigenen Vorstellung vom Bauen. Die engen Wohnverhältnisse seiner Kindheit sind für Schwagenscheidt Motiv genug, der verdichteten, industrialisierten Großstadt zu misstrauen. Die Tessenow'sche Suche nach dem „Unscheinbaren" und „Maßvollen" begeistert ihn ebenso wie die lebensreformerischen Gesellschaftsmodelle seiner Zeit. In ihm formt sich, noch ganz im Bann der Gartenstadtidee, die Vorstellung von einer neuen, betont ländlichen Siedlungsweise.

Als junger Assistent der technischen Hochschule Aachen am „Lehrstuhl für Bürgerliche Baukunst und Städtebau" von Prof. Theodor Veil will er auf die Debatte Einfluss nehmen und kleidet nach dem 1. Weltkrieg seine eigene Stadtidee in erste Veröffentlichungen (Abb. 2). Schon damals trägt dieser Gedankenrahmen den Namen ‚Raumstadt', auch wenn er mehr eine ‚Baumstadt' in der Stimmung einer großzügigen, naturdurchwirkten Siedlungsweise bebildert[3]. Man wohne nicht an Straßen sondern an und in Räumen, deren Figur er von Baumlichtungen ableitet. Er reiht Dorffiguren, die sich um Anger und grüne Plätze formen (Abb. 3). Sicherlich steht er noch fest im Einfluss seiner Lehrer, unter ihnen Theodor Fischer, und folgt einer stadtbaukünstlerischen Denkweise, die er mit der Naturidee der Gartenstadt kreuzt. Seine Stadt ist als ideale, na-

Abb. 2: Titelblatt, Walter Schwagenscheidt: Die Raumstadt, Programmheft zur Ausstellung, 1923

Abb. 3: Walter Schwagenscheidt: Raumstadt, Gartenansicht, Zeichnung nach 1920

turnahe Wohnstadt angelegt, die in Distanz zur Industrie steht. Treffend im Geist der Zeit setzt er die Schlagworte ‚Grundstücksspekulation' gegen ‚Bodenreform'. Es ist die Phase der Nachkriegsjahre, in der die Reformideen der Jahrhundertwende zwischen völkisch und sozialistisch schillern und sich langsam politisch polarisieren[4].

Die Gesamtfigur der Papier gebliebenen Ideen Schwagenscheidts zeigen ein Siedlungsmodell, das „bis auf den letzten Rest wirtschaftlich ausgenutzt" und „bis auf den letzten Rest besetzt" sei. Er legt in die Mitte seines ‚Wohnstadt'-entwurfs von 1921 eine Längsachse, an der die „Räume für die körperliche, sittliche und geistige Ertüchtigung des Volkes" zusammengefasst sind (Abb. 4). „Die Kirche besteht aus einem Langschiff, gebildet aus Bäumen."[5] Auch er wünscht sich eine Stadt als Gesellschaftsbild, eine Architekturidee als gebaute ganzheitliche Vision eines „gemeinsamen Glaubens", eines säkularen Glaubens im Sinn einer kosmischen Harmonie, wie es etwa Bruno Taut 1919 in seiner alpinen Architektur umschreibt. Dennoch sind in Schwagenscheidts ersten Stadtentwürfen gerade Weihräume, wie die Kirche, das ‚geistige Forum' oder der Waldfriedhof nicht zentral oder axial überhöht sondern ordnen sich in die Abfolge von städtischen Einzelräumen unter.

Der Publizist Joseph Ponten berücksichtigt 1925 in seinem Buch ‚Architektur, die nicht gebaut wurde', Schwagenscheidts Vision zusammen mit den Ideen Bruno Tauts und Wassili Luckhardts und schreibt: „Revolutionär, aber vernünftig, allenfalls möglich und jedenfalls in hohem Sinne sozial sind die Ideen einer ‚Raumstadt' des jungen Architekten Schwagenscheidt (...) Zurück zur Natur! Ruft es auch hier – ach, bleibt das in unserem lärmigen Zeitalter, das seinen Geist aus engen Zivilisationsstädten bezieht, nicht Traum?"[6] Selbstbewusst schickt Schwagenscheidt ab 1921 die Raumstadtideen als Ausstellung auf Wanderschaft. Der Idealismus seines Beitrags wird teilweise euphorisch aufgenommen. So schreibt der Gründer der Anthroposophie Rudolf Steiner 1922 in einem Brief an Schwagenscheidt: „Ich habe es oft bei der öffentlichen Besprechung von Weltanschauungsfragen vermisst, daß wir keine sachgemäße Literatur nach der Richtung der Utilitäts-Architektur in Ihrem Sinne haben"[7]. Theodor Fischer kommentiert in einem Brief den ungestümen Schwung der Ideen altväterlich: „Wer da noch mitschwärmen könnte!"[8].

Sicher nicht zufällig taucht 1925 auf der Exposition Internationale des Arts Décoratifs et Industriels in Paris ein Modell auf, dass von seinem Verfasser, dem Wiener Architekten, Bildhauer und Bühnenbildner Friedrich Kiesler ebenfalls mit ‚Raumstadt' betitelt wird (Abb. 5). Es zeigt eine offene, dreidimensionale Raumstruktur, die den Boden verlässt und für einen Mythos der Moderne steht: Das Verlassen der gravitationsbedingten Bodenbindung. Damit ist eine Entwicklungslinie abseits von Schwagenscheidts Idee gelegt, die im Begriff ‚Raumstadt' den Grund, den Erdboden verlassen will. Kieslers Entwurf steht den Raum- und Flächenstudien des De Stijl nahe, wird auch 1927 in der Zeitschrift ‚De Stijl' unter dem Titel „Organisches Bauen – Die Stadt im Raum" veröffentlicht[9]. Im Vergleich dazu bleibt Walter Schwagenscheidt auf dem Boden. Fehlt

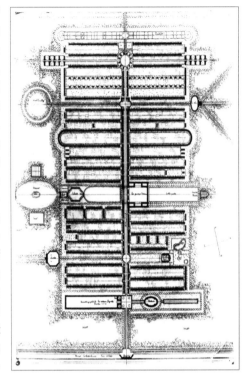

Abb. 4: Walter Schwagenscheidt: Raumstadt, Gesamtgrundriss, Zeichnung nach 1920

ihm die Vorstellungskraft zur Stadt als Raumstruktur, als Plastik? Ist er viel mehr daran interessiert, an der gebauten Wirklichkeit mitzuarbeiten, als dauerhaft einem Theoriekonstrukt nachzuhängen? Seine nächsten beruflichen Schritte legen diese Vermutung nahe. Nach seiner Assistenz 1921-1927 an der Technischen Hochschule Aachen, lehrt er 1927/1928 an der HTL Offenbach und gerät in den Wirkungsbereich des ‚Neuen Frankfurt'.

Ein Höhepunkt in der Karriere Schwagenscheidts ist erreicht, als ihn der Frankfurter Baudezernent Ernst May 1929 in sein Team ruft, dem schon Mart Stam, Adolf Meyer, Martin Elsässer und Hans Schmidt angehören. Schwagenscheidt übernimmt die Planung der Siedlung Mainzer Landstraße (Tornow-Gelände, später Friedrich-Ebert-Siedlung) und freut sich, endlich an dem großen Projekt teilzunehmen, „Menschen mit Wohnungen zu versorgen"[10]. Das nie gebaute Projekt der Siedlung Goldstein von 1929 wäre der Maßstabssprung gewesen, die Siedlungsidee der Moderne in Deutschland erstmals auf Stadtgröße zu erweitern (Abb. 6). Noch größere Aufgaben warten auf Schwagenscheidt, als er 1930 mit der „Gruppe May" in die UdSSR übersiedelt. Der Mut zum radikal Neuen kommt den jungen Architekten gerade recht. In Sibirien werden Städte für Hunderttausende projektiert. Die Diskrepanz zwischen den Planungen und der Realisierung im Projekt Magnitogorsk nagt bald am Elan in der Arbeitsgruppe. Die sowjetischen Auftraggeber stehen dem Überschwang der funktionalistischen Enthusiasten schon bald mit Befremden gegenüber. Man wünscht sich lieber Stadtbaukunst, und nicht die rationale Formgebung des Neuen Bauens[11].

Abb. 5: Friedrich Kiesler: Raumstadt – Modell auf der Exposition Internationale des Arts Décoratifs et Industriels, 1925
Bildnachweis: S. 136

Auch wenn Schwagenscheidt in einem persönlichen Vorstoß versucht, die örtlichen Verantwortlichen von einer pragmatischen ‚wachsenden Stadt', die mit einer schlichten Barackensiedlung beginnt, zu überzeugen, kehrt er ausgerechnet im Jahr 1933 nach Deutschland zurück. Er siedelt sich in Kronberg im Taunus an und findet eine gänzlich veränderte Situation vor. Die alten Beziehungen sind verschüttet. Er hält sich und seine Frau mit Aufträgen für Einfamilienhäuser über Wasser, eine Einkommensquelle, die im Krieg fast gänzlich versiegt. Auch wenn er sich nicht als Rebellen gegen das Regime bezeichnet hat, „weil er im rechten Augenblick immer das Maul zu und den Arm hoch hielt"[12], beginnt für ihn eine Zeit des Wartens.

Ein Handbuch für Alles

Nun findet er zwangsweise die Muße, seine Denk- und Schreibarbeit zur Raumstadt wieder auszupacken. Alles, was ihn seit der ersten Raumstadt-Ausstellung beschäftigt hat, kommt in seinen Fundus, der sich nach 1945 zum Buchprojekt verdichtet. Bis zu seinem Erscheinen der ‚Raumstadt' 1949 hat er sich als Architekt schon mehrfach in die Diskussion um Planungsentscheidungen eingemischt. Das Buch ist seine Kanzel, von der aus er die Fehler städtebaulicher Planungspraxis zwischen 1933 und 1945 ebenso kritisiert wie die romantischen Stileskapaden seiner Kollegen beim Neuaufbau Deutschlands. Er misstraut, vergleichbar mit Otto Bartnings ‚ketzerischen Gedanken am Rande der Trümmerhaufen'[13] jenen Kräften, die den wörtlichen Wieder-Aufbau des Alten im Schilde führen. Für Schwagenscheidt ist klar, dass „die zerstörten Städte vollständig anders" aufgebaut werden müssen.

Seine Idee der ‚Raumstadt' ist mittlerweile zu einem umfangreichen gezeichneten Mappenwerk angewachsen. Als der 200-seitige Großformatband erscheint, versieht er ihn mit dem ausführlichen Untertitel: ‚Hausbau und Städtebau für jung und alt, für Laien und was sich Fachleute nennt. Skizzen mit Randbemerkungen zu einem verworrenen Thema'. Das Buch zeigt sich als erzählende Bildergeschichte vom gelungenen Leben in Stadtmodellen. In ausführlichen Varianten stellt Schwagenscheidt neben seinen Wettbewerbsbeiträgen mehrere ideale Stadtentwürfe vor, die für Größen zwischen 25.000 und 400.000 Einwohnern gelten sollen. Er ist hin- und her gerissen zwischen dem großen Universalentwurf und der abgeschiedenen Klause. Liebevoll illustriert er die ‚Kleinhaussiedlung der Individualisten'

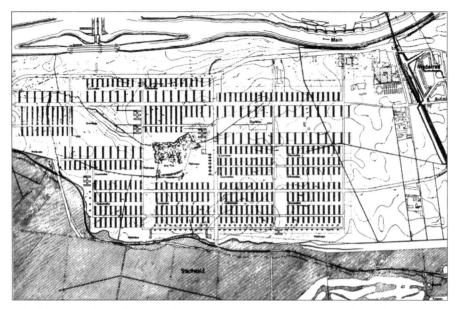

Abb. 6: Ernst May, Walter Schwagenscheidt: Entwurf Siedlung Goldstein, Frankfurt a.M. 1929

als Paradies der Sorgenfreien und als Metapher für seine eigenen Rückzugswünsche (Abb. 7). In einer Zeichnung sieht er sich selbst von hinten als ‚Schwagenscheidt in seinem Gehäuse' im Duktus eines mönchshaft weltabgewandten, schöpferischen Denkers (Abb. 8)[14].

Schwagenscheidt versucht das theoretische Motiv seiner Raumstadtidee zu klären und zitiert über Seiten aus Hermann Sörgels Buch ‚Theorie der Baukunst' (1921) aus dem siebten Kapitel: ‚Wesen der Architektur als raummäßige Kunst'[15]. Die beiden kennen sich seit 1916. Sörgel hat schon die erste Fassung der Schwagenscheidt'schen Raumstadt beeinflusst und kommentiert und steht für den entscheidenden architekturtheoretischen Schub nach 1900, infolge dessen sich die Architektur der Moderne zum Raum als einem eigenen ästhetischen Objekt bewegen konnte. Schwagenscheidt zitiert Sörgel, dass die Architektur „Raumkunst, im gleichen notwendigen Sinne, wie die Malerei Flächenkunst und die Plastik Körperkunst" sei. Die raumbildende Königsdisziplin ist

Abb. 7: „Hier wohnen die Individualisten", Isometrie
Quelle: Schwagenscheidt 1949: 49; Die Raumstadt

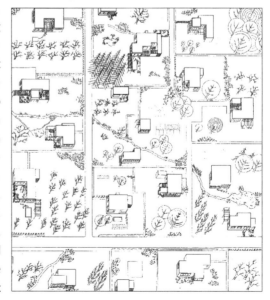

Abb. 8: „Schwagenscheidt in seinem Gehäuse"
Quelle: Schwagenscheidt 1949: 187; Die Raumstadt

nach Sörgels Definition jedoch der Stadtbau, der dem „Empfinden, das nach räumlichem Ausdruck ringt" als „höchste architektonische Kraft einer Zeit" entspreche[16]. Denn „gerade im Hohlraumvolumen, nicht im materiellen Körperkubus, besteht das eigentliche architektonische Kunstwerk"[17].

Sörgel konstatiert, dass Mauern, nie im Sinne einer konvexen Plastik wirkten sondern vielmehr der umschlossene, konkave Raum das eigentliche architektonische Kunstwerk sei. Fritz Neumeyer übernimmt eben dieses Kapitel des Sörgel'schen Hauptwerkes in seine Sammlung von Quellentexten zur Architekturtheorie, weil er in ihm einen Schlüsseltext zur Theorie des architektonischen Raums erkennt, die über die „auf formale Fragen gerichteten Theorien der Kunstwissenschaft" weit hinausgehe[18]. Schon 1922 ist Sörgel in den Rheinischen Blättern für Wohnungswesen und Bauberatung direkt auf Schwagenscheidts erste Veröffentlichungen eingegangen, wo er sich freut, dass „endlich ein Architekt, sei es auch nur an einem Idealprojekt (...) nicht mit malerischen Bildern und raumzerschneidenden Körpern, sondern mit Räumen baut", womit der Gegensatz zu den kristallinen Papiervisionen des Expressionismus gemeint ist[19].

So stellt sich Schwagenscheidt auf das Fundament der Sörgel'schen Theorie und ist nach 1945 gleichwohl in einem neuen Auslegungsstadium seines eigenen Raumbegriffs angekommen. Die Raumstadt-Idee steht jetzt in einem überraschend anderen Licht. Schwagenscheidt erkennt in den aufragenden Resten der ausgebombten Innenstädte Deutschlands „reizvolle Raumbildungen"[20]. Zwar will er eine solche Bemerkung rein künstlerisch verstanden wissen, spricht aber gleichwohl aus, was zum ersten Mal sichtbar wird. Die aufgelöste Stadt zeigt sich anstelle der alten Stadt unmittelbar als neu geformter und radikal geweiteter Raum. In dieser Ahnung neuer Raummöglichkeiten entwickelt Schwagenscheidt seine Aufbauvorschläge für die Innenstädte von Minden in Westfalen[21], Emden[22] und zum Kurbezirk Aachen von 1948[23]. Den Entwürfen weisen die Preisgerichte einen hohen Funktionalitätsgrad nach, schrecken

Abb. 9: Hausgruppe
Quelle: Schwagenscheidt 1949: 79; Die Raumstadt

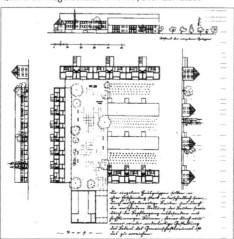

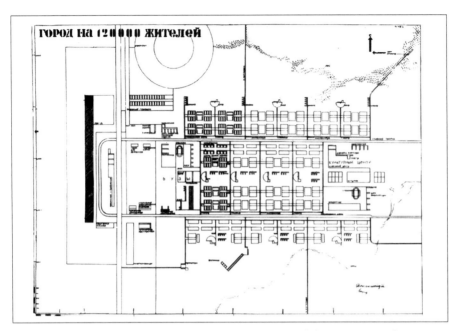

Abb. 10: Walter Schwagenscheidt, Entwurf einer sozialistischen Stadt für 120.000 Einwohner, mit Hein Lauter 1931-1933

jedoch z.B. im letzten Fall vor der „modernen Formgebung" zurück. Ungeachtet dessen verlässt Schwagenscheidt der Humor nicht, so bezeichnet er im Aachener Wettbewerb die neuen Straßen seines Entwurfs nach den Mitgliedern der Jury, der unter anderen Emil Fahrenkamp und Kurt Schwippert angehören.

In der Diskussion der Zeit ist es oft das intakte Leitungsnetz in den Straßen, das zum Zwangsfaktor für den Wiederaufbau der alten, der bekannten Stadtfigur erklärt wird. Diesem Korsett will sich Schwagenscheidt nicht unterwerfen und beweist in detaillierten, technisch ausgefeilten Zeichnungen, wie man auch auf dem bestehenden Versorgungsmuster die Stadt in aufgelockerten Zeilen und ohne Blockrand in eine neue Gestalt bringen kann. Sein Bild vom städtischen Zeilenkamm, der die ‚Korridorstraße' überwinde, stützt sich auf eigene Zeichnungen der Zwanziger Jahre, die er kaum modifiziert auf den Aufbau nach dem Krieg überträgt. Was ist nun das Neue an der ‚Raumstadt' im Vergleich zur bekannten Stadt? Es ist eine Idee vom städtischen Raum, der sich als arrangierte Mischung von Hoch- und Flachbauten äußert. „Alle Bauten bilden mit den sie umgebenden Lufträumen zusammen eine organische Einheit. Ein künstlerisches Spiel von kubisch konvexen Körpern mit kubisch konkaven Räumen, konstruiert und geformt nach inneren Bedürfnissen und Notwendigkeiten."[24] Sätze wie diese klingen wie wörtlich von Hermann Sörgel übernommen. Zusätzlich versucht Schwagenscheidt diesen formalen Grundsatz mit einer Maxime der Bedarfsdeckung im Wohnen zu kombinieren.

Immer entwirft er zuerst die Einheit der Hausgruppe. Er nennt es mitunter „Haus- und Baumkameradschaft" und greift ein Motiv des 20. Jahrhunderts auf, das im Städtebau mittels eines Siedlungsbausteins im Kleinen eine bekannte Dorfgröße simuliert. Die kleinste Nachbarschaftseinheit kann in der ersten Hälfte des 20. Jahrhunderts als die allgemein ver-

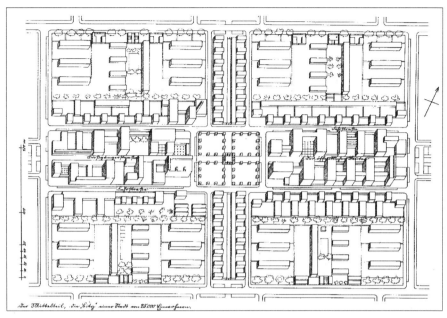

Abb. 11: Walter Schwagenscheidt: Stadtansicht, städtischer Platz in der Stadt für 25.000 Einwohner
Quelle: Schwagenscheidt 1949: 125; Die Raumstadt

suchte Abbildung des ländlichen Wohnens auf urbane Maßstäbe gesehen werden, die sich in den luftschutztauglichen Stadtplanungen des Nationalsozialismus bis zur Siedlungszelle mit NSDAP-Ortsgruppengröße weiter entwickelt[25]. In der Idee der Zelle, des kleinsten, in sich lebensfähigen Teils der Stadt überlebt der Überschaubarkeitsgedanke der Gartenstadt bis in die großen Siedlungsprojekte der Zeit nach 1945. Die Zelle, ist ein dankbares Vehikel, bei gleich bleibender Größe des konstituierenden kleinsten Teils, seine sich steigernde Multiplikation vergessen zu machen[26].

Diese kleinste Einheit lässt Schwagenscheidt auch in seinen Vorschlägen von 1949 immer wieder als Anger, Hof oder Platz erscheinen (Abb. 9). Schon in den Stadtplanungen für die Sowjetunion, etwa in seinem Entwurf für eine ‚sozialistische Stadt' 1931-1933, hat Schwagenscheidt im Team mit Hein Lauter derartige ‚Nachbarschaftseinheiten' verwendet, die den Stadtgrundriss lesbarer in eine hierarchisierte Stadtlandschaft gliedern. Sind bei Ernst May, z.B. bei dem nicht realisierten Projekt der Gartenstadt Goldstein 1929 fast endlos wiederholte Zeilenfolgen Ausdruck einer gleichmäßigen Wohnqualität, strukturieren die beiden Architekten im Entwurf für die ‚sozialistische Stadt' die Abstufung der Stadt in Raum- und Funktionskategorien von der Zelle über das ‚Quartal' bis zum ‚Rayon' (Abb. 10). Diesem Prinzip, der vom Kleinen aufgebauten Stadt wird Schwagenscheidt zeit seines Lebens folgen.

Für den Architekten Schwagenscheidt füllt sich nach 1945 die Faszination, die von den sowjetischen Stadtplanungen der Dreißiger Jahre ausging, noch einmal mit Leben. Unbedarft nimmt er in der ‚Raumstadt' den Begriff der ‚sozialistischen Stadt' wieder auf, der in seiner Umschreibung mehr nach einem funktionalen Prinzip als nach einer ideologisierten Abgrenzungsstrategie klingt. Lapidar merkt er an: „Die Gleichheit der Häuser ist

Abb. 12: Yona Friedman: Ville Spatiale, Studie 1959/60

das Symbol der modernen sozialistischen Stadt. Der Sozialismus wurde im vorigen Jahrhundert geboren, aber erst jetzt werden die hierfür adäquaten Städte geschaffen werden. In diesen Städten wird sich der Sozialismus erst voll entfalten können[27]. Für ihn scheint der bevorstehende Baubedarf fast automatisch in den Erscheinungsformen der ‚sozialistischen Stadt' im Sinne des Miljutin'schen ‚Sozgorod' von 1930[28] zu münden. An dieser einmal für sich festgelegten Vision einer Stadt der Gleichen nährt nicht nur Schwagenscheidt seine Überzeugung, mit den Instrumenten der Planung die ganze Stadt mit allen ihren Bedarfsfacetten zu erfassen. Er steht soweit im Fluss der aktuellen Diskussionsinhalte, dass er in der Lage ist, Themen zeichnerisch weiter oder vorweg nehmend zu formulieren, wie etwa die Verkehrsführung in einer City. In seinen Zeichnungen von 1949 trifft er z.B. im Organisationsprinzip der verkehrsfreien Fußgängerstraße den Typ eines Stadtraums, wie er im Rahmen von Zentrumsneuordnungen der Luft gelegen haben mag und einige Jahre später in Rotterdam in der Lijnbaan von Van den Broek und Bakema 1951-1953, 1955 realisiert wurde[29].(Abb. 11) Ausgehend von idealen, oft zweifach symmetrischen Lageplanmustern lässt Schwagenscheidt dennoch in Perspektiven und Axonometrien individuelle Nutzungsszenen erzählen. Da ist der Platz einer ortlosen ‚Stadt für 25.000 Einwohner', in deren Stadtzentrum er friedliche Idyllen schildern kann – Sehnsüchte, die in den Bedürfnissen der Nachkriegszeit schlummern: „Hier ist der Bummel, wo die Herren ihren neuen Schlips, die Damen ihren neuen Hut zeigen können; vor allem aber das Weib sich dem Manne und der Adam sich der Eva darbieten kann."[30]

Utopiestrukturen: Raumstadtideen seit 1959

Schwagenscheidts Stadtfigurationen setzten den Topos der ‚Raumstadt' als Kombination von Zeilenbauten und Wohngruppen in unterschiedlichen Stockwerkshöhen und als

Abb. 13: Günther Domenig, Eilfried Huth: Wohnüberbauung ‚Stadt Ragnitz', Graz 1963

Auflösung des Straßen-Hof-Dualismus um. Die Entwurfsvarianten folgten in erster Linie der alles überstrahlenden Versorgungsmaxime und damit einer eher bodenverhafteten sozialen Idee, wie sie Schwagenscheidt viel mehr verinnerlicht hatte als ein künstlerisch-plastisches Prinzip. Der Ideenweg der Stadt als Raumkonstruktion drängt sich unabhängig von Schwagenscheidts Buch in die Diskussion des 20. Jahrhunderts. In dem Wunsch, die Stadt aus ihrem flächigen Verhaftetsein zu lösen, beginnen Stadtutopien die neuen konstruktiven Angebote des 20. Jahrhunderts mit gesellschaftlichen Lebensmodellen zu kombinieren. Am schärfsten formuliert das ab 1959 der ungarischstämmige Franzose Yona Friedman in seinen Collagen zur ‚Ville Spatiale' (Abb. 12). Er ruft zur Kolonialisierung des Luftraumes auf, nimmt echte Städte zum Ausgangspunkt, auch zum Hintergrund seiner Bildmontagen. Der inhaltliche Kontrast liegt bei seinen Vorschlägen in der Doppelnatur von anonymer Superstruktur und zellulärer Geborgenheit, einem Gegensatzpaar, dem sich auch Schwagenscheidt, wenngleich weniger konzeptionell zugespitzt, verschrieben hat. Auch wenn Friedman konkrete Städte und Landschaften zum Umbau vorschlägt, beschwört er zuerst ein technisch-mathematisches Konstrukt. Darin schlummere, nach seinem Wunsch, die Auflösung des Raumbegriffs zu einem bloßen sozialen Phänomen. Ganz anders als bei Schwagenscheidt wäre für Friedman eine Nomadenlebensweise die Folge, die der Wandlungsfähigkeit sozialer Konstellationen folgen werde und nur in einer neutralen Struktur optimal angenommen werden könne. Während Friedman sich im Raumgerüst eine optimale Mobilität, ein ‚nicht-paternalistisches Muster' im demokratischen Zusammenleben[31] erwartet, kreisen Schwagenscheidts Sehnsüchte im unmittelbaren Eindruck des Krieges noch um die Wiederankunft an einem Ort, deren vollendete Erfüllung der Zauber eines Gartenhöfchens[32] sein müsse.

Friedman scheint die Hoffnung, die Stadt auf dem Boden zu reformieren, aufgegeben zu haben. Er setzt eine „Metastadt" wörtlich über die Stadt. Von Friedman, der seine ‚Villa Spatiale' über Jahrzehnte weiterdenkt, ist es nicht mehr weit zu Utopien der Sech-

Abb. 14: Nordweststadt Frankfurt a. M., Walter Schwagenscheidt und Tassilo Sittmann: Wettbewerbsmodell Wohngruppe

ziger Jahre, die von konkreten Wohnprojekten bis zur Weltraumstadtvision den Raum als Bauland wünschen. Der Schritt weg vom Boden wird zur Ablösungsmetapher von einem erdverhafteten, kleingeistigen Besitzdenken hin zu einer Megastruktur. Das geschieht in tatsächlich gebauten Versuchen in metropolitaner Verdichtung, wie im Fall der japanischen Metabolisten, denen die Zelle zur eingestöpselten Kapsel wird. Ebenso beflügelt der Raum städtische Apparate, die ausgehend von der klassischen Bauaufgabe der Siedlung einem neutralen Konstruktionsprinzip die optimale individuelle Gestaltung zutrauen. Diesem Pfad folgt etwa die äußerst ausgereifte Modellidee der Wohnüberbauung ‚Stadt Ragnitz' in Graz von Eilfried Huth und Günther Domenig, die 1963 den Aspekt der prozesshaften Architektur als Konstruktionsprinzip lösbar machen will (Abb. 13). Die Besiedlung des Raumes hat nach 1960 ihren Boom und man verlässt gedanklich in den schwebenden geödätischen Kugeln Richard Buckminster Fullers endgültig den Boden[33].

Kann man die Raumstadt bauen? Nordweststadt, Frankfurt a.M.

Die deutsche Städtebaudiskussion und -praxis der Nachkriegsjahre mit den gleichzeitig entstehenden weltweiten Stadtideen zu verbinden ist über die begriffliche Brücke der ‚Raumstadt' nur teilweise möglich. Die Stadt Frankfurt a. M. schreibt 1959 einen Wettbewerb zu einer Stadterweiterung im Nordwesten der City aus. Die Resultate reichen von Zeilenbebauungsmustern bis zu utopischen Hügelhauskonzepten[34]. In Partnerschaft mit Tassilo Sittmann erhält Walter Schwagenscheidt den 3. Preis. Man setzt sich, vor allem der damalige Baudezernent Hans Kampffmeyer, dafür ein, dass ihr Büro mit der Planung für die Stadterweiterung beauftragt wird[35]. Ein Schlüsselargument ist die Vielgestaltigkeit, der man das soziale Anliegen einer Großsiedlung mehr zutraue als architektonischen Großformen oder strengen Siedlungsmustern (Abb.14). Endlich steht die Idee von der Raumstadt vor ihrer Verwirklichung. Erstaunlich und aufregend ist für die Planer das plötzliche Aufgabevolumen, das der Siedlungsbau der Nachkriegszeit möglich macht. Für 25.000 Einwohner wird geplant. Die kleinteilige Differenzierung innerhalb des Entwurfs will trotz der Gesamtdimension maßstäblich nachvollziehbare Milieus schaffen. Die Entscheidungshoheit des Büros Schwagenscheidt und Sittmann betrifft den städtebaulichen Rahmenplan

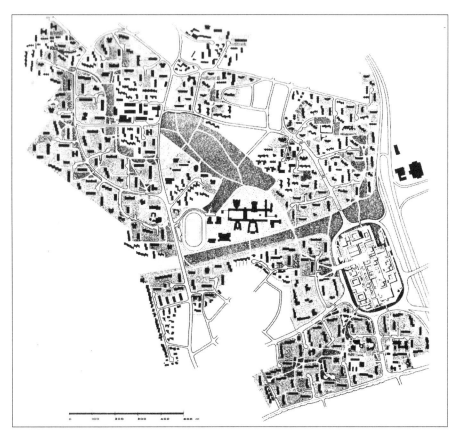

Abb. 15: Nordweststadt Frankfurt a.M., Walter Schwagenscheidt und Tassilo Sittmann: Ausführungsplan

und endet bei Richtlinien für die Gestaltung der Neubauten. Die Häuser selbst werden von den Wohnungsbaugenossenschaften geplant.

Das Prinzip einer sozialen Mischung, das Schwagenscheidt am liebsten „vom Zigeuner bis zum Minister" ausdehnen will, soll in unterschiedlichen Hauskategorien sichtbar werden. 8.550 Wohneinheiten teilen sich auf in Reihenhäuser, zweibündige zeilenartige Viergeschosser, bis zu achtgeschossigen Laubengangtypen und 13-geschossigen Punkthäusern. Die sozialen Absichten formal zu steuern, hat in der Anfangszeit der Siedlung sicherlich funktioniert. Gleichwohl war unvermeidlich, dass nach der Übergabe des städtebaulichen Entwurfs an die Wohnbaugenossenschaften die Realisierung der Nordweststadt einen Kompromissweg gehen musste. Die Frage nach der Nordweststadt als wörtlich umgesetzten ‚Raumstadt' im Schwagenscheidt'schen Sinn stellte sich später, als sich funktionale und demografische Konfliktpunkte in der Nordweststadt abzeichneten.

Ein späterer Klagepunkt war die nicht geglückte Raumausformung in den kleinsten Nachbarschaften. Noch im Wettbewerbsentwurf gruppierten sich erkennbare Einheiten in einer ‚Gehöftbildung' zu überschaubaren, auf sich bezogenen Räumen (Abb.15). In der Realisierungsplanung begannen die ursprünglich individualisierbaren Hausgruppen (‚Nester') zugunsten eines unverbindlichen Zusammenhangs auseinander zu fallen. Das wurde in der zeitgenössischen Rezeption direkt nach der Fertigstellung nicht unbedingt kritisiert. Der Raum in der Raumstadt, d.h. der Nordweststadt, war im Verständnis der Zeit eher psychologisch und weniger als direkte baukünstlerische Kategorie verstanden worden. Zumindest benennt Schwagenscheidt selbst diesen Mangel in seinen beiden Büchern nicht, die er später über die Nordweststadt veröffentlicht[36]. Die allseitige Öffnung der Hausgruppen war mit der Fertigstellung

Abb. 16: Nordweststadt Frankfurt a.M., Walter Schwagenscheidt und Tassilo Sittmann, Luftfoto aus der Entstehungszeit

auch nicht als Nachteil anerkannt, galt doch ‚Offenheit' als gesellschaftspolitische Metapher. Schwagenscheidt war soweit der Moderne verpflichtet, dass offene Ecken die Komposition eher frei und abstrakt als eigenräumlich beabsichtigt scheinen ließen. Aus heutiger Sicht vermisst man eine Prägnanz der Räume. Dennoch war in der ersten Planung des Wettbewerbs die erkennbare Gruppenbildung gewünscht und verschob sich in der weiteren Genese des Projekts zugunsten eines Raumverständnisses jenseits von klaren Hof- oder Gartenhof- oder Platzfiguren[37]. Grünflächen waren ohnehin nicht als Nutzgärten gedacht. Schwagenscheidt weist vielmehr bewusst darauf hin, dass die Grünanlagen von der öffentlichen Hand gepflegt werden und allen zustehen. Mit den Worten Andrea Gleiningers ist das Problem der Nordweststadt nicht allein die rechtwinklig angeordnete Wiederholung und Gleichförmigkeit von Hausgruppen: „Das Problem der Raumbildungen ist vielmehr ihre Beliebigkeit und Abstraktheit, ihre Zufälligkeit und Unverbindlichkeit, ist die Negierung der Form als Funktion des Räumlichen."[38] (Abb.16)

Sie warnt in ihrer Dissertation jedoch auch davor, dem Klischee von der immer gleichen Korrumpierung einer guten Idee im Realisierungsprozess zu erliegen[39]. Der Dreisprung Idee-Anspruch-Wirklichkeit lasse sich nur allzu schnell auf ein Projekt wie die Nordweststadt anwenden, wenn man ausschließlich die architektonischen Aspekte betrachte.

Die Planung zur Nordweststadt Frankfurt ist der Traum von der Stadt aus einem Geist und einem Guss. Die Planung scheint noch wenig von der Instrumentalisierung des Wohnungsbaus für wirtschaftliche, kommunale, parteipolitische Ziele und Interessen zu ahnen. Verschiedene und getrennte Triebkräfte ziehen an einem solchen Vorhaben und bestimmen seinen Bestand. Schon das Geschäftszentrum führt von Anfang an ein Eigenleben. Es wird als Wettbewerb[40] separat ausgeschrieben, vergeben und 1968 vom Frankfurter Büro Apel, Becker, Beckert realisiert. Nach kaum 15 Jahren kann das Geschäftszentrum seine

Bild 17: ‚Die Bewohner einer Hausgemeinschaft, einer Hausgruppe, müssen sich nicht jeden Morgen aufs Neue in den Armen liegen'
Quelle: Schwagenscheidt 1964: 68; Die Nordweststadt – Idee und Gestaltung. Stuttgart

Rolle als Quartierskern nicht mehr wahrnehmen. Der Umbau 1985-1989 verschiebt die Rolle des Nordwestzentrums zum Shoppingziel für die ganze Stadt und rettet somit seinen Bestand für die Nordweststadt[41].

Die Zeichnungen, die Schwagenscheidt seinen Büchern beigibt, schildern eine pralle Lebensfülle und eine soziale Lebendigkeit. Sandro Einsiedel[42] stellt 30 Jahre nach dem Wettbewerb die reale Nordweststadt den Zeichnungen der ‚Raumstadt' von 1949 gegenüber, die für Einsiedel das Schwagenscheidt'sche Leitbild vom Leben des sozialen Menschen in der Stadt vorgaben. Einsiedel nennt die Nordweststadt den zweiten Abschnitt in der Geschichte der Raumstadt. Er sieht im Wettbewerbsentwurf den Leitgedanken der Formgebung im dreidimensionalen Raum gewahrt. Strikte Trennung von Verkehr und Fußgängern war auch in der Raumstadtidee von 1949 vorgesehen. Einsiedel erkennt das Hauptdefizit der Planung jedoch in der mangelhaften funktionalen Durchmischung der Frankfurter Nordweststadt. Schon allein das azentrische Geschäftszentrum stößt auf seine Ablehnung. Der Einsiedel'sche Beitrag steht für die historische Parallellinie der Kritik, wie sie die Nordweststadt dauerhaft begleitet hat. Das Resümee fällt in eine Zeit, in der die Ernüchterung über den Massenwohnungsbau in der Bundesrepublik ihren Höhepunkt erreicht. Da liegt es nahe, eine idealistische Selbstvorgabe, die Schwagenscheidt mit seiner Raumstadtidee über Jahrzehnte gepredigt hat mit den Wirklichkeiten seiner gebauten Stadt zu konfrontieren. Einsiedel ist erbost über die Naivität der Architekten, „soziale Qualität in hohem Maße an gestalterische Qualität zu binden."[43] Am Ende der Siebziger Jahre wird das Gestaltungsmonopol in der Hand des Architekten direkt angezweifelt. So argumentiert Einsiedel ganz im Zeitgeschmack für eine „Demokratisierung des Planungsprozesses" für „partizipatorische Planungs- und Realisierungsmodelle", die dem Projekt Nordweststadt eindeutig fehlen, weil deren Anspruch 1959 noch nicht formuliert gewesen ist.

Trotz aller Bestimmungsansprüche des Planers ahnt hingegen auch Schwagenscheidt, dass man das Harmoniepotential einer Siedlung nicht überschätzen darf. In seinem Buch ‚Die Nordweststadt – Idee und Gestaltung' untertitelt er eine Zeichnung auf der sich Stadtbewohner massenhaft zu verbrüdern scheinen: „Die Bewohner einer Hausgemeinschaft, einer Hausgruppe, müssen sich nicht jeden Morgen aufs Neue in den Armen liegen (...). Die Menschen sollen die Möglichkeit haben, zusammenzukommen – aber jeder sollte in seiner Zelle für sich leben können."[44] (Abb.17)

Abb. 18: Heike Engel, Dr. Dietrich Engels (u.a., Red.): Modelle für das Wohnen im Alter – Analysen und Empfehlungen für die Nordweststadt Frankfurt a. Main. Im Auftrag der Schader-Stiftung Darmstadt, Darmstadt 2000

Die Nordweststadt heute. Weiterbauen im Bestand

Der gegenwärtige Umgang mit der Nordweststadt misst den Bestand nicht mehr an der Raumstadtidee von 1949. Heute befällt den Stadtteil eine neue Phase von Nutzungsansprüchen. An der Ausgangslage mit 8.550 Wohneinheiten bei 750 Einfamilienreihenhäusern hat sich noch nichts geändert. 63 % der Wohnungen gehören drei Wohnungsbaugesellschaften. Allerdings ist ein Großteil der Wohnungen mittlerweile aus der Förderung gefallen. Zwischen 1970 und 1996 sank die Bevölkerung um 21 %. Die Siedlung unterliegt nun den gleichen Tendenzen, wie es andere Großsiedlungen in Deutschland aus der Zeit nach 1960 tun. Die Generation der Erstbezieher ist überaltert, allein in zu großen Häusern und Wohnungen. Die nächste Generation ist weggezogen. Zurück bleibt das soziologisch umschriebene Phänomen der „empty-nesters", die sich auf einen Altersdurchschnitt von 50 Jahren und älter zubewegen (2000: 46 % der Bewohner). Es liegt auf dieser Datengrundlage eine Studie zum altengerechten Wandel im Bestand vor[45]. Das Wohnumfeld wird jetzt unter den Bedingungen seiner alternden Bewohnerschaft analysiert. Plötzlich werden die fließenden Grünräume, deren Bepflanzung sich in dreißig Jahren üppig entwickelt hat, zu Hindernisdistanzen vor allem in Bezug auf das Stadtteilzentrum, das alle wesentlichen Stadtfunktionen konzentriert. Mit dem eingeschränkten Bewegungsradius der Bewohnerschaft drohen ehemalige Aktionsräume zu Angsträumen zu werden.

Die Nordweststadt tritt in eine dritte Phase ein. Sie ist keine reine Satellitenstadt mehr. Die Stadt Frankfurt ist dabei, bis zur Nordweststadt aufzuschließen. Wohnraum ist nach wie vor gefragt, jetzt aber in einem neuen, qualitativen Sinn. In einer Studie der Paul-Schader-Stiftung, Darmstadt, aus dem Jahr 2000 wird begonnen, diesem Umstand Rechnung zu tragen (Abb. 18). In Testentwürfen werden nicht nur altengerechte und eigentumsfördernde Bausteine im Bestand eingefügt[46]. Hintergedanke dabei ist auch, die älteren Nordweststädter zum Umziehen in kleinere Wohnungen zu animieren. Dabei wird erneut überlegt, wie man die Raumbildung von Gartenhofgemeinschaften durch Randbebauungen fassen kann, um damit der Ur-Idee der Raumstadt zu folgen. So muss die Grundfigur der Nordweststadt eben jene spielerische Vielfalt zulassen, die sie in ihrem ersten Entwurf als fertiges, künstlerisches Bild entworfen hat ohne zu ahnen, dass ausgerechnet dieses

Arrangement der offenen Struktur zur Veränderung und zum Weiterbauen einlädt. Die Nordweststadt scheint genügend Potential zu haben. Sie ist nunmehr weder Utopie noch Alptraum. Sie ist zur Ressource geworden.

Anmerkungen

1. Wilhelm H. Krahn, Hartmut Steinbach, Ulf Kilian, Vorstand des Deutscher Werkbund Hessen e.V.: Resolution der Mitgliederversammlung vom 24.11.2001 zur Erhaltung des ev.-ref. Kirchen- und Gemeindezentrums in der Nordweststadt von Frankfurt a. M., Gerhard-Hauptmann-Ring 398, siehe: www.deutscher-werkbund.de/htm/dwb_hessen/projekte/d_he_pro_m2.htm
2. Der Verfasser hat als wissenschaftlicher Mitarbeiter am Lehrstuhl Gebäudelehre, Prof. H. Rieß der Bauhaus-Universität Weimar ein Faksimile des Buches ‚Die Raumstadt' (Heidelberg 1949) neu aufgelegt und in einem Kommentar neben einer Textübertragung den Zeitkontext um und die Reaktionen auf Schwagenscheidts Hauptveröffentlichung untersucht. Vgl. Ulrich Wieler (Hg.): ‚Die Raumstadt' von Walter Schwagenscheidt, Übertragung, Reprint, Kommentar, 2 Bde., Weimar 2001
3. Zit. Andrea Gleiniger: Die Frankfurter Nordweststadt: Geschichte einer Großsiedlung, Frankfurt/Main (u.a.) 1995, S. 33
4. Gerade Adolf Damaschkes vielfach aufgelegtes Buch zur ‚Bodenreform' nimmt diesen Weg der schwankenden Auslegung. Vgl. Adolf Damaschke: Die Bodenreform. Grundsätzliches und geschichtliches zur Erkenntnis und Überwindung der sozialen Not, Jena 1913
5. Zit. Walter Schwagenscheidt: Die Raumstadt. In: Neudeutsche Bauzeitung, Heft 25/26, 1921, S. 148
6. Vgl. Joseph Ponten: Architektur, die nicht gebaut wurde, Stuttgart (u.a.) 1925, S. 142
7. Rudolf Steiner in einem Brief vom 18. 7. 1922; veröffentlicht in: Rudolf Steiner, Mensch und Baukunst, Stuttgart 1958, S. 407; zitiert nach: Burghard Preusler: Walter Schwagenscheidt, 1886-1968. Architektenideale im Wandel sozialer Figurationen, Stuttgart 1985, S. 52
8. Theodor Fischer in einem Brief vom 03.07.1921; Archiv Sittmann, zitiert nach: Preusler 1985, S. 49
9. Vgl. Piet Vollaard: Frederick Kiesler (1890-1965) more topical than ever; siehe: http://www.archined.nl/news/9611/kiesler_eng.html
10. Zit. Walter Schwagenscheidt: in einem Brief an Hermann Schauffler vom 08.07.1929; Archiv Sittmann, zitiert nach Preusler 1985, S. 83
11. Dass sich die Gruppe May schnell und einheitlich aufgelöst habe, hat lange das Bild einer geschlossenen Karawane deutscher Architekten in die UdSSR gestützt. Dass es dennoch weiter geführte Arbeitswege deutscher Planer in der Sowjetunion gab, haben Durth, Düwel und Gutschow nachgewiesen. Vgl. Werner Durth, Joern Düwel, Niels Gutschow: Architektur und Städtebau der DDR, Frankfurt/Main [u.a.] 1998, Bd. 1, Ostkreuz: Personen, Pläne, Perspektiven, Frankfurt u.a. 1999, S. 32
12. Zit. Walter Schwagenscheidt: Die Raumstadt, Heidelberg 1949, S. 186.
13. Vgl. Otto Bartning: Ketzerische Gedanken am Rande der Trümmerhaufen. In: Frankfurter Hefte, Zeitschrift für Kultur und Politik, 1946, 1. Jg., Heft 1, S. 63-72
14. Siehe: Schwagenscheidt 1949, S. 187
15. Hermann Sörgel: Theorie der Baukunst, München 1921, Reprint Berlin 1998, S. 200ff
16. Zit. Sörgel 1921, S. 200
17. Zit. Sörgel 1921, S. 212
18. Vgl. Fritz Neumeyer (Hg.): Quellentexte zur Architekturtheorie. Nachdenken über Architektur, München u.a. 2002, S. 384ff
19. Hermann Sörgel. In: Rheinische Blätter für Wohnungswesen und Bauberatung, Nr. 1/2, 1922; vgl. auch Preusler 1985, S. 54f
20. Zit. Schwagenscheidt 1949, S. 54
21. Siehe: Schwagenscheidt 1949, S. 150ff
22. Siehe: Schwagenscheidt 1949, S. 153
23. Siehe: Schwagenscheidt 1949, S. 172ff
24. Zit. Schwagenscheidt 1949, S. 125

25 Die Arbeiten Werner Durths haben ausgeführt, wie die Stadtideen des Nationalsozialismus die aufgelockerte Stadt der Nachkriegszeit vorbereiten. Vgl. Werner Durth und Niels Gutschow: Träume in Trümmern. Planungen zum Wiederaufbau zerstörter Städte im Westen Deutschlands 1940-1950, Braunschweig (u.a.) 1988
26 Im Werk Hans Bernhardt Reichows wird die Zelle vielleicht am wörtlichsten als biologische Metapher verwendet. Jüngst ist das anhand einer Quellenuntersuchung zum Entwurf Reichows für Stettin noch einmal dargelegt worden. Vgl. Kathrin Stolzenburg: Hans Bernhard Reichow. 1899-1974. In: Bernfried Lichtnau (Hsg.): Architektur und Städtebau im südlichen Ostseeraum zwischen 1936 und 1980. Beiträge zur kunsthistorischen Tagung, Universität Greifswald 2001, Berlin 2002, S. 139ff
27 Zit. Schwagenscheidt 1949, S. 87
28 Nikolai A. Milijutin: Sozgorod. Das Problem des Baus sozialistischer Städte, Moskau 1930, dt. Übersetzung, Basel u.a. 1992
29 Vgl. Schwagenscheidt 1949, S. 116ff
30 Zit. Schwagenscheidt 1949, S. 125
31 Andrea Gleininger-Neumann reflektiert die Geisteswelt von Yona Friedmann vor dem Hintergrund weiterer europäischer Stadtutopien, die den Boden verlassen wollen; vgl. Andrea Gleininger-Neumann: Technologische Phantasien und urbanistische Utopien. In: Heinrich Klotz (Hg.): Vision der Moderne. Das Prinzip Konstruktion, Katalog, München 1986, S. 56ff und S. 130
32 Vgl. Schwagenscheidt 1949, S. 76
33 Vgl. Joachim Krausse: Design Strategie am Werk. In: Joachim Krausse (Hg.): Richard Buckminster Fuller: Bedienungsanleitung für das Raumschiff Erde und andere Schriften, dt. Reinbek 1973, S. 176ff
34 Vgl. Andrea Gleininger: Die Frankfurter Nordweststadt: Geschichte einer Großsiedlung, Frankfurt a.M. u.a. 1995, S. 137
35 Vgl. Gleininger 1995, S. 139
36 Siehe: Walter Schwagenscheidt: Die Nordweststadt – Idee und Gestaltung. Stuttgart 1964. Walter Schwagenscheidt: Die Raumstadt und was daraus wurde: „Mein letztes Buch", hg. von: Tassilo Sittmann u. Ernst Hopmann, Stuttgart 1971
37 Vgl. Gleininger 1995, S. 146ff
38 Zit. Gleininger 1995, S. 155
39 Vgl. Gleiniger 1995, S. 151
40 Gleininger betont, wie außergewöhnlich der Wettbewerbsentwurf von van den Broek und Bakema den Ort interpretiert. Bakema: „Die Form ist kein automatischer Erfolg der Gegebenheiten: auch der Funktionalismus braucht expressive, kreative Bildungskraft; in seiner Architektur hat auch die Form eine Funktion." zit. nach Jürgen Jödicke: Das Werk van den Broek und Bakema, Stuttgart 1963. Vgl. auch Gleininger, S. 207
41 Das 1968 eröffnete Nordwestzentrum wurde 1986 umfassend saniert (57.000 qm Verkaufsfläche und mehr als 120 Geschäfte). Es ist das größte Einkaufszentrum der Stadt. 1992 wurde das Freizeit-, Kultur- und Sportzentrum Titus-Therme im Nordwestzentrum eröffnet.
42 Siehe: Sandro Einsiedel: Idee, Anspruch und Wirklichkeit, Die Nordweststadt in Frankfurt a.M. In: Stadtbauwelt, Nr. 63/1979, Berlin 1979, S. 285ff
43 Zit. Einsiedel 1979, S. 290
44 Zit. Walter Schwagenscheidt: Die Nordweststadt – Idee und Gestaltung. Stuttgart 1964, S. 68
45 Siehe: Red. Heike Engel, Dr. Dietrich Engels (u.a., Red.): Modelle für das Wohnen im Alter – Analysen und Empfehlungen für die Nordweststadt Frankfurt a.M. Im Auftrag der Schader-Stiftung Darmstadt, Darmstadt 2000
46 Vgl. Christian Holl: ... in die Jahre gekommen. Frankfurt Nordweststadt, 1961-1972. In: Deutsche Bauzeitung, Heft 6, 2001, S. 97ff

Die Rechte der Bilder liegen bei:
Österreichische Friedrich und Lillian Kiesler-Privatstiftung, Archiv der Kiesler Stiftung Wien, Bild 5
Tassilo Sittmann, Frankfurt a.M: Bild 1-4, 6-11, 14-15, 17
Deutsches Architekturmuseum Frankfurt a.M.: Bild 12, 13
Schader-Stiftung Darmstadt: Bild 18

Christiane Wolf

„Rassisches Klassisches Weimar"[1]
Zentrale Räume nationalsozialistischen Lebens:
Entwürfe für eine mustergültige „Gauhauptstadt"

„Thüringen hat im Kampf für die Idee des Führers in vorderster Linie gestanden. Nun wird die Gauhauptstadt mit Bauwerken geschmückt, die von der Gegenwart wie von der Zukunft als die steinernen Zeugnisse des heroischen Zeitalters Adolf Hitlers empfunden werden."[2] Zur Grundsteinlegung des Gauforums im Mai 1937 wurde mit diesen Worten der Startpunkt zur Neugestaltung der Stadt in der Tagespresse angekündigt. Der spätestens ab 1940 geplante Stadtumbau hatte sich bereits in den Jahren zwischen 1933 und 1936 an zum Teil exponierten Stellen der Stadt mit einzelnen, später in ein Gesamtprogramm eingegliederten Bauten angekündigt: dem Erweiterungsbau des Goethenationalmuseums, (Baubeginn Oktober 1934), dem Ärztehaus als „Zentrale für die Gesundung des Thüringer Volkes" (Baubeginn Anfang 1936), dem Kreishaus als „erste bauliche Selbstdarstellung der Partei" (Baubeginn Mai 1936), dem Divisionsstabgebäude des Wehrkreises IV mit seiner exponierten Lage an der östlichen Höhenkante der Stadt in Nachbarschaft zum Goethe- und Schillerarchiv (Baubeginn Sommer 1935) und dem Neubau des „Emmy-Göring-Stiftes" in Erweiterung des „Maria-Seebach-Stiftes" als deutschlandweitem Alterssitz für deutsche Bühnenkünstler (Baubeginn Sommer 1936)[3].

Mit einer solchen, sich in Etappen vollziehenden Besetzung des öffentlichen Stadtraumes ging gleichzeitig eine Kontrolle des öffentlichen Lebens einher, an dessen Endpunkt eine nach den Vorstellungen nationalsozialistischer Ideologie geordnete und „rassenreine" Stadtgesellschaft stehen sollte. Dieser Anspruch kulminierte in dem 1940 vom „Landesamt für Rassewesen" unterbreiteten Vorschlag, Weimar als „Stadt der Rasse" zu titulieren und entsprechend dieser Bedeutung die bauliche Erweiterung des Gauforums vorzusehen. An die Parteibauten anschließend, in der Achse des Schlosses liegend, war als integrierter Teil eines neuen Gebäudekomplexes für Landesinstitutionen ein „Haus der Rasse" geplant. Das vom „Landesamt für Rassewesen" ausgearbeitete Bauprogramm war mit dem Slogan „Rassisches Klassisches Weimar" unterschrieben[4]. Seine Arbeit hatte das Landesamt, das „als vorbildlich für das ganze Reich" bezeichnet wurde, bereits im Juli 1933 aufgenommen[5].

Weimar, als der Stadt im „Herzen deutscher Kultur", mit der sich Hitler ganz besonders verbunden fühlte und Thüringen, dessen Regierung bereits vor 1933 mit hohen Vertretern der NSDAP besetzt war, galten als mustergültig im Verdienst um den Aufbau

Abb. 1: Weimar: Modell für das erweiterte Gauforum, letzte bekannte Planung, Entwurf Büro Hermann Giesler 1942
(links unten im Bild der Komplex der Regierungsgebäude entlang des Ilmverlaufs)

der „Bewegung" um Adolf Hitler. Außerdem gehörte Thüringen neben Braunschweig, Württemberg und Mecklenburg-Schwerin zu den Ländern, in denen kein Redeverbot gegen Hitler bestand. In Weimar hielt er bereits am 22. März 1925 seine erste von drei Reden in diesem Jahr[6]. Den Veranstaltungen von 1925 folgte am 3. und 4. Juli 1926 der „Erste Reichsparteitag" nach Wiederzulassung der NSDAP, eine Kundgebungsveranstaltung, die die „jugendliche Kraft" der nationalsozialistischen Bewegung steigern und erhalten sollte. Mit einem Generalappell der SA und SS im Deutschen Nationaltheater, bei dem Hitler dem Reichsführer der SS die so genannte „Blutfahne" des 9. November 1923 übergab, wurde die Veranstaltung eröffnet[7]. Am Nachmittag folgte dann ein von Hitler angeführter Demonstrationszug durch die Stadt. Mit diesem Zeremoniell kündigte sich bereits die Okkupation der „Klassikerstadt" an, in der man später mit den Bauten des Gauforums gedachte, die „Fundamente einer neuen Klassik" entstehen zu lassen.[8]

Zunächst zeigte das Regime seine Machtfülle im Stadtraum jedoch mit Einzelbauvorhaben, die vor allem der Selbstdarstellung des NS-Systems und der schnellen Präsenz der Partei im öffentlichen Raum dienten und deren Bauformen, wie in München und Nürnberg, neue Räume für spezifische Kult- und Feierformen eröffneten. In erster Linie ist hier vor allem an die ersten Monumentalbauten in München, der Parteizentrale am Königsplatz und an die ersten Bauten am „Reichsparteitagsgelände" in Nürnberg zu denken, mit denen das Regime über die regionalen Grenzen hinweg seine Präsenz unübersehbar anzeigte. In diesen Zusammenhang sind die frühen Planvorhaben in den Gauhauptstädten einzuordnen, die unmittelbar nach der Machtübernahme zu Zentralen der mittleren Parteiinstanzen ausgebaut wurden[9]. Seiner historischen und parteipolitischen Bedeutung entsprechend wurde in Weimar bereits 1933 der konkrete Entwurf formuliert, die Stadt ähnlich wie München durch einen repräsentativen Verwaltungssitz für die Gauleitung

Abb. 2: Titelblatt des „Illustrierten Beobachter" zum „Reichsparteitag" in Weimar, 1926

auszuzeichnen. Außerdem war gewünscht, an diesen neu gestalteten Orten die „Toten der nationalsozialistischen Bewegung" zu ehren und „Massenaufmärsche und -versammlungen" inszenieren zu können. Gleichzeitig fand eine Besetzung bestimmter Orte statt, deren Aussage im Sinne der neuen Machthaber umgedeutet wurde. Dies wurde zum „Ersten Reichsparteitag" 1926 deutlich, auf dem im „Deutschen Nationaltheater" die Weihe der „Blutfahne" und damit auch die der „Bewegung" in einem rituellen Akt vorgenommen worden war. Das Nationaltheater blieb fortan repräsentativer Hauptkundgebungsort[10].

Mit dem Machtwechsel suchte man für Großveranstaltungen zwar immer noch die Nähe bedeutsamer historischer Stätten, doch wurde jetzt der Anspruch an neue Bautenensembles formuliert. Parallel zu den alljährlichen Programmen der Nürnberger Reichsparteitage und der Münchner Veranstaltungen zum 9. November bildete sich in den Zentren der Provinz ein Programm heraus, das Volk inszenatorisch zur „Volksgemeinschaft" zu stilisieren und als Kultgemeinschaft auf das Regime einzuschwören.

Aus diesem Anspruch heraus, der in seiner räumlichen Fassung noch keine konkreten Formen hatte, erwuchs die neue Bauaufgabe „Gauforum" mit einem festen Bauprogramm, das schrittweise erweitert wurde. Ab 1937 war dann in der gültigen Variante vorgesehen, diese als geschlossene Komplexe ausgebildeten Foren (Halle, Gauhaus, Glockenturm, Verwaltungsbauten, Aufmarschplatz) als neue nationalsozialistische Zentren den historischen Stadtkernen gegenüberzustellen und jene durch eine repräsentative Straßenführung („Achse") an die Innenstädte bzw. das überregionale Verkehrssystem anzuschließen.

Als Musterstadt zum Bau eines prototypischen Forums wählte Hitler selbst Weimar aus und definierte hier mit dem Entwurf des Architekten Hermann Giesler das Bauprogramm für alle anderen Städte. Zeitgleich mit den Planungen in Weimar liefen ähnliche auch für Dresden an, wo die Stadt Ende 1934 einen Wettbewerb zur Errichtung einer Parteizentrale ausschrieb. Zur Ausführung aber kam schließlich nur das Weimarer Bauvorhaben. Im Zusammenhang mit den Planungen in Dresden ist die spätere Synthese der frühen Bauabsichten in beiden Städten interessant, die im Endeffekt zu der reichsweit gültigen Variante wurde[11].

Ein Bauprogramm bildet sich heraus

Wie bereits angedeutet, wurde Weimar in vielfacher Weise zum Brennpunkt nationalsozialistischer Kulturpolitik. Hier hatte sich bereits vor 1933 ein optimaler Nährboden für nationalistisches und völkisches Gedankengut gebildet, deren Protagonisten den Gedanken stützten, in ihrer Stadt die prototypische Anlage

Abb. 3: Weimar: Aufmarsch der „NS-Freiheitsbewegung" vor dem Deutschen Nationaltheater, 17. August 1924

eines nationalsozialistischen Regierungssitzes entstehen zu lassen, in dem sich der „Kulturwille" der Partei und der „Bewegung" Adolf Hitlers widerspiegeln sollte. Von dem völkisch gesinnten Architekten Paul Schultze-Naumburg, der 1930 auf Initiative des damaligen Thüringer Innen- und Volksbildungsministers Wilhelm Frick als Direktor der Hochschule für Baukunst, bildende Künste und Handwerk eingesetzt worden war, entstanden erste Pläne für neue Regierungsbauten. In Nachbarschaft zum Goethenationalmuseum plante er am Alexanderplatz (heute Beethovenplatz) einen sich bis zur Parkkante erstreckenden Gebäudekomplex mit Reichsstatthalterpalais und großem Ministerialgebäude[12]. Der Vorschlag erhielt jedoch insbesondere von Hitler Kritik, der angeblich angemerkt habe, dass „das Ganze mehr nach einer Residenz des Großherzogs als nach einem Forum der Partei" aussehe[13]. In der räumlichen Nähe zu den klassischen Stätten hätte sich zwar die im Sinne der Machthaber gewollte Geistesnähe ausgedrückt, doch hätten sie damit keineswegs ihr Programm erfüllen können, mit den Bauten ein „eigenständiges Zeugnis" für den „Aufbau des Dritten Reiches" abzulegen[14]. Davon abgesehen ist anzunehmen, dass das junge Regime zu diesem frühen Zeitpunkt keineswegs daran interessiert war, sich mit den, ihm überwiegend wohlgesinnten Honoratioren der Stadt zu überwerfen. Im Vordergrund der Aktivitäten standen eine schnelle Bauausführung und eine damit verbundene manifeste Besetzung der gesamten Stadt und nicht nur einzelner herausragender Orte, anhand derer die Entwicklung und Propagierung einer „Neuen Architektur" in Anbindung an das kulturelle Erbe der Stadt vorgenommen werden konnte.

Abb. 4: Weimar: Aufmarsch der NSDAP-Formationen auf dem Weimarer Marktplatz anlässlich des 10-jährigen Jubiläums des „Reichsparteitages" von 1926. Hitler vor dem Hotel „Haus Elephant"

Abb. 5: Unschlaggestaltung (Rückseite) einer Werbebroschüre des Weimarer Verkehrsvereins, 1938 (im Hintergrund die geplante „Halle der Volksgemeinschaft")

Vergleicht man die Weimarer Planungen mit denen in anderen Städten, so ist ablesbar, dass Hitler 1934 anscheinend nicht daran gelegen war, die Planung großer Parteibauten aus den aktuellen städtebaulichen Programmen herauszulösen. Die Partei sollte mit ihren Bauten, ähnlich dem Konzept zum Umbau des Münchner Königsplatzes, in einem von der Öffentlichkeit frequentierten städtischen Raum vertreten sein.

Der Versuch, innerhalb kürzester Zeit eine nationalsozialistische Bautradition auszubilden, zeichnete die gesamte Baupolitik der dreißiger Jahre aus. Bei den Staats- und Parteibauten knüpfte man an vermeintlich „Klassisches" an, das sich in Zusammenhang mit der heroisierten Geschichtsschreibung der eigenen „Bewegung" zu einem einheitlichem Bild verdichten sollte. Die Auswahl derjenigen Orte, an denen sich der Gestaltungswille der NSDAP erstmals ausdrücken sollte, ist dabei nicht willkürlich gesetzt. Weimar rangierte mit München (als „Hauptstadt der Bewegung") und Nürnberg (als „Stadt der Reichsparteitage") auf einer Ebene.

In der regionalen Presse Thüringens avancierte des Weimarer Bauprojekt sogar zum Symbol der nationalsozialistischen Kulturpolitik: „In die Achse München, Hauptstadt der Bewegung, – Nürnberg, Stadt der Reichsparteitage, – Berlin, Hauptstadt Deutschlands, fügt nun der Führer den Begriff »Weimar« als schließendes, verbindendes Glied würdig ein. Weil er Weimar liebt und sich mit dieser Stadt viele seiner schönsten Erinnerungen verknüpfen, weil er die Kulturtradition Weimars ehrt und schützt, weil er vor aller Welt den Kulturwillen des Dritten Reiches machtvoll zum Ausdruck bringen will, deswegen billigt er den Entschluß unseres Reichsstatthalters, in Weimar neben den ehrwürdigen Pflegestätten klassischer Überlieferungen einen neuen Kulturmittelpunkt von rein nationalsozialistischem Gepräge zu schaffen."[15]

Eine vom Weimarer Verkehrsverein herausgegebene Werbebroschüre aus dem Jahre 1938 steigerte diese Aussage sogar noch, indem sie das Abbild des Dioskurenpaares Goethe und Schiller vor dem Hintergrund der geplanten „Halle der Volksgemeinschaft" abbildete und somit beide Themen – klassisches Erbe und neue Stadtgestalt – miteinander verknüpfte. Die Montage stellt Goethe und Schiller als Väter nationalsozialistischer Bau- und Geisteskultur dar, die ihrerseits wiederum in der Funktion und der Gestalt der größten Thüringer Versammlungshalle ihren Ausdruck erfahren sollte[16]. In dieser Collage zeigt sich, dass es den Nationalsozialisten wichtig war, die deutsche Kultur als Werbeträger für ihre Belange zu nutzen. Eine partielle Störung klassischer Stätten durch eine unmittelbar an sie angrenzende Monumentalbebauung hätte zumindest bis 1936/1937

Abb. 6: Weimar: Bereich um das Großherzogliche Landesmuseum, Luftbild um 1910
(heute Standort des ehemaligen „Gauforums")

dem Bild von den „Wahrern deutscher Kultur", zu denen sie sich selbst stilisiert hatten, widersprochen.

Als neuen Bauplatz wählte man daraufhin relativ zielgerichtet den Bereich am Landesmuseum (heute: Neues Museum), einem zu einem Park umgestalteten Grünzug, zwischen Jakobsvorstadt und Bahnhofsviertel gelegen. Damit knüpfte man an frühere städtebauliche Umgestaltungsideen und -maßnahmen für denselben Ort an[17]. Es ist anzunehmen, dass erste Vorschläge hierfür vom städtischen Bauamt ausgingen, das das folgende Planverfahren durch eigene Vorschläge zu beeinflussen versuchte. Im Grünzug des Asbachverlaufs war bereits 1918 von der Stadt unter dem Titel „Deutsche Heldenehrung" eine Kriegserinnerungsstätte geplant. In ihrer räumlichen Abfolge hätte sie ein Denkmal für die im Ersten Weltkrieg Gefallenen, mehrere Sportstätten zur „Stärkung" der „Volks- und Wehrkraft" und ein Gebäude, das einen Turn- und Festsaal und einen Bibliothekssaal, die durch eine Ehrhalle verbunden worden wären, aufgewiesen[18]. Zur Umsetzung kam lediglich die 1932 fertig gestellte Stadthalle.

Das Weimarer Stadtbauamt und die zuständigen thüringischen Landesstellen – die ja bereits vor 1933 in der Ära Frick gleichgeschaltet worden waren – beteiligten sich eifrig an den Planungsarbeiten. Am 15. November 1934 wurden vom Gauleiter und Reichsstatthalter Fritz Sauckel offiziell verschiedene Dienststellen aufgefordert, „die Frage zu prüfen,

Christiane Wolf

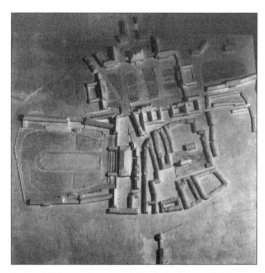

Abb. 7: Weimar: Vorentwurf für ein Partei- und Kulturbautenkomplex im Anschluss an das Großherzogliche Landesmuseum, Entwurf August Lehrmann.
Ende 1934/Anfang 1935
(im oberen Bildbereich das Forum)

inwieweit der Karl-August-Platz am Landesmuseum für eine Neugestaltung in Verbindung mit diesem Bauvorhaben geeignet ist."[19]

Nach Sauckels Wünschen, die sich angeblich auf Vorschläge Hitlers stützten, sollten ein Reichsstatthalter-Gebäude, ein Verwaltungsgebäude für die DAF Mitteldeutschland, ein Gauverwaltungsgebäude für den Gau Thüringen der NSDAP und ein Divisionsstabsgebäude für die Reichswehr zu einem einheitlichen Gesamtkomplex zusammengefasst und „mit ihrer Durchführung ein Zeugnis für den Aufbau des Dritten Reiches für die Zukunft" abgelegt werden[20]. An eine Halle, die wenig später zum zentralen Bau aller Gauforen werden sollte, war zu diesem Zeitpunkt noch nicht gedacht.

Nach dieser Aufforderung entstanden während der folgenden eineinhalb Jahre zahlreiche Vorschläge, die vom Stadtoberbaurat August Lehrmann und dem Architekten Schultze-Naumburg in Konkurrenz zueinander ausgearbeitet wurden. Eine Bewertung behielt sich Hitler selbst vor, als Berater setzte er den noch am Anfang seiner Karriere stehenden Architekten Albert Speer ein[21].

Im Vergleich zu weiteren Planungen in anderen Städten gliedert sich die erste Weimarer Planungsphase in ein zwar nicht festgeschriebenes, aber sukzessive von Hitler und Speer beeinflusstes Programm ein, das mehr und mehr der Entwicklung eines neuen Bautyps gewidmet war.

Neben Weimar waren in den Jahren 1933 und 1934 in weiteren „Gauhauptstädten", etwa Dresden, regionale Parteivertreter mit Vorschlägen an Hitler herangetreten, ihre Städte ähnlich wie München durch einen repräsentativen Verwaltungssitz für die Gauleitung auszuzeichnen[22]. In Dresden wurde die Ehrung der „Toten der Bewegung" als zentraler Punkt mit in das Bau-Programm aufgenommen: neben der Repräsentanz der Parteiverwaltungen galt es, eine ganzjährig zu bespielende Kult- und Aufmarschstätte zu schaffen. Die Spannbreite der Ideen war trotz des vorgegebenen Rahmens sehr weit. Im Gegensatz zu Weimar, wo man sich mit Variationen eines Parteiverwaltungszentrums befasste, dessen architektonischer Höhepunkt das Gebäude des Gauleiters und Reichsstatthalters bilden sollte, wollte man in Dresden 1933/1934 eine auf verschiedene Funktionen ausgerichtete Anlage: die räumliche Verquickung von Partei, Kultur, Sport („Volksgesundheit") und „Volksschulung" („Rassen- und Volkshygiene") in einer für Massenveranstaltungen zu nutzenden Anlage, als deren größtes Gebäude eine 30.000 Personen fassende

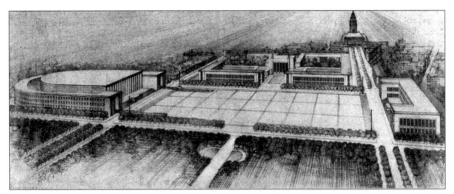

Abb. 8: Dresden: Wettbewerbsbeitrag von Hans Richter, Vorschlag für ein Forum am „Großen Garten" in Anbindung an das Hygienemuseum, 1935

Halle vorgesehen war. In der Konzeption schließt das Dresdener Projekt an die in Folge des Ersten Weltkrieges entwickelten Programme für Kriegserinnerungsanlagen sowie den Ideen für Sport- und Spielstätten der „deutschen Jungend" an, die u.a. unter dem Begriff „deutsches Olympia" firmierten[23].

Das ursprünglich vom Dresdener Stadtbaurat Paul Wolf ausgearbeitete multifunktionale Programm wurde in der Folgeplanung (Sommer 1934) jedoch radikal zugunsten eines monofunktionalen, auf die Belange der Partei zugeschnittenen Bauprogramms[24] reduziert: die Halle und das Gauhaus sollten sich nun als den Raum beherrschende Bauten an einem Aufmarschplatz gegenüberliegen. Damit war eine rein auf Partei- und Kultveranstaltungen abzielende Nutzung vorgegeben, die auch auf den Platz übertragen wurde. An dessen zum Großen Garten grenzende Seite hatte Hitler die Aufstellung eines Ehrenmals gewünscht, und zwar in Form eines Triumphbogens[25]. Die Monumentalwirkung des Komplexes kommt vor allem in den eingereichten Wettbewerbsentwürfen von Herbert Terpitz und Müller-Moreitz, Dresden/Leipzig und Hans Richter, Dresden zum Ausdruck. Letzterer plante eine axiale Anbindung des Forums an das Neue Rathaus und deutete damit ein Ausgreifen der Planung auf den gesamten Stadtraum bereits an. In Dresden und Weimar zeigen sich zwei grundsätzliche Tendenzen in der Architektur und Stadtplanung des Nationalsozialismus: zum einen die Zusammenfassung von öffentlichen Gebäuden (Halle) und Parteibauten zu einem einheitlichen Platzensemble und zum anderen die beginnende Umstrukturierung des Stadtgrundrisses zur Eingliederung dieser großen Bautenkomplexe der Partei und der Verwaltung.

Abb. 9: München: Aufstellung der Formationen am 9. November 1935 zur Überführung der „Blutzeugen" auf den Münchner Königsplatz in die „Ehrentempel" (im Hintergrund links der so genannte „Führerbau"), Architekt Paul Ludwig Troost

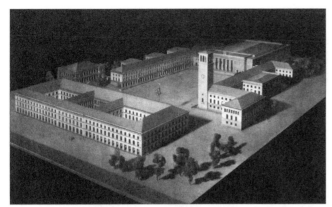

Abb. 10: Weimar: Modell des „Gauforums", Blick von Südwesten, Entwurf Hermann Giesler, 1937

Die eigentliche Sprengkraft, die von diesen Anlagen ausgehen sollte, ergab sich erst, nachdem eine Synthese beider Ansätze vorgenommen wurde.[26] In der ab 1937 gültigen Variante war vorgesehen, die Gauforen als geschlossene Komplexe (Halle, Gauhaus, Glockenturm, Verwaltungsbauten, Aufmarschplatz) auszuführen und sie als neue nationalsozialistische Zentren den historischen Stadtkernen gegenüberzustellen.

Die Art und Weise der Bespielung eines solchen Bautenensembles lässt sich an den Münchner NS-Zeremonien nachvollziehen. Hier vollzog sich alljährlich ein Festakt, der zugleich eine Totenweihe und ein Siegeszug war. Am 9. November 1935 wurden die Särge mit den sechzehn exhumierten „Blutzeugen" (den Toten des „Hitlerputsches" vom 9. November 1923) auf dem „Marsch durch München" mitgeführt und in einem sakralen Ritual in den „Ehrentempeln" am Königsplatz zur „Ewigen Wache" aufgestellt. Dazu nahmen auf dem Königsplatz die verschiedenen Formationen der Partei Aufstellung. Durch eine gebildete Mittelachse marschierte der Zug um die „Blutfahne" (die 1923 dem Demonstrationszug vorangetragen worden war), nun mit Hitler an der Spitze, auf die Ehrentempel zu. Darauf folgte das Ritual der Namensaufrufe der Toten (wie zum soldatischen Appell) durch den Gauleiter, und die angetretenen Verbände antworteten mit einem dröhnenden „Hier"[27]. Die Realität des Putschversuches von 1923 wurde hinter dieser Feier unsichtbar. Die damalige Niederlage und der inzwischen erreichte Sieg sollten im Lichte eines notwendigen Zusammenhangs erscheinen, Opferbereitschaft und Siegesgewissheit zugleich bestärkt werden[28]. Das propagandistische Leitmotiv des gesamten Rituals fand ebenso in der Gestaltung der offen in den „Ehrentempeln" aufgestellten Sarkophage seinen Ausdruck: man las auf ihnen die Worte „Der Letzte Appell", unter dem Hoheitsadler angeordnet die Nachnamen der Toten und ein „Hier".

Abb. 11: Weimar: „Erster Spatenstich" durch Fritz Sauckel in Anwesenheit von Adolf Hitler und Rudolf Heß, 4. Juli 1936

Das Ganze wirkte wie eine Beschwörungsformel, die durch den alljährlich sich wiederholenden Festakt unterstützt wurde, um die Gegenwärtigkeit der „Blutzeugen" heraufzubeschwören. Die Auratik der Tempel wurde auf die Parteibauten, zwischen denen die „Ehrentempel" städtebaulich eingespannt waren, übertragen, indem der Platz immer wieder erneut durch die Handlung geweiht wurde. Das „Blut" der „Toten der Bewegung", symbolisiert durch die „Blutfahne" (anstelle des Kreuzes) als rituelles Werkzeug sämtlicher großer Parteiveranstaltungen, wurde zum „Taufwasser" für das Dritte Reich[29].

Dieser Anspruch spiegelte sich nach der für Weimar erfolgten Entscheidung Hitlers vor allem in dem Vorschlag des Architekten Hermann Gieslers wieder, dessen Entwurf für Weimar er im Juni 1936 zur Ausführung auswählte. Der Entscheidung war ein im Dezember 1935 unter

Abb. 12: Weimar: Aufstellung der NSDAP-Formationen zur Grundsteinlegung zu den Bauten am „Platz Adolf Hitler", im Hintergrund das Modell der Hallenfassade, 1. Mai 1937

zehn ausgewählten Architekten ausgeschriebener Wettbewerb vorausgegangen, die von der Gauleitung Thüringen, dem Münchner Atelier des inzwischen verstorbenen Architekten Paul Ludwig Troost und Albert Speer ausgewählt worden waren[30]. Im Vorfeld des Wettbewerbs erhielten die Teilnehmer eine Einführung, in der ihnen der „Gestaltungswille" der Machthaber vor Augen geführt wurde. Dafür fand am 11. November 1936 eine Besprechung in München mit Besichtigung der neuen Bauten am Königsplatz statt.

Um einer entsprechend großen Platzfläche in Weimar Raum zu geben, war der Umbau eines ganzen Stadtteils nötig. Mit der offiziellen Bekanntgabe des Forumsbaus war die Beseitigung des Parks vor dem Museum, großer Teile des Asbachgrünzugs und der Abriss mehrerer Altstadtquartiere, insgesamt 150 Häuser im Jakobsviertel, beschlossen. Damit sich die Bauten auf einem Höhenniveau liegend um einen Platz gruppieren konnten, mussten zudem umfangreiche Korrekturen an der Topographie des Geländes vorgenommen werden: das gesamte Areal wurde um vier bis acht Meter angehoben und anschließend planiert, insgesamt wurden 100.000 Kubikmeter Erdreich zur Auffüllung des Asbachtals angefahren[31]. Den Wettbewerbsvorgaben folgend, umgab Giesler den Platz allseitig mit Gebäuden, unter Einbindung des Landesmuseums in die Platzanlage. In der endgültigen Ausführungsplanung wurde der Platz im Süden vom „Gebäude des Reichsstatthalters und der Gauleitung", im Norden vom Haus der Gliederungen der NSDAP und im Osten vom Gebäude der Deutschen Arbeitsfront begrenzt. An der östlichen Stirnseite des Platzes war die „Halle der Volksgemeinschaft" angeordnet, die durch ihre Höhe und ihre architektonische Gestaltung als Hauptbau der Gesamtanlage ausgezeichnet war. Den Eingang zum Platz markiert ein Turm, dessen Höhe im Laufe des Baufortgangs immer mehr gesteigert wurde. Zum Schluss sollte er eine Höhe von ca. 70 Metern erreichen[32].

Grundsteinlegung zu den Parteibauten in Weimar.
Der Stellvertreter des Führers, Reichsminister Rudolf Heß, vollzieht am Feiertag der nationalen Arbeit in Weimar die Hammerschläge zur Grundsteinlegung der Bauten am „Platz Adolf Hitlers".

Abb. 13: Weimar:
Rudolf Heß vollzieht die Grundsteinlegung zu den Bauten am „Platz Adolf Hitlers", 1. Mai 1937
(im Bild oben rechts, Walther Felix Mueller)

Am 4. Juli 1936, drei Tage nach der Wettbewerbsentscheidung durch Hitler, erfolgte im Rahmen der 10-Jahrfeier des 2. Reichsparteitages der NSDAP der erste Spatenstich für die Bauten am nunmehr so genannten „Platz Adolf Hitlers". Zu dem Festakt nahmen am früheren Standort des Vimaria-Brunnens, wo das Architekturmodell in einem Schaukasten präsentiert wurde, Hitler und höchste Parteifunktionäre Aufstellung und unterstrichen damit die weit über die Weimarer Grenzen hinausgehende Bedeutung des Bauvorhabens.

Zur Grundsteinlegung am 1. Mai 1937, die Rudolf Heß vornahm, wurde die geplante Utopie – das Wechselspiel des großen Aufmarschplatzes mit den Gebäuden – bereits für einen Tag inszenierte Wirklichkeit. Auf dem planierten Platz traten Formationen der SS, SA, HJ, DAF und anderer NSDAP-Organisationen, insgesamt etwa 40.000 Personen, an. Hinterlegt wurde die Szenerie von einem steinfarben gefassten Holzmodell der Hallenfassade, vor dem eine Tribüne aufgebaut war. Der Grundstein wurde stellvertretend für die gesamte Anlage an der „Halle der Volksgemeinschaft" gelegt, deren zentrale Bedeutung damit unterstrichen wurde. Fahnenmasten markierten die äußere Begrenzung des Geländes.

Die in Film und Bild festgehaltene Veranstaltung lässt erkennen, wie das Regime gedachte, in Zukunft seine Festveranstaltungen in Weimar durchzuführen. In Anlehnung an das Münchner Bautenensemble war geplant, alljährliche Totenehrungen abzuhalten. Seitlich der Hallen-Eingänge wären Krypten in die Treppenanlage eingebaut gewesen. Sie sollten sich unter der Vorhalle hinweg bis zum Halleninnenraum erstrecken. Zum Platz hin sollten die Krypten, die den „gefallenen Nationalsozialisten des Gaues Thüringen" geweiht waren, durch zwei seitlich der Eingänge postierte Pylone und Grabplatten entsprechend in Szene gesetzt werden. Als erste große Zeremonie war beabsichtigt, die „Toten der Bewegung" des Gaues Thüringen in einer feierlichen Veranstaltung über die durch die Grabplatten verdeckten Öffnungen in die Krypten hinab zu lassen, in denen später alle im Verdienst der Partei stehenden Persönlichkeiten Thüringens beigesetzt werden sollten[33].

An der nicht gerade überzeugend wirkenden Haltung des Oberbürgermeisters Walther Felix Mueller, der auf einem Foto, das die Grundsteinlegung zeigt, oben rechts in Zivil gekleidet abgebildet ist, wird die Außerkraftsetzung kommunaler Selbstbestimmung sehr deutlich. Mueller, der 1935 noch offen die Frage gestellt hatte, ob die Einwohnerschaft von Weimar es begrüßen würde, dass ein solcher Riesenkomplex, der „die Gefahr in sich schließe, kasernenartig" zu wirken, im Asbachtal entstehe, wurde ein Jahr nach dem erfolgten Baubeginn durch den treuen Nationalsozialisten Robert Koch in seinem Amt abgelöst[34].

Nahezu zeitgleich setzten die Arbeiten zu dem letztlich größten Bauvorhaben des Nationalsozialismus in Weimar ein, dem Konzentrationslager Buchenwald. Am 15. Juli 1937 trafen auf dem Ettersberg die ersten 149 Schutzhäftlinge ein[35]. Damit erfüllte sich die Eingangs erwähnte Sendung Weimars als „Stadt der Rasse"[36] auf eine den Tod bringende Art und Weise. In einem an das Gauforum anschließenden Neubau, dem so genannten „Haus der Rasse"

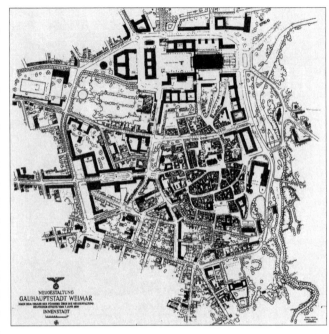

Abb. 14: Weimar: Neugestaltungsplan für die „Gauhauptstadt" Weimar, Planungsstand vom 27. Oktober 1942, Entwurf Büro Hermann Giesler (schwarz markiert die bereits vollendeten, im Bau befindlichen und geplanten Neubauten)

als integrativem Bestandteil eines neuen Regierungskomplexes, sollte dem „rassischen Denken, Planen und Handeln eine Heimat, ein ruhender Pol und ein würdiges Bollwerk geschaffen werden"[37]: „Von Chamberlain bis Ni[e]tzsche, von Gobineau bis Günther, von Peter Frank über Darwin und Galton bis Haeckel und andere mehr. Weimar aber würde seine große Tradition über das Nietzsche-Archiv hinaus fortsetzen und auch durch die Nordischen Theaterwochen, wie sie dieses Jahr begangen wurde, den rassischen Gedanken in die Kunst- und Geisteswelt hinaustragen helfen."[38]

Eine neue Planungsphase wurde im Juli 1939 mit der Anwendung des „Gesetzes zur Neugestaltung deutscher Städte" auf Weimar eingeleitet[39]. Ziel des Neugestaltungserlasses war die Einführung einer einheitlichen und geregelten Planung, um unter Ausschaltung kommunaler Befugnisse und in Einschränkung der privaten Eigentumsrechte die Umsetzung aller für die Partei angestrebten Projekte zu gewährleisten. Im August 1940 wurden die Befugnisse des Gauleiters und Reichsstatthalters Fritz Sauckel sogar noch durch einen zweiten Erlass erweitert. Dieser berechtigte ihn nun dazu, auch Gebiete außerhalb des Stadtgebietes in die städtebaulichen Neugestaltungen mit einzubeziehen[40].

Den Umfang seiner Bauvisionen zeigt ein Plan aus dem Jahr 1942, in dem neben den Gebäuden am Forum weitere dreizehn neue Einzelbauten und größere Bauprojekte verzeichnet sind, die für Institutionen der Partei sowie des Landes und der Kommune vorgesehen waren. Geplant war, die Altstadt durch Monumentalbauten, die entlang eines neuen Stadtrings entstehen sollten, einzufassen: das Gauforum wurde nun zum Zentrum einer neuen städtebaulichen Planung.

Abb. 15: Weimar: Menschenauflauf am neu erbauten Hotel „Haus Elephant", um Hitler zu sehen; Thüringer Gautage 1938.
Entwurf des Gebäudes Hermann Giesler

Der Impuls zum Umbau der gesamten Stadt wurde durch den Plan Albert Speers für die Neugestaltung der „Reichshauptstadt" (1936/1937) gegeben, der in ersten Details auf der Zweiten Deutschen Architektur- und Kunsthandwerks-Ausstellung 1938/1939 bekannt gegeben wurde. Dass die Architekturutopien der Machthaber allmählich das gesamte Stadtgebiet betreffen würden, hatte sich bereits 1938 mit dem Abriss und Neubau des Hotel „Haus Elephant" am Marktplatz abgezeichnet. Von Hermann Giesler, dem Architekten des Gauforums und persönlichen Vertrauensarchitekten Hitlers neben Albert Speer, ließ er sich an der Stelle des alten Hotels, das er bei seinen Aufenthalten in Weimar als Residenz nutzte, einen Neubau nach seinen Wünschen errichten. Hitler gab sich mit dem Neubau eine entsprechende Rednerkulisse für die spontanen Aufmärsche, wenn er hier gastierte. Dieser Funktion entsprechend erhielt das neue Hotel einen „Führerbalkon". Die Neubauten wirkten sich somit, wie im Fall des „Hotel Elephant," unmittelbar auf den Stadtraum aus, der dadurch zum Bühneraum werden konnte[41]. Die allmählich sich abzeichnende Okkupation des Stadtraumes, wie sie in Weimar von statten ging, wurde spätestens ab 1938 durch eine geregelte, das gesamte Stadtgebiet im Blick habende Planung abgelöst.

Auf die Planungen in den Gauhauptstädten wirkte sich die Großplanung für Berlin und weitere „Führerstädte" deutlich aus. Dies lässt sich am Beispiel der Neugestaltungspläne für Frankfurt/Oder ablesen. Die neuen Stadtentwürfe zeigen hier an, dass es 1937 nicht mehr vorrangig darum ging, die Partei im Stadtgefüge durch solitäre Platzanlagen zu repräsentieren, sondern mit den Gauforen sollte eine völlig neue Stadtstruktur geschaffen werden.

Für Frankfurt/Oder ordnete Hitler Anfang 1937 an, in direkter Angrenzung an das Stadtzentrum eine komplett neue Verwaltungsstadt zu errichten, deren Mittelpunkt das Gauforum sein sollte. Die Beweggründe Hitlers, in Frankfurt/Oder – die Stadt war keine Gauhauptstadt – ein Partei- und Verwaltungszentrum zu errichten, dessen Größe in keinem Maßstabsverhältnis zur Stadt stand, zielten sowohl auf Machtdemonstration im inneren als auch im äußeren Staatsgefüge ab. Zum einen war Hitler daran interessiert, Berlin zu dezentralisieren, zum anderen daran, an den noch bestehenden Grenzen seine zunehmende Macht zu demonstrieren. Das Forum und die Verwaltungsbauten sollten auf ausdrücklichen Wunsch Hitlers von der südlich von Frankfurt/Oder projektierten Autobahnbrücke über die Oder aus sichtbar sein und dem ins „Kernland" einfahrenden Menschen überdeutlich die neue Macht verdeutlichen. Mit dem veränderten Anspruch änderte sich auch die Architektursprache: Im Januar 1939 entschied sich Hitler für einen Entwurf, in dem vorgeschlagen wurde, anstelle des mittlerweile obligatorischen Turms ein Hochhaus für die Gauleitung zu setzen, das gleichzeitig als städtebauliche Dominante alle Gebäude der Stadt überragen sollte.

Als Architekturausdruck sollten die unverwechselbaren Gauforen die im Sinne des Nationalsozialismus vollendete Idee der „Volksgemeinschaft" symbolisieren[42], die sich hier als Arbeits-, Lebens- und Kultgemeinschaft zusammenfinden sollte. Im kontrollierten Stadtraum der Gauforen sollte der Gemeinschaftsgeist ständig wach gehalten werden.

Abb. 16: Frankfurt/Oder: Titelseite der Tageszeitung „Der Märkische Adler" vom 24. April 1939, Modell des „Gauforums", Entwurf Hans Mehrtens

Anmerkungen

1. *Plan zur Gründung eines Arbeits-, Tagungs- und Ausstellungsgebäudes „Haus der Rasse". Thüringisches Hauptstaatsarchiv. Finanzministerium 3710. Bl. 48-49 VS u. RS*
2. *Deutscher Festtag unter leuchtender Maiensonne. Im Gau Thüringen wachsen die Fundamente einer neuen Klassik. In: Thüringer Gauzeitung vom 3.5.1937*
3. *Karina Loos (1999): Die Inszenierung der Stadt – Planen und Bauen im Nationalsozialismus in Weimar. Dissertation an der Bauhaus-Universität Weimar. Fakultät Architektur. S. 49ff. Karina Loos gibt in dieser Arbeit einen nahezu lückenlosen Überblick über die gesamte Bautätigkeit, die in Weimar während der Zeit des Nationalsozialismus vorgenommen wurde, einschließlich aller Umbauten an bestehenden Gebäuden. Die Arbeit ist als elektronische Veröffentlichung über die Bibliothek der Bauhaus-Universität Weimar zugänglich. Sie bildet den bis dato umfangreichsten Quellenfundus zum Thema.*
4. *Finanzministerium 3710. Bl. 49 RS (siehe Anm. 1)*
5. *Antonio Peter (1995): Das Thüringische Landesamt für Rassewesen. In: Nationalsozialismus in Thüringen. Hg. v. Detlev Heiden u. Gunther Mai. Weimar, Köln, Wien. S. 314. Vgl. auch: „Kämpferische Wissenschaft" (2003): Studien zur Universität Jena im Nationalsozialismus. Hg. v. Uwe Hoßfeld. Weimar, Köln, Wien*
6. *Holm Kirsten (2001): „Weimar im Banne des Führers". Die Besuche Adolf Hitlers 1925-1940. Weimar, Köln, Wien. S. 21. Zu völkischen Tendenzen im Weimar vor 1933 siehe: Weimar 1930. Politik und Kultur im Vorfeld der NS-Diktatur (1998). Hg. v. Lothar Ehrlich und Jürgen John. Weimar, Köln, Wien*

7 Holm Kirsten: „Weimar im Banne des Führers". Siehe Anm. 6, S. 28ff. Über die Zeit des Nationalsozialismus in Weimar gibt es inzwischen eine umfangreiche Literaturliste. Einen Überblick gibt folgendes Buch: Klassikerstadt im Nationalsozialismus. Kultur und Politik in Weimar 1933 bis 1945. Hg. v. Justus H. Ulbricht (2002). Weimarer Schriften. H. 56

8 Deutscher Festtag unter leuchtender Maiensonne. Im Gau Thüringen wachsen die Fundamente einer neuen Klassik. In: Thüringer Gauzeitung vom 3.5.1937

9 Zum Ausbau der Gauhauptstädte Weimar, Dresden, Augsburg und Frankfurt/Oder siehe: Christiane Wolf (1999): Gauforen. Zentren der Macht. Zur nationalsozialistischen Architektur und Stadtplanung. Berlin

10 Vgl.: Holm Kirsten: „Weimar im Banne des Führers". Siehe Anm. 6, S. 29 und Justus H. Ulbricht: Von der Heimat zum „Trutzgau". Kulturgeschichtliche Aspekte der „Zeitwende" 1933. In: Das Dritte Weimar. Klassik und Kultur im Nationalsozialismus. Hg. v. Lothar Ehrlich, Jürgen John u. Justus H. Ulbricht (1999). Köln, Weimar, Wien, S. 163-217

11 Siehe hierzu: Christiane Wolf: Gauforen Zentren der Macht. Siehe Anm. 9 und Nobert Korrek, Justus H. Ulbricht, Christiane Wolf (2001): Das Gauforum in Weimar. Ein Erbe des Dritten Reiches. Vergegenständlichte Erinnerung 3, 2. unveränderte Aufl. Weimar. Katalog zur Dauerausstellung

12 Genaue Zeichnungsunterlagen hierzu sind nicht überliefert. Zu Details der Planung siehe: Karina Loos: Die Inszenierung der Stadt. Siehe Anm. 3, S. 54ff

13 Herman Giesler (1977): Ein anderer Hitler. Bericht seines Architekten Hermann Giesler. Erlebnisse – Gespräche – Reflexionen. 6. Aufl. Leoni am Starnberger See, S 121

14 Thüringisches Hauptstaatsarchiv Weimar: Finanzministerium 3711, Bl. 6

15 Bruno Nowak: Die Bauten am „Platz Adolf Hitlers". Die bauschöpferische Idee des Führers und ihre Verwirklichung. In: Thüringer Gauzeitung vom 15.5.1937. Noch stärker drückt sich die Anbindung Weimars bzw. der regionalen Führungsriege an den von Hitler propagierten „Bauwillen des Dritten Reiches" in den Zwischenüberschriften des Artikels aus: „Der Bauwille des Führers/Adolf Hitler und Fritz Sauckel – ein Weg ein Ziel."

16 Verkehrsverein Weimar (Hg.) (1938): Gauhauptstadt Weimar. Weimar. Umschlaggestaltung

17 Hermann Giesler: Ein anderer Hitler. Siehe S. 120ff

18 Friedrich Toepfer (1918): Deutsche Heldenehrung. Worte und Bilder. Weimar. Textbilder von Paul Klopfer mit Entwurf einer Kriegserinnerungsstätte von Stadtarchitekt Max Vogeler, Weimar

19 Thüringisches Hauptstaatsarchiv Weimar: Finanzministerium 3711. Bl. 6 und Stadtarchiv Weimar, Hauptamt 102-07-01: Rundschreiben an Weimarer Oberbürgermeister Dr. Mueller, Gauwirtschaftsberater Ministerialrat Eberhardt, Polizeipräsident Ortlepp als Beauftragten des Reichsstatthalters, Prof. Schultze-Naumburg, Ministerialrat Voigt und Stadtoberbaurat Lehrmann

20 Ebenda. Bl. 6

21 Protokolle der Bauberatungen und eine umfangreiche Korrespondenz haben sich in den städtischen Akten erhalten. Siehe hierzu: Stadtarchiv Weimar. 102-07/1. Vgl.: Andrea Dietrich (1997): Das thüringische Landesmuseum und das nationalsozialistische Gauforum 1933-1945. In: Neues Museum Weimar. Geschichte und Ausblick. Hg. v. Rolf Bothe (1997). Berlin, Weimar. S. 81ff und Christiane Wolf: Zentren der Macht. S. 68ff siehe Anm. 9 sowie Karina Loos: Die Inszenierung der Stadt. S. 52ff siehe Anm. 3

22 Zu den Planungen am Königsplatz siehe: Bürokratie und Kult – Das Parteizentrum der NSDAP am Königsplatz in München. Geschichte und Rezeption. Teil 1 Hg. von Iris Lauterbach. Teil 2 Hg. von Julian Rosefeldt, Pierro Steinle (1995). Veröffentlichung des Zentralinstituts für Kunstgeschichte München. Bd. 10. München, Berlin

23 Justus H. Ulbricht (2001): „Weimar ist unser Olympia geistiger Kraft". „Ilm-Athens" Festspielkultur – eine Annäherung. In: „Entartete Musik" 1938. Weimar und die Ambivalenz. Teil 2. Hg. von Hanns-Werner Heister (2001). Saarbrücken, S. 536-556

24 So gefordert im Ausschreibungstext zum Wettbewerb im Dezember 1934. Abdruck u.a. in den Dresdner Nachrichten vom 11.12.1934: „Der künftige Adolf-Hitler-Platz Dresdens neues Kulturzentrum". Vgl. Ausführliche Darstellung der Planung in Dresden bei Christiane Wolf: Zentren der Macht. S. 120ff

25 Die Verwaltung der Stadt Dresden 1934. Hg. Statistisches Amt der Stadt Dresden (1936). Dresden, S. 12

26 Vgl. Ausführungen zu den Planungen in den Gauhauptstädten Weimar, Dresden, Augsburg und Frankfurt a.Od. bei Christiane Wolf: Zentren der Macht; siehe Anm. 9

27 „Das Wort aus Stein". Propagandafilm um 1938. Kommentiert von Karl Arndt (1965): „Das Wort aus Stein". Begleitveröffentlichung des Instituts für den wissenschaftlichen Film zum gleichnamigen Film. Göttingen

28 Karl Arndt (1970): Filmdokumente des Nationalsozialismus als Quellen für architekturgeschichtliche Forschungen. In: Zeitgeschichte in Film- und Tondokumenten. Hg. Günter Moltmann u. Karl Friedrich Reimers (1970). Göttingen, S. 52

29 So Hitler in einer Ansprache an die „Alten Kämpfer" 1934. Vgl. Karl Arndt: Filmdokumente des Nationalsozialismus. Siehe Anm. 28, S. 52

30 Hermann Giesler. Ein anderer Hitler. Siehe Anm. 13, S. 119. Am Wettbewerb beteiligten sich folgende Architekten: Ernst Haiger, München; Friedrich Voigt, Weimar; Peter Birkenholz, München; Georg Schirrmeister, Jena; August Lehrmann, Weimar; Paul Schultze-Naumburg, Weimar; Kurt Jäger, München; Fritz Norkauer, Weimar und Hermann Giesler, Sonthofen. Von Dietz Brandi, Berlin, liegt kein Wettbewerbsbeitrag vor.
31 Thüringer Gauzeitung vom 23.6.1937. „Die Verlegung des Asbachkanals abgeschlossen"
32 Vgl. Karina Loos: Die Inszenierung der Stadt. Siehe Anm. 3, S. 71. Im Innern des Turmes war ein Raum für wahrscheinlich parteiinterne Kultveranstaltungen geplant.
33 Christiane Wolf: Zentren der Macht. Siehe Anm. 9, S. 103 u. 104. Norbert Korrek, Justus H. Ulbricht, Christiane Wolf: Das Gauforum in Weimar. Siehe Anm. 11, S. 45
34 Zur Kritik Muellers siehe: Erläuterungsbericht zum Projekt II. Stadtarchiv Weimar. Hauptamt 102-07/1
35 Norbert Korrek, Justus H. Ulbricht, Christiane Wolf: Das Gauforum in Weimar. Siehe Anm. 11, S. 47. Vgl. außerdem folgende Publikationen: Konzentrationslager Buchenwald. Post Weimar. Thüringer Katalog zur Ausstellung im Martin-Cropius-Bau Berlin. April bis Juni 1990. Weimar 1990; Karina Loos: Die Inszenierung der Stadt. Siehe Anm. 3, S. 231ff und Jens Schley (1999): Nachbar Buchenwald. Die Stadt und ihr Konzentrationslager 1937-1945. Köln, Weimar, Wien
36 Thüringisches Hauptstaatsarchiv: Finanzministerium 3710. Bl. 48. u. 49 RS. Siehe Anm. 1
37 Ebenda. Bl. 48 RS
38 Ebenda. Bl. 49 VS. In Erweiterung des Nietzsche-Archivs entstand nach Plänen von Paul Schultze-Naumburg die Nietzsche-Gedächtnishalle (1937-1940). Siehe hierzu: Karina Loos: Die Inszenierung der Stadt. Siehe Anm. 3, S. 178ff
39 Bundesarchiv Berlin R 43 II/1024. Bl. 70. Am 10. Juli 1939 wurde der Erlass im Reichsgesetzblatt veröffentlicht (RGBL 1939. Teil I. S. 987). Zur Neugestaltungsplanung Weimars siehe Ausführungen bei Christiane Wolf: Zentren der Macht. Siehe Anm. 9, S 112ff; Karina Loos: Die Inszenierung der Stadt. S. 132 ff und Norbert Korrek, Justus H. Ulbricht, Christiane Wolf: Das Gauforum in Weimar. Siehe Anm. 11, S. 63-65
40 Den Planungsutopien des Gauleiters waren infolge der Anwendung des Gesetzes auf Weimar keine Grenzen mehr gesetzt. Bereits am 12. Juli 1940 legte er beim Reichsarbeitsministerium mit der Bitte, seine Befugnisse über die Stadtgrenzen hinaus auszudehnen, ein umfangreiches Neugestaltungsprogramm vor, in dem insgesamt elf Bauprojekte, auch außerhalb des Stadtgebiets vorgesehen waren, u.a.: Die „Errichtung des vom Führer bereits gebilligten großen Seeprojektes in Verbindung mit der Reichsautobahn zwischen dem seit der ersten Nachkriegszeit eingemeindeten Vorort Oberweimar und den einzugemeindenden Vororten Taubach und Mellingen mit den dazugehörigen Bauprojekten, wie Bau eines Seehotels, eines großen Strandbades, eines von der Fritz-Sauckel-Stiftung ‚Leistung der Schaffenden' geplanten Arbeitererholungsheimes, eines Schwimmbades, Stadion und einer großen Umgehungsstraße". Bundesarchiv Berlin: R 43 II/1024 a. Bl. 94-95 VS und RS. Abschrift des Schreibens von Sauckel an den Reichsarbeitsminister vom 12.7.1940. Das Schreiben, das zusammen mit einem weiteren am selben Tag von Sauckel an Hitler gerichteten in den Akten der Reichskanzlei als Abschrift vorliegt, legte er Lammers als Abschrift zu einem Schreiben vom 21. August bei.
41 Vgl hierzu das in seinen Aussagen immer noch aktuelle Buch von Dieter Bartetzko (1985): Illusionen in Stein. Stimmungsarchitektur im deutschen Faschismus. Ihre Vorgeschichte in Theater- und Film-Bauten. Reinbek bei Hamburg (hier insbesondere den Abschnitt Bild und Bau – NS-Bauten als Schaubilder. S. 53ff)
42 Zur Ausformung der „Volksgemeinschaft" im Nationalsozialismus siehe: Franz Janka (1997): Die braune Gesellschaft. Ein Volk wird formatiert. Stuttgart, S. 181 ff

Abbildungsnachweis

Thüringisches Hauptstaatsarchiv Weimar: 1-4, 10-12, 14, 15
Stadtarchiv Weimar: 7, 13
Bauhaus-Universität Weimar, Professor Entwerfen und Architekturtheorie: 5
Stadtmuseum Weimar: 6
Reproduktionen: 9, 16

Frank Betker
Der öffentliche Raum in der „sozialistischen Stadt":
Städtebau in der DDR zwischen Utopie und Alltag

Öffentlichkeit, Straßen und Plätze 1950 und 1989

„Ihre höchste Bedeutung erhält die Straße in der Stadt dann, wenn sie zum Schauplatz von Demonstrationen (...) wird", und: „Auf den Plätzen im Stadtzentrum finden die politischen Demonstrationen (...) statt", so heißt es in den 16 „Grundsätzen des Städtebaus" von 1950, die für lange Zeit die Leitlinien des Städtebaus in der DDR gleichsam partei- und regierungsoffiziell darstellten[1]. Diese kleine Zitat-Auswahl benennt nicht nur zwei wichtige Typen öffentlicher Räume in der Stadt, um die es im folgenden geht. Sie markiert zugleich auch den Beginn und das Ende der DDR und betont, dass öffentlicher Raum nicht nur ein Synonym für allgemeine Zugänglichkeit ist, sondern auch etwas mit Öffentlichkeit zu tun hat.

Als sich am 25. und 26. Oktober 1989 in Rostock Architekten, Stadtplaner, Kunsthistoriker, Kulturwissenschaftler und Denkmalpfleger im Rahmen eines Herbstseminars der Zentralen Arbeitsgruppe „Umweltgestaltung" des Bundes der Architekten der DDR (BdA) des Themas ‚öffentlicher Raum' annahmen, wurde am Ende eine ernüchternde Bilanz gezogen. Der beteiligte Kulturwissenschaftler Peter Guth kommentierte später: „Es war nach 40 Jahren Existenz des Staates DDR nicht gelungen, die Konzepte für den öffentlichen Raum (in welchen Wandlungen sie sich auch in der zurückliegenden Zeit dargestellt haben mochten) erfahr- und nachvollziehbar umzusetzen." (Guth 1995: 381f.)

Zur gleichen Zeit zogen ca. 25.000 Rostocker in einem gewaltigen Demonstrationszug unter den Augen der Seminarteilnehmer quer durch die Innenstadt und interpretierten die Programmatik der 16 Grundsätze des Städtebaus von 1950 auf eigene Weise, indem sie Öffentlichkeit herstellten.

Der Oktober 1989 war ein außergewöhnlicher Monat, der in die Geschichte des öffentlichen Raums in Deutschland eingehen müsste. Innerhalb kürzester Zeit wandelte sich der Charakter des Raums in den Straßen und auf den Plätzen der Städte in der DDR. Es wandelten sich Zugänglichkeit, Kommunikations- und Artikulationsmöglichkeiten. In Halle an der Saale ließ sich das sehr gut beobachten. In den Tagen des 7. bis 10. Oktober beherrschte die Volkspolizei noch die Szenerie des also nur eingeschränkt ‚öffentlichen' Raums „Marktplatz". Es kam zu beliebigen Kontrollen, willkürlichen Festnahmen und Ausbrüchen staatlicher Gewalt. Als daraufhin die Bürger Halles massenhaft Kerzen in die Fenster ihrer Wohnungen stellten und die Staatsgewalt dagegen nicht vorging, war zumindest schon einmal die Schnittstelle zwischen ‚privatem' und ‚öffentlichem' Raum ‚erobert'. Eine nur wenige Tage später eingerichtete Mahnwache für die Inhaftierten des 9. Oktober im ‚allgemein zugänglichen' Freiraum um die Kirche St. Georg wurde dann zwar volkspolizeilich noch argwöhnisch beobachtet, die neue Institution Mahnwache konnte aber nicht mehr unterbunden werden (Völlger/Butzke 1999: 13ff, 45ff). Der Raum um die Kirche St. Georg wurde zu einem ‚öffentlichen' Kommunikationszentrum, in dem nun auch der Aufenthalt in Gruppen über drei Personen möglich wurde. Straßen und Plätze wurden so in jenen Tagen des Herbstes 1989 zu wahrhaft öffentlichen Räumen.

In welche Programmatik von „sozialistischer Stadt" und „ozialistischem Städtebau" war der öffentliche Raum in der DDR eingebunden? Im folgenden möchte ich einige Schlaglichter auf die städtebauliche Programmatik zum öffentlichen Raum im Kontext und kontrastiert mit dem Ideal von der „sozialistischen Stadt" in der DDR werfen. Damit soll ein Spannungsbogen markiert werden, der sich zwischen dem sozialistisch-visionären Anfang der DDR und dem realsozialistischen Alltag der letzten beiden Jahrzehnte, und durchaus auch zwischen sozialistischer und bürgerlicher Öffentlichkeit sowie zwischen sozialistischer und bürgerlicher Berufsethik bei den Experten für die räumliche Gestaltung des öffentlichen Raums, den Stadtplanern und Architekten, bewegt.

„Was ist nun das typisch Sozialistische an unserem Städtebau?"

In den Grundsätzen des Städtebaus von 1950 kommt ein Umgestaltungswille zum Ausdruck, der aus der Kraft des Neuanfangs schöpft. Es werden Visionen sichtbar, die durchaus als sozialistische Visionen bezeichnet werden können, auch wenn der Begriff ‚Sozialismus' zu dieser Zeit noch vermieden wird. Ein wichtiges Motiv lag sicherlich darin, die bürgerliche Dichotomie von Öffentlichkeit und Privatheit zu überwinden und aus ‚öffentlichen' Räumen im bürgerlichen Sinne ‚gesellschaftliche' Räume im sozialistischen Sinne zu machen – auch wenn dies immer nebulös blieb. Öffentliche Kommunikation und freie Meinungsäußerung waren jedenfalls ausgeschlossen, spätestens seit den Ereignissen im Juni 1953 galten sie gar als gefährlich. Dass letztlich eindeutig als solche zu identifizierende sozialistische Räume geschaffen wurden, kann man nicht behaupten, aber es wurden einige wichtige Zeichen gesetzt.

So sollten etwa die die Zentren der Städte vormals prägenden Handels- und sonstigen Einrichtungen des Kapitals nun durch die für die sozialistische Gesellschaft wichtigen und nicht weniger repräsentativ zu gestaltenden Gebäude der Kultur, Verwaltung und Politik ersetzt werden. Auch das Wohnen sollte wieder mehr Raum gewinnen und das Leben in den zentralen städtischen Räumen mitprägen. Von den öffentlichen Räumen sollte aber auch selbst eine visionäre Kraft ausgehen. Sie sollten Ausgangspunkte für wichtige strukturelle Entwicklungen sein.

In Nr. 9 der 16 Grundsätze von 1950 heißt es: „Die Plätze sind die strukturelle Grundlage der Planung der Stadt und ihrer architektonischen Gesamtkomposition." Die öffentliche Planung der Stadt geht also vom öffentlichen Raum aus, nicht von der privaten Parzelle. Das ist hier die kraftvolle Botschaft, die schon ein Stück Sozialismus und Antibürgerlichkeit vermittelt. Auch wenn im öffentlichen Raum nur das von der SED tolerierte oder gewünschte stattfinden sollte, nämlich vor allem die machtvolle Demonstration der herrschenden Klasse, des Proletariats, die Aufmärsche und Volksfeiern an Festtagen, so war damit ein Weg weg von der bürgerlichen Repräsentation, weg vom öffentlichen Raum als Bühne des Bürgers markiert. Zugespitzt könnte man auch von ‚Verarbeiterlichung' des öffentlichen Raums sprechen.

Auch die für die räumliche Planung der Stadt zuständigen Architekten und Städtebauer sollten sich an den Gedanken der Verarbeiterlichung gewöhnen. Als soziale Gruppe hatten es die Stadtplaner und vor allem der traditionsreiche Beruf des Architekten nicht leicht in der sozialistischen DDR, denn die Berufsgruppe galt bis zuletzt als bürgerlich. Sie gehörte einer zu bekämpfenden Schicht an. Ab etwa 1949/1950 startete eine Art Umerziehungsprogramm. Die kommunale Stadtplanung fand schon bald vorwiegend in großen „volkseigenen" Büros statt, die die Stadtplanungsämter und die freien Büros gleichermaßen ersetzten. Die Stadtplaner und Architekten waren aufgefordert, sich von diesen Büros anstellen zu lassen. Geregelte Arbeitszeit, Leistungslohn, Arbeitsteilung und Kollektivbewusstsein sollten auch für Architekten und Stadtplaner Merkmale einer industriellen, ‚verarbeiterlichten' Arbeitsweise werden (Betker 2004: Kap. 9, 10).

Bis in die 70er Jahre hinein war es immer wieder Thema, dass der Architekt wohl mit der ‚fabrikmäßigen' Arbeitsweise im Projektierungsbüro seine Schwierigkeiten hat (vgl. Ricken 1977: 151ff). Die Rationalisierung und zunehmende Arbeitsteilung, die die Industrialisierung des Bauwesens in der DDR auch von ihm verlangte, stand in einem merkwürdigen Kontrast zum Anspruch an den Beruf des Architekten und Stadtplaners, eine ganzheitliche Berufsauffassung zu vertreten und die „sozialistische Stadt" ‚als Ganzes' zu planen. Ein bis zum Ende der DDR nicht aufgelöster Widerspruch, genauso wie den Stadtplanern und Architekten bis zum Ende so etwas wie ein bürgerliches Stigma anhaftete.

Die Wende im Bauwesen ab Mitte der 50er Jahre war zwar von grundlegender Bedeutung für Architektur und Städtebau, hatte aber keine unmittelbar praktischen und programmatischen Auswirkungen auf die Gestaltung des öffentlichen Raumes. Die 16 Grundsätze blieben im wesentlichen weiterhin gültig, weshalb seitens der SED auch keine Anstrengungen unternommen wurden, neue offizielle Grundsätze zu proklamieren. Allerdings formulierten die Bauakademie und ihre Protagonisten immer wieder selbst Grundlegendes zum Städtebau. Die späten 60er Jahre, in denen auf den 20. Jahrestag der DDR hingearbeitet wurde, waren eine konzeptionelle Blütezeit des Städtebaus in der DDR. Der Chefredakteur der Fachzeitschrift „Architektur der DDR", damals noch „Deutsche Architektur", hatte auf dem Höhepunkt der sogenannten Zentrumseuphorie in einer Publikation des Jahres 1969 gemeinsam mit anderen die spannende Frage formuliert: „Was ist nun das typisch Sozialistische an unserem Städtebau in der gegenwärtigen Etappe?" (Krenz/Stiebitz/Weidner 1969: 17ff).

Die eigenen Antworten auf diese Frage sind allerdings enttäuschend: Sie verharren in häufig zirkulär anmutenden, das ‚Sozialistische' nur behauptenden Argumentationen und formulieren kaum mehr als die banale Grundanforderung an den Städtebau, vor allem Zweckmäßiges und Schönes zu produzieren. Sie reflektieren im wesentlichen nur den Stand der internationalen Diskussion und die gängigen Rationalitätskriterien der Stadtplanung.

Gleichwohl ist in diesem Satz durchaus ein hervorstechendes Merkmal eines sozialistischen, sich vom bürgerlichen abgrenzenden Städtebaus enthalten: das „einheitliche Ensemble". Es steht für die Abkehr vom individuellen Einzelhaus auf einer eigenen Parzelle, das seit dem Mittelalter ein Merkmal der (bürgerlichen) europäischen Stadt ist. Zwar habe es in der bürgerlichen Stadt früherer Zeiten auch schon Ensembles gegeben, jedoch könne die städtische Umwelt erst im Sozialismus „komplex" gestaltet werden. Von dem Grundgedanken ausgehend, dass „sich die Wesenszüge des sozialistischen Menschen nicht in Einzelgebäuden, sondern nur im städtischen Ensemble ausdrücken" ließen, bemühten sich

Abb. 1: 60er Jahre: „Sozialistisches Ensemble" Prager Straße in Dresden
Quelle: Andrä/Klinker/Lehmann 1981: 22

die Bauakademie und die Hochschulen des Landes darum, das „sozialistische Ensemble" idealtypisch und in scharfer Abgrenzung zu definieren (vgl. Bauakademie 1972: 61ff).

In der städtischen Realität jener Zeit markierte das Ensemble aber kein sehr deutliches Kriterium des Unterschieds zur bürgerlich-kapitalistischen Stadt im Westen. Dort fand zur gleichen Zeit ein innerer Stadtumbau statt, der nicht selten weit in historische Strukturen eindrang und ‚einheitliche Ensembles' schuf. Zwar noch nicht programmatisch, aber in der Praxis wurde allmählich undeutlicher, was den sozialistischen Städtebau, abgesehen von den zentralistischen Verfahren und Organisationsformen, dem zentral kontrollierten räumlichen Entwurf sowie der Bauausführung aus einer ‚volkseigenen' Hand, eigentlich prägen und vom westlichen unterscheiden sollte. Dennoch waren sich die Stadtplaner und Architekten jener Zeit noch sicher, dass sie an der „sozialistischen Stadt" bauten (vgl. Bach 1993).

Der „Fußgängerboulevard" in der sozialistischen Stadt

Das änderte sich allmählich in den 70er Jahren. Je mehr Traditionen und die Pflege des kulturellen Erbes ins Bewusstsein breiterer Schichten der Bevölkerung und auch verantwortlicher Funktionäre und Politiker drangen, umso differenzierter und distanzierter wurde mit dem Etikett „sozialistische Stadt" umgegangen. Wie Adelheid von Saldern und Alice von Plato in ihrer Studie über Herrschaftsrepräsentation in DDR-Städten am Beispiel der Kleinstadt Leinefelde herausfanden, wollte ein einflussreicher Teil der städtischen Öffentlichkeit anlässlich eines Stadtjubiläums lieber von „Stadt im Sozialismus", als von „sozialistischer Stadt" sprechen. „Wir waren doch keine sozialistische Stadt", sagte selbst ein Ratsvertreter (Plato 2003: 272f.; Saldern 2003: 386). Solche Haltungen blieben nicht ohne Folge für den öffentlichen Raum.

Ein öffentlicher Raum ganz besonderer Art geriet ab etwa Mitte der 70er Jahre ins Blickfeld der Politik und der Stadtplanung: der Fußgängerbereich in den Zentren der Städte. Die ersten neuerrichteten Ensembles ohne Fahrverkehr entstanden bereits in den Jahren 1959 bis 1965 in den Zentren der Städte Karl-Marx-Stadt und Dresden. Dann folgte ab 1965 der schrittweise Umbau der Leipziger Innenstadt zu einem Fußgängerbereich. Der Umbau der noch von Altbauten geprägten Kröpeliner Straße im Zentrum Rostocks zu einem „Fußgängerboulevard" 1968 war der erste dieser Art im altstädtischen Kontext. Aber erst in den 70er Jahren, dem „Fußgängerbereichsjahrzehnt" (Lehmann), mit dem damals mustergültigen Umbau der Klement-Gottwald-Straße in Halle, begann ein regelrechter Boom (Andrä/Klinker/Lehmann 1981: 10; Lehmann 1998; vgl. Topfstedt 1999: 546).

Ein wichtiges Kompendium zum Städtebau in der DDR von 1979 merkt an, dass Fußgängerbereiche immer wichtiger werden, dass sie sich „im In- und Ausland als sehr erfolgreicher Weg erwiesen" hätten (Bauakademie 1979: 144), ohne hier das ‚sozialistische' In- und Ausland besonders hervorzuheben. 1981 erscheint eine eigene Publikation dazu: „Fußgängerbereiche in Stadtzentren", von Klaus Andrä u.a. Vielleicht ist dem öffentlichen Raum in der sozialistischen Stadt niemals mehr Aufmerksamkeit zuteil geworden, als im Zusammenhang mit den Fußgängerbereichen.

Eine Aufmerksamkeit allerdings, die für die sozialistische Stadt eigentlich untypisch ist und die in ihrer Begriffsverwendung scheinbar auf Abwegen wandelte. Scheinbar deshalb, weil die Abwege auch als Indikator für Wandlungen im sozialistischen Selbstverständnis aufzufassen sind. Denn weit verbreitet war der Begriff „Fußgängerboulevard", der sich von der Idee einer sozialistischen Stadt geradezu distanzierte. Der „Boulevard" ist ein Kennzeichen bürgerlichen Städtebaus des 19. Jahrhunderts. Boulevards waren Prachtstraßen, oft Ringstraßen, die im 19. Jahrhundert auf geschliffenem Festungsgelände errichtet wurden. Dem französischen Begriff Boulevard liegt das niederländische „bolwerk" zugrunde. Unter dem Begriff der „Fußgängerzone" hatte dieser Typus von öffentlichem Raum auch im Westen für lange Zeit einen Platz auf der Agenda des Städtebaus[2].

Die Definition der Qualitäten innerstädtischer Räume im Standardwerk von Andrä u.a. lässt dann auch kaum noch etwas Sozialistisches erkennen. Qualitäten, die „unverzichtbare menschliche Ansprüche befriedigen" helfen, sind u.a.: „in Ruhe und ungefährdet spazieren, miteinander sprechen, sich etwas ansehen, entspannen; Kinder finden wieder Platz zum Spielen, Handelseinrichtungen können Verkaufstische auf die Straße stellen, Touristen können mit Muße Warenangebot und historische Sehenswürdigkeiten genießen. Zugleich entstehen günstige Bedingungen für anspruchsvollere Formen sozialer Kommunikation, für Aktionen und Erlebnisse in größerer Gemeinschaft." Unter diesen letztgenannten Formulierungen könnte durchaus auch schon die Öffentlichkeit des Oktober/November 1989 zu verstehen sein. Erst in zweiter Linie werden „Solidaritätsbasare", „Maifeiern und andere Jahrestage" als Ereignisse auf den Straßen und Plätzen der sozialistischen Stadt genannt (Andrä/Klinker/Lehmann 1981: 11f.).

Aber auch für die Neubaugebiete hatte die Gestaltung der öffentlichen Plätze und Verkehrsflächen als Fußgängerbereich oder -boulevard eine große Bedeutung. Das Beispiel

Magdeburg-Olvenstedt zeigt, wieviel Sorgfalt darauf verwendet wurde, auch wenn dies eine Ausnahme und Olvenstedt ein Vorzeigeprojekt war. Zur „grundlegenden städtebaulich-räumlichen Idee" für Olvenstedt gehörte zum Beispiel die „Anlage eines Fußgängerbereichs, der als öffentlicher Raum bzw. als kontinuierliche Raumfolge den gesamten Wohnkomplex durchzieht." (Autorenkollektive 1987: 98, 116ff) Ein Autorenkollektiv um den Dresdner Städtebau-Lehrer Heinz Schwarzbach schrieb in einem Lehrbuch 1986: „Durch solch eine Zone wird oft ein Wohngebiet erst städtisch." (Schwarzbach 1986: 60)

Es wurde immer wichtiger, dass sich der Städtebau an der Kategorie des ‚Städtischen' orientiert und weniger an der des ‚sozialistisch Städtischen'. Entsprechend detailliert werden den Studenten in dem Lehrbuch Anforderungen zur Gestaltung und Nutzung öffentlicher Räume nahegebracht, die so in jedem westlichen Lehrbuch zu jener Zeit auch gestanden haben. Begriffe wie „öffentlicher Raum" oder „öffentliche Nutzung" waren in den 80er Jahren nicht mehr mit einem Tabu behaftet. Bürgerliche Kategorien zogen mehr und mehr in den Sprachgebrauch ein. Der Sozialismus verflüchtigte sich aus dem Städtebau.

Abb. 2: 70er Jahre: „Fußgängerboulevard" Klement-Gottwald-Straße (heute Leipziger Straße) in Halle
Quelle: Andrä/Klinker/Lehmann 1981: 85

Fand nun mit den Fußgängerbereichen und -boulevards eine Art ‚Ver(klein)bürgerlichung' des öffentlichen Raums quasi als Umkehrung der ursprünglichen ‚Verarbeiterlichung' zu Beginn der 50er Jahre statt oder ging einfach nur die Utopie verloren? Die Honecker-Ära ging auch als Zeit in die Geschichte ein, in der soziale Sicherheit und die vor allem quantitative Befriedigung der alltäglichen Bedürfnisse einen politisch hohen Stellenwert hatten. Der Städtebau blieb davon nicht ausgenommen. Lutz Niethammer hatte die Wandlungen in den späten 70er und 80er Jahren genauso lapidar wie treffend charakterisiert: „Der Sozialismus verlor den Charme der Utopie und wurde real existierend." (Niethammer 1994: 109)

Kehrseiten und Ambivalenzen: Das Schicksal des sozialistischen Städtebaus und seiner öffentlichen Räume

Die im Jahre 1982 neu aufgelegten „Grundsätze für die sozialistische Entwicklung von Städtebau und Architektur in der DDR", beschlossen vom Politbüro der SED und vom Ministerrat und im Neuen Deutschland am 29./30.5.1982 publiziert, spiegelte diese Tendenz des realexistierenden Sozialismus bereits wieder. Sie transportierten keine Visionen mehr.

Unmissverständlich heißt es gleich im ersten Grundsatz: „Die sozialistische Entwicklung von Städtebau und Architektur wird vor allem von der Verwirklichung des Wohnungsbauprogramms geprägt." Und dieses definierte in erster Linie quantitative Vorgaben. Von 1973 bis 1990 sollten 2,8-3,0 Mio. Wohnungen neu gebaut oder modernisiert werden. Das hatte sogar für viele Neubausiedlungen am Stadtrand die Folge, dass dort aus Kostengründen oft auf Freiraumgestaltung und wichtige Teile der sogenannten gesellschaftlichen Einrichtungen (soziale, kulturelle und Versorgungsinfrastruktur) verzichtet wurde. Das war fatal für die „sozialistische Stadt", denn Begegnungsräume und Einrichtungen machten eine Neubausiedlung erst zu einem lebenswerten Stadtteil, in dem für die Bewohner mehr als nur Wohnen und Schlafen möglich war. Sie waren eine unverzichtbare Grundlage für die von Honecker unermüdlich propagierte „sozialistische Lebensweise" (Weiske 1991; Staufenbiel 1989).

Die Baupolitik der SED in dieser letzten Phase des Städtebaus in der DDR war sehr stark durch ökonomische Zwänge und sozialpolitische Opportunitäten geprägt. Immer weniger konnte das realisiert werden, was programmatisch auf der Tagesordnung stand, und nicht nur von Stadtplanern und Architekten gefordert, sondern durchaus auch von der SED auf Parteitagen proklamiert und in den Grundsätzen festgelegt wurde. Die Priorität wurde eindeutig auf die quantitative Planerfüllung gelegt.

Die ganzheitliche Entwicklung und Gestaltung der Stadt im Sozialismus, ob am Stadtrand oder in der Innenstadt, war nur noch für die Stadtplaner und Architekten identitätsbildend, quasi von berufsethischem Wert, galt aber nicht mehr in der Praxis. Das sozialpolitische Ziel, jedem DDR-Bürger eine Wohnung zur Verfügung stellen zu können, trat an dessen Stelle. Das war aber keine Vision mehr, sondern die längst überfällige Behebung einer Notlage. Viele Stadtplaner und Architekten empfanden das auch so und beklagten sich über die „Tonnenideologie", die hier zum Ausdruck kam, und über den Verlust an Qualität und Anspruch. Zudem wurde ihre fachliche Qualifikation in einem weitgehend industrialisierten Bauwesen immer weniger nachgefragt.

In wichtigen Publikationen jener Zeit kommt diese Reduktion jeglichen Anspruchs und das Eingeständnis, dass die „sozialistische Stadt" nach 35 Jahren Städtebau im Sozialismus immer noch nicht Realität ist, zum Ausdruck. Der Stadt- und Regionalsoziologe Siegfried Grundmann schrieb in seinem Buch „Die Stadt" von 1984: „Die Stadt der sozialistischen Gesellschaft, die ‚sozialistische Stadt', ist auch dann existent, wenn sich an den übernommenen baulich-räumlichen Strukturen zunächst nichts geändert haben sollte, wenn die übernommenen Strukturen mit neuem Inhalt ausgefüllt wurden." (Grundmann 1984: 207)

Es ist hier nicht der Raum, die „neuen Inhalte" zu reflektieren, von denen Grundmann spricht. Inwieweit nun ein sozialistischer Geist, ein sozialistisches Lebensgefühl tatsächlich in die sozialistische Stadt einzog, hängt natürlich nicht nur von der räumlichen Dimension ab, sondern auch von der sozialen, politischen und wirtschaftlichen. Sicher war die Stadt in diesen Dimensionen deutlich sozialistischer geprägt, als in der räumlichen. Zu denken wäre etwa an die Wirkungen, seien sie nun letztlich positiv oder negativ zu werten, die von der Annäherung der Klassen und Schichten, von Zentralismus und Parteiherrschaft sowie von der Planwirtschaft ausgingen (Betker 2004a; Häußermann 1996).

Zu diesem Zeitpunkt war es nicht abzusehen, dass sich an dem Zustand bald etwas änderte, dass sich die Hoffnung Grundmanns, der Sozialismus möge sich künftig „allseitig entfalten und in den baulich-räumlichen Strukturen der Stadt (...) vergegenständlichen" und die Stadt möge „in einer neuen, dem Sozialismus adäquaten Weise um- und ausgestaltet" werden, erfüllen könnte (Grundmann 1984: 209, 213).

Auch der zweite wichtige und in den Grundsätzen von 1982 verankerte Programmpunkt auf der Agenda des Städtebaus der 80er Jahre wirkte geradezu antisozialistisch. Denn der Erhalt und die Modernisierung der vorhandenen Altbausubstanz beschäftigte sich konservierend und nicht überwindend mit dem „bürgerlich-kapitalistischen" baulichen Erbe der Stadt. Auch war die ‚behutsame Stadterneuerung' und die Pflege des baulichen Erbes in den westlichen Ländern bereits eine

Abb 3: 80er Jahre: Versöhnung von sozialistischem Ensemble und bürgerlichem Einzelhaus: das Fünf-Giebel-Haus in der Kröpeliner Straße in Rostock
Quelle: Andrä 1996: 163

Selbstverständlichkeit. Abgrenzungen und prinzipielle Unterschiede zur Gestaltung der öffentlichen Räume in den westlichen Städten konnten so nicht begründet werden. Die Programmatik der Erhaltung und Modernisierung wirkte fast wie eine Rehabilitierung der alten, bürgerlich geprägten Europäischen Stadt und ihrer Qualitäten, nur dass eben diese Qualitäten nun allen Menschen in der Stadt zugute kommen sollten.

Die neue Aufmerksamkeit für die alte Stadt schärfte bei den Bürgern der Stadt und den kommunalen Stadtplanern und Architekten zugleich den Blick auf den Verfall der Altbausubstanz in den Städten. Es drängte sich geradezu ein Eindruck von Ambivalenz auf: Je mehr real die öffentlichen Räume vernachlässigt wurden und Verfall das Stadtbild dominierte, desto mehr war von offizieller Seite, zum Beispiel in den Grundsätzen des Städtebaus von 1982, von Stadtgestaltung, von „liebevoller Pflege", von „formschönen Gestaltungselementen", von der „Unverwechselbarkeit und Ausdrucksstärke städtebaulicher Räume" etc. die Rede.

Thomas Topfstedt hatte diesen Zusammenhang schon bezogen auf die Fußgängerboulevards aufgedeckt: „Vielerorts aber kamen die eiligen, jubiläumsorientierten Zurichtungen altstädtischer Hauptstraßen zu Fußgägerzonen über vordergründiges Stadtdesign nicht wesentlich hinaus oder erwiesen sich gar, wie die Einkaufsmeile des Klement-Gottwald-Boulevards in Halle/Saale, als Potemkinsche Dörfer, die den ungehinderten Verfall der Altstädte kaschieren sollten." (Topfstedt 1994: 18)

Rettung und Versöhnung: Sozialistisches Ensemble und bürgerliches Einzelhaus

Für die Stadtplaner und Architekten in den kommunalen Büros für Stadtplanung der größeren Städte in der DDR war jener „ungehinderte Verfall der Altstädte" eine der größten Herausforderungen in den 80er Jahren. Vor dem Hintergrund der ökonomischen Knappheit in der DDR und dem mit absoluter Priorität ausgestatteten Wohnungsbauprogramm war die Stadtplanung auf informelles Handeln und einen flexiblen Umgang mit planwirtschaftlichen Vorgaben angewiesen. Um zumindest Teile der Altstädte, historische Einzelhäuser und gründerzeitliche Altbauten zu erhalten und dort, wo Abriss nicht mehr zu vermeiden war, an den historischen Stadtgrundriss angepasste Strukturen zu realisieren, mussten oft ungewöhnliche Wege beschritten werden.

Die Stadtplaner und Architekten orientierten sich dabei in erster Linie an den gängigen, keineswegs spezifisch sozialistischen Rationalitätskriterien der Stadtplanung. Bewusst oder unbewusst, sie taten letztlich sehr viel dafür, dass die sozialistische Stadt und das Gesicht ihres öffentlichen Raums im letzten Jahrzehnt der DDR zunehmend wieder bürgerliche Züge annahmen. Das sozialistische Ensemble und das individuelle bürgerliche Einzelhaus wurden sowohl durch die Kombination von Alt- und Neubauten als auch durch die Struktur der Neubauten, die nun häufiger so gestaltet wurden, dass ein Einzelhaus erkennbar wurde, miteinander versöhnt.

Gerade in Halle wurden ab den späten 70er Jahren heftige Kämpfe um die Erhaltung alter Bürgerhäuser aus dem 16. bis 18. Jahrhundert geführt. Nachdem historische Bausubstanz vor allem in den 60er und auch noch in den 70er Jahren relativ hemmungslos und in breitem Konsens abgerissen wurde, um Platz für die sozialistischen Ensembles zu schaffen, änderte sich allmählich das Bewusstsein für den kulturellen Wert alter Gebäude. Darüber hinaus hatten Altbauten aber noch eine weitere wichtige Funktion für den Stadtgrundriss. Eine Strategie der Leitplanung in Halle war es zum Beispiel, ein besonderes Augenmerk auf bestimmte Altbauten in der Innenstadt im Kreuzungsbereich von Straßen und Gassen zu werfen. Mit ihnen sollte eine „städtebauliche Grundstruktur" definiert werden, um so Gebäudehöhen, Straßenfluchten und -querschnitte festzulegen. Es ging darum, „Ecken zu halten" und dann die Plattenneubauten, „die bei allem Bemühen um Individualität doch eine reichliche Portion Monotonie aufwiesen", so ein Hallescher Stadtplaner, „zwischen diese Ecken zu spannen"[3].

Die Stadterneuerung der 80er Jahre versuchte also nicht nur, den historischen Stadtgrundriss zu bewahren. Sie rehabilitierte auch das Einzelhaus, dem die Zuwendung des Architekten traditionell galt. Nach einer langen Periode des gleichförmigen Massenwohnungsbaus, der sich noch in den 70er Jahren auch in der Innenstadt über Parzellengrenzen hinweggesetzt hatte, wurde nun wieder mehr Individualität im Stadtbild sichtbar.

Der Berliner Architekt Michael Kny sagte, es war den Architekten in den 80er Jahren ein Anliegen, „unikate Projekte konkret für den vorgesehenen Standort" zu entwerfen und zu projektieren (Gärtner 1990). Das 1986 fertig gestellte Rostocker „Fünf-Giebel-Haus" war eines der eher seltenen innerstädtischen Beispiele für eine individuelle Lösung im Wohnungsbau, bei der ein kleines Ensemble realisiert wurde, das den öffentlichen Raum am Rostocker Universitätsplatz prägt und in dem auch das Einzelhaus zur Geltung kommt. Gleichsam paradigmatisch für die Versöhnung von sozialistischem Ensemble und bürgerlichem Einzelhaus steht auch die nur wenige Jahre zuvor realisierte Sanierung der Nördlichen Altstadt, die gleichwohl aber mit flächenhaftem Abriss eines Großteils der Altbausubstanz erkauft wurde.

Sicherlich haben in der sozialistischen Stadt der DDR und in ihren öffentlichen Räumen, aber auch durch das Handeln mancher Akteure Grundgedanken der Europäischen Stadt (Siebel 2004) überlebt. Letztlich erscheint so die grundlegendere Frage durchaus berechtigt, inwieweit auch die sozialistische Stadt in der DDR eine Europäische Stadt war. Geht man davon aus, dass sich in der Europäischen Stadt in jeweils unterschiedlicher Ausprägung einzelne Schichten und Phasen der Zeitläufte und unterschiedlichster gesellschaftlicher Formationen überlagern und nebeneinander erkennbar bleiben, dann war die Stadt auch zu DDR-Zeiten zweifellos eine Europäische Stadt. Deren Schicht der Jahre 1949 bis 1989 erfährt heute ebenfalls bereits neue Überlagerungen. Ein Prozess, der in vollem Gange ist, zum Teil und für manche als schmerzhafter Prozess, der zeigt, dass nach einem Formationswechsel mit den Hinterlassenschaften der vorangegangenen Formation mitunter nicht gerade feinfühlig umgegangen wird. Inwieweit die zu Wendezeiten neu gewonnene Öffentlichkeit des städtischen Raums bis heute weiter wirkt, oder ob sie wieder an Substanz verliert und gleichermaßen dem im Westen zu beobachtenden Strukturwandel unterworfen ist, bleibt eine offene Frage.

Anmerkungen

1 Vom Ministerrat der DDR am 27.07.1950 bestätigt und im Ministerialblatt der DDR vom 16.09.1950 bekannt gemacht; dokumentiert und kommentiert in: Hain 1995. Das erste Zitat stammt aus dem offiziösen Kommentar des Aufbauministers Lothar Bolz zum achten Grundsatz, das zweite Zitat ist dem sechsten Grundsatz entnommen. Für wie lange die 16 Grundsätze orientierend wirkten, ist umstritten. Erst 1982 wurden sie offiziell durch neue „Grundsätze" abgelöst.
2 Vgl. den Beitrag von Dirk Schubert in diesem Band.
3 In einem Gespräch des Autors 1994 in Halle. Vgl. zum folgenden Betker, 2004b: 310ff

Literatur

Andrä, Klaus; Klinker, Renate; Lehmann, Rainer (1981): Fußgängerbereiche in Stadtzentren. Berlin
Andrä, Klaus (1996): Städtebauliche Entwicklungen 1945-1989 im Osten Deutschlands. In: Bundesministerium für Raumordnung, Bauwesen und Städtebau, Deutsche Stiftung Denkmalschutz (Hg.): Alte Städte, neue Chancen. Städtebaulicher Denkmalschutz, Bonn, S. 163
Autorenkollektive (1987): Neue Wohnkomplexe in der DDR und der UdSSR, hg. vom Koordinierungsrat DDR/UdSSR. Berlin
Bach, Joachim (1993): Notate zur Planungsgeschichte Halle-Neustadts. In: Stadterneuerung als Prozess demokratischer und kultureller Weiterentwicklung, hg. vom Magistrat der Stadt Halle und der Projektgesellschaft mbH Dessau. Dessau
Bauakademie der DDR (Hg.) (1979): Städtebau. Grundsätze, Beispiele, Methoden, Richtwerte, Berlin
Bauakademie der DDR, Institut für Städtebau und Architektur; TU Dresden, Sektion Architektur (Hg.) (1972): Architekturtheoretische Grundbegriffe. Dresden
Betker, Frank (2004a): Die „sozialistische" Stadt in der DDR: zentral geplant, örtlich entworfen, plattengerecht gebaut. In: Timmermann, Heiner (Hg.): Das war die DDR – DDR-Forschung im Fadenkreuz von Herrschaft, Kultur, politischem System, Geschichtsforschung, Wirtschaft und Außenpolitik, Münster (im Erscheinen)
Betker, Frank (2004b): „Einsicht in die Notwendigkeit". Berufserfahrungen und Institutionen in der kommunalen Stadtplanung zu DDR-Zeiten und nach der Wende [1945-1994], Diss. (Ms.). Vaals/Oldenburg/Aachen
Bodenschatz, Harald; Post, Christiane (2003): Städtebau im Schatten Stalins. Die internationale Suche nach der sozialistischen Stadt in der Sowjetunion 1929-1935. Berlin
Bodenschatz, Harald; Stimmann, Hans: Die sozialistische Stadt: Weder neu noch fertig? In: Bauwelt Heft 44/1985, S. 1734ff
Gärtner, Peter (1990): Architekten. Zwei Interviews mit dem DDR-Architekten Michael Kny und mit dem Autor Thomas Knauf. In: Deutsche Bauzeitung 6/1990
Grundmann, Siegfried (1984): Die Stadt. Gedanken über Geschichte und Funktion. Berlin
Guth, Peter (1995): Wände der Verheißung. Zur Geschichte der architekturbezogenen Kunst in der DDR. Leipzig
Hain, Simone; Institut für Regionalentwicklung und Strukturplanung (Hg.) (1995): Reise nach Moskau. Quellenedition zur neueren Planungsgeschichte. Erkner/Berlin
Häußermann, Hartmut (1996): Von der Stadt im Sozialismus zur Stadt im Kapitalismus. In: ders.; Neef, Rainer (Hg.): Stadtentwicklung in Ostdeutschland. Opladen, S. 5-47
Häußermann, Hartmut; Siebel; Walter (1986): Soziologie des Wohnens. München/Wien
Krenz, Gerhard; Stiebitz, Walter; Weidner, Claus (1969): Städte und Stadtzentren in der DDR. Ergebnisse und reale Perspektiven des Städtebaus in der Deutschen Demokratischen Republik. Berlin
Lehmann, Rainer (1998): Entwicklung der Fußgängerbereiche in Altstädten der DDR. In: Die Alte Stadt 1/1998, S. 80-99
Niethammer, Lutz (1994): Erfahrungen und Strukturen. Prolegomena zu einer Geschichte der Gesellschaft der DDR. In: Kaelble, Hartmut; Kocka, Jürgen; Zwahr, Hartmut (Hg.): Sozialgeschichte der DDR. Stuttgart
Plato, Alice von (2003): Bedeutsame Ereignisse vor Ort. Denkmalsenthüllung, Gartenbauausstellung und Stadtneugründung. In: Saldern, Adelheid von (2003) (Hg.): Inszenierte Einigkeit. Herrschaftsrepräsentationen in DDR-Städten. Stuttgart, S. 145-274
Ricken, Herbert (1977): Der Architekt. Geschichte eines Berufs. Berlin
Saldern, Adelheid von (2003): „Alte und junge Stadt". Zur Ambivalenz der Erinnerungsorte sozialistischer Utopie in den 60er Jahren. In: dies. (Hg.): Inszenierte Einigkeit. Herrschaftsrepräsentationen in DDR-Städten. Stuttgart, S. 355-394
Schwarzbach, Heinz; Autorenkollektiv (1986): Blattsammlung Soziale Aktivitäten und Stadtgestaltung. Leipzig/Dresden
Selle, Klaus (2002): Was ist los mit den öffentlichen Räumen? Analysen, Positionen, Konzepte. Aachen/Dortmund/Hannover
Siebel, Walter (Hg.) (2004): Die europäische Stadt. Frankfurt a.M.
Staufenbiel, Fred (1989): Leben in Städten. Soziale Ziele und Probleme der intensiven Stadtreproduktion – Aspekte kultursoziologischer Architekturforschung. Berlin
Topfstedt, Thomas (1994): Stadtdenkmale im Osten Deutschlands. Leipzig
Topfstedt, Thomas (1999): Wohnen und Städtebau in der DDR. In: Flagge, Ingeborg (Hg.): Geschichte des Wohnens Bd. 5. Stuttgart
Völlger, Winfried; Butzke, Rainer (1999): Herbst in Halle. Zeugnisse zur sanften Revolution 89/90. Halle
Weiske, Christine (1991): Mit Abstand betrachtet – die Theorie der sozialistischen Lebensweise als soziologische Theorie. In: Nachrichtenblatt zur Stadt- und Regionalsoziologie, Nr. 2/1991, S. 38-44

Carsten Benke

**Das Stadtzentrum als unerfüllter Wunsch:
Defizite und lokale Spielräume bei der Gestaltung öffentlicher Räume in kleinen Industriestädten der DDR**

In der Programmatik des DDR-Städtebaus nahm die repräsentative Ausgestaltung des Zentrums der Städte, symbolisch und baulich betont durch die Anordnung der zentralen Einrichtungen gesellschaftlicher Kommunikation und staatlicher Herrschaft, eine herausragende Rolle ein (Flierl 1991: 59). Bereits in den 16 Grundsätzen des Städtebaus von 1950 wurde betont, dass das Stadtzentrum mit dem „Zentralen Platz" innerhalb der Stadt sowohl „der politische Mittelpunkt für das Leben" der Bevölkerung als auch der Standort der „wichtigsten politischen, administrativen und kulturellen Stätten" sein müsste. Hier sollten „die politischen Demonstrationen, die Aufmärsche und die Volksfeiern an Festtagen" stattfinden (Bolz 1951: 87ff).

Die baulichen Maßnahmen zur Ausgestaltung der öffentlichen Räume in den Innenstädten beschränkten sich jedoch weitgehend auf die wichtigen Aufbaustädte, die Bezirksstädte, die Hauptstadt und wenige Kreisstädte. Die Gestaltung der zentralen öffentlichen Räume in Kleinstädten war demgegenüber keine vorrangige Aufgabe des DDR-Städtebaus und vergleichsweise selten Gegenstand der fachlichen Debatten. Am Beispiel von kleinen, in der DDR neu entwickelten Industriestädten soll im Folgenden die Planungsgeschichte von zentralen öffentlichen Räumen und ihren Defiziten erörtert werden. Die lokalen Ansprüche im Spannungsverhältnis mit der zentralistischen Planung sowie die Formen der Bewältigung der ungelösten urbanen Defizite durch die Bewohner und die örtliche Verwaltung werden anhand der kleinen Industriestadt Ludwigsfelde betrachtet.

Kleine, neu entwickelte Industriestädte in der DDR

Neben den bekannten vier größeren Neustädten[1] erhielten etwa 30 weitere kleinere Orte während der DDR-Zeit den Stadttitel verliehen. Diese kleinen, zumeist industriell geprägten Städte waren keine planmäßigen städtebaulichen Neuanlagen mit ausgeprägter Gründungsutopie, sie gingen vielmehr aus der schrittweisen Überformung von älteren Siedlungsansätzen hervor. Meist waren die ursprünglichen Auslöser der Siedlungsentwicklung Industrieansiedlungen der Zeit um 1900 oder der 1930er Jahre. Nur selten führte eine bewusste Neuanlage von Industriestandorten nach 1949 bei älteren ländlichen Siedlungen zur Stadtwerdung wie in Leinefelde.

Diese Industriestädte und Industrieorte waren während der DDR-Zeit Zentren der Industrieförderung und des Wohnungsbaus. Der überwiegende Teil der Stadtstruktur wurde nach 1949 geprägt und auch ein Großteil der Bevölkerung wanderte erst nach dem Zweiten Weltkrieg in diese Orte, so dass sie in dieser Hinsicht ebenfalls „Neustädte" der DDR sind[2]. Vergleichbare bauliche und soziale Strukturen besaßen darüber hinaus zahlreiche Industriedörfer, die nie den Stadttitel erhielten, und Industriestädte, die erst kurz vor dem Zweiten Weltkrieg das formelle Stadtrecht erhalten hatten, ihre innere Stadtwerdung aber nicht abschließen konnten.

Als bedeutende Standorte der industriellen Produktion erfüllten industrielle Kleinstädte eine wichtige ökonomische Rolle in der DDR (Rosenkranz 1987: 11; Ostwald 1990: 179). Der Staats- und Parteiführung musste daran gelegen sein, die Grundlagen für die Industrieproduktion durch Infrastrukturausstattung und Wohnungsbau sicherzustellen. In ihrer baulichen Entwicklung blieben diese Orte jedoch trotz ihres quantitativen Wachstums unvollendet, das galt insbesondere für die bauliche und strukturelle Ausformung der Stadtmitten. Idealtypisch erfolgte die Fertigstellung von Zentrumsplanungen auch in den größeren Städten nicht. Die ausgedehnten, in der Nachkriegszeit freigeräumten Flächen für Zentrale Plätze wurden auch in vielen Bezirksstädten nicht völlig ausgefüllt (Durth/Düwel/Gutschow 1998: 60). Eine mangelhafte Vollendung der zentralen öffentlichen Räume zeigte sich selbst in den größeren Prestigeobjekten der „neuen sozialistischen Städte": In Hoyerswerda wurde der zentrale Platz nicht vollendet (Topfstedt 1999: 495), in Eisenhüttenstadt „blieb die Mitte leer" (May 1999: 323) und in der Schwedter Stadtmitte war es ein „Leben im Unfertigen" (Springer 2001: 77).

Dennoch war die Ausstattung mit urbanen Angeboten in diesen Orten und erst recht in den Großstädten weitaus besser als in den kleinen Industriestädten. Die städtebauliche Struktur dieser Industriestädte oder Industriesiedlungen zeigte eher den Charakter eines Nebeneinanders von älteren Siedlungsresten und Neubaugebieten um ein Werk. Insbesondere gestaltete öffentliche Räume fehlten in diesen Fabrikstädten meist völlig. Ihre urbane Entwicklung blieb defizitär, eine wirkliche Stadtwerdung gelang nur selten. Eine solche „defizitäre Urbanisierung" (Brüggemeier/Niethammer 1978: 138ff; Vonde 1989: 19ff) ist für neu entstandene und schnell gewachsene Industriestädte durchaus typisch und lässt sich unter anderen Rahmenbedingungen auch für das 19. Jahrhundert im Ruhrgebiet feststellen. Auch hier gab es „verhinderte Städte" oder „verspätete Städte", die auch lange mit Schwierigkeiten bei der Schaffung einer Stadtmitte zu kämpfen hatten (Reif 1993: 5, 177ff).

Schon kurz nach 1949 wurden in der DDR für die neuen industriellen Entwicklungsschwerpunkte zunächst umfangreiche Zentrumsplanungen erstellt, selbst für sehr kleine Industriesiedlungen, die auch später nie den formellen Status einer Stadt erhielten[3]. In Saßnitz, das als „Stadt der Fischindustrie" 1957 den Stadttitel erhielt, wurde Anfang der 1950er Jahre eine monumentale Platzanlage mit Rathaus, Haus der Parteien, Kulturhaus entworfen. Realisiert wurde schließlich nur das Hochhaus der Fischindustrie (Düwel 1995: 207). Ähnlich aufwändige Planungen gab es beispielsweise für die Stadtmitte von Hennigsdorf[4]. Auch hier entstanden schließlich nur drei Wohnhochhäuser, während der eigentliche Zentrumsbereich als Grünfläche freigehalten wurde (Neumann 2002: 50).

Die krisenhafte Entwicklung der 1950er Jahre, Wechsel in den städtebaulichen Leitbildern und mangelnde Ressourcen führten auch in den meisten anderen kleinen Städten schon um 1955 zur Streichung der teils sehr ambitionierten Zentrenkonzeptionen. „War man im Aufbauministerium bemüht, wenigstens für die Großstädte kontinuierliche Entwicklungslinien aufzuzeigen, so gerieten die kleineren Städte vielfach in Vergessenheit." (Düwel 1995: 217). Die Zentren dieser Orte dienten kaum zur staatlichen Repräsentation und waren für die zentrale Planung nicht von vorrangiger Bedeutung. Die pragmatischen Anforderungen einer Industrieansiedlung standen im Vordergrund. Für die kleinen Industriestädte galt der dritte Grundsatz der 16 Grundsätze des Städtebaus der DDR von 1951 – „Städte werden in bedeutendem Umfang von der Industrie für die Industrie gebaut" (Bolz 1951: 88) – in besonders ausschließlicher Weise.

Der in den 1960er Jahren in der DDR wieder verstärkte Aufbau von Stadtzentren betraf die kleineren Städte nur in Ausnahmefällen. Für einige kleine Industriestädte gab es in den 1960er und 1970er Jahren immerhin wieder Ansätze zur Planung eines Zentrums, wie z.B. in der Chemiestadt Premnitz[5], die aber letztlich nur sehr fragmentarisch umgesetzt wurden oder völlig scheiterten. Städtebau blieb für diese Städte bis zum Ende der DDR vor allem Industriesiedlungsbau. „Die Siedlungsstruktur mußte die Voraussetzungen für die Entwicklung von Großbetrieben und Kombinaten der Industrie schaffen und nicht umgekehrt." (Neumann 2002: 56) Hinter dem Wunsch nach öffentlichen Räumen stand letztlich kein mächtiger Akteur.

Die in den neuentwickelten kleinen Industriestädten ansässige Bevölkerung war durch den hier konzentrierten Wohnungsneubau für die Industriebetriebe und die zumeist besseren Konsumgüterzuteilungen durchaus privilegiert (Neumann 2002: 28f.). Damit unterschied sich dieser Typ von Kleinstädten deutlich von der überwiegenden Mehrheit der älteren Kleinstädte, sowohl in ländlichen als auch in altindustriell geprägten Gebieten, die eine gewachsene städtebauliche Struktur und öffentliche Räume besaßen. Diese Kleinstädte wurden jedoch von der Staatsführung weitgehend vernachlässigt und litten unter baulichem Verfall, eingeschränkter Versorgung und schlechter Wohnungsqualität (Hannemann 2003: 167).

Das Angebot von sozialen und technischen Infrastrukturen war in den Wohngebieten der neuen Industriestädte zumeist, wenn auch mit Zeitverzögerung, sichergestellt. Dennoch empfanden die Einwohner die Defizite der urbanen Entwicklung. Trotz der propagierten „sozialistischen Lebensweise", die zumindest idealtypisch eine umfassende infrastrukturelle Versorgung direkt im Wohngebiet bot und der großen Rolle der Industriebetriebe, die für das Alltagsleben der Menschen gerade in kleinen Industriestädten bestimmend waren (Neumann 2002: 57), blieb der Wunsch nach qualitätvollen Stadträumen des Konsums, der Kultur und Begegnung im Zentrum dieser Städte bei den Einwohnern lebendig. Auch wenn man in der DDR einen „massiven Bedeutungsverlust des Städtischen und der städtischen Öffentlichkeiten" konstatieren muss, blieb der städtische Raum ein wichtiger Bezug für die Menschen, da sich auch in den Städten der DDR das Alltagsleben „nicht allein zwischen Betrieb, Wohnung und Datsche abgespielt hat" (Saldern 2003a: 18).

Ludwigsfelde:
Die Stadt der Automobilbauer

Die Stadt Ludwigsfelde, wenige Kilometer südlich von Berlin, ist in Bezug auf ihre städtebauliche Struktur und Entstehungsgeschichte ein typischer Vertreter des Stadttyps der kleinen neuen Industriestädte der DDR. Ludwigsfelde, ursprünglich 1753 als friderizianische Weberkolonie gegründet (Birk 1986a: 10), blieb bis in die 1930er Jahre ein kleiner Ort mit wenigen Hundert Einwohnern. Die eigentliche Begründung als Industrieort erfolgte im Jahr 1936 als in der nördlich angrenzenden Genshagener Heide ein großes Flugzeugmotorenwerk des Daimler-Benz-Konzerns errichtet wurde (Kadatz 1993: 11ff). In dem wichtigen Rüstungsbetrieb waren zeitweise mit Zwangsarbeitern bis zu 15.000 Menschen beschäftigt (Birk 1986b: 20). Durch den Bau mehrerer Siedlungen mit Werkswohnungen

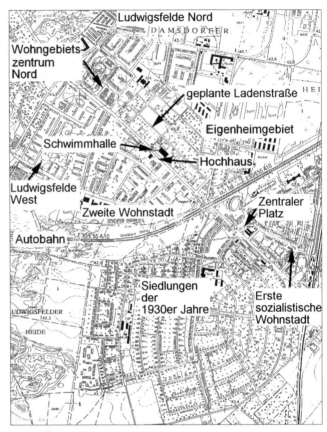

Abb. 1: Übersichtskarte von Ludwigsfelde
Quelle: Landesvermessungsamt Brandenburg 1993

wuchs der Ort bis zum Kriegsende auf etwa 5.000 Einwohner an. Der weitere Stadtausbau, insbesondere die Errichtung eines Ortszentrums unterblieb jedoch bis Kriegsende, so dass Ludwigsfelde lediglich den Charakter einer reinen Werkssiedlung behielt.

Nach der Zerstörung des Werkes und der folgenden Demontage der verbliebenen Produktionsanlagen wurde nach 1952 mit den Industriewerken Ludwigsfelde (IWL) erneut ein Großbetrieb angesiedelt, der zunächst für die wichtige Produktion von Schiffsdieselmotoren vorgesehen war. Der Städtebau in Ludwigsfelde blieb auch nach 1952 in erster Linie Industriesiedlungsbau. Für die neuen Arbeitskräfte der Industriewerke entstand die „erste sozialistische Wohnstadt des Bezirks Potsdam", in der Formensprache der Nationalen Bautradition (Noel/Walch 2000: 41). Die Wohnbebauung dehnte sich seit Anfang der 1960er Jahre mit dem Bau der „Zweiten Wohnstadt" des Ortes erstmals nördlich der durch den Ort verlaufenden Autobahn aus (Sauer 1959: 197). Parallel zur Ausdehnung der Produktion wurde seit den 1970er Jahren im komplexen Wohnungsbau das Wohngebiet „Ludwigsfelde Nord" errichtet, das sich in mehreren Abschnitten immer weiter nach Nordosten ausdehnte (Kadatz 1993: 27). 1960 lebten im Ort schon 13.000 Menschen, bis 1986 vergrößerte sich die Einwohnerzahl auf 23.000 (Birk 1986: 78). Als formelle Bestätigung des Bedeutungszuwachses erhielt der Industrieort 1965 den Titel „Stadt" verliehen

Abb. 2: Baracke des Rates der Stadt im Zentrum von Ludwigsfelde um 1989
Quelle: Birk 1999: 52

(Birk 1987: 23). Real war der Ort in den Bereichen der Entwicklung städtischen Lebens aber auch baulich-räumlich noch weit davon entfernt eine Stadt zu sein.

Durch die Trasse des Berliner Autobahnrings und einige innerstädtische Gebiete mit Einfamilienhausgrundstücken war der Ort von Anfang durch eine fragmentierte städtebauliche Struktur gekennzeichnet. Durch kurzfristige Bedürfnisse der Industrie, Planänderungen und neue Prioritäten der zentralen Organe wurden mehrfach Wohnkomplexe an der leichter zu erschließenden Peripherie errichtet, die die Struktur der Stadt weiter fragmentierten, während der Bau der Einrichtungen im Stadtzentrum nicht vollendet wurde. In der Mitte der Stadt blieb ein „Loch". Neben Konsumeinrichtungen fehlte insbesondere ein Rathaus. Der Rat der Stadt nutzte bis zum Ende der DDR eine Baracke der SS-Wachen des Zwangsarbeiterlagers der Kriegszeit, womit sich auch die weitgehende Machtlosigkeit des „lokalen Staatsorgans" innerhalb des zentralistischen Staatswesens und gegenüber der Dominanz des Großbetriebes vor Ort manifestierte.

Der Zentrale Platz in Ludwigsfelde ab 1952

Durch die Planungen der frühen 1950er Jahre schien zunächst eine ganz andere bauliche Entwicklung für den inneren Bereich des Ortes möglich zu sein. Am Rande der ersten „sozialistischen Wohnstadt" war ein monumentaler Zentraler Platz mit Rathaus, „Kulturpalast" und Hotel projektiert (Noell/Walch 2000: 41ff). Er wies ein Raum-, Bau- und Nutzungsprogramm auf, wie es in vielen anderen Städten der DDR unter dem Zeichen der Nationalen Bautradition vorgesehen war (siehe Durth/Düwel/Gutschow 1998: 75). Das architektonische Konzept des Zentralen Platzes folgte den Leitbildern der nationalen Bautradition, die hier gestalterisch allerdings sehr weit interpretiert wurden. Die Konzeption des Zentralen Platzes war primär auf staatliche Repräsentation und die Durchführung von Demonstrationen und weniger auf die Funktion als Konsumzentrum ausgerichtet. Dieses politisch motivierte Prinzip bestimmte die Gestaltung des zentralen öffentlichen Raums in den Städten der DDR in den frühen 1950er Jahre nachhaltig. „Kundgebungen dienten einer öffentlichen Inszenierung der Macht, und durch regelmäßige Wiederholung solcher öffentlichen Rituale sollte der Fortbestand der Macht gesichert werden" (Durth/Düwel/Gutschow 1998: 59).

Die Ludwigsfelder Platzanlage erscheint für die damalige Größe des Ortes weit überdimensioniert. Vom ursprünglichen Bauprogramm wurde bis 1956 nach gestalterischen Vereinfachungen nur das Kulturhaus des Industriewerks realisiert. Der Wechsel der Prioritäten nach dem 17. Juni 1953, Probleme der Industrieproduktion, die Konzentration auf den Wohnungsbau für das Werk und neue architektonische Leitbilder führten zur Aufgabe der

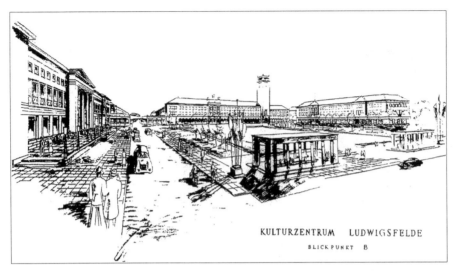

Abb. 3a: Planung für den Zentralen Platz in Ludwigsfelde, Stand 1953

Quelle: Stadt- und Verwaltungsarchiv Ludwigsfelde, ohne Signatur: Entwurfsbüro für Hochbau, Potsdam 1953; Vorlage nach: Noell, Matthias/ Walch, Uta (2000): Ludwigsfelde. Die Siedlung am Heinrich-Heine-Platz „Erste sozialistische Wohnstadt im Bezirk Potsdam". In: Brandenburgische Denkmalpflege 1/2000, S. 46

weitergehenden Planungen. Das Rathaus mit seinem monumentalen Turm, das geplante Hotel und die weiteren Freiraumgestaltungen wurden nicht mehr realisiert. Mit der Errichtung eines kleinen Kaufhauses nach einem neuen städtebaulichen Konzept kamen im Jahr 1960 die Hochbaumaßnahmen am Zentralen Platz für drei Jahrzehnte zum Erliegen. Trotz dieser fragmentarischen Vollendung besaß der Zentrale Platz durchaus wichtige Funktionen als öffentlicher zentraler Raum in Ludwigsfelde.

Neben der Rathausbaracke, die mitten auf der geplanten Platzanlage stand, befanden sich mit dem Kulturhaus, dem Kaufhaus und dem benachbarten Kino aus den 1930er Jahren bedeutende zentrale Einrichtungen in der Mitte der Stadt. Gestalterisch und funktionell blieb die Mitte der Stadt aber unvollendet und in ihrer Nutzbarkeit eingeschränkt.

Seit den späten 1950er Jahren schwindet in den kleinen Industriestädten ähnlich wie in den größeren Städten die einseitige politisch-symbolische Orientierung der Planung der Stadtmitte durch verbindliche Demonstrationsablaufpläne ebenso wie die Überbetonung der administrativen und kulturellen Funktionen (Topfstedt 1988: 49). Nun entstanden vermehrt Plätze mit gemischten Nutzungen, die anderen gestalteri-

Abb. 3b: Planungsvariante für das Verwaltungsgebäude am Zentralen Platz in Ludwigsfelde, Stand Februar 1953

Quelle: Stadt- und Verwaltungsarchiv Ludwigsfelde Nr. 694
Entwurfsbüro für Hoch- und Industriebau Erfurt, Februar 1953

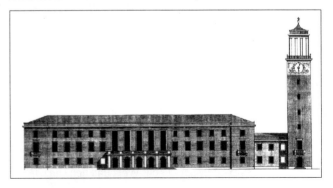

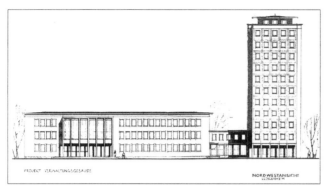

Abb. 4: Planung für ein Verwaltungsgebäude mit Ledigenheim am Zentralen Platz, 1956

Quelle: Bez. Pdm. Rep. 401; Bezirkstag und Rat des Bezirkes Potsdam Nr. 27725 Verwaltungsgebäude von Ludwigsfelde 1956

schen Prinzipien folgten und teilweise für Demonstrationen „geradezu ungeeignet" waren (Durth/Düwel/Gutschow 1998: 8). Der öffentliche Raum in den Städten der DDR blieb trotz der größeren Bedeutung von Konsumeinrichtungen auch weiterhin der – wenn auch häufig wenig gestaltete – Ort der staatlichen Repräsentation und insbesondere bei städtischen und staatlichen Festen war er Bühne der Inszenierung der Staatsmacht (Saldern 2003b: 389ff).

Die Zentrumsplanungen seit 1956

Die späteren Ludwigsfelder Zentrumsplanungen, die seit der zweiten Hälfte der 1950er Jahre weitgehend von den Planungsinstitutionen des Bezirks Potsdam erstellt wurden, besaßen eine den örtlichen Gegebenheiten angemessenere Dimension. Der gegenüber dem Ursprungskonzept verkleinerte Platz besaß mit 80 x 110 Metern allerdings immer noch eine für eine Kleinstadt gewaltige Dimension[6]. Der Bau des Kaufhauses folgte in seiner sachlichen Formensprache nicht nur einem neuen architektonischen Leitbild, sondern mit der stärkeren Rolle des Konsums auch einem neuen städtebaulichen und nutzungsstrukturellen Konzept. Weiterhin war der Bau eines Rathauses vorgesehen. Die Funktion des Rathausturms als Dominante der Stadtmitte ersetzte nun ein Hochhaus für ein Ledigenheim für Werksangehörige.

Nachdem die ursprünglich vorgesehene Hauptproduktion im Industriewerk gescheitert war, schien ab 1957 die Fertigung von Flugzeugtriebwerken dauerhaft Investitionsmittel nach Ludwigsfelde zu lenken[7]. Die Errichtung des Ortszentrums war für den Zeitraum des seit 1959 gültigen Siebenjahrplans fest vorgesehen. Zwischen Zentrale, Bezirk und Industriewerk wurde die Verantwortlichkeit für die Finanzierung der zentralen Einrichtungen Ende der 1950er und Anfang der 1960er aber immer wieder hin und her geschoben. Der Ort blieb dabei ein weitgehend ohnmächtiger Zuschauer.

Bald zeigte sich, dass die Finanzierung des Rathausbaus und des Hochhauses für den geplanten Zeitraum nicht gesichert war. Die Mittelzuweisung der zentralen Planung konzentrierte sich zunehmend auf die im Entstehen begriffene neue „Zweite Wohnstadt", die für die neuen Werktätigen der erweiterten Produktion dringend gebraucht wurde. In der Planung für dieses Wohngebiet war ebenfalls ein größeres öffentliches Zentrum mit Handwerkerhof, Läden des täglichen Bedarfs, einem Kino sowie einem Hotelhochhaus mit Gaststätte vorgesehen (Sauer 1959: 188). Durch mehrere Hochhäuser und weitere Einrichtungen entlang der Potsdamer Straße sollte über diese städtische Hauptachse eine funktionale und optische Verbindung mit dem noch unvollendeten „Zentralen Platz" südlich der Autobahn geschaffen werden. Dieses zweite Zentrum – wenige Hundert Meter

Abb. 5a und 5b:
Planung für das Zentrum der Zweiten Wohnstadt von 1958 mit Hochhaus, Kino und Einkaufsmöglichkeiten (Perspektive von der Potsdamer Straße und Draufsicht)

Quelle: Bez. Pdm. Rep. 406; Büro für Städtebau Potsdam Nr. 553 Teilbebauungsplan Potsdamer Straße in Ludwigsfelde 1959, Entwurfsbüro für Hochbau Potsdam, Abteilung Stadt- und Dorfplanung

vom Zentralen Platz entfernt – war ein klassisches Konsumzentrum, Herrschaftsrepräsentation stand hier nicht mehr im Vordergrund.

Nachdem auch die Produktionslinie der Triebwerksfertigung 1961 eingestellt worden war[8], kam es erneut zu erheblichen Stockungen in der Stadtentwicklung. Erst durch die Umprofilierung des Werkes ab 1963 zum LKW-Produzenten „IFA-Automobilwerke Ludwigsfelde"[9] gewann der Ort eine stabile und nun auch bis zum Ende der DDR andauernde Grundlage. Die Planungen für das nördliche Zentrum und für den Zentralen Platz wurden zunächst mit kleineren Modifikationen weiter verfolgt. Eine Bilanzierung neuer staatlicher Mittel erfolgte aber im Wesentlichen nur für die neue LKW-Produktion und den Wohnungsbau[10]. Zum Ausbau des nördlichen Zentrums kam es schließlich in den folgenden Jahren nicht mehr. Der Wohnungsbau erhielt immer größere Priorität, als sich am Ende der 1960er Jahre massive Schwierigkeiten bei der Wohnungsversorgung der zuziehenden Automobilarbeiter zeigten. Im zweiten Hauptzentrum wurden schließlich nur eine Kaufhalle und ein Hochhaus als symbolische Markierung des zentralen Bereichs errichtet, während die Platzgestaltungen und die funktionelle Verknüpfung mit dem eigentlichen Zentralen Platz nicht umgesetzt wurden. Insgesamt blieb das Zentrum der Zweiten Wohnstadt so ein zweites Fragment des öffentlichen Raumes in Ludwigsfelde. Auch zwei weitere kleine Subzentrum innerhalb der Zweiten Wohnstadt und ihrer westlichen Erweiterung wurden nicht oder nur unvollständig errichtet.

Der Streit um Ludwigsfelde-West und die weitere unorganische Stadtentwicklung

Die zentrale Planung in Berlin hatte an Ludwigsfelde in erster Linie ein industrielles und kein städtebauliches Interesse. Die städtebauliche Entwicklung im Rahmen der zentral zugewiesenen Mittel blieb im Detail den – ungleichgewichtigen – Aushandlungsprozessen von Bezirk, Kreis und Stadt sowie dem mächtigen Industriekombinat überlassen. Angesichts des industriellen Bedeutungszuwachses den Ludwigsfelde seit 1963 erfahren hatte, war in der Gemeindeverwaltung der Wille zur produktiven Mitwirkung an der eigenen

Stadtentwicklung groß. Die Möglichkeiten der lokalen Verwaltung ihre Ansprüche durchzusetzen, blieben durch die rechtliche Machtlosigkeit der kreisangehörigen Kommunen insbesondere in der Phase des hektischen Aufbaus, sehr eingeschränkt. Die Bereitschaft, auf die Anforderungen des Ortes einzugehen, war auf Seiten der für die städtebauliche Planung entscheidenden Bezirksinstitutionen angesichts der drängenden Anforderungen der politischen Zentrale und der Industrie gering. Außerdem verfügte die Stadtverwaltung bis in die 1970er Jahre hinein nicht über einen professionalisierten Verwaltungsapparat und eigene planerische Kapazitäten. Örtliche Büros für Stadtplanung, wie sie in den Bezirksstädten und einigen weiteren größeren Orten existierten (Betker 1999: 18), gab es in Kleinstädten nicht.

Dennoch nahmen weder die Verwaltung noch die Einwohner das Scheitern der Zentrumsplanungen passiv hin, sondern kritisierten die einseitig industriell dominierte Urbanisierung und unorganische Stadtentwicklung immer wieder. Ein Beispiel ist der Konflikt um die Bebauung von „Ludwigsfelde West". Da die kurzfristig zum Aufbau des Autowerkes vorgesehenen zusätzlichen Wohnungseinheiten nicht mehr im Gebiet der „Zweiten Wohnstadt" unterzubringen waren, wurde ein neuer, schnell mobilisierbarer Bauplatz benötigt. Die verantwortlichen bezirklichen Organe planten deshalb seit 1964 eine Erweiterung um „Ludwigsfelde West" an der leicht zu erschließenden städtische Peripherie[11]. Ursprünglich war im inneren Stadtgebiet ein weiteres Wohngebiet vorgesehen, das zum Zusammenwachsen der fragmentierten Stadt entscheidend beigetragen hätte. Allerdings wäre dieser Bauplatz erst nach Abräumung von Einfamilien- und Gartengrundstücken erschließbar gewesen. Der Ort wurde planerisch vor vollendete Tatsachen gestellt. Diese Nichtbeteiligung und die Bevorzugung des rein quantitativen Wohnungsbaus für die Industrie gegenüber der weiteren inneren Stadtwerdung stieß auf Unwillen der Mitglieder des Rates der Gemeinde. Sie konnten sich trotz zahlreicher Anläufe bis Anfang 1965 jedoch gegen die bereits geschaffenen Fakten und den pragmatischen Planungsansatz des Bezirkes nicht durchsetzen und mussten sich den neuen Sachzwängen ergeben und hinnehmen, dass es „sinnlos (ist), noch etwas im Rat zu sagen, da die übergeordneten Dienststellen ja doch machen, was sie für richtig befinden."[12]

Aufgehalten wurde die Planung noch einmal, als die Ludwigsfelder Gemeindevertretung Anfang 1965 nach lebhafter Diskussion ihre Zustimmung verweigerte. Dies war einer der ganz wenigen Fälle, in dem sie gegen die übergeordneten Organe so entschieden hervortrat und ganz explizit auf die Ansprüche der Bürger an ihre Stadt verwies. Abgeordnete befürchteten, dass „der Ort optisch gesehen zum Straßendorf wird". Die bisherige Bebauung sei ein „Krampf"[13]. Die Zusicherung einer späteren Bebauung in der Stadtmitte durch den Bezirk bezeichneten die Abgeordneten lediglich als „Trostpflaster". „Wer garantiert uns, dass es jemals in Nord weiter geht?"[14] Auch die Gemeindevertretung musste schließlich, wahrscheinlich unter weiterem Druck der Partei des Kreises und Bezirkes, zustimmen. Die zugesagten Bauten in der Stadtmitte, wurden auch in den folgenden Jahrzehnten zu Gunsten von immer weiter am Stadtrand gelegenen Bauplätzen nicht errichtet. Im gemeinsam von Stadt und dem Büro für Städtebau des Bezirks Potsdam seit Ende der 1970er Jahre erarbeiteten Generalbebauungsplan wurden die Ergebnisse dieser unorganischen

Entwicklung der Stadtstruktur im Rückblick realistisch beschrieben. Da Ludwigsfelde nicht als Gesamtkomplex geplant worden sei „ergeben sich auch unbefriedigende, im Nachgang nicht mehr optimal zu lösende Stadtfunktionen. (...) Auf Grund der flächenextensiven weiträumigen Bebauung sowie der für die Ausbildung der Potsdamer Straße zur gesellschaftlichen Hauptzone ausgewiesenen, aber nicht bebauten Zentrumsflächen ist ein städtisches Raummilieu nur in Ansätzen erkennbar" (Büro für Städtebau 1982: 13f.).

Der Wunsch nach dem „städtischen Charakter"

Das fehlende Stadtzentrum erschwerte den Stadtwerdungsprozess und auch die Identifikation der zahlreichen neu zugezogenen Bewohner entscheidend. Noch nach 1990 wurde die Wohnqualität und die starke Durchgrünung der Stadt von den Einwohnern gelobt, die fehlende städtische Qualität jedoch beklagt (Neumann 2002: 81ff; Liebmann 1997: 145). Die Versorgung mit Infrastruktur und Konsumgütern war trotz der auch dort vorhandenen Probleme quantitativ seit den 1970er Jahren nicht schlecht, insbesondere im Vergleich mit anderen Städten ähnlicher Größe. Nachteilig wirkte sich aber der Mangel an regulären Verkaufsräumen und die teils ungünstige Lage der Verkaufsstätten in der weitläufigen Stadt aus. Die Vorteile der „sozialistischen Lebensweise" im Wohngebiet mit der umfassenden Verschränkung von Wohnen und Infrastrukturangebot schwanden, wenn der Aufwand zum Konsum zu groß wurde und Möglichkeiten zur Geselligkeit im Stadtraum fehlten.

Rein quantitativ war auch das Kultur- und Freizeitangebot in der Stadt beachtlich. Das Kulturhaus, keine städtische, sondern eine betriebliche Einrichtung, offerierte für eine kleine Stadt ein breites Angebot. Dennoch war seine Qualität, die Struktur des Angebots und seine Nutzbarkeit ein ständiger Kritikpunkt von Verwaltung und Bürgern. Alternativen gab es nur wenige. Vor allem eine bauliche Ausformulierung einer kommunikativen Stadtmitte fehlte. Obwohl in den Eingaben Wohnungs- und Versorgungsfragen dominierten, wird der Wunsch nach einem „städtischen Charakter" und einem kompakten städtischen Konsum- und Kommunikationsbereich – meist als Ladenstraße tituliert – immer wieder nachdrücklich geäußert. Angesichts des Mangels an städtischen Qualitäten klagten die Bewohner schon 1953, dass man hier lebt „wie in einem kleinen Dorf."[15] Die Betriebszeitung des Werkes beschäftigte sich später wiederholt mit den urbanen Mängeln und resümierte die Ansprüche der Einwohner 1975: „Und doch haben sie wie jeder in den Häuserblocks das Bedürfnis nach Geselligkeit, Begegnungen oder einem Plausch außerhalb der vier Wände. Das ist nicht einfach in Ludwigsfelde!"[16] Die Defizite ihres Wohnortes wurden von den Einwohnern besonders empfunden, wenn sie andere Städte besuchten. Ein Stadtrat stellte 1964 fest, „daß uns andere Orte immer überlegen sein werden, da Ludwigsfelde keine Ladenstraße hat, die zu einem Schaufensterbummel einlädt, trotzdem das Angebot in unserem Ort nicht schlechter als anderswo ist."[17] Das Angebot in Ludwigsfelde war quantitativ deutlich besser als in den alten Städten, die hier zum „Schaufensterbummel" einluden, aber meist von Verfall und Defiziten gekennzeichnet waren. Die Ansprüche der Bewohner Ludwigsfeldes an die urbane Ausstattung waren jedoch hoch und vor allem durch die Nähe zur besser versorgten Bezirksstadt Potsdam, aber insbesondere durch die Nachbarschaft zur privilegierten Hauptstadt Berlin bestimmt.

Das weitgefächerte Vereinswesen, das auf betrieblichen Angeboten aber auch privaten Initiativen beruhte, prägte das Freizeitverhalten in der Stadt sehr nachhaltig und glich andere Mängel aus. Einfache Baracken als Jugendclubs und Gaststätten, häufig durch Vereins- oder Betriebsinitiativen ausgebaut, gewannen große Bedeutung für das Alltagsleben. Besonders wichtig für die Freizeitgestaltung war auch das Kleingartenwesen, das die Stadt auch bewusst durch weitere Flächenausweisungen förderte. Die Bewohner organisierten sich selbstständig, um Defizite durch gemeinsame Theater- und Kinobesuche in Berlin und Potsdam auszugleichen.

Initiativen der lokalen Verwaltung: Die Volksschwimmhalle

Die Bestrebungen der Gemeindeverwaltung bzw. der Stadtverwaltung, im Stadtzentrum eine dichtere Bebauung zu erreichen und Ludwigsfelde ein funktionsgemischtes Zentrum zu geben, blieben bis in die ersten Monate des Jahres 1990 ungebrochen. Auf zentrale Planungen bei der Schaffung oder Aufwertung des öffentlichen Raums konnte sich die Stadt nicht mehr ausschließlich verlassen. Die kommunalen Vertreter waren zwar besonders eng mit den Ansprüchen der Bevölkerung konfrontiert, die Ressourcen und rechtliche Möglichkeiten zur eigenen Lösung besaßen sie letztlich kaum. Die städtischen Akteure blieben in den staatlich-administrativen Zentralismus und die Parteidisziplin eingebunden; im Rahmen des Möglichen handelten sie jedoch als Vertreter ihrer Stadt. Gegenüber dem Bezirk und Kreis Zossen bestand lange Zeit eine ausgeprägte Konkurrenz um Einfluss und Ressourcen.

Die höheren Organe waren häufig unwillig dem ständigen Drängen Ludwigsfeldes, das man durch seine Rolle als industrieller Schwerpunkt ohnehin als gut versorgt ansah, nachzugeben. Wollte die örtliche Politik Einfluss geltend machen, war es nötig, hartnäckig Ansprüche zu verfolgen und im günstigen Augenblick eigene Vorstellungen anbieten zu können. Zu erweitern war der Spielraum durch die Mobilisierung der örtlichen Reserven und Initiativen der Einwohner und die Zusammenarbeit mit Betrieben.

Ein besonderes Beispiel lokalen Eigensinns ist der Bau der Ludwigsfelder Volksschwimmhalle, der 1969 bis 1973 gegen Desinteresse bzw. Widerstand des Kreises und des Bezirkes unter großer Kraftanstrengung der Stadt durchgesetzt wurde. Der Bezirk Potsdam war bereit, eine Halle zu unterstützen, keinesfalls jedoch in dieser Größe[18]. Der Stadt fehlten so die regulären Finanzmittel für den prestigeträchtigen Bau. Dennoch gelang die Realisierung als Initiativbau mit Hilfe der ansässigen Industrie, der Einwohner und der persönlichen Netzwerke. Zur Finanzierung dienten Haushaltsmittel, Spenden und eine Tombola. Für die Projektierungen fanden sich ansässige Fachleute. Bauarbeiten wurden von kommunalen Betrieben, der Feuerwehr und Bevölkerungsinitiativen durchgeführt. Durch Beziehungen konnten Mangelwaren, teils am Rande der Legalität, „organisiert" werden[19]. Mit dem Bau der Schwimmhalle an der städtischen Hauptachse, der später noch durch Café, Sauna und Kegelbahn ergänzt wurde, konnte die von der zentralen Planung nur fragmentarisch bebaute Stadtmitte aus Eigeninitiative mit den wenigen lokalen Möglichkeiten wenigstens partiell gestärkt werden.

Die Gestaltung und Nutzung des Stadtraums in den 1970er und 1980er Jahren

Nicht nur die zentralen öffentlichen Räume blieben vielfach von der übergeordneten Planung ungestaltet, auch die Straßenräume und Freiflächen innerhalb der Wohnkomplexe bildeten häufig nur vergessene Resträume des komplexen Wohnungsbaus, für die die bilanzierten Mittel nicht mehr ausgereicht hatten. Deren Ausgestaltung war weitgehend der lokalen

Abb. 6: Karnevalsumzug in Ludwigsfelde im Jahr 1987
Quelle: Birk 1990: 65

Eigeninitiative überlassen. Die Stadt begriff seit den 1980er Jahren vor allem die Errichtung von identitätsstiftenden Skulpturen in den Wohngebieten als eine der wenigen ihr zur Verfügung stehenden Möglichkeiten zur Ausgestaltung des öffentlichen Raumes. Für die Gestaltung von kleineren Platzanlagen, Brunnen und Baumpflanzaktionen in den Straßenräumen der Wohngebiete konnten die Einwohner, die Betriebe und ansässige Handwerker häufiger mobilisiert werden. Durch Eigeninitiativen wurden in den Innenbereichen der Wohngebiete Spielplätze und Grünräume angelegt, die sich großer Beliebtheit erfreuten. Sehr großen Unmut der Bewohner rief es hervor, wenn solche selbst geschaffenen Freiräume mit späteren offiziellen Planungen kollidierten und neuen Baumaßnahmen weichen mussten[20].

Die öffentlichen Räume in Ludwigsfelde wurden auch in den 1980er Jahren zur staatlichen Inszenierung während der wichtigen Feiertage genutzt. Sie waren ebenfalls die Kulisse der häufigen Staatsbesuche im LKW-Werk, die die Stadt aber nur kurz streiften. Insgesamt definierte sich der Stadtraum jedoch immer weniger als reine staatliche politische Bühne, sondern wurde stärker von genuin städtischen Nutzungen geprägt. Seit den späten 1970er Jahren schuf die Stadt eigene, von den Festspielen des Industriewerkes unabhängige Kulturfesttage im öffentlichen Raum. Auf städtischen Freiflächen wurden immer mehr Wochen-, Bauern- und Weihnachtsmärkte organisiert. Auch die Feier des Republikgeburtstages nahm mehr örtlichen Volksfestcharakter an. Der Karneval – in den 1960er Jahren ursprünglich in privater Initiative entstanden – wurde von der Verwaltung aufgegriffen und in den öffentlichen Raum hineingeholt. Seit 1984 feierte ihn die Stadt in großem Rahmen, mit Umzug und feierlicher Schlüsselübergabe am Rathaus (Carow 1989: 33ff).

Erweiterte Spielräume der 1980er Jahre

Die formelle Stadtwerdung und die kontinuierlich wachsende Bevölkerungszahl führten in den 1970er und 1980er Jahren zu steigendem städtischen Selbstbewusstsein, auch gegenüber den übergeordneten Organen. Die örtliche Verwaltung hatte sich professiona-

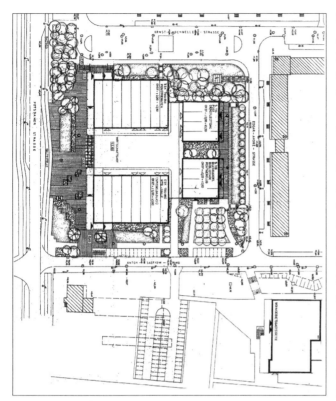

Abb. 7: Wohnkomplexzentrum Nord, Planungsstand 1980.
Der Komplex wurde später noch durch die Anlage eines Brunnens vor der Gaststätte ergänzt.

Quelle: BLHA Rep. 406; Büro für Städtebau Potsdam Nr. 560 Bebauungskonzeption Wohnkomplex Ludwigsfelde Nord, Teilkomplex II, 2. Bauabschnitt, Gesellschaftliches Zentrum 1980

lisiert und im Vergleich zu den ersten Jahren deutlich vergrößert und war nun auch in der Lage Planungsalternativen zu formulieren. Eine wichtige Grundlage der weiteren Stadtentwicklung war die durchgängig wichtige wirtschaftliche Rolle der Stadt für die Exportwirtschaft der DDR, die in den 1980er Jahren nicht unwesentlich durch die devisenträchtige Ausfuhr von Militärlastern an beide Parteien des ersten Golfkriegs bestimmt war. Diese Jahre waren in Ludwigsfelde ganz gegen den Trend in der DDR eine Zeit des Aufstiegs und des nachholenden infrastrukturellen Stadtausbaus. Die Spielräume erweiterten sich auch durch die über die Jahre herausgebildeten persönlichen Netzwerke mit staatlichen und wirtschaftlichen Institutionen in der ganzen Republik. Mit dem Büro für Städtebau Potsdam hatte die Stadtverwaltung ein enges Arbeitsverhältnis aufgebaut. So ließen sich auf der mittleren Ebene Gestaltungsmöglichkeiten eröffnen.

Die Planungen für den Zentralen Platz waren seit Ende der 1960er Jahre weitgehend zum Stillstand gekommen. Die Hoffnungen der Stadt richteten sich seitdem verstärkt auf den weiteren Ausbau der Potsdamer Straße als städtischer Achse in Richtung Norden, wohin sich durch die neuen Wohngebiete auch der Schwerpunkt der gesamten Stadtentwicklung verlagert hatte. Der weitere Ausbau der „Magistrale" unterblieb jedoch weitgehend. Nur im nördlichen Bereich war ein größeres Wohngebietszentrum für „Ludwigsfelde Nord" konkret vorgesehen. Nachdem auch dessen Realisierung zeitweise gefährdet war, konnte sich die Stadt hier erstmals bei einer Zentrumsplanung vollständig durchsetzen. Nach einigen Verzögerungen entstand ab 1983 ein Ensemble von Kaufhallen, Pavillons und einer Gaststätte als öffentlicher Raum mit großer Bedeutung für die nördlichen Quartiere.

Die Planung der „Ladenstraße"

Seit den 1970er Jahren entstanden zahlreiche Fußgängerzonen in historischen Innenstädten der DDR, bald auch in Neubaugebieten (Lehmann 1998: 95). Auch in Ludwigsfelde versuchte die städtische Politik der 1980er Jahre die Planung einer kleinen Fußgängerzone durchzusetzen und den lang gehegten Wunsch nach einem zentralen öffentlichen Raum, einer „Ladenstraße" und einer Möglichkeit zum „Schauerfensterbummel" zu erfüllen. Gegen viele Widerstände gelang es der Stadt gemeinsam mit dem Büro für Städtebau Potsdam im letzten Abschnitt des komplexen Wohnungsbaus von „Ludwigsfelde Nord" am lang versprochenen innerstädtischen Bauplatz eine Fußgängerzone mit Geschäften und Gastronomie einzuplanen[21]. Der „funktionsunterlagerte" Wohnungsbau orientierte sich zum Teil zur Potsdamer Straße im Anschluss an die schon bestehende Schwimmhalle, zum Teil zum parallel dazu vorgesehenen verkehrsberuhigten Bereich.

Diese Konzeption hatte nichts mehr mit staatlicher Repräsentation oder der Symbolisierung einer neuen Gesellschaftsordnung zu tun, sondern sie entsprach sehr genau den lokalen Vorstellungen. In den Worten des zuständigen Ludwigsfelder Stadtrates: „Ja, das ist die Ladenstraße, die ich da

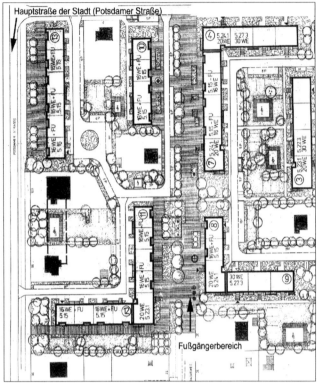

Abb. 8: Planung für eine Ladenstraße im Wohnkomplex Ludwigsfelde Nord TK III, 1988

Quelle: Büro für Städtebau beim Rat des Bezirkes Potsdam, Januar 1988
Bez. Pdm. Rep. 401 Bezirkstag und Rat des Bezirkes Potsdam Nr. 33116
Ludwigsfelde-Nord TK III /1 u. 2. BA

oben haben wollte. (...) So' nen richtigen Boulevard wollte ich da haben. Keen Auto, keen Fahrrad, sondern nur für die Leute, mit Café (...) und eben richtig ein städtisches Bild. Das war meine Vision."[22] Das städtebauliche Konzept folgte weder den großangelegten Platzplanungen der früheren Zeit noch der im komplexen Wohnungsbau üblichen additiven Kombination von Kaufhalle, Dienstleistunggebäude und Gaststätte. Vielmehr präsentierte sich hier das Programm einer kleinstädtischen Hauptstraße einer erträumten „Altstadt" Ludwigsfelde mit kleineren Geschäften für Schuhe und Spielwaren, einer Weinstube, einer Apotheke, Uhrenreparatur, Kosmetikladen und Boutique[23].

In der Nähe sollte außerdem später das Stadtmuseum und das neue Rathaus entstehen, für das die Stadt schon sehr pragmatisch mit Hilfe des Werkes Baumaterialien „organisiert" hatte. Die Finanzierung des Zentrums war weitgehend gesichert. Einige Widerstände kamen noch von dem an reiner Wohnungsbauquantität interessierten Wohnungsbaukombinat[24]. Die Stadt hatte alle Eigentumsprobleme gelöst und die Bauvorbereitung abgeschlossen, nur noch einige Entsorgungsfragen blieben ungeklärt, als die Wende der Umsetzung des letzten Vorhabens zur Schaffung eines Stadtzentrums in Ludwigsfelde zu DDR-Zeiten ein Ende setzte.

Schlussbetrachtung

In den kleinen Industriestädten der DDR blieb der Wunsch nach zentralen öffentlichen Räumen in der Mitte der Stadt erhalten. Die vorhandenen Qualitäten der Wohngebiete und die gute Versorgungslage konnten dieses Defizit nicht ausgleichen. Einwohner wie lokale Verwaltung sahen in ihren Städten mehr als lediglich Orte des Massenwohnungsbaus und der Industrieproduktion. Auch in der DDR galt, dass die Identität einer Stadt wesentlich durch die zentralen öffentlichen Räume definiert wurde. Die fehlenden Stadtzentren erschwerten die Integration der Zugewanderten erheblich. Im industriestädtischen Alltag mussten die durch die zentrale Planung verursachten Mängel von Stadtverwaltungen und der Eigeninitiative der Bürger soweit es ging ausgeglichen werden. Trotz aller erreichten kleinen Erfolge blieb die Stadtwerdung der kleinen Neustädte defizitär und unvollendet.

Nach der Wende erwies sich die starke Abhängigkeit der kleinen Industriestädte von nur einem Großbetrieb als fatal. Nach Schrumpfung oder Zusammenbruch der Industrie besitzen viele dieser Orte kaum noch eine wirtschaftliche Basis. Einige konnten dennoch ihre Stadtzentren komplettieren wie Hennigsdorf, Kitzscher und Premnitz und trotz wirtschaftlicher Probleme ihren städtischen Charakter zumindest baulich festigen. Ludwigsfelde entwickelte sich durch den erfolgreichen Erhalt seiner industriellen Basis wirtschaftlich weitaus positiver als die meisten anderen Vertreter dieses Stadttyps. Nach 1990 wurden entlang der städtischen Hauptachse zahlreiche neue Zentrumseinrichtungen gebaut. Auch ein Rathaus am Zentralen Platz konnte endlich errichtet werden. Dennoch blieb ein Teil der inneren Stadtbrache bis heute erhalten. Deren endgültige Gestaltung ist immer noch Gegenstand der städtischen Debatten in der Stadt, die in dieser Frage der Gestaltung des zentralen öffentlichen Raums nun nicht mehr von zentralstaatlichen Bevormundungen abhängig ist, allerdings auf das Interesse von Investoren angewiesen bleibt.

Anmerkungen

1 Halle-Neustadt, Eisenhüttenstadt, Schwedt und Hoyerswerda. Eine wirkliche selbstständige Neustadt bis zum Ende der DDR war allerdings nur Halle-Neustadt, während Hoyerswerda und Schwedt auf ältere Kleinstädte zurückgingen und Eisenhüttenstadt nur kurze Zeit als „Stalinstadt" eine eigenständige Neustadt war, bis sie mit der älteren Kleinstadt Fürstenberg/Oder vereinigt wurde

2 Z.B. Ludwigsfelde, Hennigsdorf, Großräschen, Lauchhammer, Premnitz, Schwarzheide, Hermsdorf, Leinefelde, Böhlen, Kitzscher, Lauscha, Lauta, Wolfen, Gröditz. In Falkenberg war die Stadtwerdung durch die Rolle als Eisenbahnzentrum bestimmt, in Saßnitz waren es die durch den Hafen bedingten Funktionen, in Eggesin vor allem die Rolle als Militärstandort.

3 Z.B. in Wildau. Brandenburgisches Landeshauptarchiv [im Folgenden BLHA] Bez. Pdm. Rep. 401 Bezirkstag und Rat des Bezirkes Potsdam Nr. 1632 Abt. Aufbau Stadt und Dorfplanung, Erläuterungsbericht zur Ortsplanung Wildau, 30.11.1951

4 BLHA Bez. Pdm. Rep. 401 Bezirkstag und Rat des Bezirkes Potsdam Nr. 1632 Abt. Aufbau Stadt und Dorfplanung, Stadtplanung 1951-54 Hennigsdorf, Ludwigsfelde, Fürstenberg, Ketzin, Zossen, S. 2

5 BLHA Bez. Pdm. Rep. 403 Büro für Territorialplanung Potsdam Nr. 168, Stadtplanung Premnitz 1964, S. 92

6 BLHA Bez. Pdm. Rep. 403 Büro für Territorialplanung Potsdam Nr. 222, Büro für Gebiets, Stadt- und Dorfplanung Potsdam, Generelle Stadtplanung Ludwigsfelde, S. 68
7 Außerdem wurden in Ludwigsfelde in der DDR sehr beliebte Motorroller hergestellt.
8 Bundesarchiv [im Folgenden BArch] DY 30 J VI 2/2–752, ZK der SED, Politbüro Reinschriftprotokoll Nr. 10 28.02.1961, Blatt 4
9 BArch DC 20 I/5–38, 11. Sitzung der Kommission für laufende Angelegenheiten vom 11.11.1963, Blatt 73
10 BArch DC 20 I/5–38, 11. Sitzung der Kommission für laufende Angelegenheiten vom 11.11.1963, Blatt 78
11 BLHA Bez. Pdm. Rep. 403 Büro für Territorialplanung Potsdam Nr. 222: Büro für Gebiets-, Stadt- und Dorfplanung Potsdam, Generelle Stadtplanung Ludwigsfelde Kreis Zossen Bezirk Potsdam, Potsdam, Dezember 1964, S. 67
12 Stadt- und Verwaltungsarchiv Ludwigsfelde [StadtAL] Nr. 171001 005, Rat der Gemeinde Ludwigsfelde 1964, 41. Sitzung des Rates vom 12.11.1964, S. 3
13 StadtAL Nr. 102005 005, Gemeindevertretung Ludwigsfelde 1965, Gemeindevertretung 1965 13. Sitzung vom 17.02.1965, Diskussionsbeitrag Abgeordneter Funke, S. 3
14 StadtAL Nr. 102005 005, Gemeindevertretung Ludwigsfelde 1965, Gemeindevertretung 1965 13. Sitzung vom 17.02.1965, S. 4
15 BLHA Bez. Pdm. Rep. 506 IFA Automobilwerke Ludwigsfelde Nr. 134, Aufbauleitung, Ludwigsfelde 29.10.1953, Protokoll über die Einwohnerversammlung des neuen sozialistischen Stadtteils, S. 2
16 Wie kulturvoll ist denn unser Alltag? Besuch bei der Familie Ebel. In: Start Betriebszeitung des IFA Automobilwerke Ludwigsfelde (1976) Nr. 11, S. 6
17 StadtAL Nr. 171001 005, Rat der Gemeinde Ludwigsfelde, Sitzung des Rates vom 26.11.1964
18 StadtAL Akte Schwimmhalle. Gesprächsprotokoll von Peter Schiller mit Herr Siegfried Striegler, am 20.02.1998 über den Bau der Ludwigsfelder Schwimmhalle
19 StadtAL Akte Schwimmhalle. Gesprächsprotokoll von Peter Schiller mit Herr Karl-Heinz Heinzelmann, am 12.04.1998 über den Bau der Ludwigsfelder Schwimmhalle
20 Ein in Eigeninitiative errichteter Spielplatz musste Mitte der 1970er Jahre einem Wohnblock weichen, der zwar in der Ursprungsplanung vorgesehen war, mit dessen Errichtung die Anwohner nach vielen Jahren nicht mehr gerechnet hatten. StadtAL Nr. 171001 015, Rat der Stadt Ludwigsfelde 1974, 9. Sitzung des Rates vom 3.10.1974, Eingaben zu geplantem Bau hinter dem Hochhaus
21 StadtAL Nr. 640, Bauamt, Wohnungsbau Ludwigsfelde Nord, TK III, 1. und 2. Bauabschnitt, Niederschrift über eine Beratung am 12.08.1987 beim R. d. Stadt Ludwigsfelde zum Vorhaben Ludwigsfelde, TK III
22 Interview F4 vom 17.3.2003
23 StadtAL Nr. 171001 029, Rat der Stadt Ludwigsfelde 1988, 119. Sitzung des Rates vom 8.12.1988, Protokollbeschluß Nr. 598/119/88
24 StadtAL Nr. 640, Bauamt, Wohnungsbau Ludwigsfelde Nord, TK III, 1. und 2. Bauabschnitt, Beratung zum WK Ludwigsfelde Nord, TK III am 20.11.1987

Literatur

Betker, Frank (1999): Handlungsspielräume von Stadtplanern und Architekten in der DDR. In: Barth, Holger (Hg.): Planen für das Kollektiv. Handlungs- und Gestaltungsspielräume von Architekten und Stadtplanern in der DDR, (Graue Reihe. Materialien des IRS 19) Erkner, S. 11-33
Birk, Gerhard (1986a): Ludwigsfelder Geschichte und Geschichten. Von der Entstehung bis zur sozialistischen Gegenwart, Teil I. Ludwigsfelde
Birk, Gerhard (1986b): Ein düsteres Kapitel Ludwigsfelder Geschichte: 1936-1945. Entstehung und Untergang der Daimler-Benz-Flugzeugwerke. Ludwigsfelde
Birk, Gerhard (1987): Ludwigsfelder Geschichte und Geschichten. Von den Anfängen bis zur sozialistischen Gegenwart, Teil II. Ludwigsfelde
Birk, Gerhard (1990): Ludwigsfelder Geschichte und Geschichten. Teil 4. Ludwigsfelde, S. 65
Birk, Gerhard (1999): Der weite Weg zum Rathaus. In: Gesellschaft für Arbeits- und Berufsförderung Ludwigsfelde (Hg.): Ludwigsfelder Geschichte und Geschichten. Teil 7. Ludwigsfelde, S. 52
Bolz, Lothar (1951): Vom Deutschen Bauen. Berlin
Brüggemeier, Franz-Josef; Niethammer, Lutz (1978): Schlafgänger, Schnapskasinos und schwerindustrielle Kolonie: In: Reulecke, Jürgen; Weber, Wolfgang: Fabrik – Familie – Feierabend: Beiträge zur Sozialgeschichte des Alltags im Industriezeitalter. Wuppertal
Büro für Städtebau Potsdam 1982, Generalbebauungsplan. Potsdam
Carow, Horst (1989): 20 Jahre Karnevalclub des VEB Instandsetzungswerk Ludwigsfelde. In: Gerhard Birk (Hg): Ludwigsfelder Geschichte und Geschichten. Teil 3.1, Ludwigsfelde, S. 33-36
Durth, Werner; Düwel, Jörn; Gutschow, Niels (1998): Architektur und Städtebau der DDR, 2. Band. Frankfurt a. M./New York

Düwel, Jörn (1995): Baukunst voran! Architektur und Städtebau in der SBZ/DDR. Berlin
Flierl, Bruno (1991): Stadtgestaltung in der ehemaligen DDR als Staatspolitik. In: Peter Marcuse, Fred Staufenbiel, (Hg.): Wohnen und Stadtpolitik im Umbruch, S. 49-65
Gartenschläger, H.; Büdke, R. (1990): Kleine Stadtführung in Sachen Kultur. In: Birk, Gerhard (Hg.): Ludwigsfelder Geschichte und Geschichten. Teil 4. Ludwigsfelde, S. 23-25
Hannemann, Christine (2003): Urbanistische Probleme und kulturelle Perspektiven der ostdeutschen Kleinstadtentwicklung. In: Clemens Zimmermann (Hg.): Kleinstadt in der Moderne. Ostfildern (Stadt in der Geschichte; Bd. 31), S. 157-182
Kadatz, Hans Joachim mit Rietdorf, Werner; Liebmann, Heike (1993): Ludwigsfelde – Porträt der siedlungs- und stadthistorischen Entwicklung, Institut für Regionalentwicklung und Strukturplanung [Typoskript]. Berlin
Landesvermessungsamt Brandenburg 1993, Amtliche Karte mit Ergänzungen
Lehmann, Rainer (1998): Entwicklung der Fußgängerbereiche in Altstädten der DDR. In: Die Alte Stadt 1/98, S. 80-99
Liebmann, Heike (1997): Modellfall Ludwigsfelde. In: Rietdorf, Werner (Hg.): Weiter Wohnen in der Platte. Berlin, S. 139-159
May, Ruth (1999): Planstadt Stalinstadt. Ein Grundriß der frühen DDR – aufgesucht in Eisenhüttenstadt. (Dortmunder Beiträge zur Raumplanung 92). Dortmund
Neumann, Peter (2002): Zur Bedeutung von Urbanität in kleineren Industriestädten – untersucht am Beispiel von Hennigsdorf und Ludwigsfelde im Umland von Berlin. (Münstersche Geographische Arbeiten, Bd. 45). Münster
Noell, Matthias; Walch, Uta (2000): Ludwigsfelde. Die Siedlung am Heinrich-Heine-Platz „Erste sozialistische Wohnstadt im Bezirk Potsdam". In: Brandenburgische Denkmalpflege 1/2000, S. 41-53
Ostwald, Werner (1990): Raumordnungsreport '90. Daten und Fakten zur Lage in den ostdeutschen Ländern. Berlin
Reif, Heinz (1993): Die verspätete Stadt. Industrialisierung, städtischer Raum und Politik in Oberhausen 1846-1929. Brauweiler
Rosenkranz, Christa (1987): Demographische und soziale Probleme der gesellschaftlichen Produktion und Entwicklung von Kleinstädten. Berlin
Saldern, Adelheid von (2003a): Herrschaft und Repräsentation in DDR-Städten. In: Dies. (Hg.): Inszenierte Einigkeit. Herrschaftsrepräsentation in DDR-Städten. (Beiträge zur Stadtgeschichte und Urbanisierungsforschung, Bd. 1) Stuttgart, S. 9-58
Saldern, Adelheid von (2003b): „Alte und junge Stadt". Zur Ambivalenz der Erinnerungsorte sozialistischer Utopie in den sechziger Jahren. In: Dies. (Hg.): Inszenierte Einigkeit. Herrschaftsrepräsentation in DDR-Städten. (Beiträge zur Stadtgeschichte und Urbanisierungsforschung, Bd. 1) Stuttgart, S. 355-394
Sauer, Heinz (1959): Bezirk Potsdam erhält ein neues Gesicht. In: Deutsche Bauakademie und Bund Deutscher Architekten (Hg.): Architektur und Städtebau in der Deutschen Demokratischen Republik, S. 187–204
Springer, Philipp (2001): Leben im Unfertigen. Die „dritte sozialistische Stadt" Schwedt. In: Barth, Holger (Hg.): Grammatik sozialistischer Architekturen. Lesarten historischer Städtebauforschung zur DDR, Berlin, S. 67-82
Topfstedt, Thomas (1988): Städtebau in der DDR 1955-1971, Leipzig
Topfstedt, Thomas (1999): Wohnen und Städtebau in der DDR. In: Flagge, Ingeborg (Hg.): Geschichte des Wohnens. 1945 bis heute – Aufbau Neubau Umbau, Band 5. Stuttgart, S. 419-562
Vonde, Detlev (1989): Revier der großen Dörfer. Industrialisierung und Stadtentwicklung im Ruhrgebiet. Essen

Ruth May
**Der öffentliche Raum:
Eine sozialistische Interpretation in Stalinstadt**

Stalinstadt in der Nähe von Frankfurt an der Oder kann für die frühe DDR als ihr Idealentwurf einer sozialistischen Industriestadt gelten. Bedeutsam ist die Leitidee, Städte vom öffentlichen Raum her zu entwerfen. Allein die Entscheidung, zu einem Eisenhüttenwerk eine Stadt zu bauen, und nicht etwa eine Siedlung für die Beschäftigten, verdeutlicht diesen Anspruch. Die sozialistische Gesellschaft ist eine urbane Gesellschaft – von dieser Setzung waren die „Sechzehn Grundsätze des Städtebaus" der DDR ausgegangen, und sie hat man in Stalinstadt/Eisenhüttenstadt zu realisieren versucht, um an einigen sehr markanten Stellen zu scheitern. Wenn es stimmt, dass die bürgerliche Gesellschaft von der Spannung zwischen Privatheit und Öffentlichkeit gelebt hat, so verwandelt sich letztere im Sozialismus zu einem allumfassenden, staatlich definierten Anspruch, der sich allerdings hinterrücks die privaten Nischen einer Kleingartengesellschaft einhandelt.

Der Aufsatz beschäftigt sich in einem ersten Teil mit den Bedingungen städtischer Öffentlichkeit und wirft anschließend einen kurzen Blick auf ihre Herausbildung in den Revolutionen von 1789 und 1917. Im weiteren werden die Städtebaugrundsätze der frühen DDR dargestellt und ihre Realisierung und Ergebnisse in Stalinstadt, heute Eisenhüttenstadt, mit ihren Implikationen für den öffentlichen Raum untersucht. Grundlage für den Artikel ist meine Arbeit über die „Planstadt Stalinstadt", die ebenfalls in der Reihe „Dortmunder Beiträge zur Raumplanung" erschienen ist (vgl. May 1999) und die Zusammenhänge der Planung ausführlich darstellt.

Städtische Öffentlichkeit

Zu den herausragenden Kräften, die das europäische Zivilisationsmodell haben hegemonial werden lassen, gehört die europäische Stadt. Sie ist die eigentliche Trägerin einer Zivilität, die aus ihrer Geschichte erst hervorgegangen ist. In ihr haben sich seit der Aufklärung die Sphären des Öffentlichen und Privaten herausgebildet, das Spannungsverhältnis von egoistischem Interesse und Gemeinwohl, zwischen Bourgeois und Citoyen, deren zuweilen explosives Verhältnis nur immer wieder durch die Inrechtsetzung des Letzteren über das Erstere gebändigt werden kann. Diese Spannung dynamisiert den Widerspruch, aus dem heraus sich in der der Privatsphäre zugerechneten Arbeit die Bürger im Abhängigkeitsverhältnis von Bourgeois und Arbeiter befinden, während sie gleichzeitig in der öffentlichen Sphäre als idealiter gleichberechtigte Citoyens agieren sollen. Zugleich erzeugt das Projekt ein geschichtsphilosophisches Dilemma: Während die einen immer wieder das Ende der Geschichte beschwören und dass alles erreicht sei, hoffen andere auf den Fortgang der Dinge, der ihre Belange als das „Unabgegoltene" einlösen werde.

Habermas entwickelt in seinem „Strukturwandel der Öffentlichkeit" die bürgerliche Öffentlichkeit als eine historische Kategorie: aus der Mitte der Privatsphäre heraus entsteht ein dichtes Netz öffentlicher Kommunikation, die Habermas ideologiekritisch aus der Spannung zwischen Idee und Wirklichkeit rekonstruiert[1]. Städtische Öffentlichkeit kann man sich ohne die französische Revolution nicht vorstellen. Die Konstitutionsmerkmale der bürgerlichen Gesellschaft sind ihr noch abzulesen, wenngleich sie modifiziert und verflacht sind. Dazu gehören die Versammlungsfreiheit und der relativ geringe Regulierungsgrad der Stadtbürger untereinander, der zum Beispiel deutlich wird, wenn man sich demgegenüber die mittelalterlichen Kleiderordnungen vor Augen führt. Allerdings gibt es subtilere Ordnungen, die aber anders, im Bewusstsein der Beteiligten nicht als Vorschrift, sondern als persönliches Signal gehandhabt werden – feine Unterschiede einer individuellen Ausdruckssprache, die auf die Wiedererkennbarkeit durch ihresgleichen setzt.

Die bürgerliche Öffentlichkeit hat sich in Institutionen wie Medien, Theater, Parlament, Gericht verfestigt, von denen ein öffentlicher, zivilgesellschaftlicher Raum zu unterscheiden ist mit einer organisierten (wie Veranstaltungen, Feste, Proklamationen, Parteiversammlungen, Demonstrationen) und einer unorganisierten Öffentlichkeit, deren Dramaturgie durch Stadtplanung und Architektur strukturiert wird. Die für die bürgerliche Gesellschaft konstitutiven öffentlichen Räume sind neben dem Gericht vor allem der Markt und das Parlament. Sie unterscheiden sich darin, dass sie eine unmittelbare, wie den Markt, oder eine mittelbare, in der Versammlung von Abgeordneten mediatisierte, demokratische Öffentlichkeit bilden.

Der öffentliche Raum ist zum Werberaum geworden. Das hat auch mit seiner Marktfunktion zu tun und betrifft in Sonderheit die Medien und die öffentlichen Plätze: Die städtischen Plätze und die Medien können und wollen ihre wirtschaftlichen Basisfunktionen nicht verleugnen. Werbung ist nichts anderes als Reize aufbieten. Es handelt sich um eine Nutzung von Öffentlichkeit, die nicht kommunikativ-verständig, sondern reiz-reaktionshaft funktioniert. Die Konsumforschung forciert diese Konditionierung. Mittlerweile ist sie zur Basis der gängigen empirischen Sozialforschung geworden.

Der öffentliche Raum ist aber nach wie vor durchaus der Raum der Politik: Jedenfalls ist er politisierbar. Öffentliche Räume sind durch eine merkwürdige Ambivalenz von Politik und Ökonomie bestimmt, tatsächlich sind sie wohl immer beides, Orte politischer und ökonomischer Veranstaltungen. Es gibt ruhige und heiße Phasen; in den ruhigen Phasen beherrscht die Ökonomie, in den heißen die Politik den öffentlichen Raum. Und mit dem Raum der Warenpropaganda in kapitalistischen Gesellschaften korrespondierte der Raum der politischen Propaganda im „realen Sozialismus", die – neben den Großbotschaften zu Frieden und Freundschaft – in den Selbstverpflichtungen der Belegschaften zum Erreichen und Übertreffen der Planziele immer auch einen ökonomischen Kern enthielten. Wurde in jener Gesellschaft das politische Räsonnement zusehends durch den Konsumerismus unterhöhlt, sollte es in dieser produktivistisch aufgeladen werden.

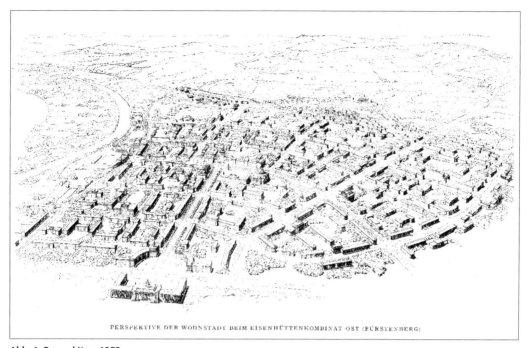

Abb. 1: Perspektive, 1952
Quelle: Leucht, Kurt W. (1952): Die sozialistische Stadt des Eisenhüttenkombinats Ost. In: Deutsche Architektur, H. 3

Wenn man das Verhältnis von Ökonomie und öffentlichen Räumen diskutiert, zum Beispiel an seinem bedeutsamstem Ort, dem Marktplatz, geht es immer um das Ende des Verwertungsprozesses, die Realisierung des Werts, und nicht um die Wertbildung: Es geht immer um Konsum, nicht um Produktion. Demgegenüber gehört die Produktion in bürgerlich-kapitalistischen Verhältnissen zum Privatbereich. Eine Betriebsöffentlichkeit wurde erst durch die Sozialdemokraten und Sozialisten gefordert, die betriebliche Öffentlichkeit steht unter dem Patronat des Unternehmers. Demgegenüber ist die Öffentlichkeit auf der Straße, dem öffentlichen Platz ihrer Idee nach egalitär. Gehandelt werden Meinungen wie Waren; Kaffeehaus und Kneipe (als die sozusagen klassischen intermediären Räume) bilden die Orte ihres Austauschs. Aber diese Orte sind auch gegenseitig exkludent: Wer hier das Wort führt, findet dort keine Sprache. Auch im Reich der Egalität herrschen die – anders als in der Ökonomie eindeutig geregelten Gesetze der zahlungsfähigen Nachfrage – subtileren Regeln der feinen Unterschiede (vgl. Bourdieu 1987).

Die Vorstellung von einer besonderen proletarischen Öffentlichkeit (vgl. Negt/Kluge 1972) in kapitalistischen Gesellschaften kann sich auf eine in den Erfahrungen des Produktionsprozesses wurzelnde Öffentlichkeit beziehen bzw. auf eine Gegenöffentlichkeit, die sich als eigenes Lager dem bürgerlichen gegenüberstellt. Die Opposition oder Separation äußert sich in politischen Organisationen und Vereinen, die darauf angelegt sind, eine eigene Kultur als Gegenkultur zu etablieren, mit eigener Publizistik etc. oder (wie zur Zeit der Sozialistengesetze in Deutschland) als klandestines Vereinsleben. Ihre Parteien haben ein Interesse, in die allgemeine Öffentlichkeit einzutreten, aber es handelt sich – zumal, wie in Deutschland, unter den Bedingungen des Verbots – bei den verschiedenen proletarischen

Organisationsformen um separierte Öffentlichkeiten. Die große Schwierigkeit besteht darin, die eigenen Erfahrungen und Interessen im selbst organisierten Erwerb von Wissen und Widerstand zu artikulieren und auf Dauer zu stellen. Peter Weiss hat in seiner „Ästhetik des Widerstands" diesen widerständigen Aneignungs- als Bildungsprozess zum artikulationsfähigen Subjekt thematisiert: „Untrennbar von der ökonomischen Begünstigung war die Überlegenheit des Wissens. Zum Besitz gehörte der Geiz, und die Bevorzugten versuchten, den Unbemittelten den Weg zur Bildung so lange wie möglich zu verwehren. Ehe wir uns Einblick in die Verhältnisse verschafft und grundlegende Kenntnisse gewonnen hatten, konnten die Privilegien der Herrschaft nicht aufgehoben werden. Immer wieder wurden wir zurückgeworfen, weil unser Vermögen des Denkens, des Kombinierens und Folgerns noch nicht genügend entwickelt war. Der Beginn einer Veränderung dieses Zustands lag in der Einsicht, daß sich die Hauptkraft der oberen Klassen gegen unseren Wissensdrang richtete. Seitdem war es das Wichtigste, uns eine Schulung zu erobern, eine Fertigkeit auf jedem Gebiet des Forschens, unter Verwendung aller Mittel, der Verschlagenheit und der Selbstüberwindung. Unser Studieren war von Anfang an Auflehnung. Wir sammelten Material zu unserer Verteidigung und zur Vorbereitung der Eroberung." (Weiss 1975: 53) Diese in der Sozialdemokratie des 19. Jahrhunderts Partei gewordenen Bestrebungen, ihr krisenhafter, durch Einheitsbeschwörungen und Spaltungen geprägter Verlauf sollte sich in den 20er Jahren, im Rückenwind der russischen Revolution, noch einmal stürmisch dynamisieren. Der „Kalte Krieg" hat die proletarische Lageröffentlichkeit im Innern zugunsten einer „nivellierten Mittelstandsgesellschaft" zerrieben, im Äußeren der bürgerlichen „Zivilgesellschaft" zugeschlagen. Im Verhältnis zur DDR wurde der deutsche Arbeiter sich selber Feind.

Die proletarische Öffentlichkeit ist Protestkultur, Organisation von Widerstand und Selbsthilfe. Ihr Raum ist der Stadtraum, sind die Straßen und Plätze der Stadt für Proteste oder vor dem Werktor zum Verteilen von Flugzetteln oder bei Streiks. Unbenommen davon, dass die DDR mit ihrer ersten Idealstadt einige Anleihen in den Traditionen der Arbeiterkultur nimmt, und unbenommen auch davon, dass sich in der Entwicklung der DDR durchaus eigene Merkmale einer „arbeiterlichen Gesellschaft" ausbilden (vgl. Engler 1999; Hain 2003), lassen sich die Konstitutionsbedingungen von Öffentlichkeit im „realen Sozialismus" nicht aus einer proletarischen Öffentlichkeit ableiten. Entscheidend waren viel mehr die Umstände der russischen Revolution von 1917 und die Ausbildung einer sozialistischen Staatlichkeit.

1789 und 1917

Die bürgerliche Gesellschaft hatte sich schon vor der französischen Revolution von 1789 herausgebildet; ihr „neuer Geist", die bürgerliche politische Öffentlichkeit, hatte die Gesellschaft bereits subversiv durchdrungen. Mit ihrer Losung von Freiheit, Gleichheit, Brüderlichkeit setzt die Revolution emphatische Ansprüche in die Welt – Freiheit der Versammlung, der Rede; Gleichheit vor dem Gesetz und in den Ansprüchen; Brüderlichkeit als solidarisches Prinzip einer Zivilgesellschaft, in der die Interessengruppen ihren Streit gewaltfrei, also nach Maßgabe der Geltung der besseren Argumente, um das Gemeinwohl

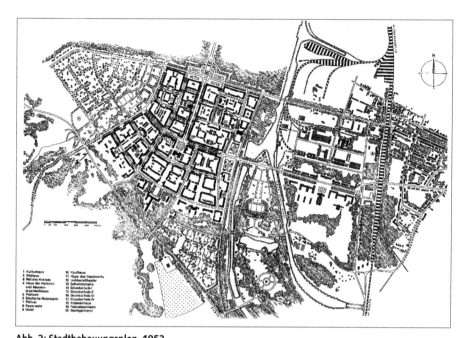

Abb. 2: Stadtbebauungsplan, 1953
Quelle: Leucht, Kurt W. (1957): Die erste neue Stadt in der Deutschen Demokratischen Republik. Planungsgrundlagen und -ergebnisse von Stalinstadt. Berlin

austragen. Als ihre großen Errungenschaften hat sie die Gewaltenteilung, die Gleichheit vor dem Gesetz und den Parlamentarismus, die gewählte Legislative durchgesetzt, und sie hat den Kapitalismus aus den „alten feudalen Fesseln" befreit. Die Machtasymmetrien, die durch die ökonomische Bürgerlichkeit entstanden sind, haben das Ideal von Öffentlichkeit als einer Sphäre, in der die Belange aller Bürger gleichberechtigt verhandelt werden, verzerrt. Aber die Idee einer sozialistischen Revolution konnte sich auf die nicht eingelösten Versprechen berufen, um diese, mit einem anderen Akzent, ins Werk zu setzen. So reklamiert die Sozialdemokratische Partei in Deutschland ein „bürgerliches Erbe", das es unverkürzt einzulösen gelte.

Die sozialistische Revolution in Russland ist allerdings aus den besonderen Bedingungen und Konstellationen eines Kriegs hervorgegangen. „Brot, Land und Frieden" war die zentrale Losung von 1917; Russland hatte vernichtende Niederlagen durch deutsche Truppen hinzunehmen, und vor diesem Hintergrund gewann die Leninsche Imperialismustheorie an Plausibilität: Russland sei das „schwächste Glied" in der Kette der imperialistischen Mächte, deshalb sei in Russland eine Revolution am leichtesten möglich – und indem man dieses schwächste Glied sprengt, werde der Imperialismus insgesamt, gewissermaßen dominohaft zusammenfallen[2].

Die Intention der Revolution von 1917 hatte nicht darin bestanden, eine sozialistische als nationale Staatlichkeit in Russland zu errichten. Aber der erwartete Effekt ist nicht eingetreten, statt dessen sortieren sich nach dem Krieg die Fronten gegen das sozialistische Russland. „Der entscheidende Umstand für Sowjetrußland war, daß sein neuer Herrscher, die bolschewistische Partei, niemals erwartet hatte, daß das Land in der Isolation überleben oder gar der Nukleus einer in sich abgeschlossenen, kollektivistischen Wirtschaft werden könnte (die Doktrin vom ‚Sozialismus in einem Land')." (Hobsbawn 1995: 469) Es trat die Notwendigkeit ein, das weltrevolutionäre Projekt zu verabschieden und das, was man zustande gebracht hatte, zu konsolidieren – und alle Fragen stellten sich neu.

Der zu konsolidierende Aufbau des Sozialismus stellt nicht nur aus legitimatorischen Gründen die soziale Frage in den Mittelpunkt. Vehikel sind Verstaatlichung bzw. Vergenossenschaftlichung des Eigentums und in ihrem Gefolge ein radikaler sozialer Egalitarismus, der auch die ländlichen und städtischen Mittelschichten erfasst. Zu ihrer Festigung wird die Machtausübung, zumal gegenüber einer feindlichen Umwelt, in Partei- und Staatsführung monopolisiert; hinzu tritt ein umgreifendes Modernisierungsprogramm, dessen Erfolge sich an den jeweiligen höheren Zielsetzungen der Planwirtschaft ablesen lassen. Was zunächst erhebliche Verluste und verschärfte Kämpfe im Innern erzeugt („Intensivierung des Klassenkampfs"), kann schließlich auf einige soziale und materielle Erfolge verweisen. Lenins Parole „Elektrifizierung plus Sowjetmacht" ist weithin die Richtschnur dieses Entwicklungspfades geblieben. Weiterreichende emanzipatorische Ansprüche in der Marxschen Perspektive, wonach „die freie Entwicklung eines jeden die Bedingung für die freie Entwicklung aller ist" (Marx/Engels 1981: 69), wie allumfassende Selbstbestimmung auf der Basis demokratischer Aushandlungsprozesse und kontrollierte Rechtssicherheit ebenso wie die Öffentlichkeit aller Entscheidungen und die Rechenschaftspflicht der jeweils Verantwortlichen wurden auf die Belange der zusehends mit sich identischen Partei- und Staatsführung zurechtgestutzt. Öffentlichkeit wurde mehr und mehr zur Akklamationsveranstaltung – und Medium sozialer und polizeilicher Kontrolle. Dass bei alledem das sozialistische Regime in einer Bevölkerung, die eben noch unter der Knute des Zaren gestanden hatte, breite Zustimmung erfuhr, ist gleichwohl nicht von der Hand zu weisen.

Vergleicht man die französische bürgerliche mit der russischen sozialistischen Revolution, kann man bei allen Unterschieden durchaus auch verwandte Momente feststellen. Sie sind unter anderem im Rückgriff auf die Nationalgeschichte angelegt, die der „Sozialismus in einem Land" unter Stalin vornimmt. Diese Anlehnungen finden ihre Parallele in identitären Symbolisierungen und in der Fixierung auf eine einheitliche politische Autorität in der französischen Revolution: „In der Vergöttlichung der Nation und ihrer *volonté générale* oder des Gesetzes als ‚Ausdruck des Allgemeinwillens', auch in der Beschwörung des ‚unsterblichen Gesetzgebers' (Robespierre) sollten die internen Konflikte der nachrevolutionären Gesellschaft durch eine quasi-transzendente Autorität gebannt werden. (...) Hier dominiert der Aspekt der Einheit und Handlungsmacht einer imaginären Nation gegenüber der Pluralität der real existierenden *société civile*. Im Namen der Nation werden die Bürger und ihre Assoziationen von außen in die von den Revolutionsführern verordneten Schranken ihrer soeben erlangten Autonomie gewiesen." (Rödel/Frankenberg/Dubiel 1989: 63) In der Inszenierung des öffentlichen Raums als eines Raums der Eintracht und Harmonie lassen sich die parallelen Integrationsbestrebungen erkennen[3]. Sie weisen darauf hin, wie die fortgesetzten sozialen und politischen Gegensätze mit ästhetischen Mitteln zum Verschwinden gebracht werden.

Abb. 3: Friedrich-Wolf-Theater (um 1960)
Quelle: Stadtarchiv Eisenhüttenstadt 953

Die Städtebaugrundsätze der frühen DDR

„Das Ziel des Städtebaus" – so heißt es in den Sechzehn Grundsätzen des Städtebaus der DDR von 1950 – „ist die harmonische Befriedigung des menschlichen Anspruches auf Arbeit, Wohnung, Kultur und Erholung" (dokumentiert in: May 1999: 98f.). Harmonie ist Auftrag und Sinngebung des Städtebaus. Sie kann aber, so die Auffassung in der frühen DDR, erst recht ins Werk gesetzt werden, wenn die Gesellschaftsordnung selbst als sozialistische harmonisiert worden ist. Erst jenseits der Klassengegensätze und mit der Vergesellschaftung des Eigentums ließe sich eine „sozialistische Menschengemeinschaft" (Ulbricht) bilden und mit ihr und für sie Städte, in denen die vormals gegensätzlichen Lebenssphären Arbeit, Wohnen, Kultur, Erholung harmonisch ineinanderfließen. Die Städtebaugrundsätze sind Teil des Aufbaugesetzes der DDR, mit dem sich der Staat an die Spitze der Stadtplanung setzt: Sie wird Teil einer volkswirtschaftlichen Gesamtplanung.

Der „reale Sozialismus" in der DDR basiert auf dem Fundament und der Entwicklung des sowjetischen nachrevolutionären Regimes, das sich dann auch für andere Länder als normleitendes System durchgesetzt hat. Das Ideal von Einheit und harmonischer Entwicklung nach innen korrespondiert in der DDR mit einem Lagerdenken, das historisch schon zuvor existiert hatte, sich aber im Ergebnis der Teilung Deutschlands universalisiert und in den beiden deutschen Staaten als ein besonderes Selbstverständnis von Öffentlichkeit etabliert. Die Gegensätze, Lager oder gesellschaftlichen Alternativen werden exterritorialisiert: zentrale Wirtschaftsplanung oder Marktwirtschaft, Sozialismus oder Kapitalismus, Diktatur des Proletariats oder parlamentarische Demokratie stehen sich als zwei Staaten gegenüber, die jeweilige Opposition im eigenen Land wird mit dem anderen, dem ‚Feindstaat' identifiziert. Opposition rückt in die Nähe des Landesverrats (vgl. Brückner 1984). Wesentlich für die Entwicklung des Selbstverständnisses der DDR-Gesellschaft war sicherlich, dass die Bevölkerung den sozialistischen Umbruch nicht selbst herbeigeführt hat und dass der „externe Feind", die Bundesrepublik immer attraktiv war. Sigrid Meuschel macht darauf aufmerksam, dass es in der Geschichte der DDR immer wieder Ansätze zivilgesellschaftlicher Entwicklung in Ökonomie, Wissenschaft, Rechtsstaatlichkeit, im bürgerschaftlichen und literarischen Engagement gegeben habe, diese aber vergleichsweise verhalten geblieben seien und wirft (mit guten Argumenten) die Frage auf, inwiefern dies mit der deutschen politischen Kultur, einer apolitischen Selbstkonzeption zu tun habe (vgl. Meuschel 1992). Manches spricht dafür, dass ein „Wille zur Harmonie" in Traditionen einer sich als unpolitisch begreifenden Kultur angelegt war und dass die DDR ihre Legitimation auch aus solchen Quellen bezogen hat, wenn sie glaubte, damit die eigene Sache zu befördern oder zumindest das Publikum zu befrieden (vgl. May 1999: 83ff). Bedeutsam für die Situation in der frühen DDR ist zunächst aber vor allem, dass eine Zivilgesellschaft nach dem Nazismus nicht mehr existierte.

Mit den Städtebaugrundsätzen versuchte die frühe DDR ein Gegenmodell zur Stadtentwicklung im Westen zu entwerfen, das an gewohnte Vorstellungen anschloss und diese mit dem Neuen (einer sozialistischen, oder wie es anfangs hieß: demokratischen Entwicklung) versöhnen sollte. Die – etwa gleichzeitig mit Stalinstadt entstandene – Stalinallee in Berlin wurde als erstes Modellprojekt bekannt, als eine Art städtebauliches Emblem des neuen Staats sollte sie sich auch an die Bürger im Westen richten: „Viele sehen in den neuen Stadtvierteln wie der Stalinallee mit ihren Wohnpalästen voll Platz und Licht die ersten Beispiele dafür, wie die Zukunft gedacht ist. Die neuen Städte, die um neue Industrien gewachsen sind, sind von Anfang an für die Bedürfnisse der Arbeiter geplant." (Brecht 1967: 319) So Bert Brecht als Antwort auf eine Anfrage zur Situation in Deutschland. Brecht entwarf als Inschrift für das erste prominente Gebäude im neuen „Stalinschen" Stil, Henselmanns Hochhaus an der Weberwiese in Berlin, den folgenden Text: „Dieses Haus wurde ohne Rücksicht auf Gewinn, zum Behagen der Bewohner und Wohlgefallen der Passanten errichtet. Mit ihm begann der Neuaufbau der deutschen Hauptstadt." (ebd. 320)

Die Städtebaugrundsätze beinhalten ein emphatisches Bekenntnis zur Stadt: „Die Stadt ist die wirtschaftlichste und kulturreichste Siedlungsform", in ihr haben sich traditionellerweise Erfahrungen und Bedürfnisse akkumuliert, in ihr treten Nation und Politik in Erscheinung und die „fortschrittlichen Elemente des Kulturerbes der Volkes". Die Grundsätze vermitteln ein Verständnis von Städtebau, in dem tradierte Erfahrungen und Ansprüche ‚harmonisch' aufgehoben werden sollen, indem er Einzel- mit Allgemeininteressen und Funktionalität mit Ethik, Ästhetik, Politik vermittelt. Dabei orientieren sie sich am Vorbild des Moskauer Städtebaus, dessen planerisch-ästhetische Leitlinien in den frühen dreißiger Jahren entwickelt worden sind[4] und stellen sich zeitgenössischen Planungsutopien entgegen, die sich am Ideal einer „Auflösung der Stadt" oder einer „Stadtlandschaft" orientieren. Sie plädieren für eine kompakte Stadt, sie soll dicht, vielgeschossig, im Zentrum großer Städte mit Hochhäusern bebaut sein. Das Stadtzentrum als politischer und kultureller Mittelpunkt strukturiert mit seinen Plätzen und mit baulichen Dominanten die Gestaltung der Stadt. Die Plätze werden zur strukturellen Grundlage der Stadtplanung erklärt. „Auf den Plätzen im Stadtzentrum finden die politischen Demonstrationen, die Aufmärsche und die Volksfeiern an Festtagen statt." Die Komposition ordnet und hierarchisiert die Stadt nach Zentren und Nutzungen auf verschiedenen Ebenen, in denen das städtische Leben gedacht wird: eine öffentlich-repräsentative des Stadtzentrums; eine bezirklich-kommunale, zu der Versorgung und Kultur gehören; eine eher kommunitäre Ebene mit alltäglichen Sozialeinrichtungen, Einkaufs- und Erholungsgelegenheiten; schließlich eine nicht weiter nach funktionalen Kriterien definierte nachbarschaftliche Ebene. Die Verkehrsplanung unterstützt dieses Ordnungskonzept: Der Verkehr in der Stadt soll den Ansprüchen des öffentlichen Lebens untergeordnet werden.

Abb. 4: John-Schehr-Straße (1955)
Quelle: Bundesarchiv 183/29781/2

Städtische Erscheinungsbilder sollen ein je besonderes Gesicht erhalten. „Die Architektur muß dem Inhalt nach demokratisch und der Form nach national sein. Die Architektur verwendet dabei die in den fortschrittlichen Traditionen der Vergangenheit verkörperte Erfahrung des Volkes." In dieser Formulierung kündigen die Städtebaugrundsätze eine Auseinandersetzung an, die in der Folgezeit als sogenannte „Formalismus- und Erbedebatte" in einer öffentlichen Kontroverse propagiert wurde und die gesamte Kulturpolitik betraf. Nach analogen innersowjetischen Debatten der frühen dreißiger Jahre, die vor dem Hintergrund eines „Sozialismus in einem Land" geführt worden sind, wiederholte sich mit Beginn des Kalten Kriegs im Machtbereich der Sowjetunion und damit auch in der DDR der Streit über das Verhältnis zur künstlerischen Moderne. Die DDR, die sich zu dieser Zeit (und bis 1952) noch nicht als sozialistisch deklarierte, verfolgte mit ihrer Kulturpolitik auch bündnispolitische Absichten. In der Formalismus- und Erbedebatte schärft sie ihre kulturpolitischen Positionen und lädt sie mit antiwestlicher Propaganda auf, es werden verbindliche Regeln entwickelt. Sie wenden sich in der Architektur polemisch „gegen Konstruktivismus", „gegen Kosmopolitismus", verbunden mit Verdikten gegen das Bauhaus. In den Mittelpunkt der Debatten rückt eine sogenannte „nationale Bautradition"[5]. Nicht eine Debatte über ein sozialistisches Projekt, sondern der Bezug auf das nationale Erbe wird stilbildend für die Aufbaurhetorik der frühen DDR. Und in der Überhöhung des nationalen Erbes, zu dem eben auch die Trennung von Kultur und Zivilisation gehört, kann man die alte Abwehr, die Geringschätzung der („westlichen") Zivilisation wiedererkennen.

Die große Leerstelle in den Städtebaugrundsätzen ist die Stadtgesellschaft als politische und öffentliche Sphäre. Die Stadt wird als die gesellschaftliche Daseinsweise schlechthin gesehen, aber sie taucht als eigene *kommunale* Handlungsebene nicht auf. Die Stadt wird vom politischen Zentrum aus definiert: Das einzige genannte Subjekt ist die Staatsregierung. Die Städte sollen verschieden aussehen, auch nach jeweiligen lokalen Traditionen, die als städtebauliche Varianten eine Rolle spielen. Ihre Zentren repräsentieren aber immer ein geglücktes Handeln der Zentrale – so, wie auch politische Demonstrationen im Stadtzentrum als Teil der überörtlichen (nationalen) Politik oder Repräsentation gedacht sind. Das Kommunale erscheint als Kultur und Versorgung.

Es ist ein etatistisches Konzept – die Bevölkerung wird versorgt, es wird *für* sie gebaut, die Bevölkerung wird beplant. Die Autoren der Städtebaugrundsätze denken sich die Städte konfliktfrei. In dem Maße, wie Planung im gesellschaftlichen Maßstab möglich wird, so ist die Vorstellung, müssten auch Individuum und Gesellschaft harmonisch ineinanderfallen. Im Modus der beglückenden Beplanung der (zukünftigen) „sozialistischen Menschengemeinschaft", in der ein „neuer Mensch" den Widerstreit zwischen „egoistischer" Vorteilnahme und „kollektivistischen" Verpflichtungen harmonisch in sich, und also der Gemeinschaft aller Werktätigen, aufgehoben hat, können die unanzweifelbaren Gesamtinteressen umstandslos ins Werk gesetzt werden; alles Widerstrebende ist demgegenüber mit dem „Kainsmal der alten Gesellschaft" behaftet.

Stalinstadt

Walter Ulbricht hat Stalinstadt die „erste sozialistische Stadt Deutschlands" genannt. Planung und Gründung dieser Industriestadt neben dem Eisenhüttenkombinat zu Beginn der 50er Jahre fallen aber noch in eine Zeit, die der partei- und staatspolitischen Periodisierung nach die „antifaschistisch-demokratische Umwälzungsperiode" genannt wurde. Selbst nach der Gründung der DDR 1949, und auch noch nach Ausrufung des Aufbaus des Sozialismus durch Walter Ulbricht 1952, war dem neuen Staat daran gelegen, die deutsche Frage offen zu halten. Es ist daher nicht zufällig, dass der Plan Kurt W. Leuchts als Widerpart zum gloriosen Werkstor ein repräsentatives Rathaus vorgesehen hat, als zentrales Gebäude also eine demokratische Einrichtung der Bürgergesellschaft gedacht war. Demnach können wir dem Plan eine eigenwillige Semantik ablesen: Im Vis a vis vom Rathaus als zentralem Versammlungsort selbstbewusster Stadtbürger und dem triumphalen Werktor zum volkseigenen Eisenhüttenkombinat sind die Trennung der Klassen und ihre Gegensätze glücklich aufgehoben. Allerdings: Der zentrale Platz ist bis heute unbebaut. Das Rathaus ist offensichtlich verzichtbar geworden, auch das Werktor ist der Stadt, jedenfalls in dieser Form, erspart geblieben. Bei alledem weist die Stadt Qualitäten auf, die im Blick auf die Fragen des öffentlichen Raums und seiner Gestaltung bemerkenswert sind.

Die Stadtplanung der DDR jener Periode ging mit den Städtebaugrundsätzen davon aus, dass das urbane Leben ein maßgebliches Paradigma gesellschaftlichen Funktionierens ist. Die Entscheidung, zum neuen Werk eine neue Stadt zu bauen, und nicht etwa eine Siedlung, macht den Anspruch kenntlich. Die neue Stadt ist auch ein Zivilisationsmodell. Für den Zeitraum bis zu der von Chruschtschow eingeleiteten Wende zur Rationalisierung des Bauens um die Mitte der 50er Jahre kann Stalinstadt als der Idealentwurf für eine Industriestadt in der DDR gelten. Das System der öffentlichen Räume basiert auf einem doppelten Straßen- und Wegenetz. Man erkennt die zentralen Straßen und Plätze, die auch als Versammlungs-, Fest- und Demonstrationsräume gedacht sind. Die Blockbebauung öffnet sich mit großen repräsentativen Durchgängen, die Innenräume der Blocks werden als Grünzüge ausgestaltet, die über Fußwege und Fußgängeralleen durchquert werden können. Straßen, Wege und Grünzüge verbinden die vier „Wohnkomplexe" der Stadt,

Abb. 5: Leninallee
Quelle: Archiv des Instituts für Regionalentwicklung und Strukturplanung

zu denen jeweils ein Zentrum mit den entsprechenden Infrastrukturen gehört. Durchlässigkeit, Fußläufigkeit, einfache Erreichbarkeit sind wesentliche Kriterien der Planung.

An der Magistrale wird 1955, also sehr frühzeitig nach dem Baubeginn 1951, das Friedrich-Wolf-Theater errichtet. Es steht angehoben auf einer großen Terrasse mit einem breiten Treppenaufgang. Dies ist das erste öffentliche Gebäude in der Stadt. Die Quartierszentren entstehen – nach Mängeln und diesbezüglichen Beschwerden der Bewohner bei Baubeginn – gleichzeitig mit den Wohngebäuden. Sie werden verschieden ausgeführt. Lediglich im ersten Wohnkomplex wird ein großer Platz gebaut, der anfangs auch für Kundgebungen genutzt wurde. Auf dem Platz steht ein Obelisk als Denkmal für sowjetische Kriegsgefangene, die in der Nähe der neuen Stadt in einem Kriegsgefangenenlager der Deutschen Wehrmacht ermordet wurden. An dem Platz wird eine große Schule gebaut; eine Ladenzeile wird eher beiläufig in einer Nebenstraße untergebracht.

Im zweiten Wohnkomplex entstehen eine Ladenstraße und eine große Gaststätte, der Aktivist, ein beliebter Treffpunkt. An den Kreuzungspunkten von Straßen und Fußgängeralleen werden nun kleine Zentren mit Läden profiliert. Bestimmte Einrichtungen, wie vor allem Kindergärten und Spielplätze, werden an den Fußgängeralleen bzw. in den Innenbereichen der Blocks plaziert. Einige öffentliche Gebäude, wie Schulen, das Krankenhaus, werden am Stadtrand mit Bezug auf die Wohnviertel angeordnet – als Blick- und Endpunkte der Fußgängeralleen.

Im Gegensatz zur Wohnbebauung, die zwar einen Repräsentationscharakter hat, aber blockweise einem seriellen Prinzip folgt, werden die öffentlichen Gebäude als Individualbauten hervorgehoben und mit prominenten öffentlichen Räumen verknüpft. Die Planstadt wird im Ensemble von gebautem und Freiraum visualisiert. Dabei gibt es allerdings Ungereimtheiten, gerade was die Ausgestaltung im Innern der Blocks angeht. Grünräume und Alleen oder Fußgängerzonen im Innern der Blocks sind im Detail unterschiedlich gestaltet. Ihre Durchlässigkeit und die Einrichtungen, die dort untergebracht sind, weisen einen öffentlichen Anspruch aus. Gleichzeitig wird ein Nachbarschaftsgedanke aufgenommen. Allerdings sind die Abgrenzungen zwischen öffentlichen und Nachbarschaftsräumen der Innenhöfe nicht immer klar, hausnahe nachbarschaftliche Nutzungen nur undeutlich von öffentlichen Bereichen abgegrenzt. Dazu trägt auch bei, dass die Hauseingänge zum Teil ins Innere der Blocks gelegt werden. Gut möglich, dass nachbarschaftliche Intimität und öffentliche Nutzung miteinander kollidieren und Nachbarschaftlichkeit doch die Öffentlichkeit dieser Räume beeinträchtigt hat.

Um 1960 wird der Wechsel in der Baupolitik der DDR in Stalinstadt sichtbar. Eine Neuinterpretation der Planung zeigt sich vor allem an der Magistrale, der Leninallee, die als Laden- und Wohnstraße mit Pavillons und Punkthäusern moderne Zeichen setzt. Thomas Topfstedt hat sie als die erste Einkaufsstraße in der DDR bezeichnet, die Vorstellungen einer modernen Zentrumsplanung aufnimmt, wie sie ähnlich auch im Westen existierten (Topfstedt 2003). Die Leninallee ist etwa 600m lang und über 50m breit; sie wird durch Linden flankiert und ist in verschiedene Sequenzen gegliedert; eingefasste Blumenrabatten, Bänke, Brunnen, Plastiken, Glasschaukästen, Fahrradständer möblieren die weiten Fußgängerpromenaden. An der in den Straßenraum hineinragenden Rückseite des Kaufhauses wurde ein großes Mosaik-Wandbild angebracht: „Deutsch-polnisch-sowjetische Freundschaft" von Walter Womacka. Das Kaufhaus bildet zusammen mit einem Hotel den Abschluss der Leninallee zum Zentralen Platz. Am Zentralen Platz wird ein „Haus der Partei und Massenorganisationen" gebaut; der vorgesehene Ort für das Rathaus bleibt leer; der Platz wird bis heute als Parkplatz genutzt.

Das Theater und der Theatervorplatz werden in die neue Bebauung der Magistrale eingebunden; hier entsteht nun ein „zentraler Platz", der zu unterschiedlichen Anlässen genutzt wird. Über zwei seitliche Durchgänge gelangt man zum rückwärtigen Marktplatz, der, etwas versteckt, hinter dem Theater liegt. Zusammen mit einem Hof der Handwerkergenossenschaft bildet er das Zentrum des vierten und letzten Wohnkomplexes des ursprünglichen Plans.

Die Landschaft im Süden wurde in den Stadtentwurf als Kulisse und Erholungsgebiet hineingenommen: Industrie, Stadt und Landschaft sollen in der Idealstadt eine harmonische Einheit bilden. In der Versöhnung mit der Natur und ihrem Zitat in den Grünzügen der Stadt mag man ein Ensemble aufklärerischer Ästhetik erkennen. In der Perspektive erscheint in den südlichen Hängen kaum wahrnehmbar ein kleiner Tempel, der, in etwa vergleichbar republikanischen Sakralbauten in den utopischen Entwürfen der französischen Revolution (vgl. Harten 1994), wohl an einem säkularen Weiheort das neue Kollektiv zur Feier seiner selbst versammeln soll. Tatsächlich wurde etwa an dieser Stelle in den Diehloer Höhen eine profane Gaststätte errichtet, die zum beliebten Ausflugsziel am Feierabend geworden ist. Außerdem ist dort eine große Freilichtbühne entstanden. Auf einer Kanalinsel im Osten wurde ein Park mit verschiedenen Sport- und Erholungseinrichtungen gebaut.

Der Durchgang durch die Stadt zeigt eine Signatur, die in vier markanten Punkten zusammengefasst werden kann:
- Erstens zeigt die Stadt eine Alltagstauglichkeit: Die verschiedenen Einrichtungen und Läden sind zu Fuß einfach erreichbar, was übrigens gerade Frauen und ihren Tagesabläufen entgegenkommt. Grünanlagen und Quartierszentren liegen auf dem Weg und bieten, zusammen mit den diversen Angeboten in der Hauptstraße, unterschiedliche Alltagsqualitäten.
- Zweitens sind Plätze und Straßen auch als Versammlungs- und Demonstrationsorte verstanden und geplant worden. Die Kundgebungen fanden an der Leninallee statt, mit der Tribüne auf der Theaterterrasse, so auch in den neunziger Jahren, als es um Schließung oder Erhalt des Hütten- und Stahlwerks ging.

Abb. 6: Erster Mai: Vom Werk in die Stadt, Demonstration in den 70er Jahren
Quelle: Archiv der EKO-Stahl GmbH

- Drittens gibt es Leerstellen gerade da, wo Alltagsnutzungen nicht geplant waren und dem frühen Elan der Wille und die Mittel ausgegangen sind, wie am Zentralen Platz.
- Und viertens schließlich gibt es einige Eigenheiten, die mit Arbeiter- und Werkskultur zu tun haben. Dazu gehören die verschiedenen Kneipen, Sport, Vereine und diverse gut ausgebaute Kultur- und Freizeiteinrichtungen auf dem Werksgelände und im Werksbesitz – darunter ein großes Kulturhaus und mehrere Sportplätze. Diese Einrichtungen waren eine dauerhafte Konkurrenz zu den öffentlichen Räumen der Stadt. In dem Maße, wie die städtischen Mittel in späteren Jahren knapper wurden, rückte eine Zentrumsbebauung ins Unerreichbare, während gleichzeitig immer neue Stadtteile für die wachsende Belegschaft des Werks gebaut werden mussten. Verschiedene Anläufe der Stadt seit den 60er Jahren, mit Hilfe des Werks den Zentralen Platz zu bebauen, zu einem Zentrum zu machen, sind gescheitert.

Sicherlich hatte die Stalinstadt, die 1961 in Eisenhüttenstadt umbenannt wurde, Merkmale, die sie als erste eigene, neue Gründung und sozialistische Stadt hervorgehoben haben. Das beginnt schon bei ihrem Namen und setzt sich in der Benennung der neuen Straßen fort, in der historische und aktuelle politische Bezüge in den öffentlichen Raum eingetragen werden (ähnlich, wie es durch Umbenennungen in anderen Städten gemacht wurde). Und so wie überall in der DDR, gibt es einen eigenen Kalender hoher Festtage, zu dem neben dem 1. Mai als „Tag der Arbeit" der 8. Mai als „Tag der Befreiung" und der 7. Oktober als „Tag der Republik" gehören, die Jugendweihe im Friedrich-Wolf-Theater und, als besonderes lokales Ereignis, das Hüttenfest zum Jahrestag der Werksgründung: Feste, zu denen in der Stadt große öffentliche Veranstaltungen und Festzüge organisiert wurden, für die ihre öffentlichen Räume ausgelegt sind. Dazu gehörten etwa auch große Sportveranstaltungen und Ehrungen der „Aktivisten" im Werk. Um das Ende der 50er Jahre entstand in Stalinstadt eine Mode, eigene Rituale zu entwickeln, sozialistische Namensgebung (statt kirchlicher Taufe) und Eheschließungen hatten Saison wie ebenso Kirchenaustritte als eine Art sozialistischer Wettbewerb. Erst in den 80er Jahren konnte die evangelische Kirche ein dauerhaftes Gebäude errichten. Stalinstadt/Eisenhüttenstadt war immer eine privilegierte Stadt, in der sich die DDR auch Experimente erlaubte. So wurde sie zum Beispiel in den 80er Jahren mit einem Kabelfernsehen ausgestattet, in dem man neben zwei DDR-Sendern auch vier bundesrepublikanische Sender empfangen konnte, dazu gab es ein eigenes Stadtfernsehen.

Bei der eigenartigen Weite und der Leere an verschiedenen prominenten Plätzen kommt einem die Ahnung, wie wenn die Stadt für Jahrhunderte errichtet worden wäre.

Für den Alltagsgebrauch jedenfalls erscheinen die öffentlichen Räume einige Nummern zu groß geraten, umso mehr, als heute an die Stelle des erwarteten Wachstums eine anhaltende Abwanderung getreten ist.

Wie hat sich der allseitige Öffentlichkeitsanspruch in den öffentlichen Räumen und im Leben der Eisenhüttenstädter wiedergefunden? Kehren wir noch einmal zurück zum Planungskonzept. Im Bebauungsplan von 1953 wurde an die Stelle des Rathauses ein noch pompöseres Kulturhaus gerückt. Ein Haus der Kultur also soll es sein, das eine zivilisatorisch-politische Einrichtung wie das Stadtparlament und seine pragmatisch-nüchternen und bisweilen auch hitzigen Dispute und Entscheidungsfindungen ersetzen soll. Bekannt ist das Kultur- oder Volkshaus aus früheren Zeiten als eine Tarneinrichtung der verbotenen Sozialdemokratie. Die DDR hat viele solcher Kulturhäuser bis hin zum Palast der Republik hervorgebracht. Kultur, das war schon immer die Zauberformel, mit der in Deutschland das Unbehagen an der Zivilisation geheilt werden sollte.

Kultur statt Zivilisation, Gemeinschaft statt Gesellschaft gehören zum Inventar der deutschen Ideologie. Die Gemeinschafts- als Kulturidee findet sich in der Stadt in einem Harmoniebestreben wieder, das die „sozialistische Menschengemeinschaft" (Ulbricht) im Großen wie im Detail inszeniert: von der in sich zentrierten Gesamtanlage bis zum Ornament der Fassaden, von der gleichmäßigen Ausstattung mit Bildungs-, Konsum- und Erholungseinrichtungen bis hin zu den Wandgemälden und Freiplastiken, die den öffentlichen Raum „kulturvoll" verschönen sollen.

In Stalinstadt hat sich eine nachbarschaftliche Kultur ausgebildet, die den Blocks trotz ihrer Durchlässigkeit eine Art von Intimität verlieh. Das Fehlen des zivilgesellschaftlichen Verkehrs wurde kompensiert durch die Nachbarschafts-, Betriebs- und Vereinskultur. Die Trennlinien zwischen intimen, privaten und öffentlichen Räumen wurden durchlässig, und es ist ein Triumph der offenen Intimität, dass der Raum mit Plastiken möbliert worden ist, die dem Bedürfnis nach Nippesfiguren, mit denen der einsame Städter zur Beschwichtigung seiner Sehnsüchte die Wohnung ausstaffiert, in nichts nachsteht.

Das Theater, die Gaststätten, der Marktplatz und schließlich das Hotel an prominentem Platz und das Kaufhaus gegenüber, die Ladenstraßen – dies sind hervorgehobene Orte einer zerstreuten Öffentlichkeit. Die Bürgerinnen und Bürger Eisenhüttenstadts jedenfalls haben davon selbstverständlich Gebrauch gemacht. Aber gegen den Plan haben sie noch etwas anderes durchgesetzt: eine Kleingartensiedlung, die stumm und beredt zugleich dem Bedürfnis nach dem Rückzug ins Private Ausdruck verschafft.

Nun sind uns Kleingartensiedlungen auch aus der alten Bundesrepublik wohlvertraut. Wir bewerten sie gewöhnlich als Orte der Kompensation, als Rückzugsräume in die Idylle, als Rastplatz des Industriearbeiters, als Orte der selbstbefriedeten Entmündigung. Könnte es sein, dass das einfache Leben in Ost wie West sich von den großen Angelegenheiten unberührt fühlte? Ist die Ähnlichkeit der Rückzugsräume viel näher zusammen als ihr Unterschied?

Anmerkungen

1 Die Kritik, es handle sich dabei um eine Idealisierung bürgerlicher Öffentlichkeit, die bei der Tagung in Dortmund verschiedentlich eine Rolle spielte, verfehlt die Sache insofern, als es sich nicht um narrative Geschichtsschreibung oder eine empirisch-soziologische Untersuchung handelt, indessen gehorcht sie, wie Habermas in der Einleitung schreibt, „den ebenso strengen Kriterien einer Strukturanalyse gesamtgesellschaftlicher Zusammenhänge" (Habermas 1990: 52). Im Vorwort zur Neuauflage von 1990 kritisiert Habermas Richard Sennetts „The Fall of Public Man" (dt.: Verfall und Ende des öffentlichen Lebens: Sennett 1986), indem er Sennett eine mangelnde Unterscheidung zwischen repräsentativer und bürgerlicher Öffentlichkeit vorwirft: Sennett verkenne die spezifische bürgerliche Dialektik von Innerlichkeit und Öffentlichkeit, seine Diagnose vom Ende der öffentlichen Kultur belege er mit dem Formenverfall des ästhetischen Rollenspiels einer distanziert unpersönlichen und zeremonialisierten Selbstdarstellung, die aber ein Merkmal der repräsentativen Öffentlichkeit sei, deren Konventionen schon im 18. Jahrhundert zerbrechen, als die bürgerlichen Privatleute sich zum Publikum und damit zum Träger eines neuen Typs von Öffentlichkeit formieren (Habermas 1990: 17).
2 „Dabei ging Lenin (...) davon aus, dass es keine isolierte Entwicklung in Russland geben, sondern die Kette an ihrem schwächsten Glied brechen und die Revolution in Russland das Signal zur Revolution in den hochindustrialisierten Ländern Westeuropas geben werde." (Haumann 2003: 331)
3 Über den öffentlichen Raum in der französischen Revolution vgl. Harten, 1994
4 Die Sechzehn Grundsätze des Städtebaus wurden unmittelbar aus den Leitlinien des Moskauer Generalplans von 1935 abgeleitet. Vgl. die Quellenedition: Institut für Regionalentwicklung und Strukturplanung, 1995; eine Gegenüberstellung der Berliner und Moskauer Städtebaugrundsätze mit einer Synopse findet sich in May 1999: 134ff; eine ausführliche Darstellung des Moskauer Städtebaus dieser Zeit in Bodenschatz/Post 2003
5 Vgl. Schätzke 1991; vgl. May 1999: 23ff, 83ff, 129ff, 347ff; zu den (früheren) sowjetischen Debatten vgl. Pistorius 1992

Literatur

Bodenschatz, Harald; Post, Christiane (Hg.) (2003): Städtebau im Schatten Stalins. Die internationale Suche nach der sozialistischen Stadt in der Sowjetunion 1929-1935. Berlin
Bourdiou, Pierre (1987): Die feinen Unterschiede. Kritik der gesellschaftlichen Urteilskraft. Frankfurt am Main
Brecht, Bertold (1967): Gesammelte Werke. Bd. 20. Frankfurt am Main
Bückner, Peter (1984): Versuch, uns und anderen die Bundesrepublik zu erklären. Neuausgabe. Berlin
Engler, Wolfgang (1999): Die Ostdeutschen. Kunde von einem verlorenen Land. Berlin
Habermas, Jürgen (1990): Strukturwandel der Öffentlichkeit. Untersuchungen zu einer Kategorie der bürgerlichen Gesellschaft. Neuauflage. Frankfurt am Main
Hain, Simone (2003): Schauplatz Hoyerswerda. Portrait einer existentiell bedrohten Stadt. In: Bauervolke, Kristina; Dietzsch, Ina (Hg.): Labor Ostdeutschland. Kulturelle Praxis im gesellschaftlichen Wandel. Berlin
Haumann, Heiko (2003): Geschichte Russlands. Zürich
Harten, Hans Christian (1994): Transformation und Utopie des Raums in der Französischen Revolution. Von der Zerstörung der Königsstatuen zur republikanischen Idealstadt. Braunschweig/Wiesbaden
Hobsbawn, Eric (1995): Das Zeitalter der Extreme. Weltgeschichte des 20. Jahrhunderts. München/Wien
Institut für Regionalentwicklung und Strukturplanung (Hg.) (1995): Reise nach Moskau. Dokumente zur Erklärung von Motiven, Entscheidungsstrukturen und Umsetzungskonflikten für den ersten städtebaulichen Paradigmenwechsel in der DDR und zum Umfeld des „Aufbaugesetzes" von 1950. Berlin
Marx, Karl; Engels, Friedrich (1981 [1848]): Manifest der Kommunistischen Partei. Berlin
May, Ruth (1999): Planstadt Stalinstadt. Ein Grundriß der frühen DDR – aufgesucht in Eisenhüttenstadt. Dortmunder Beiträge zur Raumplanung 92. Dortmund
Meuschel, Sigrid (1992): Legitimation und Parteiherrschaft in der DDR. Zum Paradox von Stabilität und Revolution in der DDR 1945-1989. Frankfurt am Main
Negt, Oskar; Kluge, Alexander (1972): Öffentlichkeit und Erfahrung. Zur Organisationsanalyse von bürgerlicher und proletarischer Öffentlichkeit. Frankfurt am Main
Pistorius, Elke (Hg.) (1992): Der Architektenstreit nach der Revolution. Zeitgenössische Texte. Russland 1925-1932. Basel/Berlin/Boston
Rödel, Ulrich; Frankenberg, Günter; Dubiel, Helmut (1989): Die Demokratische Frage. Frankfurt am Main
Schätzke, Andreas (1991): Zwischen Bauhaus und Stalinallee. Architekturdiskussion im östlichen Deutschland 1945-1955. Braunschweig/Wiesbaden
Sennett, Richard (1986): Verfall und Ende des öffentlichen Lebens. Die Tyrannei der Intimität. Frankfurt am Main
Topfstedt, Thomas (2003): Begriff und Gestaltung des öffentlichen Raumes in der DDR während der 1950/60er Jahre. Vortrag bei der Konferenz „Der öffentliche Raum in Zeiten der Schrumpfung". BTU Cottbus, 19.-21.6.2003
Weiss, Peter (1975): Die Ästhetik des Widerstands. Roman. Frankfurt am Main

Dirk Schubert

**Fußgängerzonen – Aufstieg, Umbau und Anpassung:
Vorform der Privatisierung öffentlicher Räume oder Beitrag
zur Renaissance europäischer Stadtkultur?**

Fußgängerzonen sind eine „Erfindung" der Zeit nach dem Zweiten Weltkrieg, die einen neuen Typus öffentlicher Räume mit sich gebracht haben. Zwar wurden schon in den 1920er und 1930er Jahren in Städten wie Köln (Hohe Straße) und Bremen (Sögestraße) Haupteinkaufsstraßen zeitweise für den Fahrzeugverkehr gesperrt, wenn sie zu schmal waren, um Fahrzeuge und Passanten aufzunehmen; in größerem Umfange setzten sich die Fußgängerzonen aber erst in der Nachkriegszeit durch. Heute konkurrieren sie mit den (suburbanen) Einkaufszentren und sind inzwischen zum Teil mehrfach umgebaut worden, um veränderten, modernen Anforderungen an Einkaufsverhalten und Gestaltung der öffentlichen Räume Rechnung zu tragen. Die Einrichtung der Fußgängerzonen wirkte entwicklungssteuernd, strukturhaltend und strukturverändernd auf das jeweilige Innenstadtgefüge, auf Verkehrsströme und öffentliche Räume. Ende 1977 gab es in der Bundesrepublik bereits ca. 450 Fußgängerzonen und von 142 Städten und Gemeinden lagen Planungen für Fußgängerzonen vor.

In der Literatur dominieren Untersuchungen, in der die Planung, der Bau und Umbau, die Steuerung und Umlenkung der Verkehrsströme, die Gestaltung und Möblierung der Fußgängerzonen im Vordergrund stehen (Ludmann 1972, Boeminghaus 1982). Fußgängerzonen als öffentliche Räume und die Aneignung und Nutzung dieser baulich-räumlichen Strukturen sind dagegen nur selten Gegenstand wissenschaftlicher Untersuchungen. Wenn diese Zusammenhänge thematisiert werden, steht das Einkaufsverhalten im Stadtzentrum meist im Mittelpunkt der Studien.

Die Einrichtung von Fußgängerzonen galt als zündende Idee, als pfiffiges Konzept, gar als Quadratur des Kreises mit der zugleich Verkehrsprobleme, Umsatzrückgänge des Einzelhandels und die Verödung der Innenstädte gelöst werden sollten. In einer im Beton-Verlag erschienenen Untersuchung wurden die Erfahrungen 1974 wie folgt zusammengefasst: „Dabei fällt besonders auf, dass der Kölner Fußgängerbereich nicht nur während der Ladenöffnungszeiten stark frequentiert, sondern auch in den Abendstunden sowie an den Wochenenden bei geschlossenen Geschäften bevölkert wird. Diese Wiederbelebung der Innenstadt kommt nicht nur den Inhabern der Einzelhandelsgeschäfte, Restaurants und Vergnügungsbetriebe zugute, sondern auch der Urbanität und dem Ansehen der ganzen Stadt" (Danielewski 1974: 27). Inzwischen hat nach Angaben des Deutschen Instituts für Urbanistik 2004 wohl jeder Ort mit mehr als 5.000 Einwohnern in Deutschland eine verkehrsfreie Einkaufsstraße.

Die Debatte um die ‚autogerechte' oder ‚menschengerechte' Stadt schlug gegen Ende der 1960er Jahre hohe Wogen. Zu schnell und überraschend war die Autowelle über die Städte hereingebrochen. Im Ausstellungskatalog „Profitopolis – oder braucht der Mensch eine andere Stadt" hieß es 1971: „Das Auto ist in unsere Städte eingebrochen und hat sich zum Herrn über sie aufgeschwungen", und weiter: „Es ist pervers, über die ‚autogerechte Stadt' nachzusinnen, also über die Anpassung der Stadt an ein als unabänderlich gedachtes Verkehrssystem, statt über die Frage, wie das Verkehrssystem der menschengerechten Stadt anzupassen wäre." (Lehmbrock/Fischer 1971: 8)

Vorformen von Fußgängerzonen

Es gab vielerlei Vorformen der ‚modernen' Fußgängerzonen. Fußgängerbereiche im antiken Pompeji, mittelalterliche Städte und orientalische Basare werden in der Literatur als Belege für „Fußgängerfreundlichkeit" genannt. Das autofreie Venedig wird häufig als Beispiel für die Vorzüge einer autofreien Stadt aufgeführt. Der wichtigste Verkehrsteilnehmer der vorindustriellen Stadt war der

Abb. 1: ‚Die noch nicht autogerechte Stadt'
Quelle: Danielewski 1974: o.S.

Fußgänger und das Zufußgehen war die stadtprägende Verkehrsform. Die Ausdehnung der Stadt wurde von zumutbaren Wegelängen für Fußgänger bestimmt. Begrenzte Größe, Geschlossenheit und funktionale Verflochtenheit waren die spezifischen Merkmale der vorindustriellen Stadt. Entsprechend intensiv war die Nutzungsdurchmischung und -intensität in den Städten (Seewer 2000: 20). Städtische Straßen und Plätze waren nicht – wie heute – ausschließlich Verkehrsräume. Es wurden auch vielerlei andere Tätigkeiten, wie Verkauf, Arbeiten und Handeln im Straßenraum ausgeübt.

Mit dem Urbanisierungsprozess ging eine räumliche Ausdehnung und funktionelle Differenzierung der Stadt einher. Neue Verkehrsmittel wurden erforderlich, um die größeren Distanzen zu überwinden. So entstanden im 19. Jahrhundert gedeckte oder offene Passagen als Versuche des Einzelhandels, den Warenumsatz zu steigern. Schließlich können auch die großen Markthallen Les Halles in Paris und der Merkat de la Boqueria in Barcelona und die Galleria Vittorio Emmanuele in Mailand als autofreie Einkaufszonen gewertet werden.

Konzepte von Stadtplanern sahen seit Beginn des 20. Jahrhunderts eine Entflechtung der Verkehrsarten auf mehreren Etagen vor. So wurden unterirdische Bahnen, ebenerdige Verkehrsführung für Pkws und Güterverkehr und schließlich den Fußgängern vorbehaltene Zonen darüber vorgesehen. Theodor Fritsch schlug in seinem Buch ‚Die neue Stadt' schon 1896 vor, zwei Verkehrsebenen vorzusehen und den Güterverkehr vom Fußgängerverkehr zu trennen. Theodor Goecke entwickelte schon 1904 eine funktionale Differenzie-

Abb. 2:
Fußgängerstraße in Coventry mit zweigeschossigen Ladenpassagen
Quelle: Dähn 1959: 124

rung zwischen Wohn- und Verkehrsstraßen (Hass-Klau 1989: 18). Der Hamburger Architekt Werner Scheibe schlug 1925 vor, die Bürgersteige zu beseitigen, die Erdgeschosszonen der Ladengeschäfte zu Fußgängerpassagen umzunutzen, sowie die Geschäfte in den ersten Stock zu verlagern um dem Pkw-Verkehr damit mehr Raum zu schaffen (Scheibe 1925: 1318). Le Corbusier schlug gar drei, später fünf Ebenen vor, um dem wachsenden Verkehrsaufkommen gerecht zu werden.

Das Konzept der Fußgängerzone der Nachkriegszeit reduzierte den Straßenraum auf die dominanten Funktionen Kaufen und Verkaufen. Entsprechend waren die Gestaltung und Möblierung vorzusehen. Romantische Reminiszenzen an vergangene Stadtvorstellungen, häufig Fachwerkarchitekturen und ‚verordnete Gemütlichkeit' wurden als Teil zurückzuerobernder Lebensqualität in die Fußgängerzonen als einem einzigen großen Warenhaus integriert. Autofreie Zonen wurden als Werbeinstrumente in der zunehmenden interkommunalen Konkurrenz genutzt und mit Umweltfreundlichkeit und ökologischen Werten unterlegt.

Anlässe für die Einrichtung innerstädtischer Fußgängerzonen

Hintergrund für die Planung von Fußgängerzonen bildete die rasche Zunahme des motorisierten Individualverkehrs nach dem Zweiten Weltkrieg. In Deutschland stieg die Zahl der Personen pro Pkw von 360 im Jahre 1922 bis auf 44 im Jahre 1938. In den USA lag sie dagegen schon 1922 bei 10 und stieg bis 1938 auf 4 Personen pro Pkw (Hass-Klau 1989: 22). Der Verkehr dominierte den Straßenraum zunehmend und verdrängte das übrige Leben von der Straße. In der BRD stieg die Zahl der Pkw von 1953 = 989.000 bis 1963 auf 6.613.800, versiebenfachte sich also in einer Dekade. 1963 kamen in der BRD, Großbritannien und der Schweiz auf einen Pkw 8 Personen, in den USA nur 3 Personen (Hollatz/Tamms 1965: 11). Anfang der 1970er Jahre passierten zwei Drittel aller Verkehrsunfälle in der Stadt. 70% aller Verkehrstoten in Städten waren Fußgänger (Rohn 1974: 164). Das Problem der „Zurückdrängung des Fußgängers" zeichnete sich mit der zunehmenden Motorisierung seit den dreißiger Jahren auch in Europa ab. „Je stärker der Autoverkehr wird, desto wichtiger ist die Sorge für den Fußgänger" (Abel 1942: 222). Für den „schwächeren" Verkehrsteilnehmer, den Fußgänger verblieben nicht selten nur noch Restflächen, die nicht für den Autoverkehr oder zum Parken genutzt werden konnten. Auf diese Entwicklungen wurde zunächst mit einseitig „autogerechten" Maßnahmen reagiert.

In den 1940er und 1950er Jahren kam der Gedanke autofreier innerstädtischer Einkaufsstraßen auf, wurde jedoch erst in den 1960er Jahren in vielen Städten umgesetzt. Die

Einführung der Fußgängerzonen wurde vorrangig als verkehrsorientierte Baumaßnahme gesehen. Es ging darum, die (historischen) Stadtkerne autogerecht umzubauen. Bald setzte sich auch die Erkenntnis durch, dass die Einschätzung einer Stadt vorrangig von der Erscheinung ihrer öffentlichen Räume, vor allem im Stadtzentrum, bestimmt würde (Uhlig 1979: 7). Das Konzept der Fußgängerzonen der 1960er Jahre nahm die Planungsphilosophie der Entflechtung der Funktionen auf und spitzte sie noch zu. So wurden Fußgängerinseln im Kontext der funktionsgetrennten und autogerechten Stadt geplant.

H. B. Reichow beklagte in seinem einflussreichen 1959 erschienenem – häufig falschverstandenen – Buch „Die autogerechte Stadt" 12.000 Verkehrstote in Deutschland pro Jahr. „Seit einem halben Jahrhundert haben wir nun Autos. Doch immer noch quälen sie sich durch Straßen, die einst für Reiter, Sänften, Esel- und Pferdegespanne gebaut wurden" (Reichow 1959: 5). Er bezieht sich auf das Radburn-System, der Planung für einen New Yorker Vorort Ende der 1920er Jahre, bei dem erstmals die Entflechtung der Verkehrsarten umgesetzt wurde (Schubert 2004: 131ff). Reichows Ideal zielt auf eine Separierung der Verkehrsarten, nicht zuletzt um Unfälle zu vermeiden. „Das Ideal muß der organischen Natur der Menschen und dem technischen Wesen der Autos gleichermaßen entsprechen" (Reichow 1959: 19). Nach Reichow sollte vor allem in den Geschäftszentren angesetzt werden, da sich hier die meisten der Fußgängerunfälle ereignen. „So dient dem Schutz der Fußgänger die zunehmende Ausschaltung des Fahrverkehrs im Inneren reiner Einkaufszentren. Sie dient zugleich der Bequemlichkeit und Ungestörtheit der Käufer beim Schauen und Sichunterhalten. Im gleichen Sinne etwa, wie schon in der Antike die Foren Fußgängern vorbehalten waren. Die Zufahrt für Läden und Parkplätze der neuen Kaufzentren sind auf die Rückseiten der Läden konzentriert" (Reichow 1959: 35). Reichows Buch entstand in einer Zeit, als Wohnungsversorgungsprobleme dominierten und ein „Dach über dem Kopf" für breite Schichten der Bevölkerung die dringlichste Aufgabe bildete. Die dramatische Zunahme der Pkws deutete sich erst an.

Im Buchanan-Report (‚Traffic in Towns') von 1963 – der schon ein Jahr später in der deutschen Übersetzung veröffentlicht wurde – war von einer „gewaltigen Fahrzeugflut" die Rede und es wurde betont, dass sich England noch in „einem recht frühen Stadium des Zeitalters der Motorisierung" befinde und die USA und Kanada „uns mit dem Zeitalter der Motorisierung etwa um eine Generation voraus sind" (Buchanan 1964: o.S.). Buchanans interdisziplinär zusammengesetztes Expertenteam schlug u.a. Straßenbenutzungsgebühren und „environmental areas" vor, in denen der Autoverkehr reduziert und Fußgänger eine stärkere Position bekommen sollten. „Nichts spricht – nach den Erfahrungen in den Vereinigten Staaten – dafür, dass eines Tages eine neue, glänzende, lebensvolle Stadtlandschaft entsteht, wenn wir das Erscheinungsbild unserer Welt einfach von dem Kraftfahrzeug verwandeln lassen. Im Gegenteil – es entsteht ungemilderte Häßlichkeit in großem Umfang"(Buchanan 1964: 23). Zur Reduzierung des innerstädtischen Fahrzeugverkehrs schlug Buchanan den Individualluftverkehr, die „baldige Entwicklung eines kleinen Düsenfluggerätes vor". In der Ausweitung des ÖPNV wurden Möglichkeiten gesehen, die Zunahme des Pkw-Verkehrs abzuschwächen und aus der Beseitigung von Slums könnten Vorteile für die Anlage neuer Straßen gezogen werden. Zudem wurde vorgeschlagen, dass

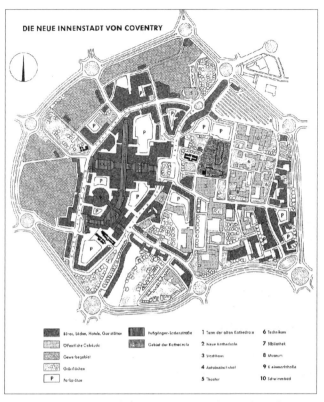

Abb. 3: Die neue Innenstadt von Coventry mit Fußgängerbereichen
Quelle: Dähn 1958: 125

einige „Geschäftstraßen und Flächen, auf denen die Menschen sich sammeln, (...) gänzlich vom Verkehr zu befreien" (Buchanan 1964: 122). Der Buchanan-Bericht sollte im Ausland mehr Konsequenzen als in England zeitigen.

Die Zunahme des motorisierten Verkehrs schien das „urbane" Leben immer mehr zu zerstören. „Unsere Straßen und Asphaltwüsten sind Zeugen einer verschütteten Gefühlskultur in der Stadt. Der Verkehr mordet das humane Milieu" (zit. Rohn 1974: 164). Ging es zunächst nur um den Umbau der einzelhandeldominierten Innenstadtstraßen, aus denen der motorisierte Individualverkehr ausgeschlossen wurde, so wurden diese Zonen später sukzessive ausgeweitet und häufig in ein großflächiges Konzept der Verkehrsberuhigung und von Fußgängerbereichen integriert.

Wiederaufbauplanungen und Fußgängerzonen

„A disaster, but an opportunity", so hatte Winston Churchill die Folgen der Bombardements für die Städte im Zweiten Weltkrieg gekennzeichnet. Der Wiederaufbau der kriegszerstörten Zentren bot Chancen Hauptverkehrsstraßen neu anzulegen oder zu verlegen und damit die Haupteinkaufsstraßen vom Verkehr zu entlasten.

Der erste große Bombenangriff auf Coventry erfolgte in der Nacht zum 14. November 1940. Nicht nur Fabriken wurden zerstört sondern auch mehr als ein Drittel der Innenstadt. Die Zerstörung der Kathedrale bot beachtliche Munition für den folgenden Propagandakrieg. Vor den Zerstörungen war das Zentrum von Coventry noch mittelalterlich, von kleinen Läden geprägt und der englische Dramatiker J.B. Priestley hatte es als „eine perfekte Kulisse für die Aufführung der Meistersinger" bezeichnet. Die Rüstungs- und Automobilindustrie siedelte sich an der Peripherie an, so dass sich ein Anachronismus zwischen verwinkelten, engen Gassen im Zentrum und dem Image als der ‚Stadt der Automobilindustrie' ergab (Fischer 1990: 96). Der junge Stadtplaner Percy Johnson-Marshall beschrieb seinen Weg zur Arbeit am Tag nach dem Bombardement wie folgt: „In the morning I walked over piles of smoulding rubble to Broadgate. It was unforgettable and indescribable sight, almost as H.G. Wells had predicted in Things to Come – a shredded bus here, a car balanced crazily on the roof of a ruined building there, and the Cathedral, the Library and nearly everything one could see still burning and smouldering in great masses of devastion. Later the centre was cordoned off, and within a few weeks we where instructed to prepare a bold comprehensive plan" (Johnson-Marshall 1966: 294).

Die Zerstörungen in Coventry bildeten den Anlass, überall in England schon zu Kriegsbeginn mit visionären Planungen für den Wiederaufbau zu beginnen. Coventry sollte dabei zum Symbol für den Wiederaufbau, zum Testfall des Wieder- oder Neuaufbaus zerstörter englischer Städte werden. Eine schöne, neue Welt sollte hier entstehen, eine Musterstadt, als Manifestation des neuen, versprochenen Sozialstaates nach dem gewonnenen Krieg.

Schon vor dem Zweiten Weltkrieg hatte der Stadtrat von Coventry mit Donald Gibson einen erklärten Vertreter der Moderne als Stadt-Architekten berufen (Boyd-Whyle 1988: 144). Pläne der Umgestaltung des Stadtzentrums scheiterten aber an hohen Bodenpreisen und fehlenden Enteignungsmöglichkeiten. Erst als mit neuen planungsrechtlichen Instrumenten die Stadt Grundbesitzer (‚Landlord') im gesamten Gebiet wurde, war eine Umsetzung der Pläne möglich. 1943 wurde das neue Ministerium Town and Country Planning eingerichtet, 1944 ein erstes und 1947 ein zweites Town and Country Planning Act, mit neuen, weitgehenden Befugnissen für die Gemeinden, verabschiedet. Der Wiederaufbauplan von Donald Gibson (1941) sah eine Separierung der Verkehrsarten und ein vollkommen neuartiges Verkehrssystem vor. Ein Netz von radial verlaufenden Ausfallstraßen wird durch drei Ringstraßen ergänzt. Die Innenstadt wird damit in vier Quadranten gegliedert, davon ein Bereich als Fußgängerzone. Das neue Einkaufsviertel entstand räumlich an der Stelle des alten, aber mit gänzlich anderen Planungsprämissen (Fischer 1990: 96).

Ein ‚Precinct', mit perspektivischer Ausrichtung auf die Kathedrale entstand. Größere und kleinere Geschäftseinheiten erstrecken sich auf zwei Ebenen entlang der Fußgängerstraße. Die Geschäfte im oberen Bereich zahlten 30% weniger Miete. Die Arkaden und vorgezogenen Dächer erlaubten – nach dem Vorbild des Stadtkernes von Chester – ein vor Witterungseinflüssen geschütztes Promenieren und Einkaufen. Die Belieferung der Läden erfolgte rückwärtig. Südlich des ‚Precinct' war eine Tiefgarage und Markthalle vorgesehen.

Kritik an der Planung aus der Sicht des Heimatschutzes und der Handelskammer führte zu einer Verzögerung der Implementierung der Pläne. Eine Studienreise von Planern und dem Stadtrat aus Coventry nach Rotterdam verhalf dann ironischerweise dazu, die Verwirklichung voranzutreiben. In Rotterdam konnte bereits mit der Lijnbaan das Funktionieren des Prinzips der autofreien Einkaufszone vorgeführt werden. Die Neugestaltungspläne wurden dann in Coventry zwar noch modifiziert, aber mit der Ausdehnung des Einkaufszentrums in den 1950er und 1960er Jahren entstand ein Netz von Fußgängerbereichen, das Coventry zu internationaler Bekanntheit in Planerkreisen verhalf.

Auch das Stadtzentrum Rotterdam war im Zweiten Weltkrieg fast vollständig (‚Conventrysiert') zerbombt worden. Nur wenige Bauwerke wie das Rathaus blieben unzerstört. Diese Katastrophe eröffnete die Chance das Stadtzentrum neu zu ordnen. Es wurde beschlossen, die Grundstücke im ganzen Zentrumsbereich zu enteignen und nicht nur den Trümmerhaufen zu beseitigen, sondern auch die Fundamente und unterirdischen

Abb. 4: Lijnbaan Rotterdam
Quelle: Stadt Rotterdam 1987: 19

Leitungen. Nach einem ersten Plan von W.G. Witteven bildete dann der von Van Traa maßgeblich beeinflusste Basisplan von 1946 die Grundlage für den Wiederaufbau (Liesbrock 1993: 85). J. B. Bakema hatte schon in seiner Beraterfunktion für den Wiederaufbau die Idee eines niedrigen, zweigeschossigen Einkaufszentrums umgeben von hohen quergestellten Wohngebäuden entwickelt.

Die neue L-förmige Straße mit der Kurzen Lijnbaan, die auf das Rathaus zuführt und der Langen Lijnbaan, die parallel zur wichtigen Hauptstraße Coolsingel verläuft, wurde als Fußgängerzone ausgebildet (Architekten J. H. van der Broek und J. B. Bakema). Entlang der Fußgängerzone wurden zweigeschossige Ladengebäude angeordnet, die Fußgängerzone mit Bänken und Vitrinen möbliert. Die Erschließung erfolgt rückwärtig und angrenzend sind Wohnhochhäuser gebaut worden. Die traditionelle Rotterdamer Verkopplung von Geschäft und Wohnen (jeweils darüber) in einem Gebäude wurde damit aufgeben zugunsten der Separierung von Läden und der rückwärtig von der Lijnbaan angeordneten 8-13 geschossigen Wohnhochhausscheiben (Taverne 1990: 148).

1951 wurden die Architekten für die Wiederaufbauplanung ausgewählt, 1952 begannen die Bauarbeiten und 1953 öffneten bereits die ersten Geschäfte (van den Broek/ Bakema 1956: 25). Die Lijnbaan wurde auf nationaler und internationaler Ebene sehr positiv aufgenommen und als eine wichtige stadtplanerische Erneuerung gefeiert. Lewis Mumford schrieb nach einem Besuch der Fußgängerzone: „Merely being in the Lijnbaan is a pleasure, even if there is no shopping to be done"(zit. Liesbrock 1993: 101). Die Fußgängerzone ist breit angelegt mit Schutzdächern, Blumenbeeten, Kunstgegenständen, 65 Geschäften und einheitlich gestaltet. Eine Spazierstraße aus der man „zufällig" in die Geschäfte hinein schlendert, eine raffinierte Mischung von privaten und öffentlichen Räumen. Mit dem Kaufhaus Bijenkorf (Architekt: Marcel Breuer) bildet die Lijnbaan den städtebaulichen Höhepunkt der Wiederaufbauplanungen im Zentrum von Rotterdam.

Neben Köln und Essen wurde vor allem Kassel in Deutschland zum Mekka ratsuchender Planer. Im Zusammenhang mit den Wiederaufbauplanungen entstand in Kassel eine Fußgängerzone besonderer Art. Die Kasseler Innenstadt war bei einem Bombenangriff 1943 fast vollständig zerstört worden. Der Schadensplan des Stadtplanungsamtes diente 1947 als Grundlage für einen Wiederaufbauwettbewerb. Der Plan wies gezielt einen hohen Zerstörungsgrad aus und stellte teilzerstörte Gebäude explizit zur Disposition. In den folgenden Plänen des Planungsamtes taucht die Idee einer Treppenstraße – als

Fußgängerzone – und als kürzeste Verbindung zwischen Hauptbahnhof und Friedrichplatz auf. Der Plan des Stadtplanungsamtleiters Werner Hasper geht auf einen überarbeiteten Entwurf zurück, der 1944 im Rahmen der Arbeiten des Wiederaufbaustabes Albert Speer entstand. Die geistige Urheberschaft der Treppenstraße, die Hasper für sich beanspruchte, ist umstritten, da diese schon 100 Jahre zuvor in den Plänen von Simon Luis du Ry auftauchte.

Abb. 5: Kassel Treppenstraße
Quelle: Wedepohl 1961: 240

Die (verkehrsorientierten) Maßnahmen der Wiederaufbauplanung in Kassel waren die Schaffung einer Ringstraße, Abgrenzung des Geschäftszentrums, Bereitstellung von Parkplätzen und die Realisierung der Treppenstraße. Die verbindliche Grundlage für den Wiederaufbau bildete der Bebauungsplan von 1953. Das neue Einkaufszentrum Kassels entstand damit westlich der ehemaligen Altstadt neu und 1953 wurde die Einweihung der Fußgängerzone Treppenstraße gefeiert. „Diese neue Straße ist eine reine Fußgängerverbindung. Da sie senkrecht zum Abfall des Geländes verläuft, so vermag sie dem Fußgänger eindeutig den stärkeren Höhenunterschied bewusst zu machen. An ihrem Ausgang überrascht sie dann durch den freien Überblick über den Friedrichplatz und den Fernblick auf die Berglinie der Söhre" (Bangert 1954: 75f.). Die Randbebauung entstand allerdings später bis 1957. Historische Gebäudesubstanz (wie das Nahlsche Haus) wurden bedenkenlos der Neuanlage mit einer rückwärtigen Erschließung geopfert (Lüken-Isberner 1992: 260). Die Treppenstraße erhielt hohes fachliches Lob und wurde auf Ausstellungen wie der ‚Constructa' präsentiert.

Der Fußgängerbereich wurde in Kassel dann später weiter auf die Königstraße ausgeweitet. Sie bildet das Rückgrat der Einkaufszone und wird in voller Länge von der Straßenbahn durchfahren. Das Konzept wurde zunächst gegen den Widerstand des Einzelhandels durchgesetzt, die Belieferung erfolgt rückwärts.

Kiel konkurrierte mit Kassel, bei der Frage welche Stadt in Deutschland zuerst eine Fußgängerzone eingerichtet hätte. Kiel war als Reichskriegshafen während des Zweiten Weltkrieges ein ständiges Ziel alliierter Luftangriffe gewesen und große Teile der Innenstadt und der angrenzenden Viertel waren zerstört. Hitler hatte 1944 gebilligt, dass Kiel zu den ‚Wiederaufbaustädten' (mit besonders großen Bombenschäden) gehören sollte. Beim Neuaufbau sollte eine moderne verkehrsgerechte Geschäftsstadt entstehen und ähnlich wie in Kassel, galt auch die Kieler Neuaufbauplanung in der Nachkriegszeit als vorbildlich modern. Dass dabei auf Planungen aus der Zeit des Nationalsozialismus zurückgegriffen wurde, blieb lange unbekannt. Kiels Stadtbaudirektor Herbert Jensen, seit 1935 Leiter des Stadtbauamtes und ab 1945 Stadtbaurat, übernahm 1945 als Dezernent die Gesamtlei-

Abb. 6: Kiel, die neue Holstenstraße
Quelle: Wedepohl 1961: 253

tung des Stadtbauamtes und wurde 1950 einstimmig wieder zum Stadtbaurat gewählt.

Jensen hatte 1940 erklärt: „Es wird auch niemand bedauern, wenn die Innenstadt eine Umgestaltung erfährt; wir können nur hoffen, dass es bald und gründlich geschieht, denn es gibt kaum eine Stadt, die im Zentrum so regellos und lückenhaft, so eng und häßlich gebaut ist wie Kiel" (Landeshauptstadt Kiel 1990: 36). Auch für Kiel hat es eine Stunde Null nicht gegeben, die Wiederaufbaupläne lagen fertig in der Schublade. Als 1947 ein Wettbewerb für den Wiederaufbau ausgelobt wurde, war das herausragende Thema die Frage der zukünftigen Verkehrsführungen. Auch für die Kieler Aufbaugebiete war eine Bausperre erlassen worden, um Zeit für die erforderlichen Planungen zu gewinnen. Jensen betonte (1952: 101): „Die ganze Stadt wird nach der mehr oder weniger gelungenen Gestaltung der Hauptstraßen und Plätze der Innenstadt beurteilt. Das ist für eine Stadt wie Kiel, deren Gesicht bei dieser Betrachtungsweise vor der Zerstörung keinerlei bemerkenswerte Züge aufwies (...). Die Stadt muß also alles tun, um für einen Besuch Anreiz zu bieten". Mit der Eröffnung der Neuen Straße konnte die Holstenstraße zu einer Fußgängerzone gemacht werden. 1953 war mit einer neuen Straßenbahntrasse der Umbau zu einer echten Fußgängerzone vollzogen. Anregungen für die Anlage hatten die Planer aus Rotterdam von der Lijnbaan-Anlage bezogen. Das Neue der Anlage lag weniger an den architektonischen Lösungen als vielmehr im Bereich der städtebaulichen Gesamtkonzepte der Neugestaltung der Innenstadt.

Pünktlich zum 50-jährigen Jubiläum wurden in Kiel anhand der Holstenstraße strukturelle Probleme von Fußgängerzonen erörtert, wie sie sich auch anderenorts darstellen. Eine „Frischzellenkur für Deutschlands älteste Fußgängerzone" sei dringend geboten. Ein langweiliger Branchenmix und hohe Mieten führten zur allmählichen Verödung, umso mehr als das Shoppingcenter Sophienhof in unmittelbarer Nähe liegt. „Eine Überdachung könnte den derzeitigen negativen Trend ins Gegenteil kehren" lautet eine Position, während die andere argumentiert: "Was die Holstenstraße braucht, ist ein guter Branchenmix und kein Dach", sonst drohe aus der ältesten deutschen Fußgängerzone bald ein ‚Zonenrandgebiet' zu werden (Die Welt, 5. Mai 2004).

Die aktuellen Probleme der Fußgängerzone Neu-Altona in Hamburg stellen sich ähnlich wie in Kiel dar. Bei der Planung der Fußgängerzone wurde explizit auf Vorbilder in Coventry und Rotterdam verwiesen, sie wurde am 24. Oktober 1966 als die erste Fußgängereinkaufsstraße in Hamburg eröffnet. Seit 1961 wurde das Projekt von dem Unternehmer Friedrich Bruhn zusammen mit den Senatsverwaltungen und dem Bezirk betrieben. Die Altstadt von Altona war im Zweiten Weltkrieg stark zerstört worden. 1955 wurde mit der Planung ‚Neu-Altona' begonnen, für die ein Team aus der Bauverwaltung in Kooperation mit der Neuen Heimat verantwortlich zeichnete. Oberbaudirektor Werner Hebebrand und Ernst May waren die Leiter der Planungsgruppe. Letzterer konnte auf Erfahrungen im Wohn- und Siedlungsbau der 1920er Jahre in Frankfurt und später in der Sowjetunion zurückgreifen. Über zehn Jahre dauerte es, bis mit der Planung und dem Bau begonnen werden konnte. Inzwischen waren Gebäude ohne Genehmigung errichtet worden, andere waren instand gesetzt, wiederum andere illegal besetzt worden. „Mit großem Aufgebot von Polizei, Räumtrupps und Transportgeräten wurden 100 solcher Unterkünfte weggeräumt. Viele dieser Leute haben sich leider auf anderen freien Flächen wieder angesiedelt und müssen auf diese Weise bei der jeweiligen Inanspruchnahme des Geländes mehrfach zwangsweise verlagert werden" (Dähn 1959: 11).

Ernst May schlug eine Gliederung des Vorhabens in zwei Nachbarschaften vor. „Hier musste die Stadt sich also entschließen, zugleich mit der Neubebauung eine Sanierung durchzuführen, also trotz der bestehenden Wohnungsnot alte Gebäude und Wohnungen zu beseitigen" (Freie und Hansestadt Hamburg 1958: 11). Der in den 1930er Jahren für die Führerstadtplanungen ‚Hamburg als Tor zur Welt' bereits erworbenen Grundbesitz erleichterte einerseits das Vorhaben, aber die Neuordnung des kleinparzellierten Eigentums durch Umlegung verzögerte das Bodenordnungsverfahren wiederum. Um zu einer grundlegenden Neuplanung zu kommen, sahen die Pläne den Abriss (kaum beschädigter) älterer Gebäude vor. May verwies darauf, „dass der Neubau im Bestand ungleich schwieriger war als der Neubau auf „jungfräulichem Boden" an der Peripherie. Dies würde stadtentwicklungspolitisch zu dem Paradoxon, dass abgesehen von dem Flickwerk der Lückenfüllung, echte Neubausiedlungen nur in den städtischen Randgebieten entstehen, während die arbeitsnahen, zertrümmerten Stadtteile ungenutzt bleiben" (May 1955: 3).

Vor allem die Neue Heimat suchte das Projekt voranzutreiben und forderte effektivere gesetzliche Instrumentarien ein. „Es gibt im Planungsgebiet Neu-Altona nicht nur ‚Wohnslums', sondern auch ‚Gewerbeslums', Gewerbebetriebe, die in längst abbruchreifen Quartieren hausen. Diese Gewerbeslums müssen ebenso beseitigt werden, wie die Wohnslums" (Plett 1956). 1957 beschloss die Bürgerschaft das Vorhaben „und damit den Baubeginn der wohl umfangreichsten städtebaulichen Neuordnungsmaßnahmen in der Bundesrepublik".

Südlich eines Teils der Großen Bergstraße war zwischen Max-Brauer-Allee und Altonaer Poststraße (im ehemaligen Innenbereich eines Häuserblocks) ein Geschäftsgebiet mit Ladenstraße, die Neue Große Bergstraße vorgesehen. Der Hauptdurchgangsverkehr wurde auf die südlich verlaufende Ehrenbergstraße und Jessenstraße umgeleitet. Das vormals engmaschige Straßennetz sollte durch ein autogerechtes System mit Durchgangs-, Sammel- und Wohnstraßen dem Pkw-Verkehr angepasst werden. Ein neues Einkaufszentrum mit einer Fußgängerstraße (Neue City Altona) sollte entlang der Neuen Großen Bergstraße und der Großen Bergstraße entstehen. Vom Hauptbahnhof war zum Altonaer Bahnhof ein Teilstück der U-Bahntrasse (U4) vorgesehen, die unter der Neuen Großen Bergstraße und der Großen Bergstraße als Unterpflasterbahn angelegt werden sollte. Der mittlere bis zu 40 Meter breite Bereich der Neuen Großen Bergstraße wurde daher zunächst nur mit

Abb. 7: Neu-Altona
Quelle: Freie und Hansestadt Hamburg 1969: 61

eingeschossigen Pavillons bebaut, die nach dem U-Bahnbau durch eine andere Bebauung ersetzt werden sollten. Die autofreie Zone ging zunächst nur bis zur Goethestraße/Altonaer Poststraße, wo ein Altbau die Weiterführung behinderte. Erst mit dem Abriss des Gebäudes und der Neubebauung (Frappant-Gebäude) wurde die Fußgängerzone (in diesem Bereich Große Bergstraße) bis zum ‚Jessenplatz' weitergeführt.

Mit der Begründung des Baus der S-Bahn wurde in den Jahren 1974-1976 das 1898 errichtete ‚alte' Altonaer Bahnhofsgebäude abgerissen und durch ein ‚Kaufhaus mit Gleisanschluss' ersetzt. Es entstand mit der Fußgängerverbindung vom Altonaer Bahnhof bis zum Platz ein damals hochmodernes Büro- und Einkaufszentrum. Der Bahnhofsvorplatz (Paul-Nevermann Platz) wurde zu einer rampenartigen Verkehrsfläche ohne Aufenthaltsqualitäten. Mit der Aufwertung des westlichen Bahnhofsbereichs mit unzerstörter, gründerzeitlicher Bebauung an der Ottenser Hauptstraße (Mercado) geriet die ‚moderne' Fußgängerzone Neue Große Bergstraße/Große Bergstraße allerdings bald ins Hintertreffen. Dies wurde durch Leerstände und Gestaltungsmängel verstärkt.

Von dem Typus der erdgeschossigen linearen Fußgängerzonen, die im Zusammenhang mit Wiederaufbauplanungen realisiert wurden, gibt es vielfältige Abweichungen. So ist die ‚Lave-Achse', das Kernstück des Hannoveraner Fußwegenetzes im Bereich vom Kröpcke bis zum Bahnhofsvorplatz (‚Passarelle') zweigschossig ausgeführt.

Das konsequenteste Beispiel für eine großflächige konsequente Trennung von Fußgänger- und Fahrverkehr ist dagegen The Barbican in der City of London (‚Multi-Level City'). Dieser Bereich der City war im Zweiten Weltkrieg weitgehend zerstört worden und die ab 1965 erstellte Neubebauung sah interne Fußgängerebenen auf unterschiedlichen Höhenniveaus vor, während der Fahrverkehr weiter ebenerdig abgewickelt wurde (Johnson-Marshall 1966: 189). Im ca. 13ha großen Areal entstanden neben 2.100 Wohnungen in 125 Meter hohen Wohntürmen, ein Einkaufszentrum, Büroflächen, zwei Schulen, ein Theater und ein Konzertsaal. Der Barbican war mit seinem 3,5 Kilometer langen Netz von Fußgängerbrücken damals ein Vorzeigeprojekt der Moderne, der Zweiebenenstadt, zumal geschichtliche Spuren, Ruinen, Reste der römischen Stadtmauer und Freiräume in das Konzept eingebunden wurden. Die Erdgeschosszone wurde konsequent dem Auto überlassen, das geplante 50 Kilometer lange ‚Pedway-Network' aber nur in Fragmenten realisiert. Heute bilden die zugigen Übergänge und Unterführungen Angsträume, Zufluchtsorte für Obdachlose und Übungsorte für Skateboarder nach Büroschluss.

Fußgängerzonen im Bestand

Die Phase der Einrichtung von Fußgängerzonen im Rahmen der durch die Kriegszerstörungen möglichen tabula rasa Planungen endete, als die Rekonstruktion der Innenstädte gegen Mitte der 1960er Jahre weitgehend abgeschlossen war. Es setzte eine heftige Kritik an den Ergebnissen des Wiederaufbaus ein, die von A. Mitscherlich auf die einprägsame Formel „Die Unwirtlichkeit unserer Städte" gebracht wurde. Zwar wurden hier weniger die Ursachen als die Symptome der Nutzungsentflechtung beschrieben, dennoch rückte die Frage der Lebens- und Aufenthaltsqualität in das Blickfeld. Die Fußgängerzone wurde nun als Allheilmittel gesehen, um den städtischen Raum wieder in Besitz zu nehmen und erneut „Herr der Straße" zu werden.

In Wilhelmshaven, Lippstadt und Bonn waren zunächst die Straßen des Zentrums an einzelnen Wochentagen gesperrt worden. Waren die ersten Fußgängerzonen noch gegen den Widerstand der mittelständischen Geschäftsinhaber und Anlieger angelegt worden, so wurden sie nun von diesen Gruppen verstärkt eingefordert. Bis Anfang der 1970er Jahre hatten die Fußgängerzonen zu einem Siegeszug in bundesdeutschen Städten angesetzt. Nach einer Statistik von 1973 hatten von den bundesdeutschen Städten mit über 100.000 Einwohnern nur sieben keine Fußgängerzone, von den Städten zwischen 50.000 und 100.000 Einwohnern verfügten 75 % über eine Fußgängerzone. München gab über 15 Mio. DM, Essen 6 Mio. DM und Wuppertal 5,5 Mio. DM für die Einrichtung und Umgestaltung der Fußgängerbereiche aus. Selbst für Kleinstädte wurde die Fußgängerzone zum Renommierobjekt.

Die folgende Einordnung der Münchner Fußgängerzone unter ‚Bestand' soll die erheblichen Kriegszerstörungen hier nicht negieren (Beseler/Gutschow 1988, Bd. II, 1372). Gleichwohl ging die Einrichtung der Fußgängerzone dort auf eine Prämisse aus der Zeit des Nationalsozialismus (‚Die Altstadt wird nicht angetastet') zurück. Auch beim Wiederaufbau der zu 55 Prozent zerstörten Altstadt ging man vom Ziel der Wiederherstellung und Erhaltung des Stadtbildes aus. Das 1946 vorgestellte Planungskonzept ‚Das Neue München' ist ein Paradebeispiel für die Kontinuität vom Ineinandergreifen von Planungen und Personen zwischen Drittem Reich und Demokratie (Nerdinger 1992: 341). Kernstück der verkehrsorientierten ‚Neu'-Planung war ein Altstadtring, der die Altstadt vom Verkehr freihalten sollte. Der Verkehr sollte auf dem Ring gebündelt werden, in der Altstadt das ‚liebe München' wieder entstehen, während am Ring auch moderne Geschäfts-, Büro- und Parkhäuser vorgesehen waren.

Ein Konzept des Professors der Stadtbaukunst an der TH München, Adolf Abel, einem Vordenker der Fußgängerzonen, fand keine Beachtung (Abel 1950: 66). Abel hatte vorgeschlagen mittels einer Übereinkunft der Grundstückseigentümer die Blockinnenbereiche zusammenzulegen und damit Fußgängerbereiche zu schaffen. Da es in München kein Aufbaugesetz wie in anderen Bundesländern gab, wurden Eingriffe in die Grundbesitzverhältnisse weitgehend unterlassen. So blieb die Altstadt der Ausgangspunkt eines „äußerst

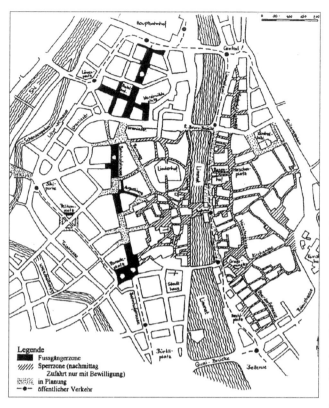

Abb. 8: Zürcher Fußgängerbereiche   Quelle: Seewer 2000: o.S.

konservativen" Wiederaufbaus (Nerdinger 1992: 342). Die Verkehrsberuhigung der Altstadt und das Fehlen eines Stadtentwicklungsplanes führten zu kontinuierlichen Verkehrsstaus, der Stachus wurde zum meistbefahrenen Platz Deutschlands. 1961 wurde Herbert Jensen, zuvor Stadtbaurat und bereits ‚fußgängerzonenerfahren' in Kiel, mit der Ausarbeitung eines Stadtentwicklungsplanes beauftragt, der 1963 mit minutenlangem Applaus vom Stadtrat verabschiedet wurde. Die heutige Fußgängerzone lässt das ‚Jensen-Kreuz' noch erkennen. Der Plan sah einen Altstadtring, einen mittleren Ring und Autobahnring vor und löste den Bauboom der 1960er Jahre mit dem Höhepunkt der Olympiade 1972 aus.

In München war mit der Kaufinger Straße, Neuhauser Straße, der Theatriner Straße und schließlich der Einbeziehung des Viktualienmarktes eine ca. 100.000 Quadratmeter große Fußgängerzone entstanden. Die Durchführung der Arbeiten erfolgte 1971/1972 im Zusammenhang mit dem U-Bahn-Bau. „Mit berechtigtem Aufwand ist die Münchner Innenstadt dem Fußgänger zurückgegeben, ist sie wieder ‚vermenschlicht' worden", heißt es in einem Werbeprospekt. In einer der seltenen Studien zum Thema öffentlicher Raum in Fußgängerzonen wird nebenbei erwähnt, dass die meisten Besucher vormittags kommen, Frauen am längsten bleiben, Männer mit dem Auto kommen, Frauen mit der Tram und die Gründe für den Besuch meist der Einkauf seien. Die ‚drückende Investitionsmacht der Kaufhauskonzerne' wurde beklagt, mehr Sparten von Fachgeschäften, Blumenschmuck und Ausstellungsvitrinen gewünscht, der Ausbau U-Bahn und unentgeltlich benutzbare Elektromobile eingefordert (Ludmann 1972: 101). Auf 19 ‚Gastronomieinseln' konnten 1.500 Gäste versorgt werden. Die Kosten von 15 Mio. DM trug die Stadt München (Uhlig 1979: 97).

Die Stadt Zürich bietet ein gutes Beispiel für die Einrichtung und Ausweitung von Fußgängerzonen im Bestand von Stadtzentren. Hier gab es keine Kriegszerstörungen, die – wie in vielen deutschen Städten – bereits „Schneisen" für eine Einrichtung von Fußgängerzonen geschlagen hatten. Hans Bernoulli hatte schon 1954 vorgeschlagen, die Schweizer Innenstädte in Fußgängerbereiche umzuwandeln. „Der gesamte Fahrverkehr sei auf den, die Altstadt begrenzenden Ring an die Außengebiete der Stadt verwiesen, womit die Baulinien der Altstadt unberührt gelassen werden können. (…) Allgemein lässt sich wohl sagen, dass unsere Schweizer Städte für ein derartiges Vorgehen wie vorbestimmt sind: birgt doch jede in ihrem Kern eine kleine, besonders kostbare Altstadt (...)" (Bernoulli 1954: 371f.). Polarisiert wurde in Zürich die Frage erörtert, ob die City mit der Zunahme des Fahrverkehrs zum Museum oder zum Slum werden würde. Schon vor der Einrichtung der Fußgängerzone war die Zürcher Altstadt ein Einkaufs- und Dienstleistungsstandort von großer Bedeutung (Seewer 2000: 54). Viele Besucher reisten mit öffentlichen Verkehrsmitteln oder mit dem privaten Pkw an, um sich dann im Zentrum zu Fuß oder mit dem Fahrrad zu bewegen.

Anfang der 1960er Jahre wurden in Zürich Großprojekte wie die Planung einer Tieferlegung der Straßenbahn in eine unterirdische Trasse verworfen und Pläne für eine U-Bahn erwiesen sich als unrealistisch. So suchte man die Situation mit einer Vielzahl von Einzelmaßnahmen zu verbessern. Erhebliche Investitionen in den ÖPNV, eine neue Parkplatzpolitik und Verkehrsberuhigung verhinderten, dass das Verkehrsaufkommen auf den Straßen weiter zunahm. Die zentrale Fußgänger- und Sperrzone im Zentrum entstand dann in den späten 1960er Jahren und wurde danach nicht mehr wesentlich verändert. Die Geschäftsleute hatten in diesen Zonen die schlechte Erreichbarkeit, die unzureichende Zahl von Parkplätzen und die hohen Parkgebühren beklagt. Der Einzelhandel lancierte daraufhin eine Volksinitiative „für attraktive Fußgängerzonen" und in der Folge erarbeitete die Stadtverwaltung ein Konzept, dass etappenweise umgesetzt werden konnte. Die Ausweitung der Fußgängerzone wurde auch durch den Bau von zwei neuen Parkhäusern möglich. Die Fußgängerbereiche sind links und rechts des Limmat bruchstückhaft entstanden und werden teilweise weiter von Durchgangsverkehrsachsen durchschnitten.

Der Boom der neueingerichteten Fußgängerzonen setzte sich mit Variationen weltweit in den 1970er Jahren fort. Von der bekannten Carneby Street in London (1972), über die Church Street in Liverpool und La Défense (‚ein menschliches New York') in Paris, bis zu Skyways in Minneapolis und einem Dreiebenensystem in Philadelphia reichen die Beispiele die Städte fußgängerfreundlicher zu gestalten.

‚Sozialistische' Fußgängerzonen

Das weltweite Erfolgsmodell der Einrichtung von Fußgängerzonen wurde auch in den sozialistischen Ländern phasenverschoben übernommen. Hier allerdings überwogen andere ideologische Begründungskontexte. „Der Neuaufbau der kriegszerstörten Stadtzentren bzw. Altstadtbereiche war besonders in den sozialistischen Ländern mit tiefgreifenden Veränderungen der städtebaulichen Struktur der Innenstädte verbunden" (Andrä/Klinker/Lehmann 1981: 8). Die Zentren wurden hier als integraler Bestandteil „planmäßiger sozialistischer Stadtentwicklung" gesehen. In den „Sechzehn Grundsätzen des Städtebaus" von 1950 war die Funktion des Zentrums wie folgt definiert: „Das Zentrum bildet den bestimmenden Kern der Stadt. Das Zentrum der Stadt ist der politische Mittelpunkt für das Leben der Bevölkerung. Im Zentrum der Stadt liegen die wichtigsten politischen, administrativen und kulturellen Stätten. Auf den Plätzen im Stadtzentrum finden die politischen Demonstrationen, die Aufmärsche und die Volksfeiern an Festtagen statt. Das Zentrum der Stadt wird von mit den wichtigsten und monumentalsten Gebäuden bebaut, be-

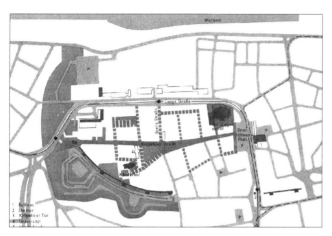

Abb. 9: Rostock ‚Die Kröpeliner'
Quelle: Andrä/ Klinker/ Lehmann 1981: 92

herrscht die architektonische Silhouette der Stadt" (zit. Topfstedt 1988: 47). Die Stadtzentren hatten also einen adäquaten städtebaulichen Rahmen mit zentralen Plätzen und Magistralen für die neuen Bedürfnisse des sozialistischen Lebens bereit zu stellen.

1960 veröffentlichte die Deutsche Bauakademie „Grundsätze der Planung und Gestaltung sozialistischer Stadtzentren" in denen ähnlich wie schon 1950 formuliert wurde: „Im Stadtzentrum finden Demonstrationen, Aufmärsche, Volksfeste und kulturelle Massenveranstaltungen statt" (zit. Topfstedt 1988: 50). Die sozialistischen Stadtzentren sollten sich deutlich von den kapitalistischen, nach Profitmaximen entstandenen, Innenstädten unterscheiden. „Im Gegensatz zur Engräumigkeit der meisten mittelalterlichen Anlagen und der City kapitalistischer Städte ist Großzügigkeit und Weiträumigkeit ein Wesenszug sozialistischer Städte" (zit. nach Topfstedt 1988: 50).

Als Alternative zur „City kapitalistischer Prägung" sah das Leitbild des sozialistischen Stadtzentrums andere Qualitäten vor: „Die enge Verbindung innerstädtischen Wohnens mit zentralen Kultur-, Einkaufs- und Gastronomieeinrichtungen und die erholsame Atmosphäre, die im Sommer durch die Rosen, das Wasser und Sitzgelegenheiten im Freiraum herrscht" (Andrä/Klinker/Lehmann 1981: 10). Um den Kunden die Orientierung zu erleichtern und überflüssige Wege zu ersparen wurden die Warengruppen zu „Bedarfskomplexen" (Bekleidung, Camping und Freizeit, ‚Alles für die Wohnung' etc.) zusammengefasst. Auch für den kleinen Hunger wurde mit „leistungsfähigen Versorgungspunkten" vorgesorgt. Während in Berlin (Alexanderplatz), Leipzig, Dresden (Prager Straße), Magdeburg, Cottbus und Suhl neue städtebauliche Zentrenensembles gebaut wurden, ging es in anderen Städten wie Halle, Erfurt, Potsdam und Schwerin um den Umbau von Einkaufsstraßen und Marktplätzen im Bestand.

In Rostock waren bereits während des Krieges Konzepte für den Wiederaufbau des Zentrums entwickelt worden. So war auch Heinrich Tessenow 1946 für Entwürfe herangezogen worden, der eine niedriggeschossige Neubebauung und kleinere Platzbildungen vorsah. Der planmäßige Um- und Wiederaufbau des Stadtzentrums begann aber erst 1953 mit der Neubebauung der parallel zur Warnow verlaufenden Langen Straße (Düwel, 1995: 306). Die Gebäude in diesem Bereich waren im Zweiten Weltkrieg weitgehend zerstört worden. Diese Neugestaltung ermöglichte eine Verkehrsentlastung der Kröpeliner Straße. Die Lange Straße durchzieht die Innenstadt und bildet die stadtstrukturbestimmende Ost-West-Magistrale. Rostock war 1952 zur Bezirkshauptstadt ‚aufgerückt' und mit dieser ‚Rangerhöhung' wurde eine betont repräsentative Hauptstraße erforderlich, die die Stadt bis dahin nicht aufwies. Im „Wettbewerb mit der Stalinallee" entstand „die Kröpeliner" als „Erste sozialistische Straße in Rostock" und wurde 1953 in „Straße des Nationalen Aufbauwerkes" umbenannt (Köllner, Mrotzek u.a. 1977: 16). Am 30. Jahrestag der DDR-Gründung wurde sie unter Denkmalschutz gestellt. Anders als in anderen Städten der DDR erfolgte in Rostock die Umgestaltung unter weitgehender Bewahrung des historischen Grundgefüges – die erste Fußgängerzone in Rostock ergab sich als Nebenprodukt dieser Planung. Die verhängnisvolle, einseitige Konzentration aller geistigen und materiellen Ressourcen auf die Magistrale war nicht zuletzt der Grund für die Vernachlässigung der östlichen Altstadt und für städtebaulich wenig gut gelungene Anschlüsse an die Lange Straße (Hohn 1992: 134).

Als nach 15 Jahren 1968 der Aufbau der Langen Straße weitgehend abgeschlossen war – und der Hauptverkehr von der Kröpeliner Straße in die Lange Straße umgeleitet – begann die Umwandlung der Kröpeliner Straße in eine Fußgänger- und Einkaufszone. Eine Untersuchung hatte ergeben, dass viele Stadtbewohner und Stadtbesucher ohnehin die Anziehungspunkte an der Kröpeliner Straße aufsuchten. Nun sollte gezielt ein „System von Erlebniswegen" zwischen den „Besuchermagneten" geschaffen werden (Andrä/Kirchherr 1969: 221). Die Kröpeliner Straße verbindet den Ernst-Thälmann-Platz über die Universität mit dem Kröpeliner Tor. 1968 wurde anlässlich der Ostseewoche der erste Teil des insgesamt 740 Meter langen Ensembles seiner neuen Bestimmung übergeben. Zur Ostseewoche wurde die Fußgängerzone Kröpeliner Straße festlich illuminiert. Die Beleuchtung sollte Wohlstand und Kultur im Sozialismus symbolisieren und die Wettbewerbsfähigkeit mit den kapitalistischen Staaten. „Die Verbesserung der Beleuchtung des Stadtzentrums hat neben der Erhöhung der Verkehrssicherheit in den Abend- und Nachtstunden die Aufgabe, der Stadt ein helles und lebenserfülltes Bild in den Dunkelstunden zu verleihen. Sie hebt das kulturelle Niveau der Stadt und ist damit auch ein Ausdruck des ständig steigenden Lebensstandards in unserer Republik"(zit. Seegers 2003: 73).

Durch die „komplexe Rekonstruktion" entstand der erste Fußgängerboulevard in der DDR. An der Kröpeliner Straße befanden sich 38 denkmalgeschützte Gebäude von denen 28 öffentlich genutzt wurden. Die Kröpeliner Straße wurde trotz der „nördlich herben Atmosphäre" zur wichtigsten und beliebtesten Einkaufsstraße der Stadt. Mit neuen Wohnungen, dem kunsthistorischen Museum, Gaststätten, einer neuen Beleuchtung und dem „Brunnen der Lebensfreude" entstand eine Fußgängerzone, die ein der „reichen Tradition verpflichtetes bauliches Milieu (schafft), in dem sich ein vielseitiges großstädtisches Leben entwickeln kann" (Andrä/Klinker/Lehmann 1981: 95).

Bei der Konzipierung dieser großräumlichen Stadtzentrenensembles in der DDR spielten verkehrsplanerische Überlegungen zwar eine nicht unwichtige Rolle, doch lag der „entscheidende Antrieb in dem Bemühen, für die Fließ- und Standdemonstrationen einen festlichen städtebaulichen Rahmen zu schaffen". Zudem sollte das „Stadtzentrum durch eine intensives Wohnungsneubauprogramm nicht zur bloßen Geschäfts- und Verwaltungscity" degenerieren (Topfstedt 1988: 48).

Dieser ideologische Begründungszusammenhang ist mit dem deutlich geringeren Motorisierungsgrad in der DDR – verglichen mit der BRD – zu relativieren. Zudem ermöglichte der weitgehend eingefrorene Bodenpreismechanismus – der in der BRD die Durchsetzung der

Abb. 10: Elbe-Einkaufszentrum Hamburg
Quelle: Freie und Hansestadt Hamburg 1969: 33

jeweils ertragsreichsten Nutzung beförderte und damit zunehmende Monostrukturen – auch in Zentren Wohnungen und kulturelle Einrichtungen vorzusehen. Auch im Zentrum sollten dabei möglichst industrielle Bauverfahren eingesetzt werden. Die – auch politisch-ideologisch diskreditierte – erhaltene „kapitalistische" Altbausubstanz diente nicht selten als bequemes Argument für den flächenhaften Abriss. Erst gegen Ende der 1960er Jahre setzte sich ein anderes Verständnis gegenüber diesem baulichen Erbe durch, dass sich in Versuchen der Erhaltung, behutsamer Erneuerung und in den Zentren durch das Phänomen der Fußgängerzonen manifestierte.

Fußgängerzonen in peripheren (Wohn-)Gebieten

Die „Fußgängerzonen-Begeisterung" färbte umgehend auch auf die Planung neuer Wohnquartierszentren am Stadtrand ab. Zum einen wurden hier Verkehrsberuhigungen vorgenommen, zum anderen Straßen in Wohnquartieren als Spielstraßen und Wohnwege mit eingeschränktem Fahrzeugverkehr („bewohnbare Straßen") geplant. Bei der Planung und dem Bau von Einkaufszentren konnte man auf die Erfahrungen der Planung innerstädtischer Fußgängerzonen Bezug nehmen.

Neben dezentralen Bürostandorten wie in Hamburg City-Nord und in Frankfurt Niederrad wurden auch Shopping-Center wie in Frankfurt das Main-Taunus-Zentrum und in Hamburg das Elbe-Einkaufszentrum errichtet. Diese kompakten Büro-, Einkaufs- und Wohnkomplexe sollten als Entlastungszentren um die City angelegt werden, ausreichend Parkplätze anbieten und in Fußgängerzonen entspanntes Einkaufen ermöglichen. Beim Nordweststadtzentrum in Frankfurt wurde das Zentrum im Zusammenhang mit dem neuen Stadtteil angelegt, fußläufig gestaltet und integrierte neben Läden und Dienstleistungsbetrieben, ein Hallenbad, ein soziokulturelles Zentrum, eine Fachschule und eine Bus- und U-Bahnstation.

Das Auto – zunächst als Symbol des Forschritts und Wohlstands gewertet – wurde umgehend zur Ursache von Stadtflucht, Suburbanisierung und der Veödung der Innenstädte erklärt. Verkehrsberuhigung und Wohnstraßen für Wohnquartiere wurden als Gegenkonzepte entwickelt. ‚Stadt für Menschen – Ein Plädoyer für das Leben in der Stadt' lautete ein Buchtitel 1973, der die Dominanz der (auto-)verkehrsgerechten Planungen kritisierte (Peters 1973). Auch die Planung von neuen Wohngebieten an der Peripherie sollte durchaus autogerecht mit einer Separierung der Verkehrsarten erfolgen und wurde nach dem Zweiten Weltkrieg mit dem Leitbild der Nachbarschaftseinheiten implementiert. Die Nachbarschaftseinheiten sollten gegenüber anderen Wohngebieten abgrenzt sein und über ein eigenes Zentrum verfügen. Die Dimensionierung der Nachbarschaftseinheiten wurde an die Einzugsbereiche von Schulen orientiert. Die nach diesem Konzept gebaute ‚New Town' Vällingby am Stadtrand von Stockholm erlangte schnell internationale Berühmtheit und wurde in Europa zu einem Vorbild. Zwischen 1950 und 1956 geplant, ging es um das Konzept der ABC-Stadt (Arbeit-Arbeite, Wohnung-Bostad, Zentrum-Centrum), bei dem vorgesehen war, dass etwa die Hälfte der Bewohner innerhalb des Gebietes eine Arbeit finden sollte.

Eine Nachbarschaftseinheit wurde hier für ca. 50.000 Einwohner mit

Abb. 11: Vällingby-Centrum 2000
Quelle: Werbebroschüre Din Stadsdel 2000: o.S.

Nachbarschaftseinheiten von 2.000-4.000 Einwohnern und Stadtteilgruppenzentren geplant. Die Nachbarschaftseinheiten sind von Verkehrsadern begrenzt, die jede für sich ein Nahzentrum mit Park, Spielplatz, Schule und Kinderheim haben. Die grundlegende Idee für das räumliche und funktionelle Konzept ist das Prinzip der fußläufigen Erreichbarkeit von U-Bahn (Tunelbana) und allen zentralen Einrichtungen. Das Vällingby-Zentrum ist als Fußgängerbereich ausgelegt, Parkplätze sind im Randbereich untergebracht. Aktuelle Pläne sehen einen veränderten Branchenmix, mit Umbau und Erweiterung des Zentrums von 28.00 qm auf 46.000 qm Verkaufsfläche vor.

Umbau, Anpassung von Fußgängerzonen und neue Varianten

Fast alle Fußgängerzonen sind seit ihrer Entstehung (mehrfach) umgebaut worden. Die Einrichtung der Fußgängerzonen wurde in den 1970er Jahren als „vollzogene Befreiung des Menschen vom Kraftfahrzeug" gefeiert" (zit. Rohn 1974: 163), nun sind Aspekte wie Sicherheit, Nutzung und Möblierung des öffentlichen Raumes in den Vordergrund getreten. Zwischen öffentlichem und privatem Raum wurden durch Ausstellung von Waren in Körben und Ständern gleitende Übergänge geschaffen. Die zunehmende Konkurrenz zwischen innerstädtischen Fußgängerzonen und peripheren Shopping-Centern erfordert für die Kernstädte ein gestalterisches „Make-up", dass einen „Stimmungszusammenhang" beim Einkaufen befördert (Durth 1977: 139). Zugleich imitieren die peripheren Shop-

Abb. 12a und 12b: Fußgängerbereich Stachus – Marienplatz München – Die Kehrseite der Fußgängerzone
Quelle: Ludmann 1972: o.S.

ping-Center häufiger innerstädtisches Image mit Fachwerkfassen – „alles geht".

Die zunehmende Konkurrenz zwischen Innenstädten und peripheren Shopping-Centern ließ 1963 eine Expertengruppe vom Rationalisierungs-Kuratorium der Deutschen Wirtschaft in die USA reisen, um die Frage zu beantworten, wie die Shopping Centers aus europäischer Sicht zu beurteilen seien. Längst hatten sich dort erhebliche Parkplatzprobleme und Tendenzen der Verslummung und Aufgabe der Innenstädte zugunsten neuer suburbaner Zentren abgezeichnet: „So wird der Parkplatz zur Lebensfrage und zur unabdingbaren Voraussetzung für jede städtische Bebauung, für Wohnungen, mehr noch für Arbeitsstätten, Läden, Geschäfts- und Verwaltungsgebäude, kulturelle Einrichtungen, ja sogar Kirchen. Ohne Parkplatz gibt es nach einer in den USA geläufigen Wendung weder Arbeiter noch Angestellte, weder Käufer noch Kirchenbesucher. (...) Für die Raumaufteilung der Gesamtfläche der Shopping Centers gilt bei der Planung auch der Grundsatz, dass Fußgängergebiete, Transportflächen und Straßen sorgfältig voneinander getrennt sein müssen" (Thomas/Gries/Wolff 1964: 29). Bezogen auf den Parkplatzbedarf wird von einer Relation 1:3 ausgegangen, d.h. 100.00 qm Geschäftsfläche (+ Nebenflächen und Lager) erfordern ca. 400.000 qm Parkraumbedarf.

Der Erhalt der alten baulichen Strukturen entlang der Fußgängerzonen implizierte neue soziale Probleme. Die Brisanz des Themas ‚Unsere Fußgängerzone' spiegelt sich nicht nur in der Lokalpresse. In Hamburg wurde gar ein Bürgerbegehren zu der zuvor beschriebenen Fußgängerzone Große Bergstraße mit dem Wortlaut gestartet: „Sind Sie dafür, dass die Große Bergstraße, die probeweise für den Autoverkehr freigegeben ist, wieder Fußgängerzone wird?" 2004 wurde hier eine Quartiersmanagerin eingesetzt, die u.a. an der Verbesserung des Branchenmixes und des Images mitwirken sollte.

War die Einrichtung der Fußgängerzonen zunächst vorwiegend verkehrlich motiviert, dominiert derzeit im Diskurs um Fußgängerzonen das Thema „öffentlicher Raum". Verödung der Fußgängerzonen nach Geschäftsschluss und Fußgängerzonen als Sammelpunkte von ‚Problemgruppen' werden beklagt. Begriffliche Konnotationen von Fußgängerzonen und öffentlichem Raum implizieren die Kultur der ‚europäischen Stadt', ‚Urbanität', belebte Plätze und entspannte, Cappuccino schlürfende Flaneure. Frühere Öffentlichkeitsformen werden dabei nicht selten idealisierend verallgemeinert (Eckel 1998). Wunschvorstellungen ersetzen dabei nicht selten eine präzise Analyse.

Die Shopping Malls – bilden die konsequente konsumorientierte Fortsetzung der Fußgängerzonen. Zwischen 1950 und 1960 stieg ihre Zahl in den USA von 100 auf 3.000 (Rowe 1992: 81). 1985 wurden bereits mehr als 50% des Einzelhandelsumsatzes in Einkaufszentren gemacht. Dabei lassen sich typologisch das ‚Strip Commercial Center', die ‚Roadside Franchises', ‚Shopping Villages' und die ‚Pedestrian Mall' unterscheiden. Häufig werden die Einkaufszentren mit Freizeitzentren und Themen-Parks verzahnt. Aber auch unterirdische Fußgängerzonen sind z.B. in Montreal und Toronto entstanden, während in Calgary die Fußgängerzonen in das erste Geschoss verlegt wurden und dabei auch ‚private' Gebäude queren.

Handelsendogene Faktoren wie Filialisierung und Rückgang der Vielfalt im Einzelhandel und handelsexogene Faktoren wie der Trend zu autokundenorientierten Standorten schwächen zunehmend die Position der innerstädtischen Fußgängerzonen gegenüber den peripheren Einkaufszentren (Dörhöfer 1998), die mit entspanntem Erlebniseinkauf (‚shopping is fun') werben.

Fußgängerzonen ‚ein gefährliches Pflaster'

Zwei Diskurse dominieren einseitig die aktuelle Debatte um öffentliche Räume und um Fußgängerzonen. Das Thema der Kriminalität, Sicherheit und Überwachung hat durch Presse und Medien und durch (partei-)politische Ausschlachtung erheblich an Bedeutung gewonnen (Wehrheim 2002). Keine andere amtliche Statistik gerät so regelmäßig in den Blickpunkt des öffentlichen Interesses, wenn z.B. von Überfällen in Fußgängerzonen, vom Ranking der ‚gefährlichsten' öffentlichen Räume (‚rechtsfreie Räume') und ‚Kriminalitätshochburgen' die Rede ist. Zeitungsmeldungen wie „14jährige wurde von sturzbetrunkenem Mann in der Fußgängerzone vergewaltigt" sind auf der Tagesordnung.

Der zweite Ansatz, in gewisser Hinsicht eine Reaktion auf das Sicherheitsbedürfnis sowie globale Veränderungen, erörtert Globalisierungsprozesse und ihre Auswirkungen auf öffentliche Räume, in der Regel vernetzt mit dem Thema Kontrolle und Privatisierung des öffentlichen Raumes (Noller 1999; Kayden 2000). Hier geht es vor allem um die ‚neuen' öffentlichen Räume (Malls, Passagen, Shopping Center etc.), die Modernisierung der Fußgängerzonen und die ‚Verinselung' (sicherer) öffentlicher Räume in der Stadt (Ronneberger/Jahn/Lanz 1999). Die Umwidmung vormals öffentlicher Räume zu Repräsentations- und Konsumzwecken (‚Erlebnisshopping') wird dabei von Projektentwicklern forciert und von Kritikern beklagt.

In den letzten 20 Jahren wurde viel über Planung, Bau und Möblierung und wenig über die Nutzung von Fußgängerzonen und öffentlichen Räumen publiziert (Selle 2002). Bezeichnenderweise finden sich in der Fachliteratur einige neuere Publikationen mit einer beachtlichen Fülle von internationalen Beispielen, die die erfolgten „Rückgewinnungen des öffentlichen Raumes" dokumentieren (Gehl/Gemzoe 2001). Insbesondere die Wiederentdeckung der Plätze (Favole, 1995) hat in Städten wie Barcelona (Dutli/Esefeld/Kreis 1991), Lyon, Wien (Veigl 1999), Rotterdam etc. zu gezielten Aufwertungsstrategien ganzer Stadtteile geführt.

In vielen Fußgängerzonen in Innenstädten hat das augenscheinlich wahrnehmbare Leben merklich zugenommen. Allein die wachsende Zahl der Straßencafés, der kulturellen bzw. sportlichen Veranstaltungen und der allerorten anzutreffenden Flohmärkte deutet auf ein verallgemeinerbares Bedürfnis nach einer intensiveren Nutzung der öffentlichen Stadträume hin. Doch die Veränderungen – insbesondere der Anteil der zunehmenden Kommerzialisierung – werden auch skeptisch betrachtet (Eick 1998). Kritiker monieren die Musealisierung, Theatralisierung und Dekoration des öffentlichen Raumes (Malls, Skywalks, Passagen etc.). Einer besonders kritischen Diskussion unterliegt die (behauptete) zunehmende Privatisierung des öffentlichen Raumes (Kayden 2000; Eick 1998) und die räumliche oder zeitliche (Teil-)Sperrung von Fußgängerzonen. Andere wiederum beschweren sich über Kriminalität, Penner, Junkies und Drunkies im öffentlichen Raum (Simon 2001) und plädieren für verstärkte Kontrollmaßnahmen (Videoüberwachung, bessere Ausleuchtung, abschließbare Parks etc.) (Thabe 2000).

Das Bild einer Stadt und ihrer öffentlichen Räume bezieht sich in der allgemeinen Wahrnehmung im Regelfall auf das Zentrum und häufig auf die Fußgängerzonen, also auf die Stadtgebiete, die ihre Reize teilweise aus der Vergangenheit rekrutieren. Die Planung geht dabei immer stärker von einem event-orientierten – auf spezifische Termine und Anlässe zugeschnittenem – Konzept der öffentlichen Räume aus (Roost 2000). Für diese Planungskonzepte stellt sich die Frage der dauerhaften Pflege und des weiteren Umgangs mit Flächen; Möblierung und bauliche Einrichtungen in besonderem Maße. Mit der Summe seiner Eigenschaften ist der öffentliche Raum und sind Fußgängerzonen Konflikträume per se. Unterschiedliche Rechtsräume und Abgrenzungen beherrschen sein Erscheinungsbild: Bordkanten, Fahrspuren, Poller werden in dem Bemühen errichtet, Ansprüche an die Fußgängerzonen zu sortieren. Fahrradunfälle im Fußgängerparadies sind Schlagzeilen der Lokalpresse und ob Hunde an der Leine „Gassi geführt" werden müssen, oder nicht, wird in den Amtstuben erörtert.

Die häufig vorgenommene Trennung zwischen „öffentlichem" und „privatem" Raum ist dabei irreführend. Es überlagern sich verschiedenste Definitionsansätze beispielsweise aus der Perspektive des Eigentums, der Realnutzung, der Verfügung, der Gestaltung, der symbolischen Bedeutungszuschreibung und der Verantwortung für Pflege und Instandhaltung der Fußgängerzonen. Hier muss auf die einflussreiche Bahrdtsche Definition verwiesen werden, die wesentlich den folgenden Diskurs bestimmte: „Eine Stadt ist eine Ansiedlung, in der das gesamte, also auch das alltägliche Leben die Tendenz zeigt, sich zu polarisieren, d.h. entweder im sozialen Aggregatzustand der Öffentlichkeit oder in dem der Privatheit stattzufinden. Es bilden sich eine öffentliche und eine private Sphäre, die in einem engen Wechselverhältnis stehen, ohne dass die Polarität verloren geht" (Bahrdt 1974: 60). Bereits aus jeder dieser Perspektiven ergeben sich mannigfache Abstufungen zwischen den Polen „öffentlich" und „privat", die sich durch die Überlagerung der

Perspektiven noch vervielfachen. Daher erscheint es sinnvoll, statt einer einfachen Zuschreibung eines der beiden Begriffe für städtische Räume diese zu typisieren und jeden der Typen durch seinen Grad an „Öffentlichkeit" bzw. „Privatheit" im Hinblick auf die genannten analytischen Perspektiven zu charakterisieren.

Die stadtplanerische und stadtsoziologische Debatte kreist in der Zeit der städtebaulichen „Nachmoderne" um die Kritik an der „Privatisierung öffentlicher Räume". Diesem in seiner Wirkung mächtigen Analyseparadigma liegt ein Verständnis von Verantwortung der öffentlichen Hand für die rechtlich und nutzungsbezogen in deren Verfügung befindlichen Räume zu Grunde und schreibt diesen eine hohe Bedeutung für die Lebensfähigkeit der „europäischen Stadt" zu (Schubert 2001). Daran geknüpft sind planerische Anforderungen an die städtebauliche Qualifizierung dieser Räume, die Sicherstellung eines breiten Angebots an öffentlichen Räumen, ihre Bewahrung vor nutzungsbezogener Entwertung und ihre Bereitstellung für ein häufig nicht weiter definiertes „öffentliches Leben". Der öffentliche Raum zerfällt zudem in separate Zuständigkeiten mit unterschiedlichen Raumwahrnehmungen (z.B. Verkehrsplaner, Tiefbauer, Landschaftsplaner, Freiraumplaner, Kämmerer). Daher hat sich im Umgang mit ihm kein einheitliches Aufgabenverständnis herausgebildet.

Die verfügbaren Erkenntnisse über den Wandel der öffentlichen Räume und Ansätze für ihre Weiterentwicklungsfähigkeit sind breit gestreut, häufig aber nur in Form von Kommentaren, kritischen Betrachtungen, sektoralen Analysen und selbstdarstellerischen Präsentationen von Akteuren der Stadtentwicklung verfügbar, die in ihrer Kritik an bzw. in der Euphemisierung der erkennbaren Trends wenig zielgerichtet und daher für eine Überprüfung des Städtebauinstrumentariums nur eingeschränkt nutzbar sind.

Die Übergänge und Unschärfen des Themas ‚öffentlicher Raum' lassen sich auch auf die Fußgängerzonen beziehen. Sowohl bei der Produktion (privat/öffentlich), als auch bei der Konsumtion (altersspezifisch, geschlechtsspezifisch, schichtspezifisch etc.) gibt es Differenzierungsbedarfe. Zu fragen ist nach der Produktion, nach eigentumsrechtlichen Zuordnungen, nach Regulierungen von Nutzungen und nach dem Sozialcharakter des Raumes. Die Nutzungsvielfalt des öffentlichen Raumes reicht über erwünschte Aufenthaltsformen des Flanierens und Konsumierens, zu unerwünschten Nutzungen des Lagerns, Bettelns und Nächtigens (Simon 2001).

Die scharfe Trennung zwischen „öffentlich" und „privat" wird in der nachindustriellen Gesellschaft zunehmend unwichtig. Überlagerungen öffentlicher und privater Raumnutzungen bilden sich sowohl auf rechtlich öffentlichen als auch auf privaten Flächen heraus. Dabei verwischt sich zunehmend die scharfe Trennung zwischen den beiden Kategorien. Öffentlicher Raum soll nun durch planerische Maßnahmen neu hergestellt bzw. im Bestand wieder attraktiver gestaltet werden, als in Zeiten der städtebaulichen Moderne, deren Konzept des „fließenden Raums" die Kategorie des „halböffentlichen Raums" hervorgebracht hat.

Plätze und Fußgängerzonen bilden in der europäischen Stadt die klassischen Kristallisationspunkte öffentlichen Lebens. Wegen ihrer Prominenz sind sie von jeher Gegenstand planerischer Aufwertungsbemühungen gewesen. Auch Umgestaltungsaktivitäten setzen hier an. Ihre Nutzungsqualität ist neben diesen Aktivitäten in starkem Umfang von den städtebaulichen Rahmenbedingungen abhängig (Lage zu großen Verkehrstraßen, Abschirmung sensibler Bereiche von Lärm und Emissionen usw.), die nur teilweise beeinflussbar sind. Eine Verbesserung der Nutzungsqualität von Fußgängerzonen erfordert meist hohen finanziellen Aufwand, der von der öffentlichen Hand nur noch selten geleistet werden kann.

Fußgängerzonen und öffentliche Räume werden nicht nur durch eine bestimmte baulich-architektonische Gestaltung, sondern insbesondere auch durch die Form der Nutzung und Aneignung durch verschiedene soziale Gruppen „öffentlich". Zunehmende Homogenisierung von Stadtvierteln und Informalisierung des Verhaltens im öffentlichen Raum befördern anstelle der Fremdheit als Qualität öffentlicher Räume ein Gefühl der Unsicherheit, für dessen Behebung sich auch andere als rein technische Lösungen finden lassen. Mit dem zunehmenden Einsatz von Kontroll- und Überwachungstechnologien soll die Sicherheit der Bürgerinnen und Bürger in Fußgängerzonen erhöht werden (Wehrheim 2002). Das Unübersichtliche, Offene, Vielfältige und Unbekannte des öffentlichen Raumes befördert teilweise eine Verunsicherung und das Gefühl einer Bedrohung, während faktisch der Großteil körperlicher Übergriffe nach wie vor in privaten Räumen stattfindet. Diese Diskrepanz zwischen objektivem Gefahrenpotential und subjektiven Unsicherheitsgefühlen scheint stetig zu wachsen.

Die Bereitstellung eines nutzeradäquaten Systems öffentlicher Räume muss auf vertieften Erkenntnissen über die Nutzungsanforderungen und Qualitätsmaßstäbe der sich wandelnden Zielgruppen planerischen Handelns aufbauen. Diese von den Räumen angebotenen „Leistungen" für die Nutzung von Stadt differenzieren sich weiter aus. Richard Sennett hielt dem ‚modernen Städteplaner' noch vor, dass der ‚neutrale, sterile Lebensräume' entwerfe. „Der moderne Städteplaner steht im Banne einer protestantischen Raum-Ethik" (Sennett 1994: 64). Während sich die ‚vollständig' öffentlichen Flächen, die nahezu keine Nutzungseinschränkungen aufweisen und ein breites Spektrum an Nutzungsmöglichkeiten vorhalten, auf dem Rückzug befinden, kommen eine Reihe neuer Flächen in günstigen Lagen für die potenziellen Nutzer/innen hinzu, die lediglich für einen Teil der in der Öffentlichkeit denkbaren Aktivitäten geeignet oder zugänglich sind. Ob durch diese gegenläufigen Trends eine Verbesserung oder eine Verschlechterung der Verfügbarkeit wenigstens teilweise öffentlicher Räume in der Stadt, der Vielfalt öffentlichen Lebens und der Aufenthaltsqualität in ihnen ausgelöst wird, hängt einerseits vom angelegten Bewertungsmaßstab und andererseits von der Entwicklung der an die Räume gestellten Bedürfnisse ab.

Die Zukunft der Vergangenheit

Das heikle Thema Fußgängerzonen und öffentlicher Raum sollte entideologisiert angegangen werden. Attraktive Bilder und normative Forderungen nach ‚kommunikationsfreundlichen' öffentlichen Räumen wie Fußgängerzonen sind nur hilfreich, wenn sie die spezifischen Konstitutionsbedingungen öffentlichen Verhaltens einbeziehen. „Planer, die die ‚Kommunikation' in den Mittelpunkt stellen, sind auf der Suche nach einem modernen

Ersatz für das Kaffeehaus" (Sennett 1994: 120). Der x-te Umbau eines Rathausplatzes und die x-te Neupflasterung einer Fußgängerzone befördert nicht automatisch die bessere Akzeptanz und intensivere Nutzung dieser Bereiche als öffentliche Räume. Noch überwiegt ein übertriebenes „Sauberkeits-, Besitz-, Ordnungs-, Macht- und Besserwisserdenken" im Umgang mit dem Thema (Haubold 1997: 81). Städtebau und Stadtplanung sollten nicht nur Angebote für den öffentlichen Raum bereitstellen, sondern Akzeptanz und Aneignungs- und Nutzungsoptionen einbeziehen. Aus planerischer Sicht ‚attraktiv' gestaltete ‚öffentliche Räume' müssen nicht notwendigerweise auch für die Nutzer/innen anziehend sein.

Die neuen innerstädtischen Shopping Malls und Fußgängerzonen haben die überkommenen Einzelhandelsstrukturen weitgehend vernichtet. Die Aufwertung von Teilbereichen zu 1a-Lagen impliziert die Abwertung der weiteren Umgebung zu Parkplätzen und Zufahrten. Ein Ranking der Top-Einkaufsstraßen (nach Passanten) in Deutschland ergab 2003, dass die Fußgängerzone Stuttgart Königstraße vor der Münchner Kaufinger und Neuhauser Straße, der Zeil in Frankfurt, der Hohen Straße in Köln und der Spitaler Straße in Hamburg ‚vorne' lagen, ein Vergleich mit den Shopping-Centern dabei aber nicht angestellt wurde.

Die Fußgängerzoneneuphorie der 1960er und 1970er Jahre war vor allem verkehrsplanerischen Überlegungen geschuldet, den ‚Verkehrsfluss zu gewährleisten'. „Jede Lösung, die sowohl den örtlichen als auch den überörtlichen Durchgangsverkehr von einem Altstadtgebiet fernhält, dafür aber den Fußgänger- und Anliegerverkehr fördert, gibt Gewähr für eine Erhaltung wertvollen Erbgutes auch für die weitere Zukunft" (Heilig 1947: 11). Kritiker merkten schon damals an, dass damit das Stadt(zentrum) auf Konsum reduziert würde. Die Vision der braven, ordentlichen und sauberen Fußgängerzonen als Vorzeigeobjekte und Werbeträger wurde von ‚unerwünschten Besuchern' und Obdachlosen bald konterkariert. Der Stadtflaneur wurde zum gegängelten Konsumenten, die Verwaltungen leisteten ‚planerische Konsumhilfe'. Die meisten Fußgängerzonen – als ambitionierte Projekte der städtebaulichen Moderne – blieben unvollendet, wurden schnell entstellt, oder wurden von den handelsendogenen und -exogenen Veränderungstendenzen überholt.

Literatur

Abel, A. (1942): Grundsätzliches im Städtebau, Zurückgewinnung der Verkehrsflächen für den Fußgänger. In: Monatshefte für Baukunst und Städtebau 10, S. 221 ff
Abel, A. (1950): Regeneration der Städte. Erlenbach/Zürich
Altrock, U., Schubert, D. (2003): ‚Öffentlicher Raum' – Einige Klarstellungen und Entwicklungsperspektiven. In: Jahrbuch Stadterneuerung 2003, S. 95-108
Anderson, O.C. (1982): Pedestrian Precincts. In: The Highway Engineer, November, S. 12-23
Andrä, K., Klinker, R., Lehmann, R. (1981): Fußgängerbereiche in Stadtzentren. Berlin
Andrä, K., Kirchherr, G. (1969): Analyse Stadtzentrum Leipzig. In: Deutsche Architektur, S. 218-221
Bahrdt, H. P. (1974): Die moderne Großstadt. Soziologische Überlegungen zum Städtebau. Hamburg (zuerst 1961)
Bangert, W. (1954): ‚Das neue Kassel'. In: Eine Stadt wandelt ihr Gesicht. Hessische Hefte. Kassel
Bernoulli, H. (1954): Die Fußgängerstadt. In: Baukunst und Werkform, vereinigt mit der Zeitschrift ‚Die Neue Stadt', S. 371-372
Beseler, H., Gutschow, N. (1988): Kriegsschicksale Deutscher Architektur, Verluste – Schäden – Wiederaufbau, 2Bd. Neumünster
Boeminghaus, D. (1982): Fußgängerbereiche + Gestaltungselemente. Stuttgart
Boyd-Whyle, I. (1988): 'Aus den Trümmern kann eine Stadt auferstehen ... auf die unsere Kinder stolz sein können' – Der Wiederaufbau der Stadt Coventry. In: Burkhardt, H.-G., Frank, H., Höhns, U., Stieghorst, K., Stadtgestalt und Heimatgefühl, Der Wiederaufbau von Freudenstadt 1945-1954. Analysen, Vergleich und Dokumente, Hamburg
Brambilla, R., Longo, G. (1977): For Pedestrians Only. Planning, Design, and Management of Traffic-Free-Zones. New York
Buchanan, C. (1964): Verkehr in den Städten (übersetzt von H. Lehmann-Grube 1964). Essen
Bundesarbeitsgemeinschaft der Mittel- und Großbetriebe des Einzelhandels e.V. Köln (1979): Fußgängerstraßen, Fußgängerbereiche und verkehrsberuhigte Zonen – Für und Wider –. Köln
Dähn, A. (1959): Neu Altona, Schmerzliche Wiedergeburt eines alten Stadtteils. Neue Heimat, Monatshefte 9/1959, S. 81
Danielewski, G. (1974): Wo der Fußgänger König ist. Neue Wege der Cityplanung. Düsseldorf
Din Stadsdel (2000): Werbebroschüre, o.S.
Dörhöfer, K. (1998): Wer eine kennt, kennt alle. Utopia und die Shopping Mall. In: RaumPlanung, Heft 81, S. 87-91
Düwel, J. (1995): Rostock. Vom Anger zur Magistrale. In: 1945. Krieg – Zerstörung – Aufbau. Architektur und Stadtplanung 1940-1960, Schriftenreihe der Akademie der Künste. Berlin
Durth, W. (1977): Die Inszenierung der Alltagswelt. Zur Kritik der Stadtgestaltung. Braunschweig
Dutli, P., Esefeld, J., Kreis, P. (1991): Neue Stadträume in Barcelona. Stadterneuerung durch Plätze, Parkanlagen, Straßenräumen und Skulpturen. Zürich
Eckel, E. M. (1998): Individuum und Stadt-Raum. Öffentliches Verhalten im Wandel. Wiesbaden
Eick, V. (1998): Neue Sicherheitsstrukturen im neuen Berlin. „Warehousing" öffentlichen Raums und staatlicher Gewalt. In: PROKLA, Heft 110, S. 95-118
Favole, P. (1995): Plätze der Gegenwart. Der öffentliche Raum in der Architektur. Frankfurt/New York
Fischer, F. (1990): Coventry. In: Landeshauptstadt Kiel (Hg.), Wiederaufbau der Innenstädte Kiel, Coventry, Lübeck; ‚Chancen und Pläne' Dokumentation zur Ausstellung. Kiel
Freie und Hansestadt Hamburg (1958): Neu-Altona, Planung zum Aufbau und zur Sanierung eines kriegszerstörten Stadtkerngebietes in der Freien und Hansestadt Hamburg. Hamburg
Freie und Hansestadt Hamburg (Hg.) (1969): Ladenzentren. Hamburg
Gehl, J., Gemzoe, L. (2001): New City Spaces. Copenhagen
Gray, J. G. (1965): Pedestrianised Shopping Streets in Europe. Edinburgh
Hass-Klau, C. (1989): The Pedestrian and City Traffic. The History of Protecting Pedestrians and Residents from Effects of Wheeled and Motor Traffic with special Reference to Britain, Germany and the United States. Bergisch-Gladbach
Haubold, D. (1997): Nachhaltige Stadtentwicklung und urbaner öffentlicher Stadt-Raum. Oldenburg
Hohn, A. (1992): Rostock: Hansestadt im sozialistischen Aufwind. In: Beyme, K. von, Durth, W., Gutschow, N., Nerdinger, W., Topfstedt, Th., Neue Städte aus Ruinen. Deutscher Städtebau der Nachkriegszeit. München
Hollatz, J.W., Tamms, F. (1965): Die kommunalen Verkehrsprobleme in der Bundesrepublik Deutschland. Essen
Jessen, H. (1952): Stadtplanung und Baupolitik der Stadt Kiel seit 1945. In: Neue Bauwelt 7, S. 97-106
Johnson-Marshall, P. (1966): Rebuilding Cities. Edinburgh
Kayden, J. S. (2000): Privately owned public space. The New York City Experience. New York
Köllner, J., Mrotzek, K., Prignitz, H., Schwark, Th. (1997): Magistrale. Die Geschichte der Langen Straße in Rostock. Bremen/Rostock
Lehmbrock, J. Fischer, W. (1971): Profitopolis oder braucht der Mensch eine andere Stadt. München

Liesbrock, H. (Hg.) (1993): Die neue Stadt. Rotterdam im 20. Jahrhundert, Utopie und Realität. Stuttgart
Lindemann, H.-E., Schnittger, P. (1976): Zur Entwicklung verkehrsberuhigter Zonen. In: Stadtbauwelt 49, S. 353-355
Ludmann, H. (1972): Fußgängerbereiche in deutschen Städten. Köln
Lüken-Isberner, F. (1992): Kassel: Neue Stadt auf altem Grund. In: Beyme, K. von, Durth, W., Gutschow, N., Nerdinger, W., Topfstedt, Th., Neue Städte aus Ruinen. Deutscher Städtebau der Nachkriegszeit. München
May, E. (1955): ‚Neu-Altona' – Projekt für den geschlossenen Neuaufbau eines zerstörten Stadtteiles von Hamburg. In: Neue Heimat, Monatshefte 1, S. 3 ff
Monheim, R. (1980): Fußgängerbereiche und Fußgängerverkehr in Stadtzentren in der Bundesrepublik Deutschland. Bonn
Monheim, R. (1987): Entwicklungstendenzen von Fußgängerbereichen und verkehrsberuhigten Einkaufsstraßen. Bayreuth
Nerdinger, W. (1992): München: Bewährte Kontinuität. In: Beyme, K. von, Durth, W., Gutschow, N., Nerdinger, W., Topfstedt, Th., Neue Städte aus Ruinen. Deutscher Städtebau der Nachkriegszeit. München
Noller, P. (1999): Globalisierung, Stadträume und Lebensstile. Kulturelle und lokale Repräsentation des globalen Raums. Opladen
Peters, P. (1977): Fußgängerstadt. Fußgängergerechte Stadtplanung und Stadtgestaltung. München
Plett, H. (1956): Neu-Altona. Eine große Chance im Städtebau. In: Neue Heimat, Monatshefte 7, S. 7ff
Reichow, H. B. (1959): Die autogerechte Stadt. Ravensburg.
Roberts, J. (1981): Pedestrian Precincts in Britain. London
Rohn, H.(1974): Aufgabe und Bedeutung von Fußgängerzonen. In: Glaser, H. (Hg.), Urbanistik. Neue Aspekte der Stadtentwicklung. München
Ronneburger, K., Jahn, W., Lanz, St. (1999): Die Stadt als Beute. Bonn
Roost, F. (2000): Die Disneyfizierung der Städte. Opladen
Rowe, P.G. (1992): Die Geschichte der Shopping Mall. In: ARCH+ 114/115, S. 81-90
Scheibe, W. (1925): Der Verkehrsraum des Stadtkerns. In: Die Baugilde, S. 1318-1322
Schubert, D. (2001): Mythos ‚europäische Stadt' – Zur erforderlichen Kontextualisierung eines umstrittenen Begriffs. In: Die alte Stadt 4, S. 270-290
Schubert, D. (2004): Die Renaissance der Nachbarschaftsidee – Eine deutsch-anglo-amerikanische Dreiecks-Planungsgeschichte. In: Petz, Ursula von (Hg.), "Going West?" Stadtplanung in den USA – gestern und heute. Dortmunder Beiträge zur Raumplanung, Band 116. Dortmund
Schubert, H. (2000): Städtischer Raum und Verhalten. Zu einer integrierten Theorie des öffentlichen Raumes. Opladen
Seegers, L. (2003): ‚Die Zukunft unserer Stadt ist bereits projektiert' – Die 750-Jahrfeier Rostocks im Rahmen der Ostseewoche. In: Saldern, A. von (Hrsg.) Inszenierte Einigkeit. Herrschaftsrepräsentationen in DDR-Städten. Stuttgart
Seewer, U. (2000): Fußgängerbereiche im Trend? Strategien zur Einführung großflächiger Fußgängerbereiche in der Schweiz und in Deutschland im Vergleich in den Innenstädten von Zürich, Bern, Aachen und Nürnberg. Bern
Selle, K. (Hg.) (2002): Was ist los mit den öffentlichen Räumen? Analysen, Positionen, Konzepte. Aachen/ Dortmund/Hannover
Sennett, R. (1994): Civitas. Die Großstadt und die Kultur des Unterschieds. Frankfurt am Main
Sennett, R. (2000): Verfall und Ende des öffentlichen Lebens. Die Tyrannei der Intimität, Frankfurt am Main
Simon, T. (2001): Wem gehört der öffentliche Raum? Zum Umgang mit Armen und Randgruppen in Deutschlands Städten. Opladen
Stadt Rotterdam (1987): – een nieu gezicht, sbv. Rotterdam
Studiengruppe Wohnungs- und Stadtplanung (1978): Siedlungsstrukturelle Folgen der Einrichtung verkehrsberuhigter Zonen in Kernbereichen. Bonn (Schriftenreihe 'Städtebauliche Forschung')
Taverne, E. R. M. (1990): The Lijnbaan (Rotterdam): a Prototype of a Postwar Urban Shopping Centre. In: Diefendorf, J. M. (ed.), Rebuilding Europe's Bombed Cities. Houndmills
Thabe, S. (Hg.) (2001): Raum und Sicherheit. Dortmunder Beiträge zur Raumplanung, Band 106. Dortmund
Thomas, E., Gries, G., Wolff, J. (1964): Einzelhandel im Städtebau. Shopping Centers in den USA – Europäische Konsequenzen. Frankfurt am Main
Topfstedt, Th. (1988): Städtebau in der DDR 1955-1971. Leipzig
Uhlig, K. (1979): Die fußgängerfreundliche Stadt. Von der Fußgängerzone zum gesamtstädtischen Fußwegenetz. Stuttgart
Van den Broek, J.H.; Bakema, J.B. (1956): The Lijnbaan at Rotterdam. In: Town Planning Review, April, S. 21-26
Veigl, C. (Hg.) (1999): Stadtraum Gürtel Wien. Natur – Kultur – Politik. Wien
Wedepohl, E. (1961): Deutscher Städtebau nach 1945. Essen
Wehrheim, J. (2002): Die überwachte Stadt. Sicherheit, Segregation und Ausgrenzung. Opladen

Tilman Harlander, Gerd Kuhn
Renaissance oder Niedergang?
Zur Krise des öffentlichen Raums im 20. Jahrhundert

Die Zukunft des öffentlichen Raumes hat sich seit einigen Jahren zu einem breit diskutierten Schlüsselthema entwickelt. Beunruhigend ist dabei allerdings, dass die Experten unterschiedlicher Couleur in ihren Diagnosen regelmäßig zu diametral gegenläufigen Ergebnissen gelangen: Während die einen vielstimmige und beredte Krisenszenarien beschwören, deren Stichworte der ökonomische Funktions- und Zentralitätsverlust der Innen- bzw. Kernstädte, ihre vermeintliche Entleerung, Verödung, Privatisierung sowie zunehmende Kontrolle und Überwachung, ihre Festivalisierung, Filialisierung, Musealisierung, Virtualisierung, Fiktionalisierung, ja Disneyfizierung sind, konstatieren die anderen eine ungeahnte Ausweitung und Vielfalt unterschiedlichster Nutzungen des öffentlichen Raums (Breuer 2003b: 8ff), eine „neue Lust am Stadtraum", vor deren Hintergrund bisherige überzogene „Schwarzmalereien" deutlich zu „entdramatisieren" wären (Selle 2002: 29).

Noch immer pendelt die Fachdiskussion also, wie etwa das Bundesamt für Bauwesen und Raumforschung (BBR) bemerkt hat, „zwischen den Polen ‚Entwertung' und ‚Renaissance' öffentlicher Räume" (Breuer 2003a: II). Unseres Erachtens hat dies mit fehlender Empirie, vor allem aber auch mit der mangelnden Historisierung und damit einer unzureichenden theoretischen Reflexion des Gegenstandes zu tun.

Manches Verständnisproblem könnte bereits vermieden werden, wenn man sich über die Dimensionen bzw. Funktionen des öffentlichen Raums einigen könnte. Wir gehen davon aus, dass er – neben seiner transitorischen Funktion (Verkehr) – unter dem Aspekt seiner ökonomischen (Handel, Märkte, Messen) und politischen (Repräsentation, Diskurs und Versammlung, Demonstrationen) Funktion sowie unter dem Aspekt seiner Kommunikations-, Aufenthalts-, Erholungs- und Erlebnisqualitäten betrachtet werden kann.

Erlebnisqualität – Prototyp „Flaneur"

Gerade den Erlebnisqualitäten von Stadt wird häufig wenig systematische Beachtung geschenkt. Dabei verfügen wir auf diesem Feld mit dem gleichsam absichtslos streifenden Großstadt-Flaneur Benjamins und Kracauers über eine besonders wirkmächtige Figur. Mit ihm wurde das müßiggängerische Flanieren, das Eintauchen in die Großstadtmenge, die Suche nach dem stimulierenden Großstadtreiz (der „Choc") und das Baudelairesche Motiv der flüchtigen Begegnung mit der unbekannten Frau prototypisch für ein neues, bürgerliches und auch männliches, Verständnis von Stadt und öffentlichem Raum. Das nur scheinbar Ziellose des „Straßenrauschs", das den Flaneur ergreift, hat wie kein anderer Siegfried Kracauer auf den Punkt gebracht: „Und doch war ich, streng genommen nicht ziellos. Ich glaubte ein Ziel zu haben, aber ich hatte das Ziel zu meinem Unglück vergessen. Es war mir zumute wie einem Menschen, der in seinem Gedächtnis nach einem Wort sucht, das ihm auf den Lippen brennt, und er kann es nicht finden. Von der Begierde erfüllt, endlich an den Ort zu gelangen, an dem mir das Vergessene wieder einfiele, konnte ich nicht die kleinste Nebengasse streifen, ohne sie zu betreten und hinter ihr um die Ecke zu biegen." (Kracauer 1987: 7) Zugleich schwang in der Figur des bohèmehaften Flaneurs auch etwas distanziert Widerständiges mit. So gehörte es, wie Benjamin berichtet, um 1840 vorübergehend zum guten Ton, in den Passagen Schildkröten spazieren zu führen – ostentativer Protest gegen das wachsende Tempo und die Beschleunigung des Produktionsprozesses wie des Alltags im 19. Jahrhundert (Benjamin 1980: 205).

Abb. 1: Flaneur
Quelle: Schlör 1994: 231

Dabei ist daran zu erinnern, dass der öffentliche Raum mit den technischen Innovationen erst der Gas-, dann der elektrischen Beleuchtung eine gänzlich neue raum-zeitliche Dimensionierung erfuhr. Eine öffentlich organisierte Straßenbeleuchtung durch Laternen hatte sich zwar bereits seit dem späten 17. Jahrhundert vielerorts durchgesetzt. In erster Linie wollte man damit dem Verbrechen und möglichem Aufruhr das "schützende Dunkel" rauben. Doch änderten sich die Verhältnisse erst mit der Elektrifizierung des 19. Jahrhunderts grundlegend: „Die bis dahin nur vereinzelt durch künstliche oder natürliche Lichtquellen beleuchtete Nachtwelt wurde nun durch die elektrische Straßenbeleuchtung in helles Licht getaucht". (Haus der Kunst München 1998: 136)

Abb. 2: Illuminierter Boulevard Montparnasse, Paris um 1930
Quelle: Schlör 1994: 41

Damit wurde die nächtliche Großstadt zu einer ganz neuen ebenso verführerisch-verlockenden wie gefährlichen Erlebnissphäre, die das Großstadtbild tiefer oder zumindest ebenso zu prägen beginnt wie das Getriebe am Tag. „Der Tag ist tot, es lebe die Nacht", so heißt es bei Edmund Edel, „einem unermüdlichen Schilderer der vergnüglicheren Aspekte des Berliner Nachtlebens" (Schlör 1994: 28) und Walter Benjamin konstatierte: „Nur die wissen von einer

Stadt etwas, denen das Elend oder das Laster sie zu einer Landschaft machte, die sie durchstreifen von Sonnenuntergang bis Sonnenaufgang." (Benjamin 1988) Die Wahrnehmung der faszinierenden nächtlichen Qualitäten der Stadt, aber auch ihrer dunklen Seiten als Ort des Lasters, des Verbrechens und der Einsamkeit wurde zu einem unendlich oft variierten Thema in der Literatur und der Malerei.

Natürlich war auch der Flaneur keine historisch wirklich neue Figur. In gewisser Weise, so Benjamin, kehrt im Flaneur „der Müßiggänger wieder, so wie ihn sich Sokrates als Gesprächspartner auf dem athenischen Markte auflas. Nur", so weiter Benjamin, „gibt es keinen Sokrates mehr, und so bleibt er unangesprochen. Und auch die Sklavenarbeit hat aufgehört, die ihm seinen Müßiggang garantiert." (Benjamin 1980: 247)

In der aktuellen Diskussion um die Krise der Stadt und ihre fortschreitende Kommerzialisierung und Privatisierung wird immer auch der Verlust der für den Typus des Flaneurs konstitutiven Erlebnisqualitäten von Stadt (die Entdeckung des Unbekannten, die Konfrontation mit dem Fremden) beklagt. Welche Verweil- und Erlebnisqualität jenseits von Kommerz und Konsum kann Stadtraum heute noch besitzen? Hierauf wird im Kontext der Auseinandersetzung mit den aktuellen Ansätzen zu einer Requalifizierung des Stadtraums noch zurückzukommen sein.

Öffentlichkeit als politische Qualität

Bleiben wir zunächst noch bei dem Kern eines aufklärerisch gemeinten Begriffs von Öffentlichkeit und öffentlichem Raum, seiner politischen Dimension. Mit Öffentlichkeit, einem zentralen Anliegen der Aufklärung und grundlegendem Strukturprinzip moderner Demokratien, wird – in Anknüpfung an die politischen Vorläufer der Antike, an griechische Agorá und römisches Forum – gerne in idealtypischer Weise das „Publikum räsonierender Privatleute" (Habermas 1971: 8) assoziiert, eine „Stadtgesellschaft, die eben dadurch lebt, dass sich ihre Mitglieder auch im öffentlichen Raum – wie übereinstimmend oder widersprüchlich auch immer – in ihren Interessen an der sie alle verbindenden öffentlichen Sache, der res publica, artikulieren und vermitteln". (Flierl 2002: 18) Nach der Jahrtausendwende jedoch noch das „zunehmende Verschwinden" dieses Idealtyps liberalerbürgerlicher Öffentlichkeit zu beklagen, entspricht zwar einem verbreiteten Lamento, ist aber aufgrund der Verwendung des damit verknüpften völlig enthistorisierten Begriffs von Öffentlichkeit wenig weiterführend. Mit Blick auf die für den Öffentlichkeitsbegriff zentralen Implikationen des allgemeinen, freien Zugangs und vollständiger Transparenz und Publizität und vor dem Hintergrund der Entwicklungstendenzen sozialstaatlicher Massendemokratie wie auch der wachsenden Bedeutung lokaler und supralokaler Interessengruppen konstatierten schon 1961, natürlich in ganz unterschiedlichem theoretischen Kontext, sowohl Jürgen Habermas als auch Hans Paul Bahrdt im Bemühen um eine Historisierung der „epochaltypischen Kategorie" der bürgerlichen Öffentlichkeit einen irreversiblen, fundamentalen Strukturwandel (Habermas) bzw. den Verfall der klassischen kommunalen Öffentlichkeit (Bahrdt 1961: 90f.).

Vielleicht muss man noch einen Schritt weitergehen. Alles weist darauf hin, dass der genannte Typus einer idealisierten Öffentlichkeit ohne Ausgrenzung zu keiner Zeit Realität war: Nicht in den antiken Sklavenhaltergesellschaften, nicht in den ständischen Zunftgesellschaften der mittelalterlichen Städte, nicht in der Klassengesellschaft des Kaiserreichs mit seinem Dreiklassenwahlrecht, nicht in den wenigen Jahren der zerrissenen und labilen Weimarer Demokratie und schon gar nicht in den Jahren der NS-Diktatur. So hat auch Walter Siebel, bezogen auf den öffentlichen Raum, kürzlich unterstrichen: Ebenso wenig wie der private Raum von Wohnung und Familie „nur Ort friedfertigen Miteinanders" war, hat „jemals in irgendeiner Stadt öffentlicher Raum als für jedermann zugänglicher Raum existiert. Öffentlicher Raum ist immer auch exklusiver Raum. Verschiedene Städte in verschiedenen historischen Epochen unterscheiden sich vor allem darin, wer auf welche Weise aus welchen Räumen draußen gehalten wird: Heute sind es Obdachlose, Drogenabhängige und Gruppen ausländisch wirkender männlicher Jugendlicher. Im 19. Jahrhundert waren es die Frauen und das Proletariat" (Siebel 2003: 252).

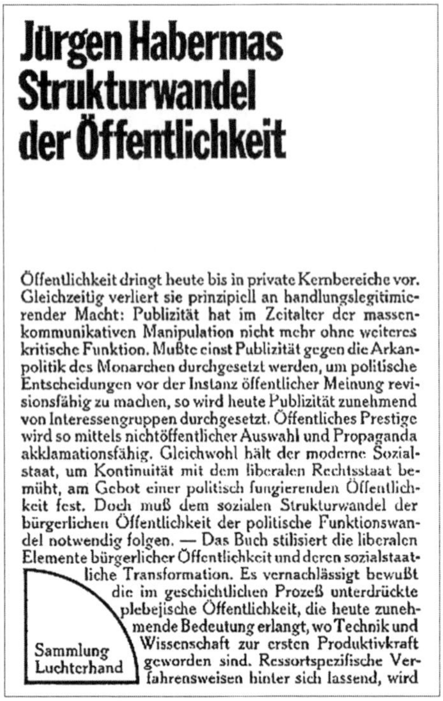
Jürgen Habermas
Strukturwandel
der Öffentlichkeit

Öffentlichkeit dringt heute bis in private Kernbereiche vor. Gleichzeitig verliert sie prinzipiell an handlungslegitimierender Macht: Publizität hat im Zeitalter der massenkommunikativen Manipulation nicht mehr ohne weiteres kritische Funktion. Mußte einst Publizität gegen die Arkanpolitik des Monarchen durchgesetzt werden, um politische Entscheidungen vor der Instanz öffentlicher Meinung revisionsfähig zu machen, so wird heute Publizität zunehmend von Interessengruppen durchgesetzt. Öffentliches Prestige wird so mittels nichtöffentlicher Auswahl und Propaganda akklamationsfähig. Gleichwohl hält der moderne Sozialstaat, um Kontinuität mit dem liberalen Rechtsstaat bemüht, am Gebot einer politisch fungierenden Öffentlichkeit fest. Doch muß dem sozialen Strukturwandel der bürgerlichen Öffentlichkeit der politische Funktionswandel notwendig folgen. — Das Buch stilisiert die liberalen Elemente bürgerlicher Öffentlichkeit und deren sozialstaatliche Transformation. Es vernachlässigt bewußt die im geschichtlichen Prozeß unterdrückte plebejische Öffentlichkeit, die heute zunehmende Bedeutung erlangt, wo Technik und Wissenschaft zur ersten Produktivkraft geworden sind. Ressortspezifische Verfahrensweisen hinter sich lassend, wird

Sammlung Luchterhand

Abb. 3: Titelseite des Buches „Strukturwandel und Öffentlichkeit"

Quelle: Habermas 1971

Historisierung der Kategorie des öffentlichen Raums in seiner politischen Dimension beinhaltet in diesem Sinn also zunächst einmal den Nachvollzug der widersprüchlichen und teils extrem konflikthaften Formen der Auseinandersetzung um (symbolische) Besetzung, Instrumentalisierung und Funktionalisierung des öffentlichen Raums im Interesse unterschiedlicher gesellschaftlicher Kräfte. Kurzen Visionen und Träumen von einer anderen, „neuen" Stadt und „neuem" öffentlichen Raum folgten, dies charakterisiert die Entwicklungen im 20. Jahrhundert, Scheitern, Bruch und Wandel der Leitbilder – die Geschichte des öffentlichen Raums kann so gesehen auch als Geschichte seiner Krisen gelesen werden. Wir wollen hierauf im folgenden einige kurze Schlaglichter werfen, indem wir für die verschiedenen Phasen auf jeweils exemplarische Visionen, Projekte und deren Krise bzw. Scheitern verweisen.

20er Jahre

Am Beginn der Weimarer Republik standen Visionen des expressionistischen Utopismus, die, wie etwa die Taut'sche „Stadtkrone" (1919), der Architektur eine kulturelle Führungsrolle beim Entwurf der kommenden Ordnung zuweisen wollten. Dass die neue Stadt auch eine neue Mitte und neue Gemeinschaftsbauten enthalten sollte, die den Bruch mit der Klassenvergangenheit auch symbolisch verkörpern sollten, war den Visionen dieses utopischen Sozialismus selbstverständlich. So versteht sich auch Tauts „Stadtkrone" mit kulturellen Gemeinschaftsbauten wie Theater, Bibliothek oder Konzerthalle und den dazu gehörigen öffentlichen Räumen – bekrönend über der Stadt – als säkularisierte, zeitgerechte Form der Kathedrale.

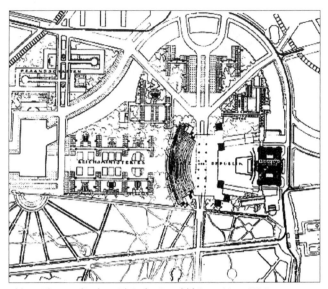

Abb. 4: Planung für den „Platz der Republik" von Hugo Häring
Quelle: Flagge/Stock 1992: 31

Tatsächlich kam es in den kurzen, krisenhaften Jahren der Weimarer Demokratie kaum zu verwirklichten Projekten eines neuen Verständnisses von repräsentativem Bauen, Stadtraum und Demokratie. Herausragend waren zweifellos die – ebenfalls unverwirklichten – Vorstellungen Hugo Härings (1929) zu einem demokratischen Forum am Spreebogen „als großer Manifestation des neuen politischen Willens" im Kontext des Wettbewerbs für eine Erweiterung des Berliner Reichstags. Gegenüber dem Reichstag sollte eine mächtige, offene Tribüne entstehen, auf der das Volk selbst hätte Platz nehmen können. „Volk und Volksvertreter", so der Kommentar Winfried Nerdingers zu diesen Planungen, „Parlament und Öffentlichkeit wären damit in ein direktes architektonisches Wechselspiel getreten – eine großartige Visualisierung des Zusammenhangs von Architektur und Demokratie" (Nerdinger 1992: 30).

Am deutlichsten artikulierte sich der neue politische Wille in den Siedlungs- und Gemeindebauten der 20er Jahre. Öffentlichkeit wurde hier als konkrete, auf die Siedlungsbewohner bezogene Gemeinschaftlichkeit interpretiert und gestaltet – auch eine Reaktion auf das Leiden an der anonym und unvertraut gewordenen Großstadt und Gesellschaft. So bahnbrechend die Artikulation dieses neuen Gemeinschaftswillens in den Gemeinschaftsflächen und Kollektiv-Einrichtungen der Wiener Höfe, der Taut'schen Hufeisensiedlung in Berlin oder den May'schen Siedlungen in Frankfurt auch war, so signalisierte doch die Tatsache, dass die als ideelle Siedlungszentren geplanten Volkshäuser nur in den seltensten Fällen verwirklicht werden konnten, auch bereits die Grenzen und die Krise des hier verfolgten Siedlungs- und Lebensmodells.

Die Zuspitzung der politischen und ökonomischen Krise der Weimarer Republik in ihren letzten Jahren war auch eine Zuspitzung der Krise des öffentlichen Raums: Neben die Bilder eines flirrenden und rauschenden Großstadtlebens mit teils apokalyptischen Zügen trat in wachsendem Maß die Erfahrung zunehmend erbittert geführter Straßenschlachten zwischen rechts und links, zwischen SA-Formationen und Kommunisten.

NS-Zeit

Die NS-Zeit brachte bekanntlich mit der erst schleichend, dann immer brutaler durchgesetzten Ausgrenzung, dann Eliminierung der jüdischen Mitbürger die äußerste Pervertierung des Gedankens freier Zugänglichkeit des öffentlichen Stadtraums. Mit den ab 1937 eingeleiteten Neugestaltungsplanungen für die so genannten „Führerstädte" und die

Gauhauptstädte sollten der öffentliche Raum, die Stadtmitte und die zentralen Achsen in beispielloser Weise vereinnahmt, umgestaltet und für die Systemziele instrumentalisiert werden. Noch immer bestürzt diese Architektur durch einen erst im Kontext der Kriegsvorbereitungen und imperialer Herrschaftsansprüche begreifbaren maßstabslosen und gewaltförmigen Willen zur Selbstdarstellung und Inszenierung totalitärer Macht. Diese Architektur sollte einschüchtern, aber durch ihre monumentale Größe auch

Abb. 5: NS-Zeit: Inszenierung des öffentlichen Raums
Quelle: Dawn Ades u.a. 1996: 281

faszinieren und in Verbindung mit der gerade von Speer virtuos genutzten nächtlichen Lichtarchitektur und den Aufmärschen endloser ornamenthafter menschlicher Marschkolonnen und Fahnenabteilungen den Rahmen für „mystische" Gemeinschaftserlebnisse einer „verschworenen" Volksgemeinschaft bilden. NS-Gewaltherrschaft beinhaltete beides, den äußeren Zwang und die innere Bindung. Die Mobilisierungserfolge der Nationalsozialisten erklären sich zu einem nicht unwesentlichen Teil, wie die Psychoanalytikerin Gudrun Brockhaus im Anschluss an Ernst Bloch entwickelt hat, durch das „Angebot intensiven Erlebens" bzw. die Suggestivkraft der im öffentlichen Raum organisierten Massenveranstaltungen mit der ihnen eigenen Choreographie, den Lichtdomen, Fackelzügen und der hier möglichen „aktiven Teilnahme an rauschhafter Aggression" (Brockhaus 1997: 58).

Abb. 6: Dresden: Die sozialistische Stadt als Aufmarschplatz
Quelle: Durth/Düwel/Gutschow 1998: 317

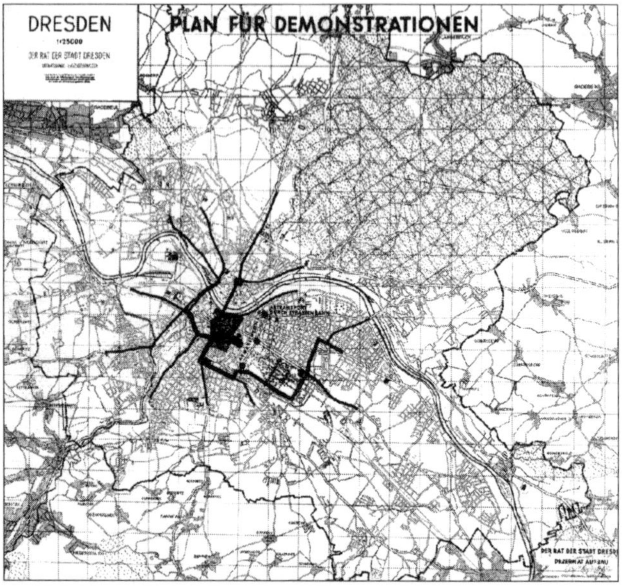

Nachkriegszeit / Wiederaufbau - DDR

Der Wiederaufbau der Nachkriegszeit verlief in der ehemaligen DDR und im Westen generell, aber auch bezogen auf Funktion und Rolle des Zentrums und der öffentlichen Räume nach gänzlich unterschiedlichen, ja gegenläufigen Planungsprinzipien und Leitbildern. (Durth/Düwel/Gutschow 1998) Anders als im Westen schien in der DDR erstmals, befreit vom kapitalistischen Diktat der Bodenpreise, bei den Stadtneuplanungen wie bei der Anlage der großen Stadtachsen eine großzügige und am Wohl der Stadtbewohner orientierte Planung der öffentlichen Räume möglich zu sein. Maßgeblich für deren Planungen waren in der DDR Anfang der 50er Jahre jene städtebaulichen Leitbilder, die nach der legendären Moskaureise in den 16 Grundsätzen des Städtebaus von 1950 formuliert und veröffentlicht wurden (IRS 1995).

Mit diesen Grundsätzen stellten die ostdeutschen Planer den westdeutschen Leitbildern nachdrücklich ein alternatives städtebauliches Leitbild entgegen. Ausdrücklich betont der 12. Grundsatz: „Die Stadt in einen Garten zu verwandeln, ist unmöglich. (…): in der Stadt lebt man städtisch; am Stadtrand oder außerhalb der Stadt lebt man ländlicher." Im Gegensatz zu den zerfließenden Räumen des westlichen Leitbilds der „Stadtlandschaft" hielt man im sechsten Grundsatz an der herausragenden Bedeutung des Zentrums der Stadt als Kern und politischer Mittelpunkt fest: „Das Zentrum bildet den bestimmenden Kern der Stadt. Das Zentrum ist der politische Mittelpunkt für das Leben seiner Bevölkerung. Im Zentrum liegen die wichtigsten politischen, administrativen und kulturellen Stätten." Und weiter: „Das alles ist eine entschiedene Erklärung gegen die Auflösung der Stadt, denn das Zentrum hält sie zusammen; gegen eine öde Gleichmacherei und falsch verstandene ‚Demokratie', denn das Zentrum hebt sich als wichtigster Teil und bestimmender Kern aus dem Ganzen heraus."

Über die bekannten, in der „Charta von Athen" aufgeführten Funktionen (Arbeiten, Wohnen, Erholen, Verkehr) wird nun auch die Funktion der Stadt als Demonstrationsraum, als Aufmarschplatz ausdrücklich hervorgehoben: „Auf den Plätzen im Stadtzentrum finden die politischen Demonstrationen, die Aufmärsche und Volksfeiern an Festtagen statt." Die detaillierten Erläuterungen sind dabei besonders lesenswert: „Das Zentrum ist das Ziel der politischen Demonstrationen und Aufmärsche, es ist mit seinen Plätzen der Ort der Volksfeiern, und so ist auch das Maß für das Zentrum nicht der in einem modernen Kraftwagen die Stadt durcheilende Reisende, sondern der zu Fuß gehende Mensch, der politische Demonstrant und seine Marschgeschwindigkeit." Die Krise dieses, so könnte man sagen, „Aufmarschmodells" von Stadt kam schneller als erwartet: Schon am 17. Juni 1953 artikulierte sich auf den Straßen der Städte ein ungeplanter Volkswille, der erst mit Hilfe sowjetischer Panzer niedergeschlagen werden konnte.

BRD: Die gegliederte und aufgelockerte Stadt

In Westdeutschland war, geleitet von der vehementen Ablehnung der Mietskasernenstadt, den positiv besetzten Bildern der Gartenstadt und auch den Erfahrungen des Bombenkrieges das Prinzip der „Stadtlandschaft" für den Wiederaufbau maßgebend. Es finden sich in den neu gebauten Stadt-Landschaften keine gefassten Plätze mehr. Der öffentliche Raum löst sich in den fließenden Räumen der gegliederten und aufgelockerten Stadt tendenziell auf. Dieser Verlust an prägenden öffentlichen Räumen kann auch am Hansa-Viertel in Westberlin, Gegenstück zur Stalinallee und „Schaufenster des Westens", nachvollzogen werden. Die Solitäre, die von international bekannten westlichen Architekten entworfen wurden, gruppieren sich inmitten einer Parklandschaft nördlich des bestehenden Tiergartens. Vergleicht man die Neubebauung mit der Vorkriegsstruktur des alten Hansa-Viertel, so wird das neue Leitbild augenfällig. Allerdings, so prägend die Leit-

Abb. 7: Leitbild „Stadtlandschaft": Die Neue Stadt   Quelle: Göderitz/Rainer/Hofmann 1957

bilder der Stadtlandschaft und der gegliederten und aufgelockerten Stadt auch zunächst waren, so kurzlebig blieben sie.

Nach dem Wiederaufbau der ersten Nachkriegszeit brachten der Modernisierungsschub und die Tertiarisierung der 60er Jahre einen tiefgreifenden, teilweise auch, wie eine anschwellende Kritik zunehmend deutlicher artikulierte, geradezu stadtzerstörenden Umbau der Städte. Die Zentren wurden jetzt auto-verkehrsgerecht ausgebaut. Straßentrassen durchschnitten die Quartiere und öffentliche Plätze verkamen oftmals zu verarmten Verkehrsknotenpunkten und Inseln. Der Verkehr überrollte die Städte und wurde zur „Hauptsünde" (von Beyme) der Wiederaufbauanstrengungen. Schwagenscheidt empfand, dass der „Moloch Verkehr" (Bonatz), „in die Städte eingebrochen [war] wie der Wolf in die Schafherde". In der Tat erfolgte nach der Währungsreform ein beispielloser Autoboom. Zwischen 1950 und 1960 verachtfachte sich der PKW-Bestand und stieg von 0,52 Mio. auf 4,1 Mio. und von 1960 bis 1974 dann weiter auf ca. 16 Mio. (Südbeck 1993: 171).

Als schließlich die negativen Folgen dieser Art von autobezogenem Stadtumbau auch für den Handel selbst deutlich wurden, richtete man die ersten Fußgängerzonen ein, ohne allerdings dabei die Qualitäten der historischen Passagen wieder zu erreichen. Das städtebauliche Pendant zum Umbau der tertiarisierten Kernstädte war der Bau von Großsiedlungen an der Peripherie, in die die Sanierungsverdrängten umgesetzt wurden.

Das neue städtebauliche Leitbild „Urbanität durch Dichte" sollte dem Zerfließen der Räume entgegenwirken und wieder urbane Räume schaffen. Die in der Mitte der Großsiedlungen entstandenen Quartiers-Zentren dienten freilich überwiegend dem Konsum und boten nur äußerst karge Erlebnis- und Aufenthaltsqualitäten. Nun konvergierten auch die Leitbilder in Ost und West wieder in teilweise überraschend hohem Ausmaß.

Abb. 8: Moloch Straßenverkehr
Quelle: Schwagenscheidt 1957

Paradigmenwechsel: Wiederentdeckung der historischen Stadt

Im Zuge des ab Mitte der 70er Jahre einsetzenden, auch in der DDR wahrgenommenen, aber nicht in ähnlicher Weise vollzogenen Paradigmenwechsels veränderten sich die städtebaulichen Zielvorstellungen und das Verständnis des öffentlichen Raums

Abb. 9: Die verkehrsgerechte Stadt: Stuttgart-Charlottenplatz

Quelle: Einsele/Rose/Gragnato 1992: 56

dann erneut grundlegend. Die Phase der Stadterweiterungen und des Großsiedlungsbaus auf der „grünen Wiese" war jetzt weitgehend abgeschlossen. Nun rückten die Innenstädte und ihre Randgebiete ins Zentrum der Aufmerksamkeit, ein Umschwung, der auch bereits von den Zeitgenossen als „Wende in der Städtebaupolitik" wahrgenommen wurde. Europaweit markierte bekanntlich das „Europäische Denkmalschutzjahr 1975" einen Wechsel, in dessen Gefolge nach dem Vorreiter Bologna (Scannavini o.J.) auch in Deutschland die urbanen Qualitäten der gründerzeitlichen Quartiere und ihrer städtebaulichen Struktur wiederentdeckt wurden. Im Kontext der darauf folgenden europaweiten Hinwendung zu einer behutsameren, an der je eigenen Stadtgeschichte orientierten Stadterneuerung lief freilich die Historie in wachsendem Maße Gefahr, durch ihre Funktionalisierung für eine vordergründige „Identitätsbildung", Imagepflege, Ästhetisierung und „Inszenierung der Alltagswelt" (Durth) auf ein beliebig verwend- und einsetzbares (postmodernes) Formenrepertoire reduziert zu werden. Im Kampf um eine Stärkung der nationalen und internationalen Wettbewerbsposition der Städte wurden nun Eigenschaften wie Stadtimage, Unverwechselbarkeit, Identität, Atmosphäre etc. als „weiche" Standortfaktoren erkannt, zu deren Stärkung eine langanhaltende Welle historisierender „Verhübschung" der Innenstädte und ihrer öffentlichen Räume einsetzte.

Abb. 10: Die Wiederentdeckung der Plätze: „Piazza Nettuno" in Bologna

Quelle: Scannavini o. J.: 29

Dass die hier angestrebte „Revitalisierung" der Stadt die Kehrseite sozialer Polarisierung und Marginalisierung besitzt, nur räumlich selektiv erfolgte und all jene Bereiche und Quartiere ausblendete und ausblendet, die nicht in das Bild der „neuen Prächtigkeit" passen, darauf hatte die Kritik bereits in den späten achtziger Jahren immer wieder verwiesen. Postmoderner Gestaltungswille allein schafft noch keine neuen urbanen Qualitäten. Eher hatte hier mit all den modischen Kulissen, den neuen Museen, Passagen und postmodern verkleideten Hochhäusern ein Prozess der „Fiktionalisierung von Urbanität" eingesetzt, in dem, wie dies Werner Durth formulierte,

„die plakatierte ‚Architektur der Erinnerung' nur selten tatsächlich auf lokale Geschichte (verweist, d. Verf.). Die Beschwörung des ‚genius loci' zielt vielmehr auf eine Mythologisierung von Orten, die noch den trivialsten Handlungen aufdringliche Bedeutsamkeit gibt." (Durth 1987: 163)

Ökonomische Krise?

Wie tiefgreifend ist die ökonomische Krise, die hinter diesen offensichtlichen Prozessen von Festivalisierung, ja Fiktionalisierung des Städtischen steckt? Die entscheidenden Ursachen für den immer greifbareren Bedeutungs- und Funktionsverlust der Kernstädte sind, so die gängige Interpretation, letzten Endes darin zu suchen, dass die technischen und ökonomischen Gründe, die einst die europäische Stadt hervorgebracht haben, heute ihre Geltung weitgehend verloren haben: „Transport, Kommunikation und Marktzugang sind nicht mehr raumbildend, vielmehr lassen sie weite Spielräume zur Ausbildung von Siedlungsstrukturen. Es gibt kaum noch Urbanisationsvorteile. Die besondere Produktivität der städtischen Ökonomie ist, so scheint es, an allen möglichen Orten herstellbar beziehungsweise gehört einer untergeordneten Phase der ökonomischen Entwicklung an. Von selbst also stellt sich ‚Stadt' nicht mehr her." (Häußermann 1998: 80)

Symbole dieses Funktionsverlustes sind zweifellos die gut erreichbaren großen Einkaufszentren auf der grünen Wiese, von denen es inzwischen, je nach Zählweise, zwischen 200 und 380 gibt. Ihnen bzw. dem durch sie bewirkten Kaufkraftabzug aus den Städten wird die Hauptlast am Massensterben kleiner und kleinster Betriebsformen im Einzelhandel und am drohenden Veröden ganzer Innenstadtbereiche zugeschrieben. Mittlerweile haben die Städte begonnen, sich zu wehren: Großflächige Betriebsformen mit zentrenrelevanten Sortimenten werden inzwischen kaum mehr auf nichtintegrierten Standorten, d.h. auf der grünen Wiese genehmigt (Popp 2002). Zudem ist die Stärkung der Kaufkraft und Attraktivität der Innenstädte inzwischen Bestandteil vieler Länderprogramme; in den 90er Jahren entstanden bundesweit über 50 innerstädtische Einkaufszentren. Allerdings sind auch solche innerstädtischen shopping malls durchaus ambivalent zu beurteilen: Sie können die Innenstadt stärken und zu ihrer Attraktivitätssteigerung beitragen, sie können aber auch zur weiteren Auszehrung des lokalen Einzelhandels beitragen. Und sie können zusammen mit der zunehmenden Filialisierung des Einzelhandels (München: unter 50%; Essen: an die 90%) zu einem kaum mehr reversiblen Verlust an lokalem Profil und lokaler Identität beitragen.

Ähnlich wie bei Hartmut Häußermann wurde während der 90er Jahre vor allem auch mit Blick auf den Übergang in die Informationsgesellschaft, auf Globalisierung und Virtualisierung häufig der „Tod der Distanz" (so Frances Cairncross 1997) und der damit einhergehende scheinbar unvermeidliche Niedergang der Städte beschworen. Der traditionelle Standortraum werde transformiert in einen „Netzwerkraum". Inzwischen argumentiert man hier vorsichtiger. Offensichtlich vollzieht sich mit den zu beobachtenden Deindustrialisierungs- und Umstrukturierungsprozessen nicht allein ein ökonomischer Bedeutungsverlust der Städte, sondern ein Bedeutungswandel, dessen Merkmale erst noch tiefer untersucht und verstanden werden müssen. Neuere Studien konstatieren auf der Basis empirischer Untersuchungen der raumstrukturellen Wirkungen der Internetökonomie jedenfalls, dass der Abgesang auf die Städte „verfrüht" gewesen sei: nur ein Teil, nämlich das standardisierte, einfach strukturierte Wissen wirke dezentralisierend, während umgekehrt das in der „new economy" zunehmend wichtigere so genannte „tacit knowledge", das gebundene, komplexe Wissen sogar eher zu neuen Standortkonzentrationen und einer neuen ökonomischen Aufwertung von Metropolregionen führen werde. Gerade die neuen Formen einer tendenziell „entgrenzten" Kultur- und Wissensproduktion, so etwa auch der Hamburger Stadtforscher Dieter Läpple, seien sehr stark auf das „privilegierte Innovationsfeld" innerstädtischer Quartiere mit ihren vielfältigen urbanen Milieus rückbezogen (Läpple 2003: 19). Vor diesem Hintergrund müssten in wachsendem Maße nicht mehr allein die zentrifugalen Tendenzen suburbaner Stadtflucht, sondern zunehmend auch die zentripetalen Tendenzen einer Re-Urbanisierung thematisiert werden.

Privatisierung

Die Analyse eines komplexen und widersprüchlichen Wandels scheint also der Entwicklung angemessener als die rituelle und sich selbst bestätigende Krisendiagnose. Dies gilt auch für die vieldiskutierte Privatisierung und auch für die damit in Verbindung stehende Überwachungs- und Sicherheitsdiskussion. Zunächst einmal stehen ja in der Tat eine Fülle von Tendenzen zu einer schleichenden Privatisierung des öffentlichen Raumes etwa in den verregelten und kontrollierten Innenwelten der shopping malls, der urban entertainment centers, der Bahnhöfe, Flughäfen etc. der angestrebten ausgewogenen Balance von Privatheit und Öffentlichkeit als einem der Hauptmerkmale europäischer Stadtkultur diametral entgegen.

Aber hält die hypostasierte fortschreitende „Privatisierung des öffentlichen Raums", die Skandalisierung der „Stadt als Beute" (Ronneberger/Lanz/Jahn 1999) oder der „Stadt als Gabentisch" (Helms 1992) wirklich auch empirischer Überprüfung stand? Die Empiriker jedenfalls kommen, so scheint es, eher zu gegenteiligen Ergebnissen: „Eine Bilanz", so etwa Bernd Breuer vom Bundesamt für Bauwesen und Raumordnung, „von privatisierten, zuvor öffentlichen Räumen einerseits und von geöffneten, zuvor privaten Räumen andererseits dürfte gegen die Verlustthese sprechen. Die Übertragung von öffentlichen Räumen in privates Eigentum ist bislang eher die Ausnahme. Vielmehr haben umgekehrte Fälle beträchtliche Ausmaße erreicht: Im Zuge der Deindustrialisierung sind zahlreiche private Betriebsflächen, die ursprünglich für die Allgemeinheit gesperrt waren, geöffnet worden, in vielen Fällen an die öffentliche Hand übergegangen und zum Teil auch öffentliche Räume geworden." (Breuer 2002b: 10)

Überwachung

Die Gegenüberstellung von Flächenbilanzen mag zu vordergründig sein. Dennoch spricht vor dem Hintergrund derartiger Befunde viel dafür, auf diesem scheinbar so eindeutig geprägten Problemfeld in empirischer Hinsicht gründlicher vorzugehen. Besondere Aufmerksamkeit hat in diesem Zusammenhang in den letzten Jahren insbesondere der Sicherheits- und Überwachungsdiskurs gefunden. Während in den USA und vielen Teilen der dritten

Welt bereits die „gated communities" zu dem am schnellsten wachsenden Segment des (gehobenen) Siedlungsbaus geworden sind, konzentriert sich hierzulande die Diskussion noch vor allem auf die Problematiken der Überwachung des öffentlichen Raums durch Videokameras (geschätzte Zahl: 500.000), die Zunahme privater Wachdienste und die disziplinierende Verregelung nur noch scheinöffentlicher Konsumwelten in malls und entertainment Centers.

In der Tat stehen mit der Erodierung von Prinzipien wie freier Zugänglichkeit und Anonymität Grundqualitäten des öffentlichen Raums auf dem Spiel: Die Polarität von Privatheit und Öffentlichkeit bzw. privatem und öffentlichem Raum als einem Ort der Anonymität und des stilisierten, distanzierten Verhaltens ist zweifellos ein Grundpfeiler europäischer Urbanität. Auf der anderen Seite ist aber auch, „Sicherheit oder wenigstens das Gefühl der Sicherheit Grundbedingung der Öffentlichkeit von Räumen. Parks, in denen Frauen fürchten, vergewaltigt zu werden, sind für Frauen exklusive Räume. (…) Öffentlicher Raum bedarf funktionierender sozialer Kontrollen, ohne sie ist er gar nicht denkbar." (Siebel 2003: 253)

Parallel zum Schwinden der Möglichkeiten informeller sozialer Kontrolle in den Großstadtquartieren selbst gewinnt heute der Ruf nach einem Ausbau formeller sozialer Kontrolle forciert an politischem Gewicht. Im Hintergrund der hierzulande ganz unverhältnismäßig anwachsenden Kriminalitätsfurcht stehen nicht allein die

Abb. 11: Fußballturnier im Zentrum Balingens
Foto: Tilman Harlander

Abb. 12: „Bundespressestrand" in Berlin
Quelle: 2004: 23

Abb. 13: Gestaltungsauflagen der Stadt Stuttgart für die Außenbewirtschaftung
Quelle: Stadt Stuttgart

gern zitierte dramatisierende „Angstmache" der Medien, sondern vor allem auch der stark steigende Anteil älterer Menschen, eine unzureichende Integrationsförderung von Zuwanderern und generell die Zunahme existentieller Verunsicherungen bei marginalisierten Bevölkerungsgruppen. Offensichtlich geht es gegenwärtig um eine neue, allgemein akzeptierte Justierung der schwierigen Balance zwischen sozialer Kontrolle und Öffentlichkeit, in der sorgsam darauf zu achten sein wird, dass die Bemühungen um die Gewährleistung des ungehinderten Zugangs zur Öffentlichkeit nicht am Ende eben diese Öffentlichkeit selbst in Frage stellen.

„Entleerung" oder „neue Lust am Stadtraum"

So überzogen die These vom Verfall der Öffentlichkeit in der privatisierten und überwachten Stadt erscheint, so realitätsfern und einseitig an Bildern US-amerikanischer Entwicklungen aus den 70er und 80er Jahren orientiert, erscheint die These von der „Entleerung" der Kernstädte, die allenfalls noch als musealisierte Inseln touristisches Interesse finden könnten. Dem gegenüber steht eine seit den 90er Jahren zu beobachtende fast schubartig anwachsende Vielfalt an Nutzungs- und Aneignungsformen städtischer Räume, die nur zu einem Teil als Ausdruck verfeinerter Kommerzialisierungs- und kommunaler Marketing- und Eventstrategien verstanden werden kann. Greifen wir aus der schier endlosen Fülle von städtischen Festen, Umzügen, Märkten und Open-Air-Konzerten nur kurz den aktuellen Trend der großstädtischen Urlaubssimulation auf Sandstränden oder Boule- und Volleyballfeldern auf. Schon im zweiten Jahr schüttete man (mit 50% finanzieller Unterstützung durch private Sponsoren) in diesem heißen Sommer etwa in Paris entlang der Seine 3000t Sand auf, auf dem geschätzte 2,3 Millionen Besucher – trotz Badeverbot in der Seine – ein ganz neues Stadtgefühl genießen konnten. Längst fühlen wir uns, wie Sven Hillenkamp in der Zeit richtig bemerkt hat, in der Ferne zu Hause, nun können wir uns auch zu Hause wie in der Ferne fühlen (Zeit vom 01.10.2003: 59). Da wollten natürlich auch Düsseldorf mit einer Sandinsel „Monkey Island" im Medienhafen und auch Berlin in dem – u.a. gegenüber dem Reichstag – gleich drei Strände aufgeschüttet wurden, nicht zurückstehen.

Eine der durch den dänischen Stadtforscher Jan Gehl (2001) eindrucksvoll dokumentierten Facetten des gegenwärtig europaweit zu beobachtenden Wandels im Erleben städtischer Räume ist die veränderte Verweil- und Aufenthalts-, letztendlich aber auch Gestaltqualität innerstädtischer Räume durch die enorme Zunahme der Außenbestuhlung und Außenbewirtschaftung durch Cafés, Bistros und Restaurants. So lässt sich etwa für Stuttgart zeigen, dass sich die Zahl der Außenplätze seit den 90er Jahren mindestens verdoppelt hat. Dabei ist daran zu erinnern, dass zur Außenbewirtschaftung auf öffentlichen Flächen auch noch der – nur bei Inhaberwechsel genehmigungspflichtige – ebenfalls stark zunehmende Außenausschank auf Privatflächen zu rechnen ist. Geradezu rührend-angestrengt muten die Stuttgarter Versuche an, die Genehmigungen mit gewissen Auflagen hinsichtlich Farbe, Materialwahl bei Stühlen, Tischen, Sonnenschirmen etc. zu verbinden. Wichtiger noch als derartige Bemühungen waren zweifellos

Abb. 14: Place de Terreaux in Lyon *Foto: Tilman Harlander*

die Initiativen um eine Aufwertung und Requalifizierung des Stadtraums, wie sie seit den 80er Jahren mit den Platzprogrammen Barcelonas, Rotterdams, Roms oder Lyons gestartet wurden. Typisch am Beispiel Lyon mit seinen inzwischen über 200 Projekten und seinem Place de Terreaux ist etwa eine Neugestaltung, die mit einfachen Mitteln, mit gekonnter, am Ort und seiner Geschichte orientierter Material- und Farbwahl, mit dem Spiel von Wasser und Licht zum einen die umgebende historische Gebäudesubstanz auf neue Weise zur Geltung bringt, und zugleich mit den 950 Sitzen in den umgebenden Cafés und den für die Kinder gegebenen Spielmöglichkeiten mit Wasser auch neue Kommunikations- und Erlebnismöglichkeiten eröffnet.

Vielleicht das Wichtigste am Beispiel Lyon ist aber nicht die einzelne Platzästhetik, sondern der mit dem ganzen Programm artikulierte politische Wille, mit der Vernetzung dieser Plätze auch durch Fußgängerzonen und der Verbannung des ruhenden Verkehrs in Tiefgaragen relevante Teile des Stadtraums wieder den Fußgängern zurückzugeben.

Auch in Stuttgart hat man inzwischen diese Herausforderung aufgegriffen. Ein durch ein privates Büro (Raumbureau 2001) erarbeitetes und politisch breit diskutiertes Programm („Plätze, Parks und Panoramen") hat eben dieses Ziel der Vernetzung bisher gerade auch in Stuttgart durch Cityring und Bundesstraßen besonders brutal auseinandergerissener Stadträume auf eine innovative Weise ins Auge gefasst, die zugleich die natürlichen Lagequalitäten der Stadt mit ihren schönen Halbhöhenlagen und Aussichtspunkten wieder zur Geltung zu bringen sucht.

Eine Sonderstellung im Spektrum Stuttgarter öffentlicher Räume nahm über lange Zeit der kleine Schlossplatz ein. Als zwiespältiges Monument der Architekturauffassungen der 70er Jahre entwickelte er sich zu einer zu verschiedenen Tages- und Nachtzeiten durch unterschiedlichste Gruppen genutzten Selbstdarstellungsbühne, aber auch zu einem erstklassigen Tribünenplatz, von dem aus das Geschehen auf dem großen Schlossplatz und in weiten Bereichen der Königstraße hervorragend zu beobachten war. In seinem unwirtlichen, ursprünglich stark durch Abgase belasteten und daher durch die Jugendlichen „Gaskammer" titulierten Untergrund bot er zugleich einen kaum einzusehenden

Abb. 15a: Projekt „HohensteinTisch" der Künstlerin Ulrike Böhme.
Der Tisch wandert innerhalb der Gemeinde Hohenstein von Dorf zu Dorf
Foto: Ulrike Böhme

Rückzugsraum und Treffpunkt für die Skater- und Graffitiszene. Inzwischen wurde dieses originelle Stück Großstadtraum abgerissen und musste einer neuen Stadtgalerie mit anspruchsvoller Architektur Platz machen.

In dem Prozess der sich entwickelnden Diskussion um die Requalifizierung des öffentlichen Stadtraums sind unterschiedlichste Aktivitäten auch aus den Reihen der Bürgerschaft selbst gewissermaßen das „Salz in der Suppe". So wurden im Rahmen eines von einem Absolventen der Stuttgarter Architekturfakultät durchgeführten Aktionskunst-Projekts „Blaue Tanke" gemeinsam mit Kindern auf einem Brachengrundstück zunächst Stühle gesammelt, dann blau gestrichen und dann auf eine Weise im öffentlichen Raum verteilt und aufgestellt, die provozierte, bisherige Platznutzungen in Frage stellte und schließlich auch zum Mitmachen anregte (Jensen 2003).

Auch in den vielfach von Auszehrung bedrohten Dörfern gibt es inzwischen neue Initiativen, mit denen KünstlerInnen und örtliche Bevölkerung zur Qualifizierung von deren öffentlichen Räumen und dem Entstehen neuer Rituale beitragen. So hat die Stuttgarter Künstlerin Ulrike Böhme für fünf zur Gemeinde Hohenstein zusammengeschlossene Dörfer auf der Schwäbischen Alb den „HohensteinTisch" geschaffen.

In allen fünf Dörfern wird an zentraler Stelle eine Plattform mit 12 Hockern fest installiert. Der zugehörige Tisch dagegen soll „wandern" und wird in jedem Jahr im Rahmen eines großen Festes unter aktiver Beteiligung der Bevölkerung dem nächsten Dorf übergeben. Die Aktion stärkt symbolisch die Ortsmitten und rückt zugleich die Verbindung der Dörfer ins Bewusstsein.

Abb. 15b: „HohensteinTisch" mit Honoratioren
Foto: Ulrike Böhme

Dass Stadtraumqualität nicht per Planung von oben entsteht, sondern den Dialog von Planung und Nutzern benötigt, wird gegenwärtig auch an der Debatte um den durch die „Freie Planungsgruppe 7" neu gestalteten Stuttgarter Marienplatz deutlich. Es ist ein in Anlehnung an mediterrane Stadtplätze weiträumig gestalteter, ja eleganter und in klare Zonen gegliederter Platz entstanden, der Raum bietet fürs Verweilen, für Spiel und Kommunikation. Die Architekten haben gut daran getan, so auch die Stuttgarter Zeitung, den Platz nicht zu möblieren, ihn nicht mit Trögen, Blumenrabatten und mittelmäßigen Skulpturen voll zu stellen. Doch vielen der Nutzer fehlt das Grün, fehlt Behaglichkeit, darüber hinaus stören zahlreiche kleine Funktionsmängel im alltäglichen Gebrauch. So resümierte die Stuttgarter Zeitung nach langer Diskussion in der Leserschaft: „Die Funktionalität bleibt hinter der architektonischen Leistung eben doch zurück." (Stuttgarter Zeitung vom 11.10.2003) Nutzer, Stadt und Planer müssen sich weiter aufeinander zu bewegen, gemeinsam an der Beseitigung kleinerer Mängel arbeiten und insbesondere auch mit dem geplanten Café auf weitere witterungsgeschützte Verweil- und Kommunikationsmöglichkeiten hoffen.

Abb. 16: Neu gestalteter Marienplatz in Stuttgart
Foto: Freie Planungsgruppe 7 / Manfred Storck

Vielleicht ist der gegenwärtig zu beobachtende Prozess der Aneignung, Neunutzung und Neucodierung von Stadträumen auch in viel geringerem Maß, als wir gewöhnlich annehmen, ein Planungsproblem. So diskutiert man in Stuttgart bereits seit einigen Jahren über die Möglichkeiten des Rückbaus der schlimmsten Hinterlassenschaften aus der Ära der autogerechten Stadt. Noch während man über die Möglichkeiten einer Umgestaltung der extrem befahrenen Theodor-Heuss-Allee, einem Teil des Innenstadtrings, zu einer „Flaniermeile" bzw. einem „Großstadtboulevard" nachsinnt, hat sich eben dieser städtische Un-Raum zur Überraschung der gesamten Planerzunft auch ohne planerisches Zutun zu einem der gefragtesten Treffpunkte mit mehreren tagsüber wie nachts, innen wie außen dicht bevölkerten Szenekneipen entwickelt. Faszinierend ist, dass diese Treffpunkte sich dabei nicht abkapseln, nicht abschirmen gegen den ungezähmten Großstadtverkehr, sondern ihn über große Glasflächen lässig-selbstverständlich integrieren und zum Bestandteil der eigenen Inszenierung machen.

Fassen wir zusammen: Die Geschichte der Entwicklung des öffentlichen Raums im 20. Jahrhundert war eine Geschichte extrem krisenhafter Entwicklung. Öffentlicher Raum war immer auch umkämpfter Raum, in dem wechselnde Kräfte und Gruppen ihre jeweiligen Hegemonialansprüche durchzusetzen und auch symbolisch zum Ausdruck zu bringen suchten. Dass die Behauptung derartiger Hegemonialansprüche in aller Regel nur von kurzer Dauer sein konnte, stimmt eher optimistisch. Die Funktion des öffentlichen Raums, seine freie Zugänglichkeit, seine Funktion als Bühne und Medium der Darstellung und des Austauschs aller städtischen Gruppen ist von so offensichtlich elementarer Bedeutung für die Qualität der europäischen Stadt, dass er sich letztendlich doch immer noch als resistent gegenüber den Versuchen partikularisierter Vereinnahmung erwiesen hat. Kein Zweifel, auch gegenwärtig sind vor dem Hintergrund der angesprochenen ökonomischen und sozialen Prozesse Grundqualitäten des öffentlichen Raums wieder auf vielfältige Weise gefährdet. Dennoch wäre es falsch, mit Blick hierauf einseitig vom „Verfall" oder gar „Tod" des öffentlichen Raums zu sprechen. Wir glauben eher, dass in unseren Städten allen Niedergangsanzeichen zum Trotz längst auch ein Prozess der Eroberung und Neucodierung öffentlicher Räume eingesetzt hat, dessen Zeichen wir noch viel zu wenig zu deuten verstehen. Nicht allein die Planung oder eine architektonische Avantgarde sind hier, wie an den Stuttgarter Beispielen deutlich wurde, allein und in erster Linie die Vorreiter, sondern – auch dies könnte optimistisch stimmen – die Nutzer, die städtischen Bürger selbst.

Literatur

Aasen, Bjarne u.a. (Hg.) (2002): Plätze – Plätze und städtische Freiräume von 1993 bis heute. München
Bahrdt, Hans Paul (1961): Die moderne Großstadt. Reinbek b. Hamburg
Benjamin, Walter (1980, 2. Aufl.): Illuminationen. Frankfurt a.M.
Benjamin, Walter (1988): Berliner Chronik. Frankfurt a.M.
Breuer, Bernd (2003a): Einführung. In: Informationen zur Raumentwicklung Heft 1/2. 2003
Breuer, Bernd (2003b): Öffentlicher Raum – ein multidimensionales Thema. In: Informationen zur Raumentwicklung Heft 1/2. 2003
Brockhaus, Gudrun (1997): Schauder und Idylle. Faschismus als Erlebnisangebot. München
Dawn, Ades u.a. (Hg.) (1996): Kunst und Macht in Europa der Diktaturen 1930 bis 1945. London, S. 281
Durth, Werner (1987): Urbanität und Stadtplanung. Thesen zu einem problematischen Verhältnis. In: Prigge, Walter (Hg.): Die Materialität des Städtischen. Basel/Boston, S. 155-166
Durth, Werner/Düwel, Jörn/Gutschow, Niels (1998): Architektur und Städtebau der DDR (2 Bde.). Frankfurt a.M./New York
Durth, Werner/Düwel, Jörg/Gutschow, Niels (1998): Ostkreuz. Architektur und Städtebau der DDR, Bd. 1. Frankfurt a.M./New York, S. 317
Einsele, Martin/Rose, Ernst/Gragnato, Siegfried J. (1992): Vierzig Jahre Städtebau in Baden-Württemberg. Stuttgart/Zürich, S. 56
Flagge, Ingeborg/Stock, Wolfgang Jean (1992): Architektur und Demokratie. Ostfildern, S. 31
Flierl, Bruno (2002): Der öffentliche Raum als Ware. In: Aasen u.a. (Hg.) (2002): Plätze – Plätze und städtische Freiräume von 1993 bis heute. München, S. 18-29
Gehl, Jan/Gemzoe, Lars (2001, 2. Aufl.): new city spaces. Copenhagen
Göderitz, Johannes/Rainer, Roland/Hofmann, Hubert (1957): Die gegliederte und aufgelockerte Stadt. Tübingen
Habermas, Jürgen (1971, 5. Aufl.): Strukturwandel der Öffentlichkeit. Neuwied/Berlin
Haus der Kunst München (Red. Rosenthal, Stephani) (Hg.) (1998): Die Nacht (Ausstellungskatalog). München
Häußermann, Hartmut (1998): „Amerikanisierung" der deutschen Städte. In: Prigge, Walter (Hg.): Peripherie ist überall. Frankfurt a.M., S. 76-83
Helms, Hans G. (Hg.) (1992): Die Stadt als Gabentisch. Leipzig
IRS – Institut für Regionalentwicklung und Strukturplanung (Hg.) (1995): Reise nach Moskau. Quellenedition zur jüngeren Planungsgeschichte. Berlin
Jensen, Torben (2003): blaue_tanke – temporäre raumaktion in heslach (Diplomarbeit Fakultät für Architektur und Stadtplanung, Universität Stuttgart)
Kracauer, Siegfried (1987): Straßen in Berlin und anderswo. Berlin
Läpple, Dieter: Auflösung oder Renaissance der Stadt? In: Polis Heft 3. 2003, S. 18-20
Nerdinger, Winfried (1992): Politische Architektur. In: Flagge, Ingeborg/Stock, Wolfgang Jean (Hg.): Architektur und Demokratie. Stuttgart
Popp, Monika (2002): Innenstadtnahe Einkaufszentren. Passau
Raumbureau (2001): plätze, parks und panoramen – Perspektiven für den öffentlichen Raum in Stuttgart. Stuttgart
Ronneberger, Klaus/Lanz, Stephan/Jahn, Walther (1999): Die Stadt als Beute. Bonn
Scannavini, Roberto (o.J., ca. 2002): Trent'anni di tutela e di restauri a Bologna. Bologna, S. 29
Schlör, Joachim (Hg.) (1994): Wenn es Nacht wird – Streifzüge durch die Großstadt. Stuttgart
Schlör, Joachim (1994, 2. Aufl.): Nachts in der großen Stadt. München. S. 41 und 231
Schwagenscheidt, Walter (1957): Ein Mensch wandert durch die Stadt. Darmstadt
Selle, Klaus (2002): Jenseits von Verfall und Ende? Öffentliche Räume im Spiegel der Fachdiskussion. In: Lehrstuhl für Planungstheorie und Stadtplanung (Hg.): Dokumentation der Tagung 2002 „Was ist los mit den öffentlichen Räumen?". Aachen
Siebel, Walter (2003): Die überwachte Stadt – Ende des öffentlichen Raums? In: Die alte Stadt Heft 3. 2003, S. 247-257
Südbeck, Thomas (1993): Motorisierung, Verkehrsentwicklung und Verkehrspolitik in Westdeutschland in den 50er Jahren. In: Sywottek, Arnold/Schildt, Axel, Modernisierung im Wiederaufbau – die westdeutsche Gesellschaft der 50er Jahre. Bonn, S. 170-187

Autorinnen und Autoren

Carsten Benke, Dipl.-Ing., M.A.; geb. 1970; Stadtplaner und Historiker; Studium der Stadt- und Regionalplanung und der Neueren Geschichte; Tätigkeit in Stadtplanungsbüros; 2000/2001 wiss. Mitarbeiter an der Humboldt Universität zu Berlin (Stadt- und Regionalsoziologie); 2001-2003 wiss. Mitarbeiter an der TU Berlin (Institut für Geschichte und Kunstgeschichte); seit 2003 wiss. Mitarbeiter an der TU Berlin, Institut für Stadt- und Regionalplanung, Fachgebiet Planungstheorie; seit 2005 wiss. Mitarbeiter am Leibniz-Institut für Regionalentwicklung und Strukturplanung. Tätigkeitsschwerpunkte: Planungs- und Stadtgeschichte, Entwicklung von Kleinstädten und Industriestädten, historische und aktuelle Stadtentwicklung in Ostdeutschland.

Christoph Bernhardt, Dr. phil.; geb. 1957; Historiker; Studium der Geschichte und Germanistik an der FU Berlin; Tätigkeiten in der außeruniversitären Forschung und Erwachsenenbildung; von 1994 bis 1998 Assistent am Institut für Geschichtswissenschaft der TU Berlin; Promotion 1995; seit 1998 wiss. Mitarbeiter und Projektleiter am Leibniz-Institut für Regionalentwicklung und Strukturplanung; Mitherausgeber der Zeitschrift „Informationen zur Modernen Stadtgeschichte" (IMS). Zahlreiche Publikationen zur Stadt-, Regional- und Umweltgeschichte (DDR-Städtebau im internationalen Kontext, Umweltprobleme in europäischen Städten des 19. und 20. Jahrhunderts).

Frank Betker, Dr.; geb. 1960; Planungs- und Sozialwissenschaftler; Studium der Sozialwissenschaften, Stadtplanung und Geschichte in Aachen und Oldenburg; Promotion zur Geschichte und Transformation der Stadtplanung in der DDR; derzeit Lehrbeauftragter für Soziologische Grundlagen der Stadtplanung am Lehrstuhl für Planungstheorie und Stadtplanung, RWTH Aachen. Forschungsschwerpunkte: DDR-Stadt- und Planungsgeschichte, Sozialgeschichte, Stadtsoziologie.

Gerhard Fehl, Prof. em. Dr. Ing., MCD (Master of Civic Design); geb. 1934; Studium der Architektur in Stuttgart und Karlsruhe; Studium der Stadtplanung in Liverpool (UK) und Harvard (USA); 1971-1996 Professor für Planungstheorie an der Fakultät für Architektur der RWTH Aachen. Forschungsschwerpunkte: Geschichte der Stadtplanung, des Städtebaus und der Urbanisierung unter dem Aspekt der „Produktion von Stadt".

Tilman Harlander, Prof. Dr. rer. pol.; Studium der Soziologie, Volkswirtschaftslehre, Psychologie und Politikwissenschaften in München und Berlin; ab 1972 wiss. Mitarbeiter, Akademischer Oberrat und Privatdozent am Lehrstuhl für Planungstheorie der Fakultät für Architektur der RWTH Aachen; 1978 Promotion zur regionalen Entwicklungspolitik in der Emilia-Romagna; 1994 Habilitation zu Wohnungsbau und Wohnungspolitik in der Zeit des Nationalsozialismus; 1996/1997 Lehrstuhlvertretung Planungstheorie an der Fakultät für Architektur der RWTH Aachen; seit 1997 Professur (Fachgebiet „Sozialwissenschaftliche Grundlagen") an der Universität Stuttgart. Tätigkeitsschwerpunkte: Planungsgeschichte und -theorie, Wohn- und Architektursoziologie, Wohnungspolitik.

Renate Kastorff-Viehmann, Prof. Dr.; geb. 1949; Architekturstudium in Aachen; 1981 Promotion über Arbeiterwohnungsbau; Praxis als Stadtplanerin und Denkmalpflegerin; seit 1986 Professur für Bau- und Planungsgeschichte am Fachbereich Architektur der Fachhochschule Dortmund. Forschung und zahlreiche Veröffentlichungen zur Bau- und Planungsgeschichte des Ruhrgebiets.

Gerd Kuhn, Dr. phil., M.A.; geb. 1954; Studium der Gesellschaftswissenschaften und Neueren Geschichte in Frankfurt am Main; 1989-1995 wiss. Mitarbeiter an der Technischen Universität Berlin; Promotion zur Wohnkultur und kommunalen Wohnungspolitik in Frankfurt am Main 1880-1930; seit 1997 wiss. Mitarbeiter am Institut Wohnen und Entwerfen an der Universität Stuttgart; seit 2001 Lehrbeauftragter für Wohnsoziologie, Studiengang Immobilienwirtschaft, Hochschule für Wirtschaft und Umwelt Nürtingen/Geislingen. Tätigkeitsschwerpunkte: Stadt- und Planungsgeschichte, Wohnsoziologie und -politik.

Ruth May, Dr.-Ing., Raumplanerin; wiss. Angestellte am Institut für Geschichte und Theorie der Architektur (IGT), Fakultät Architektur und Landschaft, Universität Hannover; Lehre und Forschung im Bereich Architektur- und Planungstheorie. Aktuelle Arbeitsschwerpunkte: Planstädte: Utopien – Voraussetzungen – Wirkungen, Stadterneuerung im europäischen Vergleich, Migrantinnen als Existenzgründerinnen, Aneignung als Raumnutzungskategorie.

Ursula von Petz, apl. Prof'in Dr.-Ing.; geb. 1939; bis 2004 Schriftleitung der „Dortmunder Beiträge zur Raumplanung" am Institut für Raumplanung (IRPUD), Fakultät Raumplanung, Universität Dortmund; 1997-2001 Vertretungsprofessur am Lehrstuhl Planungstheorie und Stadtplanung, Fakultät für Architektur der RWTH Aachen. Vorstandsmitglied der International Planning History Society (IPHS). Schwerpunkte in Forschung und Lehre: Stadtplanung, Planungsgeschichte, Stadterneuerung, Planungstheorie;

Dirk Schubert, PD Dr.; geb. 1947; Studium der Architektur und Soziologie; 1976-1981 wiss. Mitarbeiter an der FU Berlin; 1981 Promotion; 1993 Habilitation; Gastprofessuren in Kassel und Rio de Janeiro; Dozent für ‚Wohnen und Stadtteilentwicklung' im Studiengang Stadtplanung an der TU Hamburg-Harburg. Forschung und diverse Buch- und Zeitschriftenveröffentlichungen zum Wohnungsbau, zur Stadterneuerung und zur Stadtplanungsgeschichte, mit dem speziellen Fokus „Hafenstädte".

Ulrich Wieler, Dipl.-Ing.; geb. 1965; Studium der Architektur an der TU Darmstadt und am IUA Venedig, freier Architekt, Architekturhistoriker und Publizist; neben freien Tätigkeiten als Planer von 1996-2002 wiss. Mitarbeiter im Fachgebiet Gebäudelehre an der Fakultät Architektur der Bauhaus Universität Weimar; Partner im Büro bdfw+. Mehrere Veröffentlichungen zur Architekturgeschichte des 20. Jahrhunderts sowie Architekturführer Thüringen.

Christiane Wolf, Dr. phil., M.A.; geb. 1964; gelernte Restauratorin; Studium der Kunstgeschichte in Göttingen und wiss. Mitarbeit in der Arbeitsgruppe empirische Planungsforschung der Universität Kassel (1986-1994); Promotion an der Ruhr-Universität Bochum 1997; wiss. Mitarbeiterin an der Fakultät Architektur der Bauhaus-Universität Weimar 1998-2003 (Forschungsprojekte: Geschichte und Rezeption des Weimarer Gauforums und „Deutschlands Mitte" – Konstruktionsprozesse und Sinnstiftungskonzepte intellektueller Regionaleliten im 20. Jahrhundert); seit 2004 Leiterin des „Archivs der Moderne" Sammlung für Architektur und Ingenieurbau an der Fakultät Architektur der Bauhaus-Universität Weimar; freie Tätigkeit als Ausstellungsmacherin.

Dortmunder Beiträge zur Raumplanung

BLAUE REIHE

121
Ludger Gailing
Regionalparks
Grundlagen und Instrumente der Freiraumpolitik in Verdichtungsräumen
2005, 234 S., € 21 0
ISBN 3-88211-153-4

120
Kristina Zumbusch
Die ohnmächtige Region?
Die Steuerung regionaler Entwicklungen in den militärischen Luftfahrtregionen Midi-Pyrénées und South West
2005, 301 S., € 24.–
ISBN 3-88211-152-6

119
Detlef Kurth
Strategien der präventiven Stadterneuerung
Weiterentwicklung von Strategien der Sanierung, des Stadtumbaus und der Sozialen Stadt zu einem Konzept der Stadtpflege für Berlin
2004, 242 S., € 22.–
ISBN 3-88211-150-X

118
Heike Liebmann
Vom sozialistischen Wohnkomplex zum Problemgebiet?
Strategien und Steuerungsinstrumente für Großsiedlungen im Stadtumbauprozess in Ostdeutschland
2004, 260 S., € 23.–
ISBN 3-88211-149-6

117
Dirk Schubert (Hg.)
Die Gartenstadtidee zwischen reaktionärer Ideologie und pragmatischer Umsetzung
Theodor Fritschs völkische Version der Gartenstadt
2004, 190 S., € 18.–
ISBN 3-88211-147-X

116
Ursula von Petz (Hg.)
„Going West?"
Stadtplanung in den USA – gestern und heute
2004, 261 S., € 24.–
ISBN 3-88211-146-1

115
Rolf Moeckel, Frank Osterhage
Stadt-Umland-Wanderung und Finanzkrise der Städte
Ein Modell zur Simulation der Wohnstandortwahl und der fiskalischen Auswirkungen
2003, 220 S., € 18.50 (incl. Programm-CD)
ISBN 3-88211-144-5

114
Gerold Caesperlein, Katrin Gliemann
Drehscheibe Borsigplatz
Ein Einwanderungsstadtteil im Spiegel der Lebensgeschichten alteingesessener Bewohner
2003, 292 S., € 24.–
ISBN 3-88211-139-9

113
Martina Werheit
Monitoring einer nachhaltigen Stadtentwicklung
2002, 213 S., € 17.–
ISBN 3-88211-140-2

112
Micha Fedrowitz, Ludger Gailing
Zusammen wohnen
Gemeinschaftliche Wohnprojekte als Strategie sozialer und ökologischer Stadtentwicklung
2003, 143 S., € 14.–
ISBN 3-88211-141-0

111
Klaus R. Kunzmann
Reflexionen über die Zukunft des Raumes
2003, 272 S., € 26.–
ISBN 3-88211-138-0

110
Marion Klemme
Kommunale Kooperation und nachhaltige Entwicklung
2002, 206 S., € 16.–
ISBN 3-88211-135-6

109
Jörg Borghardt, Lutz Meltzer, Stefanie Roeder, Wolfgang Scholz, Anke Wüstenberg (Hg.)
ReiseRäume
2002, 372 S., € 26.–
ISBN 3-88211-132-1

108
Stefan Siedentop
Kumulative Wirkungen in der UVP
Grundlagen, Methoden, Fallbeispiele
2002, 278 S., € 23.–
ISBN 3-88211-136-4

107
Anne Haars
Kommunale Quartiersentwicklung in den Niederlanden
Konzept und Umsetzung des Stedelijk Beheer
2001, 128 S., € 13.–
ISBN 3-88211-130-5

106
Sabine Thabe (Hg.)
Raum und Sicherheit
2001, 255 S., € 22.–
ISBN 3-88211-129-1

105
Monika Teigel
Bodenordnung für Ausgleichsflächen
Die Umlegung als Mittel zur Durchsetzung des
naturschutzrechtlichen Verursacherprinzips
2000, 215 S., € 17.–
ISBN 3-88211-128-3

104
Christine Grüger
Nachhaltige Raumentwicklung und Gender Planning
2000, 201 S., € 16.–
ISBN 3-88211-127-5

103
Antonio Longo, Ursula von Petz,
Petra Potz, Klaus Selle (Hg.)
Spazi Aperti - Offene Räume
Freiraumplanung in Italien und Deutschland
2001, 339 S., € 25.–
ISBN 3-88211-126-7

102
Julia Dettmer, Stefan Kreutz
Neue Partner fürs Quartier -
Planungspartnerschaften
in der englischen Quartierserneuerung
2001, 276 S., € 23.–
ISBN 3-88211-124-0

101
Hermann Bömer
Ruhrgebietspolitik in der Krise
Kontroverse Konzepte aus Wirtschaft, Politik,
Wissenschaft und Verbänden
2000, 281 S., € 23.–
ISBN 3-88211-123-2

100
Irene Kistella, Detlef Kurth, Maria T. Wagener (Hg.)
**Städtebau ... dem Ort, der Zeit,
den Menschen verpflichtet**
2000, 306 S., € 24.–
ISBN 3-88211-122-4

99
Detlef Kurth, Rudolf Scheuvens, Peter Zlonicky (Hg.)
Laboratorium Emscher Park - Städtebauliches
Kolloquium zur Zukunft des Ruhrgebietes
1999, 175 S., € 15.–
ISBN 3-88211-120-8

98
Sabine Thabe (Hg.)
Räume der Identität - Identität der Räume
1999, 237 S., € 17.–
ISBN 3-88211-119-4

97
Jeannette Schelte
Räumlich-struktureller Wandel in Innenstädten
1999, 207 S., € 16.–
ISBN 3-88211-118-6

96
Jörn Birkmann, Heike Koitka, Volker Kreibich,
Roger Lienenkamp
Indikatoren für eine nachhaltige Raumentwicklung
1999, 173 S., € 14.–
ISBN 3-88211-117-8

95
Jürgen Brunsing, Michael Frehn (Hg.)
Stadt der kurzen Wege
1999, 139 S., € 12.–
ISBN 3-88211-116-X

VERKEHR

V4
Georg Rudinger, Christian Holz-Rau,
Reinhold Grotz (Hg.)
Freizeitmobilität älterer Menschen
2004, 266 S., € 23.50
ISBN 3-88211-151-8

V3
Michael Frehn
Freizeit findet InnenStadt
2004, 290 S., € 24.–
ISBN 3-88211-148-8

V2
Eckhart Heinrichs
Lärmminderungsplanung in Deutschland
Evaluation eines kommunalen Planungsverfahrens
2002, 181 S., € 15.–
ISBN 3-88211-137-2

V1
Anka Derichs
Nahverkehrspläne im Zeichen der Liberalisierung
2001, 80 S., € 8.–
ISBN 3-88211-134-8

Herausgeber: Institut für Raumplanung,
Fakultät Raumplanung, Universität Dortmund,
August-Schmidt-Str. 6, 44227 Dortmund
Tel.: 0231/755-2443, Fax: 0231/755-4788
e-mail: doku.rp@uni-dortmund.de

Vertrieb: (i.A.v. Informationskreis für Raumplanung e.V.)
Dortmunder Vertrieb für Bau- und Planungsliteratur
Gutenbergstraße 59, 44139 Dortmund

Bestellungen an den Vertrieb per Post oder
Tel.: 0231/146 565, Fax: 0231/147 465
e-mail: info@dortmunder-vertrieb.de

Weitere Informationen im Internet :
www.raumplanung.uni-dortmund.de/irpud/pub1.htm